対立と共存の
歴史認識

日中関係150年

劉 傑／川島 真──［編］

東京大学出版会

Between Conflict and Co-Existence Historical Understanding:
Sino-Japanese Relations over 150 Years
Jie LIU and Shin KAWASHIMA Editors
University of Tokyo Press, 2013
ISBN978-4-13-023060-5

はしがき

劉　傑・川島　真

　満洲事変直後の日中危機のなかで，王芸生が『大公報』で「六十年来中国与（と）日本」と題する連載を始め，1871 年の日清修好条規以来の日中関係史を回顧した．1932 年 4 月からそれまでの連載記事を著作にまとめ，出版を開始した．その後，日本語にも編訳されたこの著作は，1930 年代以来の中国の日中関係史記述に大きな影響を与え続けた．

　『大公報』の張季鸞は同書への序文のなかで，「中日の危機は日露戦後から始まり，日本はいつでも中国広大な領土を侵略できる状態になった」と満洲事変後の危機を指摘した．さらに，「中国は百年以来かつてない国家的危機と屈辱に直面している」ことを警告し，「救国の道」はまず，全国民に「救国」と「知恥（恥を知る）」の心を抱かせることだと強調した．出版元の意図は，日清修好条規以来の近代日中関係を日本の侵略と中国の抵抗という構図のもとに描くことであった（茂木敏夫「日中関係史の語り方」〔劉傑，三谷博，楊大慶編『国境を越える歴史認識』東京大学出版会，2006 年〕．

　張季鸞が語った満洲事変後の歴史認識はその後，中国における日中関係史への基本的な見方として，定着し伝承されていった．中華人民共和国成立後の 1957 年 6 月，周恩来が王芸生に同書の整理と再出版を勧めたのは，日中関係を再構築するにあたって，歴史認識を再確認する必要があったからであろう．中国は同年 2 月に成立した岸信介内閣の中国政策に警戒しながらも，浅沼稲次郎が率いる社会党訪中使節団を迎え入れ，日中国交正常化の可能性を本格的に探り始めた．両国の人的交流もわずかながら再開していた．1950 年には皆無だった日本から中国への訪問者数は 56 年には初めて 1000 人を突破し，1182 人に達していた．中国は日中関係の新時代を迎えるために，それまでの日中関係史に対する総括を急がなければならなかったのである．中華人民共和国のもとでは，近代日中関係史研究がほとんど行われなかったため，頼るの

は 20 数年前から広く読まれた王芸生の著作しかなかった．

　文化大革命などの政治的混乱を経て，8 巻からなる新版の『六十年来中国与日本』が完成されたのは 1982 年のことであった．新版の同書は，事実関係の記述に大きな変更はなかったが，マルクス主義的な階級闘争史観に基づく価値判断が加えられ（川島真「中国における近代日中関係史の語られ方」『月刊現代』講談社，2007 年 3 月号），張季鸞が提示した「侵略と抵抗」の構図をより鮮明にした．23 年後の 2005 年，この著作は生活・新書・新知三聯書店から再版され，今も広く読まれている．

　1972 年の国交正常化まで日本と中国はおおむね三つの時期を経験した．1871 年から 1894 年まで第一の時期において，対等な条約が結ばれ，一旦近代的な国家関係を構築したものの，両国とも警戒しながら相手の腹の中を探り続けた．琉球処分をめぐる対立を経て，朝鮮半島との関係をめぐって両国間には摩擦が続き，最終的には死闘に至った．日清戦争勃発までのこの時期は，「模索の時代」といってよい．

　日清戦後から 1937 年の日中全面戦争までの約 40 年は第二の時代である．その間，中国は辛亥革命や北伐など大きな変革を経験した．日中関係も中国大陸における日本の権益をめぐって，衝突を繰り返した．1937 年からの日中戦争は危機を決定的な対立に転換させた．日中戦争は第三の時代の始まりであった．1945 年の日本の敗戦と 49 年の中華人民共和国建国を経ても，中国大陸との対立は収まらず，両国が共存を基調とする新たな関係を作り上げるには，1972 年の国交正常化まで待たなければならなかったのである．

　振り返れば，日中国交正常化までの 100 年間，日本列島と中国大陸の関係は，対立と葛藤の連続であった．そのような危機が繰り返されるなかで，多くの人びとが両国をつなぎ止め，両国関係の回復に奔走し続けた．彼らの活動を通して確認できることは，近代の日中関係は対立だけでも，またある種の友好だけでも語りきれない複雑な多面体である，という点である．これらの人びとがもっていた相手の国への想像，日中関係に対する構想，彼らが行った交渉と対話は日中関係史を構成する重要な部分であることはいうまでもない．この視点からの日中関係の再検討は，日中関係史や今日の日中関係を思考する上で，極めて意義深いことである．

『六十年来中国与日本』は危機のまっただ中で行われた過去との対話であった．しかし，1972年以降，共存が深まるなかで，両国は新たな視点から過去との対話を少しずつ開始し，そのような対話に基づく成果も日中双方で発表されるようになった．新しい研究は，それまでの「侵略と抵抗」という歴史記述によって切り捨てられた歴史の諸側面にも光をあてるようになった．捨象された数々の事実が再び歴史書に記載されるようになったのである．本書はこれまでの両国の研究成果の恩恵を受けながら，対立と共存の歴史が如何に両国の歴史認識に影響を与えてきたのか，また，歴史事実と歴史認識の隔たりはどのように形成されたのか，について，「人物」を通して検証するものである．歴史を動かした人びとの思想と行動を追跡することによって，『六十年来中国与日本』が描いたストーリーに新たな要素を加えることができるかも知れない．

　第1部では，両国が抱く相手への想像と，その想像に起因する日中関係に対する認識を扱った．隣国である日本と中国は，歴史的，文化的な相互作用があまりにも強かったため，どうしても自分のなかで描いた相手のイメージを過信してしまう．その影響で，相手の意図を誤認する現象はしばしば発生する．想像の壁を乗り越え，信頼を構築することは，両国にとって意外と難儀な作業である．それでは，個人や集団の行動がどのように不信の連鎖を引き起こしてきたのか，また，国家間の猜疑と対立が両国にどのような国内問題をもたらしたのか．このような相互認識のズレについて，本書は1870年代の琉球問題からから説き始める．

　第2部は，自国の「国益」と日中「共存」の間で苦悩する両国の代表的な政治家，外交官，軍人，知識人などの多様な活動に光をあてた．危機と対立の時代が続くなかで，相手を強く意識しながら「国益」を追求しつつ，「共存」の可能性を探る人が多くいた．しかし，「近代性」という立場からみた日中の格差が厳存し，帝国主義的な国家観が多くの人の思考様式を支配するという時代背景のもとでは，「国益」と「共存」の両立は容易いことではなかった．われわれは危機と対立のなかの人間模様や戦後の激変のなかの人びとの対応を通して，日中関係がもつ複雑な多面性を確認できるはずである．

　第3部は，現場での「交渉」に注目した．共存の時代に入る前は，日本と中国は対立と断絶の時代を長く経験した．しかし，そのような時代においても両

国の間には多様なチャンネルが存在し，様々な交渉の場が設けられた．政治家，外交官，経済界，民間人などは，実際にどのような人脈を活用し，それぞれの立場から如何に日中関係に関与したのか．そして，彼らの関与が日中関係にどのような問題を提起し，その後の両国関係にどのような影響をもたらしたのか．日中両国の深みのある交渉史は実にわれわれに多くのことを問いかけている．

　本書は笹川平和財団日中友好基金の支援のもと，2001年にスタートした「日中若手歴史研究者会議」の成果の一部である．06年と09年に『国境を越える歴史認識』と『1945年の歴史認識』（いずれも東京大学出版会）を上梓し，歴史事実と史料の共有をめざしながら，双方の認識のズレをもたらした文化的，歴史的，および政治的要因を追究した．「国益」をめぐる日中対立が先鋭化しているいま，本書の諸論考は近代以来の日中関係のみならず，現在と未来の日中関係を考えるきっかけとなることを期待してやまない．

対立と共存の歴史認識　目次

はしがき　　　　　　　　　　　　　　　劉　傑・川島　真　　i

第1部　想像と論理 ……………………………………………………… 1

1章　1880年前後の日中ジャーナリズム論争
　　　——琉球併合・アジア・相互イメージ　　　塩出浩之

　　はじめに ……………………………………………………………… 3
　　1. 19世紀後半の東アジアにおける新聞とコミュニケーション ……… 4
　　2. 琉球併合問題をめぐる日中ジャーナリズム"論争" ……………… 9
　　3. 日中ジャーナリズム"論争"における相互イメージ ……………… 19
　　おわりに ……………………………………………………………… 24

2章　清末駐日使節団の日本理解
　　　——琉球・朝鮮・条約改訂　　　　　　　戴　東陽
　　　　　　　　　　　　　　　　　　　　　（青山治世訳）

　　はじめに ……………………………………………………………… 31
　　1. 琉球問題研究 ……………………………………………………… 32
　　2. 朝鮮問題研究 ……………………………………………………… 39
　　3. 条約改訂問題研究 ………………………………………………… 49
　　おわりに ……………………………………………………………… 54

3章　亡国，亡省，亡人
　　　——1915年から25年における中国の3回にわたる反日運動の変化
　　　　　　　　　　　　　　　　　　　　　　王　奇生

　　1. 危機——亡国，亡省，亡人 ……………………………………… 58
　　2. 動員——事件，運動，革命 ……………………………………… 59
　　3. 主導的集団，参加集団 …………………………………………… 60

4. 組織化の程度 ……………………………………………… 63
　　5. 中心スローガン …………………………………………… 67
　　6. 集団行動の物質的基盤 …………………………………… 71
　　おわりに ……………………………………………………… 73

4章　戦火での映像と人生
　　　――日中全面戦争時の重慶映画と映画人　　　　汪　朝光
　　1. 重慶映画の官営特質 ……………………………………… 78
　　2. 重慶映画の主流傾向 ……………………………………… 83
　　3. 重慶映画の民衆への影響 ………………………………… 86
　　4. 戦時中の映画人の処遇と選択 …………………………… 88

第2部　権益と共存 ……………………………………………… 95

5章　中国青年将校の日本陸軍留学体験
　　　――蔣介石の高田時代を例として　　　　　　　川島　真
　　はじめに ……………………………………………………… 97
　　1. 軍人としての蔣介石――風貌・成績・昇進 …………… 99
　　2. 蔣介石の野砲兵としての軍人生活と活動 ……………… 102
　　3. 回想の中の日本時代 ……………………………………… 106
　　おわりに ……………………………………………………… 109

6章　第1次世界大戦中の「戦後」構想
　　　――講和準備委員会と幣原喜重郎　　　　　　加藤陽子
　　1. はじめに …………………………………………………… 127
　　2. 背景となる時代状況 ……………………………………… 131
　　3. 会議録の分析 ……………………………………………… 133
　　4. どのような論拠で権益を奪取するか …………………… 139
　　おわりに ……………………………………………………… 146

7章　日本の中国統治と中国人顧問
——関東州・劉心田を事例として　　　　　　　松重充浩

1. 本章における問題の所在と課題の設定 …………………… 151
2. 関東州における中国人の法的位置付けと基本史料の紹介 ………… 153
3. 判示内容の根拠と中国人顧問劉心田 …………………… 158
4. 日中間に跨がる案件に対する判示内容とその特徴 ………… 161
   おわりに ………………………………………… 166

8章　相反する日本憲政観
——美濃部達吉と張知本を中心に　　　　　　　中村元哉

はじめに ………………………………………… 171
1. 民国メディア界と日本語書籍の翻訳 …………………… 175
2. 民国期の憲政思潮と日本——美濃部学説の受容 ………… 179
3. 張知本の憲法論と日本憲政観 …………………………… 183
   おわりに ………………………………………… 187

9章　1950年代における戦争記憶と浅い和解
——元日本軍人訪中団を中心に　　　　　　　楊　大慶
　　　　　　　　　　　　　　　　　　　　　　　（江藤名保子訳）

1. 元軍人訪中の経緯 ……………………………… 192
2. 訪中の経過と終結 ……………………………… 199
3. 歴史観をめぐって ……………………………… 207
4. おわりに ………………………………………… 215

10章　中国の改革開放と大平正芳
——第1次円借款を中心として　　　　　　　　王　新生

1. 中国政府の外資政策の転換 …………………………… 223
2. 日本政府による対中円借款の決定 …………………… 229

3. 大平正芳の中国観 ……………………………………………… 236

第3部　構想と交渉 ……………………………………………………… 247

11章　日中関係のなかの「中国通」外交官
　　　　――芳沢謙吉・有吉明の時代　　　　　　　　　　劉　　傑

　　はじめに ………………………………………………………………… 249
　　1.「中国通」外交官の人脈 …………………………………………… 250
　　2. 中国通外交官の「外交力」で動かした日中関係――芳沢謙吉と幣原外交
　　　 …………………………………………………………………………… 261
　　3.「外交」主導権の奮回を目指して――有吉明と広田外交 ………… 267
　　結びに代えて …………………………………………………………… 275

12章　日中戦争初期における中国の対日方針
　　　　――トラウトマン工作をめぐる孔祥熙の活動を中心として
　　　　　　　　　　　　　　　　　　　　　　　　　岩谷　　將

　　はじめに ………………………………………………………………… 279
　　1. 盧溝橋事件の勃発 …………………………………………………… 281
　　2. 上海戦と第三国調停 ………………………………………………… 282
　　3. 九ヵ国条約会議 ……………………………………………………… 286
　　4. ドイツ調停案の再検討 ……………………………………………… 288
　　5. ソ連の動向 …………………………………………………………… 290
　　おわりに ………………………………………………………………… 298

13章　周恩来と日本
　　　　――人的ネットワークと対日外交の展開を中心に　　李　恩民

　　1. ネットワーク構築のメカニズム …………………………………… 309
　　2. 日本留学の失敗から学んだもの（1917-1919）…………………… 313
　　3. 国交正常化の模索と頓挫（1949-1958）…………………………… 316

4. 民間外交の励行と核戦略 (1958-1971) ……………………… 320
   5. 正常な国家関係への外交戦略大転換 (1971-1976) ………… 323
   6. 周恩来の外交的遺産 ……………………………………………… 327

14章　高碕達之助と戦後日中関係
——日本外交における「政治」から「経済」への転換　　加藤聖文

   はじめに ……………………………………………………………… 339
   1. 満洲時代の経験と経済合理主義 ………………………………… 340
   2. 実業家から政治家へ ……………………………………………… 345
   3. 日ソ交渉と日中交渉 ……………………………………………… 350
   おわりに ……………………………………………………………… 354

15章　廖承志と中国の対日「民間」外交　　　　　　　　王　雪萍

   はじめに ……………………………………………………………… 361
   1. 建国前の廖承志の略歴 …………………………………………… 363
   2. 建国初期中国の対日外交の方針 ………………………………… 365
   3. 廖承志を対日業務統括者に指名 ………………………………… 369
   4. 廖承志及び中国対日業務の指導体制の変遷 (1949-1972年) …… 370
   5. 「民間」の力と対日友好活動の展開 …………………………… 379
   おわりに ……………………………………………………………… 382

16章　「紅い貴族」の民間外交
——西園寺公一の役割と機能　　　　　　　　　　　　馬場公彦

   はじめに——国交断絶期の日中外交を分析する視角 ……………… 391
   1. 西園寺の北京赴任 ………………………………………………… 393
   2. 日中間の人的・物的往来の促進 ………………………………… 396
   3. 北京在住邦人との情報の収集と伝達 …………………………… 401
   4. 中国政府の対日広報 ……………………………………………… 405

  5．文化大革命による機能停止 …………………………………… 408
  おわりに——「西園寺機関」の功績と限界 ………………………… 412

あとがき 419

主要人物紹介 421
関連年表 429
索引 435
執筆者紹介 441

第1部 想像と論理

第1部　想像と論理

川島　真

　近現代の日中関係150年において，きわめて緊密な時期もあれば，相当に交流が限定された時期もあった．また敵対的な側面が強かった時期もあれば，友好が強調された時期もある．では，それぞれの時代の相互認識はどのようなものであったのか．認識は関係の実態の結果でもあり，またその認識が政策やその後の関係のありかたにも影響を与える．ただ，日中の場合，そもそも中国（の知的体系）を理解することに相当な精力を長期にわたって傾けてきた日本と，そもそも強い意識や認識すら日本に対してもたなかった中国側とでは，その認識の内容如何に関わらず，相手に対する認識の絶対値という点で，大きな隔たりがあった．

　近世の日本では中国に対して憧憬を抱きつつも，それでも独自，独立の気風が育まれつつあった．明治以降にもそうした気風は継続し，和洋中という語に示されるように，中国を一つの引証規準とし続けた．だが，その内容は次第に否定的な側面をともなうようになった．そしてアジア主義や支那学の進展にもはじめ，近世以来の認識を土台にしつつ「近代日本としての中国認識」を育むにいたったのである．そこでは，「近代」や「（近代的）文明」がひとつの指標となって日本の先進性が語られ，他方で戦時中になると西洋と異なる東洋の文化，文明のあり方を強調しつつも，それを適切に体現するものが当時，つまり近代の中国ではなく，「日本精神」をはじめとする日本の独自性にある，ということが強調されるようになる．だが，中国においても日清・日露戦争の過程で日本への関心が高まり，「近代」の範としての日本が描かれながらも，日露戦争の過程，あるいは少なくとも1910年代には日本が中国の主権を脅かす存在としてクローズアップされることになる．日本は近代の範として描かれながらも，同時に脅威として認識されたのである．そして，中国では日本の侵略への抵抗，克服が，まさに国家の存亡と関わり，国民の正義として位置づけられていくようになった．

　日本は「近代」という論理の下で中国に対する優越性を認識し，その「近代」の克服のために古代の東洋を一面で肯定的に認識しつつ現代中国を批判した．それに対し，中国では「近代国家」としての日本を肯定しつつ，同時にそれが日本の強国化を導き，中国にとっての「脅威」の源泉ともなることを認識した．そして，中国もまた「近代国家」の主権や国権の論理に正義を見いだして，日本を侵略者として批判的し，主要敵に位置づけるようになっていったのである．

　このように，日中双方では「近代」を媒介にしつつ，相互にアンビバレントな感情を抱いていた．無論，相互認識は多様であり，一概に叙述できることではないにしても，一定の傾向は見られたであろう．第1部では，そのような相互認識のあり方を，近代初期から日中戦争期にかけて検討する．それは，19世紀後半の清の駐日代表団の対日認識，近代文明に照らした日中の自己認識と相互認識，20世紀初頭の中国における「反日」の形成過程，さらに日中戦争期の重慶映画における中国の自己認識，対日認識といった個々の事例の中で具体的に叙述されるであろう．

1章 1880年前後の日中ジャーナリズム論争
——琉球併合・アジア・相互イメージ

塩出浩之

はじめに

　本章では近代日中関係史の初期における一断面として，1880年前後に日中のジャーナリズム間で琉球併合問題をめぐって起こった"論争"について分析する．

　日本政府が1879年3月に琉球王国の併合・沖縄県設置（「琉球処分」）を強行し，4月にこれを公表すると，琉球王国の宗主国だった清朝中国は日本に王国と宗属関係の復活を要求し，日中関係は緊張した．中国がイリ問題をめぐってロシアとも緊張関係に陥ったことや，元アメリカ大統領グラント（Ulysses S. Grant）の仲介もあって，日中間ではいわゆる琉球分島・改約交渉がいったん妥結に至ったが，清朝政府に対する亡命琉球人の「分割反対＝救国運動」や，中露の緊張緩和によって，1881年初頭に交渉は途絶した（西里，2005）．

　本章では，政府間交渉とは異なるレベルでこの時期の日中関係を捉える．このとき，日本・中国の双方で生まれて間もなかったジャーナリズムは，ともに琉球併合の是非および日中関係の緊張について論評を加えただけでなく，その互いの論調に対して強い関心を持って相互に参照・批評し，"論争"に近しい状況が生まれていたのである．

以下ではまず，この"論争"を可能にした東アジアの国際環境と，"論争"のコミュニケーションとしての態様について考察する．それは東アジアの近代史において，激しく変動した国家間の関係（協調・対立・戦争）と並行して形成された「公共財」（籠谷，2000；川島，2009）の観点からも興味深い事象である．次にその上で，日中ジャーナリズムの間で何が争われていたのか——関心事として共有されていたのは何であり，その見解にはどのような対立点と一致点がみられたのか——を紙面分析から検討する．その主な論点は，琉球併合の是非と開戦の是非，日中の「アジア」としての提携である．そして最後に，"論争"の別側面からの分析として，日中ジャーナリズムの相互イメージについて，同質性の有無（中華文明と西洋近代）・政治システムの評価・ジャーナリズム自体の評価といった観点から考察する．

1. 19世紀後半の東アジアにおける新聞とコミュニケーション

1.1　開港場ネットワークと新聞

　19世紀半ばに中国，次いで日本でジャーナリズム（定期刊行物）が誕生した契機は，両国における開港場の設置，そして居留欧米人の新聞発行であった．開港場の設置は単に欧米との貿易をもたらしただけでなく，東アジア各地をそれまでにない規模と形とで結びつけ，ヒト・モノ・情報の日常的な往来が生まれたが，ジャーナリズムはその重要な一部をなしたのである（川島，2009）．日中どちらの新聞も，この時点でマスメディアとみなしうる規模の読者をもっていたわけではないが[1]，その機能は商業情報や報道一般にとどまらず，政論を含む公開のコミュニケーション（公論）の場としての役割を担うようになった[2]．

　中国が1842年の南京条約でイギリスに香港を割譲し，上海をはじめとする5港を開くと，欧米人の宣教師や商人たちが香港・上海・福州などの各地で英字新聞や華字新聞の発行を始めた．その編集・発行にも多くの中国人が従事していたが，1872年頃からは中国人主体による新聞の発行が始まった（方，1992；胡，1987；卓，1990）．清朝政府は邸報といわれる政府公報以外の刊行を

民間に認めていなかったため，中国の知識人は租界に対して清朝政府の支配が及ばないことを利用したのである（馬，2007）．

本章では，『申報』と『循環日報』の2紙を分析する．『申報』は1872年，上海でイギリス人メジャー（Ernest Major）によって創刊されたが，蒋芷湘や何桂笙など中国人が主筆となり，編集方針も彼らに一任された（胡，1987）．また「条約港知識人」[3]の1人と目される王韜が1874年に香港で創刊し，中国人経営の新聞として初めて成功した『循環日報』は，それまでの新聞と違って外国人経営主によって言論の制約を受けないことを売りにし（卓，1990），王韜自身が執筆する論説に重きを置いた（西里，2005）．

一方日本では，1858年の五ヶ国修好通商条約によって横浜や神戸をはじめとする開港地が設けられると，欧米人による新聞発行が始まり，それに倣って1868年以降，日本人による新聞発行が始まった．当初，日本人の新聞は商業情報や政府通達，報道一般を掲載するにとどまった．しかし横浜居留地でイギリス人ブラック（John R. Black）が発行した『日新真事誌』（1872～1875年）の，政論・投書を重視した紙面作りが刺激となり，とくに同紙を発端とした1874年初頭の民撰議院論争を皮切りに，各紙は積極的に政論を掲載するようになった（鳥海，1988；牧原，1990）．つまり日本でも，ブラックが領事裁判制度により日本政府の法的規制を免れていたことが言論空間活性化の一要因となった（稲田，2000）．

本章では，『横浜毎日新聞』『東京日日新聞』『郵便報知新聞』『朝野新聞』の4紙を分析する．『横浜毎日新聞』は1870年に神奈川県令・井関盛良の後援で創刊され，当初は市場情報を中心とした．1879年11月，沼間守一に買収され『東京横浜毎日新聞』と改名した．『東京日日新聞』（1872年創刊）は岸田吟香を編集長とし，福地源一郎が主筆であった．『郵便報知新聞』（1872年創刊）は栗本鋤雲を主筆とし，記者には箕浦勝人，藤田茂吉など慶應義塾出身者が多かった．『朝野新聞』（1872年創刊）は成島柳北を社長とし，末広重恭が論説主任を務めた．沼間・福地・鋤雲・柳北が旧幕臣だったことは，ジャーナリズムの明治政府に対する独立性・対抗意識を顕著に示す（山本，1990；三谷，2004）．なお一般に『東京日日新聞』が明治政府の代弁者とみなされる一方，他紙は「民権派」とされることが多いが，外交論に限っていえばこの分類は必ずしも適合

的でない（塩出，2007；塩出，2013）．

　なお，この時期における日中ジャーナリズムの大きな相違の1つは，日中それぞれにおける政府の言論政策との関係だった．日本側では，改正新聞紙条例および讒謗律の制定（1875年）によって明治政府の本格的な言論規制が始まったというのが一般的な理解だが，実のところ，日本のジャーナリズムはいかにしてこの2法に触れずに政府批判を行うかという駆け引きを通じていっそう活性化した（稲田，2000；塩出，2008）．これに対して中国側では，どのような言論が犯罪に値し，それにどのような刑罰が科せられるのかを示す根拠法のないまま，その度ごとに清朝政府の判断で処分が行われていた（馬，2007）[4]．法による規制は，反面では自由の保障を意味したのである．

1.2　日中ジャーナリズムの相互参照

　前述のように，開港地の欧米人による新聞発行に触発されたことに加えて，1870年代前半に活性化した点でも，日中の草創期ジャーナリズムには同時代性があった．ただしこの時期，東アジア各地は急速に関係を深め往来を増すとともに，国家間の紛争を頻発させていた．日清修好条規の締結（1871年）によって日中は新たな関係に入ったが，これは日本の明治政府が欧米に対してだけでなく，近隣地域に対しても主権国家として振る舞い，中華帝国秩序に対する挑戦を始めたことを意味する．台湾出兵（1874年）と朝鮮開国（日朝修好条規，1876年）は，清朝政府だけでなく，中国のジャーナリズムが日本の軍事行動に対する警戒を強める結果をもたらした．一方，日本のジャーナリズムも中国の動静には強い関心を払った．日中間が上述のような紛争を抱えていたのに加えて，中国とロシアやイギリス，フランスとの間に生じていた紛争が，日本にも大きな影響を及ぼしうるものとして注視されていたからである．日中の関係は相互依存が深まる一方で，国家間レベルでは琉球併合以前からけっして良好とはいえなかったが，むしろそれゆえにこそ，双方のジャーナリズムは互いに強い関心を持ち始めていたといえよう．

　そして琉球併合前後の日中のジャーナリズム間では，開港地ネットワークを媒介として，相互に論調や報道を参照し，しばしばそれに自らの論評を加えるという関係が成立しつつあった．ただし，そこで1つの重要な媒介項となった

のは，各開港地で発行される英字新聞を通じた情報伝達であった．

　日本側では，このような関係の発生と，その構造的な特徴に気づいたジャーナリストがいた．『郵便報知新聞』は日中の貿易をいっそう盛んにすべきことを論じた 1879 年 7 月 4 日付の社説で，両国は互いに国情を知るべきで，とくに「清人」は「我国の文書を学ぶ」べきだ，日中は「同文の国」とはいうが，同じなのは「文字の一部」のみで「文章」は異なるとして，次のように述べている[5]．

　　　現に香港上海の新聞記者が我国の新聞紙を抜萃するを観るに，直ちに我国の新聞紙を訳出するにあらず，一たび我文字を横浜の西字新聞に飜訳したるものに就て復た之を支那文字に飜訳するなり．（中略）我国の情況を知るに必要なる論説紀事は皆二重の手間を経るにあらずんば解する能はざる[ママ]の文章より組成するを以て，清人の我が国情を知るや極めて遅く極めて拙し．（中略）我国人は則然らず，苟くも適宜の教育を受けたるものは皆能く支那の文書を解するを得るなり．唯支那語を話する能はざるのみ．

　つまり日本側が伝統的な漢学の素養によって，中国の新聞を漢文として読んでいたのに対して，中国側は日本の新聞の内容を，開港地の英字新聞を通じて読んでいたのである．実際，日本側が中国の新聞を漢文として読解していたのは，紙面で訓読して紹介している事例が多々あることから明らかだが，中国側が日本の新聞を直接読解していた形跡は，管見の限りない[6]．『郵便報知新聞』記者が不満げに述べるこの言語間のギャップは明らかに，伝統的な中華文明圏の文化的中心－周縁関係を反映していたといえよう．しかし，そもそもこの記者にとっての発見は，英字新聞を介してではあるが，中国側が日本の新聞の内容を参照しているという事実であった．

　当時，各開港地で発行された英字新聞は，開港地ネットワークを通じた情報集散の基幹部分をなしていたといえる．上海・香港・横浜などで発行されていた英字新聞はそれぞれ，欧米各国や他の開港地から到来した英字新聞の記事を転載するとともに，開港地の中国語・日本語新聞の記事を訳載し，従ってその訳載記事も他の開港地の英字新聞に転載される仕組みとなっていた．そしてさ

らに中国・日本のジャーナリズムが，これら開港地の英字新聞の記事を外国情報として紙面に訳載していたのである[7].

　與那覇 (2009) が明らかにしたように，東アジアにおけるこのような英字新聞の「広域的な投稿・引用ネットワーク」は，それ自体で「英語言論圏」を形成し，日本の琉球併合をめぐって1つの論争を生んでいる．上海の英字新聞で日本の琉球併合が批判的に論評されたのに対し，日本の北京公使館が上海の著名ジャーナリストだったイギリス人バルフォア (Frederic H. Balfour) を雇って日本の正当性（併合の歴史的根拠）を主張する投書を行わせ，それがさらに上海や横浜の英字新聞で再反論されたのである.

　ただしここでは，開港地英字新聞を日中のジャーナリズム，さらには言論空間を接続したネットワークとしての側面から捉えよう．『郵便報知新聞』記者が気づいたように，中国のジャーナリズムは，英字新聞が訳載したものに限ってではあるが，日本で誕生して間もない新聞の報道や論調を頻繁に参照していたのである[8].『循環日報』や『申報』の紙面に，「日本泥芝泥芝新報」[9]，「日本荷芝新報」[10]，「渡基澳初冶善賔日報」[11]，「日本横浜阿基保新報」[12] といった発音上の表記で日本の新聞名が登場することは，この伝達経路を明瞭に示している.

　以上のように日中ジャーナリズム間では，日本のジャーナリズムが中国語新聞を漢文として読み，中国のジャーナリズムが日本語新聞を英字新聞の翻訳を通じて読むという非対称的な構造ではあるが，相互参照関係が生まれていた．それは厳密な意味での双方向的な関係ではなく，一方が他方の主張を批判した場合に，それに対する反論・再反論が応酬されるという意味での論争が起こったわけではない[13]．またしばしば双方のジャーナリズムは，媒介となった各地の英字新聞自体が日中開戦の可能性を喧伝するような報道や論評を行っていると不満を表明した[14]．しかしかつてはそもそも存在しなかった言論空間の接点を通じて，双方が互いの国情・民心に関心を持って論調・報道を参照し，批評を加えるという関係が継続的に存在したことをここでは確認しておきたい．

　なお1880年前後の日中ジャーナリズムには，開港地ネットワークを通じて，わずかながら人の往来も生じていた．『東京日日新聞』は，1877年から記者の岡正康を上海に通信員として派遣しており，1878年2月以降，定期的に「上

海通信」を『東京日日新聞』紙上に掲載している[15].その内容には,琉球併合問題や中露のイリ紛争をはじめとする,現地の中国語新聞や英字新聞の論調・報道に関する紹介も含まれていた.ちなみに岸田吟香も,目薬「精錡水」を扱う薬局(楽善堂)を出店するため,1880年1月から5月まで上海に渡っている.吟香は帰国後,アジア振興のための日中提携を標榜して同年2月に東京で設立されていた興亜会の議員にも選ばれた(杉浦,1996).

一方,『循環日報』の創刊者・王韜は,琉球併合直後にあたる1879年4月29日から8月23日まで日本を訪問していた(西里,2005).興亜会の曽根俊虎は1880年に香港で王韜に会い,王韜は興亜会に入会している(並木,1993).この交流が日中ジャーナリズムの"論争"と直結したことは,後述するとおりである.興亜会の会報『興亜会報告』(1880年3月〜1882年12月)は中国・朝鮮の会員にも送付され,漢文の記事・論説がかなりの割合を占めた[16].これは言語面における3国の伝統的な中心―周縁関係を前提としながら,可能な範囲で日本からの意思疎通を試みたものといえよう.

2. 琉球併合問題をめぐる日中ジャーナリズム"論争"

2.1 琉球併合の是非と日中関係

日本の琉球併合に対する日中ジャーナリズムの反応をみると,双方で共有されていた争点はまず,琉球併合の正当性の有無と,それが日中関係に及ぼす影響とについてであった.この2点について双方の論調を前もって概括すると,琉球併合については,日本のジャーナリズムは日本政府の併合断行を積極的にせよ消極的にせよ支持し,中国のジャーナリズムは清朝の琉球王国・宗属関係復活の要求を支持するという平行線だったが,双方とも,琉球併合問題による日中関係の悪化,とくに戦争による解決には強い懸念を示した(西里,2005;塩出,2007).正当性については双方に相容れる部分がなかったが,軍事力の行使には,自他の国力の見積もりと利害の判断から双方とも消極的だったのである.そして注意すべきことに,双方とも避戦を優先する故にこそ,なおさら自国の正当性については譲らない態度を取るようになっていった.

まず琉球併合が正当か否かの評価は，それまでの琉球と日本・中国との関係をどう認識するかと密接に関わっていた．"論争"は，琉球併合の直前から始まっていた．

　1879年初頭に内務官僚の松田道之が琉球に派遣された時点で，日本のジャーナリズムでは『朝野新聞』が日本の朝貢停止命令に従わず「支那国に敬慕」する「琉球の所為」を「悪むべく怒るべき」だとして断固たる処分を主張する[17] 一方，『横浜毎日新聞』が「外藩」としての維持を主張する[18]など，議論には幅があったが，中国では『申報』が，このような日本側の論調について批判的な論評を加えた．すなわち「日本新報議論」について，「理」に近いもの，「勢力」に頼るもの，「無知」にして「妄議」するものなど様々だが，みな「意外」に出るものではなく，要するに日本では「君」「臣」「民」を挙げて琉球を「臣服」「夷滅」しようとしているのだと概括した．日本は「地勢」と「兵力」だけに頼って琉球を併合しようとしているが，琉球が中国の「徳」を慕って「貢献」を通じ「正朔」を奉じている関係は揺るがないと主張したのである[19]．

　日本側でも，中国側の論調に注意していた．『朝野新聞』は，「琉球が日本帝国の附庸」であることは「歴史上地理上」の「証跡」があるとした上で，「支那新聞紙」が「論を憚らず」に「琉球は本来支那の属国」として「支那政府は放擲すべからず」と主張するのに対し，「妄誕無稽」と批判した．その「証跡」とは薩摩の琉球侵攻，明治維新後の琉球藩王冊封，そして台湾出兵であった[20]．

　そして琉球併合が実行されると，日本側では『朝野新聞』や『郵便報知新聞』が当然として支持する一方，『東京日日新聞』や『横浜毎日新聞』は「政府の意に非ず」として正当性の不十分さを指摘しながら，「勢」「政略」からやむを得ない「御処置」だとして容認した（塩出，2007）．他方，琉球併合に対する中国側の反応は，西里（2005）が明らかにしたように，大勢としては「琉球＝清国専属論」による日本批判だったが，「琉球＝日清両属論」の立場からも議論がなされ，「琉球＝日本専属論」や「琉球自主論」も紹介はされた．

　琉球を中国の藩属国として日本の琉球併合に批判する中国側の議論に対しては，当然ながら日本側はただちに反論することができた．『循環日報』は，琉球が「中朝藩服」であることは今に始まったものではないとして「清国専属

論」の立場から日本を批判した[21]．これに言及して，『郵便報知新聞』はそれなら中国はなぜ琉球を「保護するの道を尽」してこなかったか，「我政府，琉球を保護して警備を置き官吏を遣り，以て島民を支配するは亦今に始まるにあらず」，「琉球国主を藩王となしたる」以来，日本は琉球を実効支配してきたと述べて反論した[22]．また『循環日報』は日本の台湾出兵について「早已志在鯨吞」と批判したが[23]，『郵便報知新聞』は「琉球島民の難に遭ふや，来りて我政府に訴ふ．義已に藩属たり．（中略）我已むを得ず兵を起せり」と否定した[24]．

しかし重要なのは，中国側が「琉球＝清国専属論」をとった場合にも，主権国家としての排他的な支配を論じているのでない限り，日本側の反論は決定的な打撃とならなかったことである．さらに中国側が琉球を日中両属の王国と認め，それをあるべき関係とみなすならば，日本側の併合正当化の論拠は意味を持たなくなった．『申報』は，琉球を中国に「明初」以来「入貢」する「東洋一小国」とした上で，日本と琉球との関係についても「自立」を許した「東之外府」と認めながら，日本が琉球を「滅」ぼしたことは「不正」「不公」だと批判した[25]．これは西里（2005）が指摘するように，両属を認めた上で日本[日本]を批判する主張といえよう．なお日本側では古文献や伝説によって琉球王国が元来日本の一部だと主張する論者もあったが，これは日本国内でも意味ある議論として受け入れられていなかったし（與那覇，2009），中国側の観点からみればやはり両属と矛盾しない論点だった．

日本側にとって最終的に併合を正当化しうる論拠は，台湾出兵の後に日中の間で作成された北京議定書（日清両国間互換条款及互換憑単，1874年）[26]によって，両属の否定を中国政府自身が承認したはずという認識だった．『朝野新聞』は『循環日報』の論説「論日本不宜貪琉球」を評して，「自尊」のあまり「虚妄」に失すと批判し，「古来の事歴」からいって「琉球の支那への朝貢」より，「琉球と我国の親密」のほうが古いと主張した上で，「征台紛議の結局」に言及した[27]．これは，「古来の事歴」という論点だけでは説得的でないことを自覚した主張とみてよいだろう．また『郵便報知新聞』は，「清政府」には「不快の感情」はあるだろうが「条理」も「辞柄」もないとして，「台湾出兵」の際の「文書」を挙げて，琉球処分は「我内政の一部」であり容喙できないと述べ

た[28]).

　実のところ中国のジャーナリズムは既に台湾出兵の時点で，日本側に琉球を属国とする意図があると推測して警戒を示していた（西里，2005）．だが，それは琉球が中国に専属すると捉える限りでは許容しがたいとしても，両属を本来の関係として認めれば，北京議定書も中国と琉球との宗属関係を否定したことにはならないと捉えられた．台湾出兵を日本側の「越俎」であり，琉球を「藩属」とするための「藉口」を謀っていると評した上で，「蓋琉球雖属日本，不能不謂其兼属中国」と述べた『申報』の見解[29])は，その要約といえる．ゆえに，議論は平行線にしかなりえなかったのである．

　ただし重要なことは，このように日中の議論がかみ合っていないこと自体が，双方に理解されていったことではなかろうか．日中双方に「理」「証」があるために「葛藤」が生じており，「争弁の結局」は一方が黙止せぬ限り望めない（『朝野新聞』)[30])，「日清両廷」は「互に主持の本位を異にし，共にその本位を離るるを好まず」（『東京日日新聞』)[31])，「琉球一事（中略)，東人必以東人為是，而非中人，中人亦必以中人為是，而非東人」（『申報』)[32])，などの評言に示されるように，琉球併合の是非をめぐる議論が，日中双方の正当化論理自体が異なっているために収束しえないことは，報道と"論争"を通じて互いに認識されていった．従って問題は，ではいかにして琉球併合問題に決着を付けるかという点に収斂していった．そして他方で，当初から双方にとっての関心事となっていたのは，いかにして軍事力の行使による決着を避けるかであった．

2.2　日中避戦論と「万国公法」

　日本のジャーナリズムは，琉球併合を積極的に支持した論者も含めて，中国との関係悪化を強く恐れ，日中の提携を説いた（塩出，2007)．

　琉球併合直後，これを「英断」「適当の処分」と称賛した『朝野新聞』の論説でさえも，同時に「亜細亜の一大国」との「関渉」に言及し，「辞令の宜きを失へば異日両国の釁隙を開くこと免れず」との懸念を表明していた[33])．同紙は，「上海香港の諸新聞紙」が，日本は「陰に支那に挑み兵端を開くの口実を求むるなり」と論じているとして，「妄断憶測」だと打ち消した．「両国の交誼」は「東洋の政略を維持」するため不可欠であり，このような誤解は中国が

「我が国情」を知らないためだ．「支那の歓心を買い，政府人民の疑惑を氷解せしむる必要」があるというのであった[34]．さらに同紙は，「条理」「体面」に関して琉球問題で中国に譲るところはないとしながら，「砲火」による「国権」の保護は「不幸中の不幸」だとして，「条理」「議論」による決着を必須とし，戦争の可能性を考慮するとしても先制することだけは不可とした．なぜなら第1に，先制論者は日本の軍事力は中国より優っているというが，「兵事」は「机上」で談じうるものではないし，第2にもし勝てば「栄誉」はあっても，「交際を失」うことによる「東洋政略」「東洋貿易」上の損失のほうがはるかに大きいからであった[35]．

　このように，中国との関係悪化，特に開戦を日本のジャーナリズムが強く恐れたのは，第1に，軍事力を実際に用いた場合，日本が中国に十分に対抗できるという見通しを持てなかったためであり，第2に勝敗にかかわらず，両国の敵対と国力消耗は，ロシアやイギリスを始めとする列強にとって東アジア（「東洋」「東邦」）への勢力扶植を容易にするうえ，現に存在する日中貿易の利益を失うという判断によるものであった．

　これに対して中国のジャーナリズムも，琉球併合について一貫して日本を批判し，戦争の可能性に繰り返し言及しながら，軍事力の行使については否定的であった．古来中国に「服属」してきた琉球が今いったん日本に滅ぼされた以上は，「一旅」（軍隊）を出して，琉球をめぐって日本と争うべきだという主戦論について，『申報』は「非不有理」と認めつつも，「海防久以廃弛」という現状を踏まえて，ロシアを始めとする各国に隙を与えることは出来ないと退けた[36]．自国の軍事力への不安に加え，現に西北のイリ地方をめぐってロシアとの紛争が起こっていたことを理由に，避戦を選択したのである．

　軍事力に対する不安の裏返しとして，『申報』は日本の琉球併合が「力」「勢」に頼ったもので，「理」に背いているという批判を繰り返し訴えた．中国と琉球との関係は「順逆之理」であって，「強弱之勢」によって変えられるものではなく，日本が「力」に頼って「兼併」しても「列邦」の「笑」を買うといった主張がその典型である[37]．ここで問題なのは「理」＝正当性を承認するのは誰かであり，『申報』は，日本の琉球「滅国」は中国も琉球も欧米諸国も支持しない[38]としてその不当性を批判していた．これを言い換えれば，「勢」

（力）によって琉球の「土地」は得られても「民心」（「故主」への「念」「恩」）は変えられず，また「万国」は「公法」を有し，日本の琉球併合もその「公論」から逃れることはできない[39]という主張になる．また軍事力に関しても，「中国」と「泰西各大国」の力を合わせれば，日本と匹敵し琉球を保護するに足るという主張になったのである[40]．

『郵便報知新聞』はこのような「香港上海の支那新聞紙」の論調を概括して，「琉民は中朝を敬慕して已まず」，ロシアは日本ではなく中国を援ける[41]，そして「万国公法」に訴えれば中国が勝つといったことを主張しているが，これらは皆「自ら依頼すること能はずして，他に依頼するの志」によると解し，中国に「今日に於て兵端を開く志」はないと分析している[42]．もっとも，日本側も軍事力による決着を望んでいなかったことは既に述べた通りである．また琉球人民の意向も欧米列国の反応も，当然ながら日本側にとっても左右できない条件だった．『朝野新聞』が，「支那政府の琉球事件に関する異議」は「欧米も善視せざるべし」として「不理を悔悟」するよう説いた[43]のは，中国側と全く同じ論法といえる．

従って英字新聞での琉球帰属をめぐる論争は日中ジャーナリズム双方の関心を集め，さらにグラントの仲介による日中交渉は紛争の裁定に決定的な意味を持ちうるものとして注目された．このときの談話の内容についてグラントの随行記者ヤング（John R. Young）が『ニューヨーク・ヘラルド』に寄稿した記事（1879年8月15日，9月1日）は，日中ジャーナリズム双方でただちに訳載されている．

琉球併合について当初は容認しながらも正当性への疑念を示していた『東京日日新聞』は，この報道に接した直後から，「琉球の事」は日中両国にとって「小事」であり「栄辱」を問うに足らず，争うのは「得策」でないとの避戦論によって，むしろ日本の正当性を主張する方向に傾斜した．「傍観公平の見」として欧米人の琉球紀行文集を根拠とすることで，琉球は「日本に隷属」しているとする一方，「清国の正朔を奉じ冊封を受け」ているといっても，「政事法令」は「隷属」していないので「属国」ではないと，主権国家の見地から宗属関係を無意味とみなしたのである[44]．これは避戦のために，日本の正当性について欧米から承認を得るための論理を模索したものであろう．

一方，やはり琉球併合について当初から批判的だった『東京横浜毎日新聞』は，アメリカの「仲裁」は「国権」のため「断然之を拒んで可」だと主張した．これは一見併合の正当性を認めたようで，実際は逆であった．すなわち，琉球が「日本単属」「日清両属」のどちらか判断するための「確証」を論者は得ることができなかったが，「我が国家の安危を負担する当局者」が「両属の国を独断処分し一国の平和を攪乱」するはずがないので，「沖縄処分」は「正理公道」から出た措置だと「信」ずることとした．しかし日本政府が「漫然外国の仲裁を受くる」ことになれば，「傍観の外人」は「日本政府の沖縄処分は心に羞づる所あるに依るなるべし」と評するはずだ，というのであった[45]．同紙は日本の琉球併合について批判的立場を維持したからこそ，日本政府がアメリカの仲介を受け入れるなら，欧米列国に対し正当性の不十分さを自ら認める結果となると警告したのである．

　結局，琉球諸島の分割という案が妥結した後も日中は明確な合意に至らず，またその経緯全体が公表されなかったため，日中ジャーナリズム間では，互いに自らの正当性を譲らないまま避戦を優先するという状態が続いた[46]．なお日中の利害，欧米の意向に比べて，当事者である琉球の人々の意向が日中双方からはるかに軽視されたことは否定できない．

2.3　日中提携論と「アジア」

　かくして日中ジャーナリズムの双方の議論は，琉球併合問題の決着よりも避戦を優先し，2国の協調を求めるという方向に収斂していった．その過程では，双方が「アジア」という地域概念に言及しながら，日中には共通の利害が存在し，提携が必要だという主張を展開する状況が生まれた．

　中国側では1879年10月頃，『循環日報』が「台湾一役」以来，朝鮮，琉球へと日本が「誇張」を始め，次第に中国にも「玉帛」ではなく「兵戎」をもって接しつつあると批判した上で，日本に「亜洲大局」への注意を促した．すなわち，朝鮮，インド，ビルマ，シャム，ベトナムみな振るわず，ロシアの脅威が英仏によってようやく抑えられているに過ぎない現状では，中国と日本の協力が不可欠であり，琉球をめぐる争いでロシアに付け入る隙を与えてはならないというのであった[47]．これを読んだ『朝野新聞』は，日本の「征台」「朝鮮

開港」「琉球処分」は「義」「理」のあるものだという留保をつけたものの，日清は「唇歯の関係」であり，「瑣々たる事件」で「猜疑」し「兵馬の間に相見る」に至るのは両国，ひいては「亜細亜全洲」の損害だとして，論旨の「大体」については賛同した[48]．また1880年3月，『申報』が「中東合従」によってロシアに対抗し，「亜洲之大局」を維持すべきだと論ずると[49]，『郵便報知新聞』は「合従して共に魯を拒ぐは為るを得ず」として，もし「魯清事ある」も日本は「局外中立を保守」するという限定の上で，論旨には取るべき所があると評価した[50]．

このように中国ジャーナリズムの日中提携論に呼応した日本の新聞が，『朝野新聞』や『郵便報知新聞』といった琉球併合問題での強硬派だったことは興味深い．そしてこれらの新聞の側からも，日中提携への働きかけは積極的に行われていた．それは，興亜会の結成につながる動きである．1879年11月19日，『郵便報知新聞』に掲載された草間時福の論説「東洋連衡論」は，「亜細亜の国々は自己あるを知りて亜細亜あるを知らず」として，各国をつなぐ「公共の情帯」が必要だと論じた．草間はまもなく『朝野新聞』の記者となり，1880年1月以降，日中の提携を機軸として「亜細亜」「東洋」の「連衡」を実現すべきだと主張する論説を同紙に発表した[51]．1880年2月に曽根俊虎（海軍大尉）を中心として興亜会が発足すると草間はその役員となり，同紙の高橋基一や成島柳北，末広重恭も入会している（酒田，1978；黒木，2005）．曽根は清国駐日公使・何如璋らに興亜会の趣旨への賛同を呼びかけてその入会を得，また香港に赴いて『循環日報』の王韜を会員とした（黒木，2005）．『興亜会報告』に掲載された金子弥兵衛の漢文論説[52]について，アジア諸国の急務を「自強」とし，「唇歯」の関係にある日中韓がロシアに対抗すべきだとするその趣旨を，『循環日報』は「識見卓越」として紹介している[53]．

避戦・協調のために，「亜細亜」を単位とする利害を日中ジャーナリズムの共通認識としようという意思疎通の試み自体は，ある程度成功したといえよう．ただし，日中提携論の先に求めるものは，両国ジャーナリズムの間で異なっていた．

第1に，中国側は当時，イリ問題をめぐる中露紛争が琉球併合問題以上に緊迫しており，もし戦争となった場合に日本が中国を支援するか，少なくともロ

シア側に立たないよう期待していた．中国のジャーナリズムは，日本がロシアと提携して中国を挟み撃ちにする可能性を強く警戒していたのである（西里，2005）．彼らが「亜洲之大局」を強調したのは，ロシアの「外侮」に対し，「亜洲之兄弟」たる日中が提携するという構図が整合的だったからだろう[54]．

　これに対して，すでに触れたように，日本のジャーナリズムは中露の紛争に日本が関与することには否定的だった．『郵便報知新聞』は，日本がロシアに対し中国と同盟すれば，むしろ「公法」を破り「万国を敵とする」事態に陥るとして，『申報』の所論を「戦国策士の口吻」と批判していた[55]．したがって日中提携の趣旨が中国側と一致しうるのは，日本が中露間で中立を維持する場合に限られたといえよう．『朝野新聞』は，次のように「興亜」の論理と中立とを両立させようとした．すなわち，日本は中国に対して「聯合一致」により「興亜」を行うべき関係にあるが，ロシアは「宇内の強国」であり「我北地と一葦水」の位置にあり，両国に「怨」のない日本は「局外中立」を保つべきだ．ただし「友誼中立」によって日本がロシア艦隊の補給・修理を許せば中国は日本に「遺恨」を挟む結果となり，「亜洲衰運挽回の方便」を失うので，「万国が至公至正と認」める「厳格中立」こそが「清国の歓心」を得つつロシアの「憤怒」を避ける選択だ，と主張したのである[56]．

　『循環日報』は，日本のロシアに対する樺太・千島交換での対応が，中国に対する台湾出兵や琉球併合問題での対応と異なり唯々諾々としていたのは，ロシアを強く恐れているからだとして，ロシアは中国の脅威である以上に日本の脅威だと主張し，今は日本は安心しているが，今後ロシアは日本と朝鮮を狙うはずであり，そのとき助けになるのは中国だけだとして，ロシアに対する日中提携を呼びかけた[57]．日本にロシアに対する危機意識があっても，現に紛争を生じていない以上，あえて中国側に立って介入する可能性が高くないことは，中国のジャーナリズムでも認識されていたといえよう．ただし，琉球問題を解決するために日本が中露対立を利用するのではないかという疑念は極めて強かった（西里，2005）．また日本のジャーナリズムでも，「露清無事に帰する時は琉球の葛藤を引き起こさんも計り難し」[58]と，中露対立が続いたほうが，琉球併合問題をめぐる日中紛争を有利に運ぶことができるとの計算はあった[59]．

　そして第2のより大きな離齬は，直前の論点とも関わるが，日中提携論によ

って両国間の琉球をめぐる紛争の軍事的決着を避けることが，琉球併合の既成事実化という日本側の期待＝中国側の懸念に直結していたことである．草間時福は興亜会結成と同時期，日本が「地形」「形勢」において，ロシアとの間に樺太を挟む以外には「隣国と相接するなく，利害の相混淆するな」と述べており，琉球をめぐる日中対立については恐らく意識的に言及を避けた[60]．そして事実，『循環日報』の王韜は香港を訪れた興亜会の日本人と対話した際，王韜は日本が中国との「輯和」を望むなら琉球を「復国」させるべきだと主張したが，興亜会員は「琉球之事」は日本政府が既に「善処」しているとして全く応じなかった．王韜は，「嗚呼，果如其言，何以寂不聞也」とこれに強い失望感を示した[61]．この前提には，琉球併合問題はもはや「口舌之所能争」ではなくなっているにもかかわらず，「一戦」すれば「欧洲」諸国に隙を狙われるため，勝敗の結果如何によらず「中日」「亜洲」の幸福ではないという判断があった[62]．他方で『申報』は，「亜洲之大局」において「琉球之事」は「体面」の得失に過ぎず，「俄患」との「軽重」は明らかだと論じていた[63]．つまり中国のジャーナリズムは，ロシアとの交戦の危機にある現状では，日本から外交上の譲歩を引き出す以外に，琉球併合の既成事実化を覆しうる選択肢を持っていないと認識していた．だからこそ，王韜にとって日本人興亜会員との対話はその認識を補強するだけに終わり，失望しかもたらさなかったのである．しかし興味深いのは，日本側にとって琉球併合は既成事実化されることが「興亜」のため望ましかったが，中国側にとってみれば琉球復国要求は「興亜」の観点から正当化しえたことである．以後も『循環日報』は，日中が提携してロシアの侵攻を防ぐためにこそ，日本は琉球を復国させ不和の原因をなくすべきだと主張し続けた[64]．

　以上のように，日中避戦余儀なしとの認識が共有されることで，琉球問題そのものに限った議論では，日中ジャーナリズムはかえって互いに譲歩の余地を失ったといえよう．日本のジャーナリズムではこの後，琉球併合問題への関心は急速に失われていくが，中国側では関心事であり続けた（西里，2005）．

　このような状況について，琉球分島・改約交渉の沙汰止みがほぼ明らかになっていた1881年3月，『郵便報知新聞』は次のように評している．日中は，地理的に「相接する」とはいえ，昔から「輔車唇歯の親」があったわけではなく，

近年「周囲に無数の敵国を発見」して初めてその必要を感じたに過ぎない．しかもその後も，「友誼親睦を全う」することはできず，「台湾の役」「沖縄県の紛議」が起こっている．「談判」は終わり，今後「清から兵端を発する」ことがなければ「交際」は傷つかないはずだが，中国の「政府人民」は日本に「猜忌」を抱いており，「香港上海の諸新聞」は，いまや日本の「朝鮮への野心」を論じている．今後，両国は「愈々紛雑」を免れないだろう，と[65]．

順序からいえば少し後に書かれたものではあるが，次の『循環日報』の論説は『郵便報知新聞』の論説で概括されている論調とほぼ一致する．すなわち，日本は，元来中国に「仇恨」があったわけではないが，中国の「時事孔難」に乗じて版図を広げようとしている．今日は中国と和を失っていないが，「国勢」上，「地狭用繁」ゆえに「兼併」の策を必須とする日本は，「異日」また必ず中国と事を構え，「高麗」をめぐって「睦」を失うだろう，と[66]．この前後から，日中韓3国間では朝鮮の開国・近代化をめぐる協力関係構築の模索が始まるが，それが成功しなかったことは周知の通りである．

3. 日中ジャーナリズム"論争"における相互イメージ

3.1 日中関係の意味づけと相互イメージ

日中のジャーナリズムは，互いの国についてどのような認識を有していたのか．その認識のずれも，"論争"の焦点の1つだったといえる．

まず，日中関係に対する双方の意味づけについて改めて考察しよう．既に述べたように，「亜洲之大局」「興亜」といった地域概念への言及が，本章で考察してきた"論争"の過程では日中ジャーナリズム双方にみられ，いわば合い言葉として機能していた[67]．それまでヨーロッパ由来の単なる地理概念として用いられてきた「アジア」に政治的意味が込められたこと自体，この時期の新しい現象だった（三谷，2005）．そして「アジア」を日中を含む1つの単位としてとらえることの意味は，両者の相互イメージと直結していた．そこで注意したいのは，「アジア」と並んで，日中の関係について意味づけるため「唇歯輔車」「同文」「同種」など特定の言葉が繰り返し用いられたことである．このような

言葉の用い方は，日中ジャーナリズムの間で必ずしも同じではなかった．

中国側が「亜洲之大局」に繰り返し注意を促したのは，前述したようにロシアに対する危機意識，特にイリ問題での開戦の可能性から，琉球，さらには朝鮮をめぐって日本と対立するのを不利益とみたからにほかならない．「亜洲之大局」は，パワーポリティクス上の判断に適合的だったのである．そして中国側が「亜洲之大局」と並んで頻繁に用いた言葉は，「唇歯輔車」(「輔車唇歯」)だった．「唇歯輔車」はいわば地政学的な相互依存関係を意味し，国家間の地理的な近さと安全保障上の利害の密接さとを結びつける伝統的語彙だったが，一方で注意すべきは，国家同士の同質性の有無には関係のない言葉だったことだろう．

これに対し，日本側では「アジア」あるいは日中関係について，中国側と同じく「唇歯輔車」という地政学的な相互依存関係が語られた[68]だけでなく，同質性を含意する「同文」「同種」などの言葉がしばしば用いられた[69]．「旧交の隣国」「同文同種」「東洋の唇歯」を並列した『郵便報知新聞』の論説[70]や，「我が邦と支那とは隣国なり同文国なり，其の人種を同うし其の風俗習慣を同うし互に輔車と為り唇歯と為り，利害を一にし休戚を与にするの国勢国情なり」と述べた『朝野新聞』の論説[71]がその好例である．ここには，どのような日中の認識枠組みの違いが反映されているのか．

厳密にいえば，中国側も「同文」の語を用いることはあったが，「同種」に類する概念への言及は管見の限りみられない．そして中国側が「同文」に言及する場合，それは日本が漢字が体現する中華文明の下にあったことを含意していた．『循環日報』は，日中のロシアに対する「土壌」の「唇歯輔車」の関係に触れる一方で，日本はもとは「我朝」に「相通」じ，「文字」も同じで，日本の「文士」は中国の書籍を「喜購」していたが，「泰西」との通商以来「西学」をあがめ「西法」をまね，にわかに「傲然」として自分が優れていると思い，中国を軽んずるようになったと嘆いている[72]．これは既に触れたように『郵便報知新聞』が，日中は「同文」と称するが「文字の一部」だけに過ぎないと述べた[73]のとは好対照をなしている．

逆に日本側が「同種」の語を用いたのは，中華文明の序列と関係なく同質性を強調するのに適していたからだろう．「因循姑息の支那人」でさえ日中提携

の「活眼雄論」を有する以上,「改良進歩の日本国人」も応ずるべきだとして,日中は「唇歯輔車」であり「同人種相猜疑すべからず」と『朝野新聞』は述べている[74].「因循姑息」と「改良進歩」という対比は,中華文明の中心性を西洋文明の学習によって否定しようという強い意識の現れであり,だからこそ「同人種」が用いられたのではなかろうか.

3.2 政治システムとジャーナリズムをめぐる相互イメージ

日中間の同質性如何をめぐる齟齬は,実際に論争に発展している.興亜会の発足に関する『循環日報』の論評が,『朝野新聞』の末広重恭から激しい反論を呼んだのである(並木,1993;三谷,2005).『循環日報』は興亜会が「亜洲」を「振興」し「国運」を盛んにするため,中国・朝鮮の「語言文字」を学び,その「政治」「教化」を取り入れようとしているとみなして評価する一方,「西国之例」にならって「公挙議政人員之法」(選挙制議会政治)を導入するのは「亜洲」の「国俗政治」に合わないとし,それを「民間」から政府に要求している日本の現状に対して,国中が乱れ「民情強悍」となっていると批判した[75].これに対して末広重恭は興亜会の集会での演説で,「亜細亜萎靡」「欧洲隆盛」の原因は「政体の組織と国民の気象と」の違いにあるとして,日本の「国会論」は「我が国民」が「自ら進取」しつつあることを示しており,興亜会は「支那の風俗政治を慕う」ものではないと反論したのである[76].

このような日本の「西法」採用をめぐる見方の齟齬は,ただちに中国の現状に対する問題意識にはねかえるものだった.『申報』は,日本は「西法」を「改用」して「富強」を自認しているが,「民間」は「困苦」に陥り「内乱」が起こっているとみなしたが[77],これは佐々木(2000)が指摘する,日清戦争敗北以前における中国の官僚・知識人の一般的な日本観と合致する.それは中国の「政教」が変革を必要とするという問題意識の不在と表裏一体であった.そして王韜も,清朝の洋務派官僚と共鳴した民間の初期変法論者として知られるが(佐藤,1996),この時点での主張は基本的に西洋の技術に学び,経済力・軍事力を強化することであって,儒教的統治理念に基づく政治システムの構成に変更を及ぼそうとはしていなかった.『循環日報』は,「戦」のためには「武備」だけでなく「民心団結」を要すとして,「吏」と「民」との「不和」,「上

下不通」への懸念を述べているが，それは被治者の政治参加によってではなく，「官吏」の「慎撰」や「賢能」の「挙用」という運用上の改善によって解決されるべきことだったのである[78]．

　西洋文明からの学習を政治システムにまで及ぼすべきか否か，つまりは政治的自由の拡大・制度化の可否は，この時期の日中ジャーナリズムの根本的な価値観の相違といってよい．しかしその上で興味深いのは，この問題が相互のジャーナリズムそのものに対する見方とどう結びついていたかである．

　当時の日本側にとって，自身のジャーナリズム活動は言論の自由の実践そのものだったから，中国側がこの点をどう捉えているかは1つの関心事であった．『循環日報』の評言にみられるような日本観は，興亜会設立に際しての論争以前から，中国ジャーナリズムの一般的傾向として日本側で受け取られていた．『郵便報知新聞』は，「清人」が，現在の日本を「殆ど亡国と見」ており，日本のジャーナリズムの政府批判を「民心乖離」であり，「政府に抗す」ものとみなしていると観察した上で，その見方を退けている．なぜなら「我政府は人民をして黙せしめんとするにあらず，言わしめんと欲す」のであり，それが日本の「進取」と中国の「退守」との違いだというのであった[79]．これは日本政府の言論政策に対する遠回しな牽制とも受け取れるが，中国のジャーナリズムとの価値観の相違を認識していたのはたしかだろう．『朝野新聞』も，「自由の論」「新聞雑誌」が「政府を刺衝」する日本の現状をみて，中国は「土崩瓦解の景状と想像」していると述べ，そのような見方の背後には「十年前までの我邦」にも存在した，「支那学」がもたらす「圧制の空気」があると論じている[80]．

　実際には，中国側の日本ジャーナリズム観は必ずしも一面的ではなかった．『申報』は「海外各国」の新聞紙について，「朝廷政事」に「民間好尚之所在」が影響を与える経路として認識していた．そして日本の新聞が琉球併合問題について主張する「無理」に対して，「其主筆」も「有事権之人」ではないが，やはり「其国人之好尚」を反映しているとみて，「妄論」ではあるが「虚辞」ではないのだと解釈していたのである[81]．日本の新聞の政府批判を「土崩瓦解」と認識していたとしても，中国のジャーナリストもまたジャーナリズムの機能自体に信頼を置くゆえに，日本のジャーナリズムは日本の「民間好尚之所

在」を反映したものと考えたのである．ここには，隠された自負心をみるべきではなかろうか．

では，中国のジャーナリズムを日本側はどう捉えていたか．1つの代表的な見方は，中国のジャーナリズムは日本とは異なって，自国の政府を正面から批判してはいないという評価であった．『郵便報知新聞』は「香港上海の清人新聞紙」について，「政府を一体，人民を一体として境界を立て，人民の立場から政府を論ずる」ことがないと観察し，今後の「進取」によっては「革命」も起こるかも知れないが，少なくとも現時点において，中国では「国民は政府の主義に反対する形跡なし」と分析している[82]．

ただし，清朝政府の外交政策に対しては，中国のジャーナリズムが暗に不満を表明しているのではないかという分析がみられる．「琉球処分を汚辱」となし，「支那政府が抗論せざるを非計となす」（『朝野新聞』）[83]，「筆には出さざれども〔清朝〕政府に〔日本への〕防御の法を促すが如し」（『東京日日新聞』）[84]，「日支」「琉球」の問題についての「不快不満の情」が「愛新覚羅氏に忠なるより生ずるか」は分からず（『郵便報知新聞』）[85]，といったものである．

実際，琉球併合問題における清朝の対応を消極的とみて，疑念や不満を呈する論調は中国ジャーナリズムにかなりみられた（西里，2005，642〜684頁）．『申報』は，中国が出兵によって日本の琉球併合を「問罪」しないことについて，清朝が民を苦しめることを好まないからだと説明した上で，その結果日本は中国を「無能」とみていると嘆いた[86]．このように，日本が中国を軽んじているという言い回しは頻繁にみられるが，恐らく婉曲に清朝を批判したものであった．「問罪」如何は「宸謨」の「黙運」するところであり，「浅識者」には測ることができないと断りながら，中国が「隣邦」に「蔑視」されることの不可を主張した『申報』の論説[87]は，いっそう明確にその不満を語っている．彼らの外交論もまた，民間世論を自認して清朝政府に反映を求めたものと考えるべきだろう．

政府の外交を軟弱と批判する論法，すなわちナショナリズムに訴える政府批判は，当時の日本のジャーナリズムにおいて多用されていた（塩出，2004；2008）．彼らが中国のジャーナリズムの強硬外交論に清朝政府への不満表明を読みとったのは，いわば自己投影とみることもできよう．1881年初頭に宍戸

璣公使が北京から帰国し，日中の交渉決裂が懸念された際，『朝野新聞』は，「清廷が外交に向て平和を致し得たる者は即ち内乱を買ふの器具となり，外に向て発せんとする殺気は内に鬱屈して不平となり，激発して政府を攻撃する器械と変ぜん」とみて，清朝政府が強硬姿勢に転じたとすれば「革命を予防」するためではないかと推測した[88]．公然の政府批判の有無という違いにもかかわらず，ジャーナリズムを通じたナショナリズムの表出が中国においても政府・人民の関係，さらには政治システムをも動揺させうると彼らは考えたのではなかろうか．

おわりに

　日中双方では19世紀中期からジャーナリズムが勃興し，とりわけ1870年代に入ると活性化したが，どちらも双方の開港地の欧米人ジャーナリズムに触発されたものであった．そして開港地ネットワークと欧米人ジャーナリズムは1880年前後において，日中のジャーナリズムに相互参照関係を生み出すこととなった．それは日本側が中国の新聞を漢文として読む一方，中国側は英字新聞に訳載された日本の新聞記事を読むという非対称的な関係だったが，双方の言論空間が接続され，互いに参照・批評することが実際に行われたのである．ただし，この相互参照関係は一面では日中の関係が緊密化したことを意味するが，他面では，両国間の紛争こそが双方のジャーナリズムが互いの論調に強い関心を寄せた要因ともいえる．この時期，日中のジャーナリズムにおいて共有された何よりの争点は日本の琉球併合だったのである．

　"論争"における1つの焦点は琉球併合の是非そのものだったが，日本側は台湾出兵の落着を根拠に主権国家としての併合を当然とし，中国側は日本との関係がどうであれ，中国と宗属関係を有する琉球王国としての復国を求めた．"論争"を重ねるうちに双方が認識したのは，互いの主張が前提を異にしているため，是非を決するのが困難なことであった．

　一方，日中ジャーナリズム双方とも，軍事力の行使による決着は回避すべきだと考えていた．そのため，1つにはどちらも欧米列国に自国の主張を認めさせることを望んだが，元アメリカ大統領グラントの仲介を契機とする日中の琉

球分島・改約交渉は不調に終わり，"論争"の大勢には影響しなかった．日中ジャーナリズムの関心は，琉球併合をめぐる紛争の即時的解決の困難が認識されるにつれて，互いに提携の必要をうたい，避戦の意思を確認することに向けられた．「アジア」や「唇歯輔車」といった共通の語彙が，双方で合い言葉のように用いられた．避戦認識を共有しようとする意思疎通は一定の成果を上げたといえる．

ただし琉球併合問題に限っていえば，日本側は日中提携による既成事実化を望み，中国側は復国こそが真の日中提携をもたらすとして，かえって双方の主張は食い違ったまま固定された．また中露のイリ紛争をめぐる対応でも，日中の利害の相違は認識されていた．避戦のための提携論は必ずしも日中両国の将来的な協調の持続を期待させるものではなく，むしろ朝鮮を交えて紛争が起こった場合の関係悪化が，互いに予期されたのである．しかし，日中の政治的対立という観点から角度を変えて，両国ジャーナリズム間のコミュニケーションに着目すれば，双方の議論が食い違いも含めて交換されたこと自体が重要だろう．

相互イメージについてみると，双方で「アジア」が語られたとはいえ，それは地政学的な意味づけが強く，必ずしも両国の同質性を意味しなかった．むしろ「同文」が中国側にとって含意していた中華文明の序列性を，日本側は西洋文明の学習を通じて否定しようとした．この認識のずれは，政治システムの相互イメージに顕著である．『循環日報』が日本の「西法」採用が国内の混乱を招いているとみなし，中国の「政治」「教化」を学ぶべきだと論じたのに対し，日本側は「国会論」は「進取」だと強く反発した．

ただしジャーナリズム自体の相互イメージについてみると，異なる側面も浮かび上がる．たしかに日本のジャーナリズムは，自らが政府を公然と批判することが，「圧制の空気」のもとにある中国のジャーナリズムから「土崩瓦解」「亡国」と評価されていると認識していた．しかし中国側でも，日本を含む外国のジャーナリズムが民間世論を反映して政府に影響を与えているとの見方はあった．そして日本側は，中国のジャーナリズムが清朝政府の外交政策に対して暗に不満を表出しているとみていた．日中のジャーナリズムは，互いに自己投影を行いながら相手を観察していたのである．

参考文献
〈日本語文献〉
稲田雅洋（2000），『自由民権の文化史』筑摩書房．
大谷正（1994），『近代日本の対外宣伝』研文出版．
籠谷直人（2000），『アジア国際通商秩序と近代日本』名古屋大学出版会．
川島真（2009），「国際公共財の形成」三谷博・並木頼寿・月脚達彦編『大人のための近現代史 19世紀編』東京大学出版会．
黒木彬文（2005），「興亜会のアジア主義」『法政研究』71-4．
黒木彬文・鱒沢彰夫編集解説（1993），『興亜会報告・亜細亜協会報告』1，不二出版．
酒田正敏（1978），『近代日本における対外硬運動の研究』東京大学出版会．
佐々木揚（2000），『清末中国における日本観と西洋観』東京大学出版会．
佐藤慎一（1996），『近代中国の知識人と文明』東京大学出版会．
塩出浩之（2004），「議会政治の形成過程における『民』と『国家』」三谷博編『東アジアの公論形成』東京大学出版会．
塩出浩之（2007），「琉球処分をめぐる日本の新聞論議」『政策科学・国際関係論集』9．
塩出浩之（2008），「『評論新聞』ほか集思社刊行物記事総覧」『政策科学・国際関係論集』10．
塩出浩之（2013），「征韓・問罪・公論」（坂本一登・五百旗頭薫編著『日本政治史の新地平』吉田書店）
芝原拓自（1988），「対外観とナショナリズム」（『日本近代思想大系12 対外観』岩波書店）
杉浦正（1996），『岸田吟香 資料から見たその一生』汲古書院．
陳捷（2008），「明治前期における日中民間往来について——岸田吟香を通して」陶徳民・藤田高夫編『近代日中関係人物史研究の新しい地平』雄松堂出版．
卓南生（1990），『中国近代新聞成立史』ぺりかん社．
並木頼寿（1993），「明治初期の興亜論と曽根俊虎について」『中国研究年報』47-6．
西里喜行（2005），『清末中琉日関係史の研究』京都大学学術出版会．
牧原憲夫（1990），『明治七年の大論争』日本経済評論社．
升味準之輔（1965），『日本政党史論』第1巻，東京大学出版会．
三谷博（2004），「日本における『公論』慣習の形成」三谷博編『東アジアの公論形成』東京大学出版会．
三谷博（2005），「『アジア』概念の受容と変容——地理学から地政学へ」渡辺浩・朴忠錫編『韓国・日本・「西洋」 その交錯と思想変容』慶應義塾大学出版会．
山本武利（1981），『近代日本の新聞読者層』法政大学出版局．
山本武利（1990），『新聞記者の誕生 日本のメディアをつくった人びと』新曜社．
與那覇潤（2009），『翻訳の政治学 近代東アジアの形成と日琉関係の変容』岩波書店．

〈中国語文献〉
胡太春（1987），『中国近代新聞思想史』山西人民出版社．
曽虚白編（1965），『中国新聞史』国立政治大学新聞研究所．
方漢奇編（1992），『中国新聞事業通史』第1巻，中国人民大学出版社．
馬光仁（2007），『中国近代新聞法制史』上海社会科学院出版社．

1) 日本側では 1880 年の時点で,『東京日日新聞』『郵便報知新聞』『朝野新聞』(後述) の発行部数はそれぞれ 2,500 部前後だった (山本, 1981, 402 頁). 中国側では,『申報』(後述) の発行部数が 1876 年の時点で約 2,000 部だった (曽, 1965, p.148).
2) 日本側については, 升味 (1965), 山本 (1990), 牧原 (1990), 稲田 (2000) 参照. 中国側については, 胡 (1987), 馬 (2007) 参照.
3) 佐藤 (1996) によれば, 開港地で生まれたこの「新たなタイプの知識人」は, 外国人との接触の機会が多かっただけでなく, 王韜自身がそうであるように, 多くは科挙を中途で脱落して商業や出版を生業としており, 士大夫＝儒教的知識人のあり方から外れていたこともあって, 西洋に関する知識によって中国を相対化する視点を持ちえた.
4) 言論の自由のためにこそ新聞法制を必要とするとの主張は, 中国では康有為の意見書 (1898 年) を嚆矢とする (馬, 2007, p.46).
5)「支那貿易　第二」『郵便報知新聞』1879 年 7 月 4 日.
6) 他方,「録沖縄志前序」・「録沖縄志後序」『申報』1879 年 10 月 1 日 (光緒 5 年 8 月 16 日) や「節録海防臆測」『循環日報』1880 年 2 月 8 日 (光緒 6 年 1 月 10 日),「興亜会事続録」『循環日報』1880 年 4 月 30 日 (光緒 6 年 3 月 22 日) のように, 漢文であれば日本の書籍・刊行物から掲載されることもあった.
7) 1870 年代初頭は香港・上海・長崎・東京などが世界の電信網に組み込まれた時期でもあり, ロイター通信社の電報ニュースも上海支店を中心に配信が始まっているが, 当初は不安定かつ高価で, またヨーロッパ中心だったため, 東アジア地域間の情報流通にはあまり有用でなかった (大谷, 1994).
8) 後述する『東京日日新聞』の上海通信員・岡正康も, 現地の新聞について, 琉球併合問題に関して「我国の新聞を時々訳せしもの」が「紙上に散見」すると報じている (「上海通信」『東京日日新聞』1879 年 5 月 12 日).
9)「東瀛郵報」『循環日報』1880 年 5 月 7 日 (光緒 6 年 3 月 29 日).
10)「高麗近耗」『循環日報』1880 年 7 月 31 日 (光緒 6 年 6 月 25 日).
11)「琉効日言」『申報』1880 年 1 月 7 日 (光緒 5 年 11 月 26 日).
12)「東瀛籌弁防務」『循環日報』1881 年 2 月 14 日 (光緒 7 年 1 月 16 日).
13) 興味深い例としては,『循環日報』の論説 (『申報』に転載された「論高麗近事」1879 年 6 月 6 日 (光緒 5 年 4 月 17 日) および「論東瀛近間」1879 年 6 月 7 日 (光緒 5 年 4 月 18 日) か) について論駁した「香港上海之新聞論説」『郵便報知新聞』1879 年 6 月 21 日, 23 日) が, *Japan Daily Herald*, 24 June, 1879 に The Honkong and Shanghai Newspapers (translated from the *Hochi Shimbun*) として訳載されており, 中国のジャーナリストの目に触れた可能性はある. しかし『申報』にこれに言及した記事は見つからず, またこの時期の『循環日報』は現在のところ見つかっていない.
14)「清廷の政略を論ず」『郵便報知新聞』1879 年 8 月 15 日,「琉球の関繋」『東京日日新聞』1879 年 9 月 2 日,「外報雑信」『横浜毎日新聞』1879 年 11 月 20 日,「上海通信 (11 月 11 日発)」『東京日日新聞』1879 年 11 月 22 日,「関東瀛報書後」『循環日報』1881 年 3 月 28 日 (光緒 7 年 2 月 29 日),「論修戒備」『循環日報』1881 年 5 月 25 日 (光緒 7 年 4 月 28 日).
15) 岡正康はその後, 上海商同会 (1880 年設立) の書記として『上海商業雑報』の主幹・編集人も務めた (陳, 2008).
16) 黒木・鱒沢, (1993) によって復刻されている.

17)「琉奴可討」『朝野新聞』1879 年 1 月 10 日.
18)「琉球論」『横浜毎日新聞』1879 年 1 月 22 日,23 日.
19)「書日本新聞紙各論後」『申報』1879 年 2 月 11 日(光緒 5 年 1 月 21 日).
20)「(無題)」『朝野新聞』1879 年 2 月 15 日.
21)「論東瀛近聞(循環日報)」『申報』1879 年 6 月 7 日(光緒 5 年 4 月 18 日).
22)「香港上海之新聞論説」『郵便報知新聞』1879 年 6 月 21 日,23 日.
23)「論東瀛近聞(循環日報)」『申報』1879 年 6 月 7 日.
24)「香港上海之新聞論説」『郵便報知新聞』1879 年 6 月 21 日,23 日.
25)「琉球沿革考」『申報』1879 年 4 月 22 日(光緒 5 年閏 3 月 2 日),また西里(2005, p.667)参照.『郵便報知新聞』は,これを「支那の我儘論に類する者あり」と評しながら転載している(1879 年 5 月 2 日,3 日).
26) 宮古島からの漂流民が台湾現地民に殺害された事件(1871 年)について,北京議定書は「台湾の生蕃」が「日本国属民等」に「妄りに害を加え」たとして,日本軍の討伐は「保民の義挙」であると明記した(『公文別録・使清弁理始末』1875 年).
27)「読循環日報」『朝野新聞』1879 年 6 月 29 日.なお,『循環日報』の論説「論日本不宜貪琉球」の原文は,現在のところみることができない.
28)「日清の交渉」『郵便報知新聞』1879 年 9 月 1 日,2 日.
29)「中東和戦比較説」『申報』1879 年 11 月 10 日(光緒 5 年 9 月 27 日).
30)「国事憂ふるに足らざるか」『朝野新聞』1879 年 9 月 21 日.
31)「琉球論仲裁の説」『東京日日新聞』1879 年 12 月 9 日,10 日.
32)「中東合従説」『申報』1880 年 3 月 18 日(光緒 6 年 2 月 8 日).
33)「(無題)」『朝野新聞』1879 年 4 月 5 日.
34)「日本支那の関係を論ず」『朝野新聞』1879 年 6 月 22 日.
35)「再論日支交渉」『朝野新聞』1879 年 8 月 1 日,7 日.
36)「東南海防宜力加整頓説」『申報』1879 年 5 月 31 日(光緒 5 年 4 月 11 日).
37)「論兼併」『申報』1879 年 6 月 13 日(光緒 5 年 4 月 24 日).
38)「琉球沿革考」『申報』1879 年 4 月 22 日.
39)「論琉球民情」『申報』1879 年 9 月 13 日(光緒 5 年 7 月 27 日).
40)「論東瀛事」『申報』1879 年 11 月 9 日(光緒 5 年 9 月 26 日).
41) 後述するように,これは中国ジャーナリズムがロシアと日本に挟み撃ちされるとの懸念を抱いていたことに関係する.
42)「(無題)」『郵便報知新聞』1880 年 1 月 17 日.
43)「日支の交渉」『朝野新聞』1879 年 7 月 25 日.
44) 紀行文集は「恐らくは上海天津地方」で出版された「英文の小冊」で,ベイジル・ホール(英)やベッテルハイム(英),ペリー(米),アーネスト・サトウ(英)の旅行記が抄録されたもの.「琉球は両属国に非ず」『東京日日新聞』1879 年 10 月 24 日.
45)「日清の近事」『東京横浜毎日新聞』1879 年 12 月 13 日.
46) なお芝原(1988, p.513-514)は分島・改約交渉の決裂後に「琉球談判の結局」(『郵便報知新聞』1881 年 2 月 24 日)や「東洋の風浪」(『朝野新聞』1881 年 3 月 15 日,18 日)が対清開戦論を唱えたと述べる.確かにこれらの論説は中国が宣戦または先制してきた場合に断固応戦すべきだと説いてはいるが,日本から開戦せよという主張は読みとれない.
47)「論日本宜与中国聯絡以保亜洲大局(循環日報)」『申報』1879 年 10 月 18 日(光緒 5 年

9月4日).また『循環日報』の王韜は,日本を訪れた際に「薩摩」の「西吉甫」という人物と「宇内形勢」について論じ,ロシアのアジア「蚕食」に対し日中が「輯和」し「亜洲之大局」を維持すべきだという意見で一致したとも述べている(「論日本未嘗無人(循環日報)」『申報』1879年12月29日(光緒5年11月17日)).

48)「(無題)」『朝野新聞』1879年11月5日.
49)「中東合従説」『申報』1880年3月18日.
50)「読上海申報論日支合従」『郵便報知新聞』1880年4月28日.
51)草間時福「支那の国勢を論ず」『朝野新聞』1880年1月22日,同「支那語学の必要なるを論ず」同1880年2月17日.
52)金子弥兵衛「亜細亜洲総論論説」『興亜会報告』2,1880年4月1日,同「亜細亜洲誌論略日本条下論説」『興亜会報告』3,1880年4月21日(ともに黒木・鱒沢1993所収).
53)「日本人論中外大勢」『循環日報』1880年5月10日,11日,12日(光緒6年4月2日,3日,4日).
54)「中東合従説」『申報』1880年3月18日.
55)「読上海申報論日支合従」『郵便報知新聞』1880年4月28日.
56)「日本中立論」『朝野新聞』1880年11月19日.
57)「論中日当合力以拒俄」『循環日報』1881年8月18日(光緒7年7月24日).
58)「東洋政略」『東京日日新聞』1880年8月3日.
59)ほかに,「魯清間紛議の結局」『郵便報知新聞』1880年9月11日,13日.
60)草間時福「外交政略の方向」『朝野新聞』1880年3月6日.
61)「論中日当釈嫌」『循環日報』1880年5月14日(光緒6年4月6日),並木(1993),西里(2005).『循環日報』はこの前にも,琉球を日中でともに保つことこそが「輔車唇歯之誼」となると論じている(「論琉事不足弁亟宜自強(循環日報)」『申報』1880年1月20日(光緒5年12月9日)).
62)「論中日当釈嫌」『循環日報』1880年5月14日.
63)「中東合従説」『申報』1880年3月18日.
64)「論日本当与中国和」『循環日報』1881年8月16日(光緒7年7月22日),「続論日本当与中国和」『循環日報』1881年8月17日(光緒7年7月23日),「論中日当合力以拒俄」『循環日報』1881年8月18日.
65)「日清交際論」『郵便報知新聞』1881年3月3日,4日,7日.「韓人の来航」『郵便報知新聞』1881年5月11日では,朝鮮の「開化派」要人の訪日に際し,日本が朝鮮を「誘掖」して「改進の路」へと進ませることを期待しながら,「清人に謀りて共に事を済さんとする」ことに見込みはない,なぜなら「琉球事件の紛議」すらなお解決していないからだ,と論じている.
66)「論日本近事」『循環日報』1881年3月17日(光緒7年2月18日).
67)なお,日本側は「亜細亜」とほぼ同じ意味で「東洋」も用いたが,周知のように,中国での「東洋」は中国からみて文字通り東の海にある国,具体的には日本を指す.
68)「支那の関係」『東京日日新聞』1879年8月6日,「(無題)」『朝野新聞』1879年11月5日.
69)三谷(2005, p.220)は,『循環日報』がパワーポリティクスの観点から朝鮮をめぐる日中提携を説いた論説に対し,『朝野新聞』(「隣邦可相援論」1879年1月23日)が「我が隣邦同種の人民」と述べて賛同したことを指摘している.

70)「日清の交渉」『郵便報知新聞』1879 年 9 月 1 日,2 日.
71)「日支の交渉」『朝野新聞』1879 年 7 月 25 日,「再論日支交渉」『朝野新聞』1879 年 8 月 1 日,8 月 7 日.
72)「論日本当与中国和」『循環日報』1881 年 8 月 16 日.
73)「支那貿易　第二」『郵便報知新聞』1879 年 7 月 4 日.
74)「隣邦可相援論」『朝野新聞』1879 年 1 月 23 日.
75)「論日本設興亜会」『循環日報』1880 年 4 月 29 日（光緒 6 年 3 月 21 日）.興亜会について論じたものではないが,「論日本擬遣人来学中国」『循環日報』1880 年 4 月 16 日（光緒 6 年 3 月 7 日）も同旨.
76) 末広重恭「興亜会に於て循環日報を駁するの演説」『朝野新聞』1880 年 6 月 15 日.
77)「中東和戦比較説」『申報』1879 年 11 月 10 日.
78)「論中国急務在団結民心」『循環日報』1880 年 4 月 20 日（光緒 6 年 3 月 12 日）.
79)「外人の我が国情を評するの意見を論ず」『郵便報知新聞』1879 年 6 月 27 日.
80)「我邦支那と主義を異にす」『朝野新聞』1879 年 7 月 3 日.
81)「論俄報妄言」『申報』1879 年 4 月 15 日（光緒 5 年 3 月 24 日）.
82)「支那は恐る可し,憂ふるに足らず」『郵便報知新聞』1879 年 10 月 24 日,25 日.
83)「再論日支交渉」『朝野新聞』1879 年 8 月 1 日,7 日.
84)「上海通信（11 月 19 日発）」『東京日日新聞』1879 年 11 月 28 日.
85)「（無題）」『郵便報知新聞』1880 年 1 月 17 日.
86)「論琉球民情」『申報』1879 年 9 月 13 日（光緒 5 年 7 月 27 日）.
87)「関撫恤琉球難人批摺書後」『申報』1879 年 12 月 6 日（光緒 5 年 10 月 23 日）.
88)「宍戸全権公使北京から去る」『朝野新聞』1881 年 2 月 23 日.

2章 清末駐日使節団の日本理解
——琉球・朝鮮・条約改訂

戴　東陽（青山治世　訳）

はじめに

　清末において，清朝政府はイギリス，ロシア，フランス，ドイツ，イタリア，アメリカ，日本など18カ国に対し出使大臣〔在外公使〕を派遣していた．それらは一部は専任であり，一部は兼任であった．たとえば，駐英公使はドイツ，フランス，イタリア，ベルギー駐在の公使を兼任し，駐米公使はスペイン，キューバ，ペルー，メキシコ駐在の公使を兼任するなどしていたが，それぞれの時期により状況もまた異なっていた．駐日公使は初めから専任であり，日本一国の事務のみ管轄していた．

　清朝政府が各国に派遣した公使の職責はそれぞれ異なっていた．日本に公使が派遣された直接的な原因が台湾事件であったため，駐日公使の重要な外交上の任務は沿海の地区や海域における領土交渉であった．直隷総督兼北洋通商事務大臣であった李鴻章は，第5代駐日公使であり自らの養子でもあった李経方が公使に任命された後，対日交渉における3つの要点を彼に指示した．それは，①琉球問題，②朝鮮問題，③日本による条約改訂要求問題の3つであった（顧・戴編，2008，第35集，p.107）．3つの問題の軽重緩急はそれぞれ異なっているが，これらはわれわれが駐日使節団の活動を分析するために1つの枠組みを

31

提供するものであり，駐日使節団もまたまさにこの3大問題をめぐって日本研究を展開していったのである．

日清戦争〔原文は中日甲午戦争，以下略〕以前，清朝政府は合計9代の出使日本大臣〔駐日公使〕を任命し，うち6代が実際に赴任している．つまり，清朝政府はこの時期に計6回の常駐使節団を日本に派遣したのである．それらはそれぞれ初代何如璋の使節団，第2代黎庶昌の使節団，第3代徐承祖の使節団，第4代黎庶昌の使節団，第5代李経方の使節団，第6代汪鳳藻の使節団である．本章ではこれら使節団の順序にしたがって検討していきたい．

1. 琉球問題研究

初代駐日公使の何如璋は，1877（光緒2）年1月15日に翰林院侍講〔の職位〕をもって上諭により正使に任じられ（故宮博物院編，1932，巻1，p.16），翌年10月末に赴任した．何如璋らが派遣されたころ，中日間では，琉球が中国に朝貢使節を派遣することを日本が阻止し，琉球は中国に密使を派遣して救援を求めるという事件が発生していた（故宮博物院編，1932，巻1，p.21）．琉球と中国は長いあいだ朝貢関係を維持しており，日本が何ゆえ朝貢を阻止したのか，清朝政府はすぐにはその真相を理解することができず，そのため，何如璋に対して日本到着後に機会を見つけてこの問題を処理するよう命じたのである（故宮博物院編，1932，巻1，p.22）．

当時の清朝政府は日本の国情についてまったく不案内であり，朝貢阻止事件に対してはさらにさまざまな疑念が生じ，騙されているのではないかと疑い，また中国が朝貢阻止事件に関与して辺境で紛争が起こることを懸念していた（温，1925，巻2，pp.2-3）[1]．そのため，駐日使節団がまずもって研究・報告しなければならなかったのは，朝貢阻止事件の真相であり，ついでこの事件をいかに処理すべきかということであった．

駐日使節団は琉球の官員を通して日本による朝貢阻止の真相を探った．琉球の官員は駐日使節団が赴任のため神戸を通過した際，会見を求めてやってきた．彼らの言葉から，何如璋は上諭にいう「另に別情有る」（故宮博物院編，1932，巻1，p.22）ことに気がつき，朝貢阻止以降の〔琉球と〕日本との往復文

書についてすべて写しをとって参考資料として備えさせることにした．東京到着後，日本駐在の琉球使臣毛鳳来らも何度もやってきて会見を求め，禀文〔上申書〕を提出し，何如璋はそれらをすべて受け取った．何如璋は繰り返しこれらの文書を読み，琉球が万暦 30 年〔1602 年〕にすでに薩摩藩に隷属して使役させられており，明治維新後，日本は国内の諸藩を廃止するとともに，附庸国であった琉球をも郡県に改めようとしたが，琉球は中国に臣下として仕えていたため，中国との旧来の関係を断絶するよう琉球に迫らなければならず，これこそが朝貢阻止の由来であることを理解するに至った．琉球は弱小で抵抗できず，中国に庇護を求めて滅亡の危機を救うほかなく，ゆえにたびたび使者を中国に派遣して哀願したのである．ただ，琉球の使節はその哀願の中では，恐れのため，日本が朝貢を阻止し藩制を廃して年号を改めたことを知らせるのみで，その他の内情については隠して漏らさなかった．これこそ清朝政府が朝貢阻止の由来を迅速に察知することができなかった原因であった．何如璋はまた琉球側を通して，琉球国王が中国に送った朝貢阻止の事情に関する咨文・覆文〔往復文書〕の写しを日本側に送る際，その中から「日〔本〕に諭して〔朝〕貢を復せしむ」などの字句を隠した以外は，その他は同じであることを知った（呉編，1921，訳書函稿巻 8，pp. 2-3）．これにより，琉球が中国に対して救援を求めたことは本心からのものであり，けっして嘘偽りではなかったことがわかるだろう．

　駐日使節団はまたさらに日本政府の琉球問題に対する立場を知ることになった．琉球が東京にしたがった当初，琉球国王は完全に旧来の決まりにしたがって中国と日本に両属することを求め，当時の日本の外務卿副島種臣も完全にこれを認めていた．しかし，後になって結局琉球人の激しい抵抗をも顧みず，朝貢使の派遣を阻止し，官員を派遣して琉球に駐在させはじめた．何如璋は，琉球側の禀文にみえる日本政府による指示から，日本側はいかなる情理を主張することもできないことを見いだした．4 年のあいだで琉球がにわかに滅ぼされることがなかったのは，おもには〔日本が〕中国の存在を顧慮したためであった（同上）．

　朝貢阻止の真相が明らかにされた後，何如璋はついで相応の対策を考えはじめた．中日両国は領域が密接に隣り合っており，少し不穏な動きがあっただけ

で，辺境をめぐる紛争が容易に発生する（温，1925，巻2，p.1）．そのため，何如璋は数カ月を費やして，日本の国情を手始めに，より深く詳細な調査研究を行った．

　駐日使節団による日本の国情に関する調査は，実は1877（光緒3）年9月の北京出発時からすでに始まっていた．何如璋は，海と陸の通過した場所や見聞きした事柄を注意深く観察し，日記の形式で記録した．東京芝山の月界院に入居したころには，彼は日本の政治，軍事，教育，経済，疆域〔国土〕などの各方面についてすでに「大まか」に理解するようになっていた．それは〔彼が著した〕『使東述略』や『使東雑詠』からはっきりみてとることができる．東京の公使館に居が定まって以降，使節団はまた「其〔日本〕の図籍に按じて，其の政俗を訪ね」，明治以来の日本の官制，兵制，学校，国計〔国家財政〕，疆域，民俗，国界〔国境〕などを理解し，その「得失」や「険夷〔物事の困難なことと容易なこと〕」を分析していった．たとえば，「兵制」については，日本陸海軍の全国各地における分布やその軍備の数量，および市街地に分駐する警卒捕役の状況を，すべて比較的詳細に把握していた．また，「国計」については，日本の歳入総額やその財源，支出項目の大まかな分類を種目別に紹介し，日本の財政は「匱乏〔窮乏〕している」とみていた（何，1935，pp.11-12）．その後，駐日使節団は関連する調査内容についてさらに修正と補充を行い，日本に関する理解は『使東述略』を基礎としてさらに大いに進歩していった．日本の国際環境に関する紹介や国債に関する詳細な状況，藩閥対立によって動揺する政局などについては，すべて『使東述略』では言及していなかったことである．もっとも明確なのは軍備状況についてであり，『使東述略』でもすでに紹介はされていたが，さらに詳しくなっていた．たとえば，陸軍の常備兵力の総数を訂正し，日本の軍艦の状況などを詳細に補った（温，1925，巻2，p.2）．5月初めになり，繰り返し調査した結果，何如璋は日本の国情について「漸く情偽〔実情と虚偽〕を悉った」と自ら感ずるに至った．そのおもな結論は，日本は「貧しくて弱く」，「中土〔中国〕は弱いと雖も，猶日本に勝るがごとし」，日本はどうなろうともまだあえて「妄りに辺釁〔辺境での紛争〕を開く」ことはない，というものであった（同，pp.4-5）．そして，彼は総理衙門に対し，自らの琉球問題に関する対応策を丁重に提起した．これこそ彼の著名な「琉球三策」であ

る.

　「琉球三策」の基本原則は，福建方面がいう「隠忍して言わず」という方針に反対し，琉球について〔日本と〕争うことを主張するものであった．具体的には，日本の国力と国際環境，経済条件，軍事力および国内の政治的基盤などの各方面から論ずれば，日本は戦端を開く条件を備えていないことを指摘したものであった（同, pp.1-2）．これはまさに駐日使節団の日本研究の結晶であった．

　何如璋使節団赴任以前の清朝政府の琉球政策は，実際には積極的なものとはいえなかった．何如璋使節団の積極的な主張により，清朝政府の琉球政策は受動的なものから自発的なものに転じ，外交ルートを通して琉球の保全を争う政策を確立させることになった（故宮博物院編, 1932, 巻1, pp.24-25）．その後，駐日使節団は中日間において早期に発生し困難な曲折をたどった琉球問題交渉に参与し，終始強硬な立場を堅持しつづけた（戴, 2012, 第1章）．そして，琉球問題を再度提議しようとしたとき，任期満了となって帰国し，琉球問題の再提議の努力は後任の黎庶昌使節団に引き継がれることになった．

　黎庶昌は1881（光緒7）年4月と1887（光緒13）年9月の前後2度にわたり記名道員〔の職位〕をもって出使日本大臣〔駐日公使〕に任命された[2]．最初に日本に到着したのは1882年2月（光緒7年12月）で，2回目は1888年1月（光緒13年12月）であった（「軍機処録副奏摺・外交類・中日琉」, 檔号7744, マイクロ巻578, pp.3350-3351）．1881年秋の最初の赴任から1890年末の2回目の帰国まで，黎庶昌使節団による琉球問題交渉は前後10年近くに及んだ．何如璋使節団が直面した琉球問題が，日本と争うことができるのかどうか，外交ルートをとるのかあるいは軍事ルートをとるのかという原則的な大問題がおもなものであったとするならば，黎庶昌使節団のときは，事実上の出発点がグラント〔アメリカ前大統領〕による調停以来の分島案であったため，彼らが直面したのは，いかに対処すればよりよく「球祀〔琉球国王の祭祀〕を存する」ことができるのかという具体的な方法を探ることがおもなものとなっていた．そのため，琉球本土の歴史・地理・風土についてより詳細な把握をまず行うことが求められたにちがいない．黎庶昌使節団の琉球研究に関する著述のうち現在残っているおもなものは，姚文棟の『琉球小志並補遺附説略』[3]とこれに対する楊

守敬の注釈である.

　姚文棟の『琉球小志並補遺附説略』は日本に到着してすぐに準備に着手したものであり，清末駐日使節団の琉球研究の代表作である．この書物は「琉球小志」，「琉球小志補遺」，「琉球説略」の3部分に分かれ，当時日本政府が出版していた「琉球の実事を紀載した」多くの著述が翻訳され，1875（明治8）年官撰の「琉球地理小誌」，中根淑の「琉球立国始末」と「琉球形勢大略」，大槻文彦の「琉球新誌自序」，重野安繹の「沖縄志後序」，および当時学校で使用されていた教材が含まれていた．その中で〔姚文棟は〕大量の按語を用い，日本の人士がいう琉球は古来日本の所有であるという説に対し，「析するに其れ誕妄〔でたらめ〕たり」と述べるとともに，跋文や附記でも琉球の復国を熱望する切迫した思いを表明していた．姚が琉球を研究・紹介した主旨は，琉球問題を再提議するための準備を行うことにあった．その再提議の構想は，1879（光緒5）年の廃琉置県によって併合された中・南両島〔沖縄本島・先島諸島〕のみならず，さらに明代にすでに日本に占拠されていた北島〔奄美諸島〕をも含むものであった．「琉球小志補遺」の附記では，「此巻は琉球北島を紀す．明の万暦三十七年〔1609年〕日本に入る．〔明側が日本に対し〕時に当たりて一介〔微官〕をも遣わして責問せざれば，彼〔日本〕始めて公然と琉球を以て附庸と為せり．中山〔琉球国王〕の不祀忽諸〔祭祀を行わずなおざりにすること〕は，実に此より矢を嚆するなり．他日如し球案〔琉球問題〕を議すれば，要当に併せて此の島をも問うべきなり」と述べている（姚，p.25）．また，地理関係の部分には楊守敬による多くの注釈が付されている（姚訳・楊批校，光緒9）．1885（光緒11）年，姚文棟は帰省して『読海外奇書室雑著』を編集した際，とくにその主旨を明らかにした「琉球小志跋」をその中に収録している（姚，光緒11）．

　黎庶昌使節団が「球祀を存する」という方針のもと，南島〔先島諸島〕を分割して首里〔琉球国〕を附庸させる案，条約改訂・琉球問題併議案，壬午軍乱後に日本の松方正義（参議兼大蔵卿）と協議した「善了の辦法」，甲申事変後の琉球・朝鮮交換案などを相次いで提起したことは，目を見張るものがあった．そのうち，条約改訂・琉球問題併議案は黎庶昌のいくつもの琉球に関する策略の中でもっとも清朝政府の同意を得たものである．壬午軍乱の鎮定に成功した

後，〔清朝の〕朝廷では武力による琉球問題の解決を主張する者が多かった．黎庶昌自身も琉球問題に対する軍事力の影響を強く感じ，もし台湾で水師〔海軍〕を増強・教練し遠征攻撃の用意があることを示すことができれば，琉球の一件は「将来総じて善結すべし」と強調していた．しかし，清朝政府がすでに決定していた琉球政策に鑑み，彼が終始探ったのは外交ルートによる琉球問題の解決であった．黎庶昌は2度目の任期中に琉球問題に関する交渉を再開したいという意志を日本政府に対し非公式に何度も示したが，結局うまくいかなかった．その重要な原因の1つは，日本政府が清朝政府の琉球問題における立場についてすでに十分に理解し，清朝政府には琉球問題のために軍事的な手段に訴える能力がないことを熟知していたため，次第に強硬な姿勢を示すようになっていたからであった（戴，2012，第5章）．

　2度の黎庶昌使節団のあいだに位置するのが第3代の徐承祖使節団である．徐承祖は1884（光緒10）年10月に候補知府〔の職位〕をもって出使日本大臣〔駐日公使〕に任命された．徐承祖は任命の上諭を受けて3カ月たらずで，時期を繰り上げて赴任せよとの清朝政府の命令を受け取ったが，そのおもな理由は朝鮮において甲申事変が突如発生したためであった．そのため，前任者たちとは異なり徐承祖らがまず直面したのは朝鮮問題であった．しかし，徐承祖使節団は琉球問題に対しても実際には大いに貢献していた．

　1886（光緒12）年に徐承祖は東京の公使館において彼自身が翻訳した『美英条約』を刊行している．その中には1854（咸豊4）年に琉球がアメリカと締結した条約の中国語の訳文が付録として掲載されていた．この条約には中国の年号が使用されており，これこそ琉球が中国の属国であることを欧米各国がみな承知している証拠であると強調したのである（王，2005，p.247）．注目すべきは，彼が1人の日本政府側の人間をスパイとして雇い情報を得ていたことである．徐承祖は常にこの「諜者〔スパイ〕」について言及していたが，スパイ本人の求めに応じ，彼はずっとその本名を明らかにしなかった．われわれは幸いにして中国使節団が何年もたってから行った私的な談話の中にその本名を見いだすことができるが（「宮島誠一郎文書」文書27，A93），具体的なことについてはさらなる考証を待ちたい．しかし，徐承祖が1人の日本人の高級間諜を雇っていたということはたしかなことであった．そのスパイが日本政府の朝鮮に対

する動向についての情報を徐承祖のために提供していたことは後で詳述するとおりだが，それと同時に，彼はまた琉球に関する情報も使節団に提供していた．彼は，日本は徳川時代に各国に対して琉球は日本の属地ではないと布告していた，と徐承祖に知らせている．スパイが自らいうには，この〔布告〕文書を彼自身以前は持っていたが，惜しいことにすでに紛失してしまい，写しを探さなければならない，ということであった．彼は徐承祖に琉球問題を「緩提する〔取り上げるのを見合わせる〕」よう建議していた（故宮博物院編，1932，巻7，p.19）．徐承祖は当時の中日関係がたとえ甲申事変によって緊張状態に向かっていたとしても，日本もまた実際には中国とは開戦しがたい情勢にあるとみており（同，p.18），ゆえにスパイの「緩提する」という建議を受け入れたのである．彼はスパイに対してこの文書を急いで入手するよう強く求める一方で，清朝政府に対しては，スパイが文書を書き写してただちに送付し，この文書を根拠に日本側と談判すれば，「較や確拠〔たしかな証拠〕有るに似たり」と考えている旨を報告している（同，p.19）．中日「天津条約」の交渉期間中に清仏間の戦闘が収まると，徐承祖は清朝政府に対し「勢いに乗じて挙げて球案を議すべきや否や」と提議する（同，巻8，p.7）．だが，李鴻章がすぐには的確な解決策を探し出せなかった上に，フランスとの紛争も決着しておらず，「身を分け難い」状況にあったため（呉編，1921，朋僚函稿巻20，p.57），徐承祖は結局この併議案を棚上げさせられることになった．しかし，1886（光緒12）年5月，日本の新任駐華公使塩田三郎が総理衙門に対して条約改訂を要求した際に，清朝政府側が提起したのは条約改訂と琉球問題を併議する案であり，これは徐承祖の提案が受け継がれたものであった．

徐承祖が琉球問題について日本側と具体的な交渉を行っていたかどうかは，いまだ確認ができない．この間，使節団は甲申事変を処理し終えた後に，甲申事変の首領であり朝鮮開化党の中心人物であった金玉均を逮捕する問題や中日長崎事件などについて日本側と長い交渉を行い，1888年1月（光緒13年11月）に徐承祖は退任している．

第5代駐日公使の李経方は李鴻章の養子である．李経方使節団は歴代の駐日使節団に比べ資料が少ない．琉球問題について李鴻章は，使節団の出発前に「琉球は併呑せられ，久しく假〔＝借〕して帰らず，彼此皆な論勿きに置く．

而れども中朝〔清朝〕の猜恨（さいこん）未だ釈けず，終（つい）に妥結の法無し」といい聞かせていた（顧・戴編．2008．第35集．p.107）．ゆえに李経方の精力はおもに朝鮮問題に注がれた．彼の後任であった汪鳳藻も前任者の精神を受け継ぎ，おもに取り組んだのは朝鮮問題であった．汪鳳藻の任期満了前に日清戦争が勃発し，中日関係はこれ以後逆転した．日清戦争勃発後の1894（光緒20）年8月，中国の朝野が当時の中日関係の危機にいかに対処すべきかを討論していたときに，将来日本に対して「琉球の返還を求めよう」という声が再び現れていたことは注意すべきであろう（故宮博物院編．1932．巻17．p.14）．しかし，中国の国力は次第に衰勢に向かい，十数年後には清朝が滅び，琉球問題はゆっくりと1つの歴史上の懸案となっていったのである．

2. 朝鮮問題研究

朝鮮問題は琉球問題によって引き起こされたものである．1879（光緒5）年4月に日本が正式に琉球の廃滅を宣布した後，清朝政府は朝鮮情勢が切迫していることを強く感じ，積極的に海防策を議論するとともに朝鮮をいかにして保全すべきかについても対処しはじめた．そうして採用された保全策は，朝鮮に開港通商を勧めるというものであった．この政策は福建巡撫丁日昌によって1879（光緒5）年6月に初めて唱えられた後，李鴻章が個人の名義でもって以前から往来のあった朝鮮の李裕元（前太師）を通して朝鮮政府への「開導〔諭し導くこと〕」が行われた．しかし数回の「開導」をへても，成果はあがらなかった．「開導」工作が困難に陥ったとき，この重要な任務を引き継いだのが何如璋使節団である．「開導」のタイミングとなったのは，1880（光緒6）年夏に行われた金弘集（礼曹参議）を代表とする朝鮮の修信使一行の日本訪問であった．

初代駐日使節団の朝鮮政策を語る上でもっとも著名なものとして黄遵憲の「朝鮮策略」にまさるものはない．「朝鮮策略」についての研究成果は現在非常に多いが，次の2つの問題についてはなお強調するに値しよう．その1つが，「朝鮮策略」は金弘集一行が訪日していた数日のあいだに黄遵憲によって書かれたものではあるが，それは駐日公使館員の長きにわたる共同研究の結晶でも

あったということである(趙ほか編, 1990, p.47).もう1つが,李鴻章が朝鮮に開港を勧める立論の前提が,日本による侵略の「詭謀〔たくらみ〕」を牽制すると同時に,ロシアによる朝鮮への「窺伺〔うかがいねらうこと〕」をも途絶させることにあったことである(中央研究院近代史研究所編, 1972, 第2巻, pp.366-369).「朝鮮策略」の立論の実際の前提がおもにロシアを防ぐことにあり,その上で「中国に親しみ,日本と結び,美国(アメリカ)と聯(つら)なる」ことが主張されていた.つまり,ここにいう「日本と結ぶ」とは李鴻章を代表とする清朝朝野の立場とは明らかに異なるものであった.この主張は,琉球問題交渉の重責を負い,かつ琉球問題では一貫して強硬な立場を堅持していたあの何如璋の口から出たものであり,ここで説明しておく必要があろう.

　指摘しておかねばならないのは,何如璋による朝鮮対策のもっとも初期の構想が李鴻章を代表とする清朝政府のそれと一致するものであったことである(温, 1925, 巻2, p.5)[4].使節団が最終的にロシアを防ぐことを現実的な前提としたことは,実は当時の国際情勢観,およびこの時期のロシアの対東アジア政策や日本の対ロシア・対朝鮮政策に対する継続的な観察・研究・推論と,直接的な関係があったのである.

　当時,何如璋の心中には1幅の国際関係図があり,その主軸はイギリスとロシアであった(同, p.6).英露のヨーロッパにおける争奪の焦点はトルコであり,アジアにおけるそれは朝鮮であった(中央研究院近代史研究所編, 1972, 第2巻, p.439；温, 1925, 巻3, pp.3-4)[5].ロシアのトルコにおける拡大は掣肘を受け,その関心がすでにアジアの朝鮮に移り始めていると,何如璋はみていた.英露の間にあって,真っ先に警戒しなければならないのは土地をねらっているロシアであると何如璋は考えた.当時はちょうど曾紀沢がイリ条約についてロシアと再交渉していた時期にあたり,何如璋は新聞や日本政府などを通して,ロシアの東アジアにおける拡張の動きに対して重大な関心を寄せていた.

　1880(光緒6)年4月,何如璋はロシアがかつて「兵を高麗〔朝鮮〕に用いんと欲す」と公言していたことを耳にしていた.彼はまた新聞を通してロシアが図們江〔豆満江〕の河口域に兵を駐屯させようとし,すでに黒竜江〔アムール川〕一帯で軍備を整えていたばかりでなく,相当数の騎馬隊・歩兵・砲兵・水兵・軍艦をも増派していたことを知っていた.そして,その目的は南下して

朝鮮において海に出るための海港を獲得することであったという．その間，日本には英露は必ず戦争を引き起こすという噂があった（中央研究院近代史研究所編，1972，第2巻，pp.403-405）．5月，何如璋はまた新聞を通してロシアの軍艦が中国の海域に非常に多く存在することも知っていた（同，p.407）．6月には，ロシア側の新聞を通してロシア政府が黒竜江とイリの2カ所でそれぞれ1万人以上を増兵し，また，イリの西北でロシアの首都の東側にあるウラル山〔脈〕に道路を建設し，将来開戦した際の中継輸送の便を図ろうとしていることを察知していた（同，p.412）．8月から9月初めになって，金弘集一行が日本に到着すると，駐日使節団はロシアが依然として図們江一帯での兵力増強と将校の派遣をやめず，海軍大臣リゾフスキーが軍艦十数隻を率いて琿春に停泊し，横浜にも向かおうとしていたことも察知していた（趙ほか編，1990，pp.52-53；中央研究院近代史研究所編，1972，第2巻，pp.437-438）．駐日使節団はロシアが示す「処此〔北東アジア地域〕を逼〔迫〕するの勢」をすでに強烈に感じ取っていたといえよう（同，pp.439-440）．「朝鮮策略」がロシアの朝鮮に対する危険を論ずる際に挙げた事例は，上述したものを超えるものはまったくなく，ロシアを防ぐ有効な対策として駐日使節団が考えたものこそ朝鮮に開港を勧めることだったのである．この点は朝鮮での通商に対するイギリスの態度の中にさらなる証拠を見いだすことができる（同，pp.403-404）．

　たしかに，イリ交渉という大きな背景と，ロシアが汲々として南侵せんとする大勢のもとでは，対ロシア防衛を当面の急務とすることは完全に理解できることである．しかし，朝鮮問題はそもそも琉球問題によって引き起こされたものであり，琉球問題が決着していない時点で「日本と結ぶ」というのは，やはりきわめてわかりにくい．実際，駐日使節団が「日本と結ぶ」ことを提起したのはおもに対ロシア防衛のためであった．その時，日本政府は共同して対ロシア防衛にあたりたいという切迫した願望を絶えず表明しており（同，p.405），アジアの大局からみて，中国が朝鮮に対する処置と保護を早急に推し進めるよう積極的に提議するとともに（同上），朝鮮側にも連合して対ロシア防衛にあたりたいという友好姿勢を伝えていた（趙ほか編，1990，p.25）．何如璋らは日本の誠意を信じていた．もちろん駐日使節団が「日本と結ぶ」ことを提起したのも，日本の国力に対する見方に基づいてのことであり，当時の日本はいまだ

朝鮮に対して十分な危険を構成する能力はないとみていたのである．この点は「朝鮮策略」においてはっきりと述べられている．

比較していえば，「美国と聯なる」ことは相対的に理解しやすい．西洋各国のうち，アメリカに対する駐日使節団の見方は若干特別なものがあった（温，1925，巻2，p.6）．この時期，アメリカの海軍提督が軍艦を率いて朝鮮を訪れ通商を求めた一連の比較的穏和な行動は，彼らのアメリカに対する見方をまたさらに裏付けることになった（中央研究院近代史研究所編，1972，第2巻，pp.406-411）．

「朝鮮策略」が金弘集によって朝鮮に持ち帰られると，朝鮮の朝議に変化が生じた（同，p.437）．駐日使節団の積極的な活動によって，清朝政府の朝鮮政策は消極的なものから積極的なものへと転じていった．さらに朝鮮との公文書往来の旧制も変更され，これまでその職責が礼部に属していた方法から北洋大臣李鴻章と出使日本大臣〔駐日公使〕が朝鮮側と文書・書簡をやりとりし，随時総理衙門にも通知される方法に改められた（王彦威輯・王亮編，1931，巻25，pp.1-3）．この後，何如璋らは朝鮮がいち早くアメリカと条約を締結するよう積極的に動き，彼らが任期満了となって離任すると，その啓発活動は第2代の黎庶昌らに引き継がれた．

黎庶昌らの在任期間は朝鮮開港政策がまさに勢いを得て盛んになっていた時期にあたり，駐日使節団は真っ先にこの問題に取り組んだ．しかし，朝鮮問題において黎庶昌らが有していた創造的な見解としてまず取り上げるに値するものは，壬午軍乱勃発後の日本に対する観察と彼らによって提起された派兵計画であろう．

伝統中国の属藩に対する基本原則は，内政に干与しない立場を維持することであり，派兵の挙に出ることはさらに少なく，壬午の派兵はこの慣例を破るものであった．派兵建議が提起された直接的な動因はもちろん壬午軍乱である．駐日使節団は軍乱が勃発した1週間後に日本の外務大輔吉田清成からその消息を得た．当時，日本はただちに軍艦を朝鮮に派遣して調査にあたらせ，外務卿井上馨もただちに東京を離れ自ら対応にあたった．数日のうちに，日本の朝野ではさまざまな議論が行われ，軍備に余念がなかった．このため，黎庶昌は清朝政府に対して派兵の建議を果断に行い，最終的に清朝政府によって受け入れ

られたのである．黎庶昌の派兵建議は先見の明を有するものであったというべきであろう．黎庶昌がかくも果敢に派兵を建議したのは，駐日使節団の朝鮮問題に対する事前に行われていた周到な処置と大いに関係があった．使節団が赴任した初期のころは，清朝の朝廷はおおかた「すでに事が起こってしまった」琉球問題に注意力を集中させ，朝鮮には及んでおらず，そのため使節団は早い段階で「朝鮮の時勢，琉球より急たり」と大声で叫び，さらに朝鮮に対して3つの「保全の計」を提起したのである．その3つとは，「上策は英国の阿富汗を待する〔遇する〕が如く，其の自主の権を廃し，一切吾が処置を聴かしむ．中策は英・法の土耳其を扶持するが如く，之が為に兵を遣わし要地を扼守せしむ．下策は今万国公会に入り，埠〔港〕を開き太西〔西洋〕と通商せしむ」，というものであった．「下策」はまさに当時清朝政府が実施しようとしていた朝鮮開港通商政策であり，その意図が知れよう．黎庶昌が在任した3年間を通観してみると，開港通商政策の執行者としての彼の姿がみえてくるのはもちろんだが，さまざまな時期に彼はまた情況に合わせながらそれぞれ上述の朝鮮3策のうちの1種あるいは数種について，さらに詳しい説明を行っていた．これに関して，かつて黎庶昌の日本駐在に随行した彼の甥の黎汝謙の記憶はいまだ新しいものであった（戴，2012，第4章）．

　たしかに，壬午軍乱を経験した後の黎庶昌使節団の朝鮮問題に対する考え方が，初代使節団の単純な開港政策レベルに回帰しただけのものであるともし考えるのであれば，それは明らかに事実とは合わない．黎庶昌はかつて，壬午軍乱勃発後に中国が派兵して応援に駆けつけたのは，内乱鎮圧を名目とはしているが，「実は則ち日本の要求を防範する〔ふせぐ〕」ためであったと述べている（中央研究院近代史研究所編，1972，第3巻，p.945）．軍乱のさなか，日本は中・朝間に伝統的な宗藩関係が存在することを認めず，中国の出兵を極力阻止しようとするなど，強硬な態度をとった．このことは，日本に対してはけっして妥協的な対応や誠意を示すような方法はとらずに接していこうと，黎庶昌に感じさせた．そのため，壬午軍乱後に中日朝関係が次第に平静を取り戻してくると，駐日使節団は日本の軍事動向や中国・朝鮮に対する動向について少なからぬ調査を行うようになった．駐日使節団は，日本が計画的にスパイを派遣して中国各地に潜入させ情報収集を行うとともに（同，pp.836，945-846），海軍の軍備拡

充にも余念がないことをつかんでいた（同，pp. 1129-1130）．また，日本が朝鮮に目をつける心は「尚猶未だ已まざるがごとく」，下関から壱岐・対馬をへて釜山まで電報線を敷設しようとしていたばかりか（同，pp. 899, 1130），日・朝条約交渉においても別のたくらみを抱いていたことも見いだしていた（同，pp. 945, 1108）．開化派の金玉均一行の日本行きも彼らに深い印象を残した．壬午軍乱を経験し，またその後の日本のこれらの新たな動向をみるにいたり，朝鮮問題は駐日使節団内において日ごとに敏感な問題となっていったといえよう．ただ日本に対する総体的な認識だけをみれば，壬午軍乱における中国の迅速な行動は日本の中国に対する見方を「遽かに一変」させ，以前のように軽視することはすでになくなっていたと考えられるが（中央研究院近代史研究所編，1972，第5巻，p. 2879），当時の朝鮮情勢についてはまだ十分に懸念していたとはいえなかった．

　駐日使節団が醸成した新たな朝鮮戦略は，1883（光緒9）年9月に日本の外務大書記官田辺太一が中国の駐日公使館を訪問して「閑談」した際に，ついに表出された．すなわち，中日あるいは中日米が共同して朝鮮を保護し，これに乗じて琉球問題の解決をも勝ち取ろうとしたのである．黎庶昌はその論策において，朝鮮開港政策の実施や，朝鮮国内に開化派らが次第に現れて中国の勢力からの離脱の動きを増長させていることは，現実に中国の朝鮮に対する実際の管轄権を消滅させようとするものであり，中国の伝統的な「羈縻して絶うる勿し」という属邦政策は，すでに新たな国際情勢と合わなくなっている，と指摘した．そして，彼は「埠を開き太西と通商せしむ」というかつての方針を「与国と聯合して共に之〔朝鮮〕を保つ」という方針に改めることを企図したのである（同，第3巻，pp. 1199-1200）．朝鮮の共同保護というこの新戦略は，あるいは朝鮮・琉球交換案ともいえるもので，翌年の甲申事変勃発後になると次第に黎庶昌によって強調されるようになったが（同，第4巻，p. 1604），これはまさに黎庶昌使節団が前任者と異なる新たな特徴を体現するものであった．甲申事変が勃発してまもなく，黎庶昌は服喪のため退任して帰国し，事変の具体的な処理は後任の徐承祖使節団によって行われることになった．

　こうして徐承祖使節団は，甲申事変が勃発したために日清戦争前の歴代駐日使節団の中で唯一時期が繰り上げられて赴任した使節団となり，それゆえにそ

の最優先の任務も甲申事変の処理となった．また，徐承祖使節団の任期内において，使節団が朝鮮問題に投じる精力も大いに増すことになったともいえよう．徐承祖使節団の朝鮮問題研究は中日「天津条約」を境として前後2つの時期に分けることができ，前期における研究・観察は「天津条約」の締結に直接影響するものであり，もっとも重要なものである．

徐承祖使節団の甲申事変の展開に関する観察と研究は赴任当初から始まっていた．その情報源となっていたのは，長崎や神戸などに駐在する領事や日本の新聞などであったが，もっとも注目すべきは上述したあのスパイからの情報であろう．徐承祖はこのスパイを通して，伊藤博文が訪中して交渉にあたる以前の日本政府の重大な内幕をはっきりとつかみ，そこには〔日本側が準備していた〕交渉の要点や随行員〔の構成〕，別途の任務内容などが含まれていた．さらに彼は，天津を交渉場所とすることや，朝鮮駐留軍を懲罰することに反対することを建議した．この2つの建議は，これより前に彼が井上馨と会談した後に提起した撤兵要求とともに3大建議となるものであり，まさに少し後に行われた天津交渉の主要議題となるものであった．実際に，徐承祖の報告は情報価値が高かっただけでなく，たいへん正確なものであり，天津交渉が始まると清朝政府を主導的な地位に就かせることになった．しかし，交渉の最終的な結果は徐承祖ひいては清朝政府の想像とは距離のあるものとなり，中日「天津条約」第3条はまた後の日清戦争の禍根ともなったが，そのおもな責任はもちろん清朝政府にあるが，交渉中に日本政府がとった戦略とも大いに関係があった（戴，2012，第6章）．

中日「天津条約」締結後も，徐承祖は朝鮮問題について献策をつづけた．当時ロシアは，中日両国が「天津条約」第3条において朝鮮に対して同等の派兵権を有すると規定したことを快く思っていなかったが，徐承祖はロシアがメレンドルフを通して朝鮮の密使と密約を結んだことを，井上馨からの情報として察知していた．井上は当時，中国が属国の人事・行政に干渉しないという旧制を変更し，さらに中国の朝鮮駐在委員を交替させることを提案していた．日本が表だって朝鮮の内政に干渉しようという井上の意向に対して，徐承祖はすぐさまこれを阻止しようとしたが（中央研究院近代史研究所編，1972，第4巻，pp. 1845-1847)，後に彼は清朝政府にも朝鮮に対する制度の変更を進めるよう提

案し,「日本使臣〔清朝の駐日公使〕を以て兼ねて朝鮮大臣を督理」させたり, あるいは駐日公使によって参賛〔参事官〕や領事を派遣して朝鮮に駐在させることを主張した. しかし, この徐承祖の提案は李鴻章によって全面的に否定され, 李鴻章は袁世凱に朝鮮を管理させることを強く主張した（呉編, 1921, 訳署函稿巻17, pp.57-59）. その後, 徐承祖は朝鮮政策に力を入れることをやめ, 関連する情報収集活動や金玉均逮捕事件のような具体的な交渉において若干なすところがあっただけであった. 使節団の帰国直前, 朝鮮では「別通開化」〔新開化派の運動〕という新たな問題が生じていた. しかし, この問題がいまだ十分に展開されるのを待たずに, 使節団は任期満了により帰国し, この問題は後任の2度目の日本駐在となる黎庶昌らに残されることになった.

　黎庶昌らの2度目の日本駐在時に, 朝鮮情勢は新たな変化がみられた. 清朝政府は袁世凱を朝鮮に派遣して朝鮮の事務を監督させ, 朝鮮は日本に公使を派遣して常駐させるようになっていたのである. 朝鮮の初代駐日代表は, 徐承祖の在任期間の後期に赴任し「別通開化」の1人でもあった金嘉鎮であり, 黎庶昌が着任して真っ先に対処したのがこの金嘉鎮との関係であった. 駐日使節団の朝鮮問題についての考察・研究の順序は, 朝鮮駐日使臣の中国に対する態度に関するものが先であり, 日本の中国や朝鮮に対する姿勢に関するものがその次であった.

　黎庶昌が日本に到着して2カ月たっても, 金嘉鎮は表敬訪問を行わなかったばかりか, 一貫して距離をとる態度に出て,「朝〔鮮〕人の胸中には自主の二字が横たわり, 牢として破るべからず」との思いを黎庶昌に強く抱かせた（中央研究院近代史研究所編, 1972, 第5巻, p.2474）. その後, 北洋大臣李鴻章の工作をへて, 金嘉鎮は翌年4月中旬にようやく表敬訪問を行い（同, p.2482）, 朝鮮使節と清朝の駐日使節団との関係も次第に正常化していったが, 黎庶昌は依然として隔たりを感じていた（同, p.2580）.

　この時, 日本は一方では中国に対して好意を示し, また一方では朝鮮問題に強い関心を寄せていた. 1889（光緒15）年6月, 黎庶昌は日本の駐清公使塩田三郎が病没したため外務省を訪れて弔意を表したが, その際, 外務大臣大隈重信は黎庶昌に対して中日両国は「実に応に親密をもって是と為すべし」と語っていた（同, p.2591）. 同時に, 大隈はその少し後に, 日本を訪れていた〔清朝

の〕遊歴官の傅雲竜に対し,「如し人の朝鮮の尺寸の土地をも侵犯する者有らば,我が日本四千万の人民当に全力を以て与に争うべし」と述べるとともに,「中日両国は朝鮮と均しく極めて緊要を関すれば」,「〔朝鮮をして中日以外の〕他国に外向せしむる勿れ」と表明していた.黎庶昌は,日本が朝鮮に強い関心を抱く原因は,おおよそ当時の朝鮮国内の形勢が中国に接近しようとしないばかりか,日本にも親しまず,ロシアがこの機に乗じて次第に朝鮮に触手を伸ばしてくるのではないかと警戒しているからだろう,と分析していた.また,国内では翌年の国会開設をひかえ,安定した国際環境を求めていたため,東アジア情勢に対して意外なほど警戒心を露わにしているのだろう,とみていた(同,p. 2652).

朝鮮側との懸隔や日本の中国に対する「親密」さ,朝鮮に対する親しみの態度について,黎庶昌が当初考えた対策は,まずはやはり3年前に考えた朝鮮・琉球交換論であり,日本の新任駐清公使の大鳥圭介に対して提案を行ったが,回答を得ることはなかった(同,p. 2642).当時日本側は朝鮮問題を談ずる際にわざと駐日公使を避けており,黎庶昌でさえ「其の命意の在る所」が即座にはわからなかった(同,p. 2652).朝鮮・琉球交換論が反響を得ない情勢下にあって,黎庶昌はその朝鮮戦略に一定の修正を加えはじめた.彼は2度目の日本駐在の任期がまもなく終わろうとしていた時に清朝政府に提出した総括的な報告書の中で,琉球・朝鮮・条約改訂の諸問題について広く論じている.そのうち,朝鮮問題に対する建議では,条約改訂に乗じて琉球問題について互いに意見を述べあい,親密な往来と互助を定めた条約を別に締結することを提案していた.これが朝鮮のための提案なのかははっきりしないが,朝鮮は実際その庇護を受けていた(故宮博物院編,1932,巻12,pp. 1-2;中央研究院近代史研究所編,1972,第5巻,pp. 2879-2880).この迂回的な朝鮮保護策の中からは,朝鮮・琉球交換論の影を依然として見いだすことができるが,中日が「互助の約」を締結するという新たな前提が1つ加わっていた.この新しい認識は黎庶昌の6年来の日本の国情に対する総合的な認識と関わりがあるものであり,壬午軍乱と清仏戦争において中国が強硬な立場を示したことで,日本は中国を「軽視」できなくなった,と彼は考えていた.日本自身も国内政局が動揺していたことから,駐日使節団と付き合いのあった〔日本〕人は「又多く亜洲(アジア)の大局を以て言を為

2章 清末駐日使節団の日本理解 47

し」ていた．そのため彼は，日本の朝野は「既往の失を悟り，漸く我に親しむの心有るに似たり」という状況になっており，彼が初めて日本にやってきた時とは「迥然かに同じからざる」状況にある，とみなすようになっていた（同上）．日本を引き入れて朝鮮を共同保護するという黎庶昌の策は清朝政府に提議されたが，その実現可能性については，李鴻章が黎の後任となった李経方に事実確認を行わせている．そして，1891年1月（光緒16年12月）に黎庶昌は退任した．

このように，第5代の李経方使節団のおもな関心事は朝鮮問題となった．李鴻章は李経方の出発前に，対日交渉の中で琉球問題については即座には「辦法〔解決策〕は無い」が，朝鮮問題は「関係が重大」であり，李経方に着任後も「或いは聯絡すべし〔日本との交渉の糸口をつけるように〕」との指示を与えていた（顧・戴編，2008，第35集，p.107）．そのため，李経方の在任期間中に，琉球問題のためになすところは少なく，多くは朝鮮問題に意を注ぐことになった（同，p.250）．

李経方はその在任期間のあいだに2度の服喪に遭遇し，駐在期間は前後2段階に分けられる．その前期は1891（光緒17）年2月から同年8月までの約半年間であり，後期は1892年1月（光緒17年12月）から同年9月までの約8カ月間である．比べてみると，後期の朝鮮問題は前期に比べより繁雑であった．歴代の使節団との違いは，李経方使節団は朝鮮問題を処理する際に，父・李鴻章の指示をたえず受けていたことである．

前期において李経方は，まず命を受けて前任の黎庶昌らがやり残した朝鮮の共同保護戦略の実現可能性について調査し，具体的には，黎庶昌の報告の中で語られていた，伊藤博文が朝鮮問題のために中国を訪れ，東アジア地域の外交問題について交渉しようとしているという話が事実かどうかを確かめた．その結果，伊藤が訪中して東アジア問題について交渉しようとしているという話は，ただの噂にすぎないことが早々に証明された．これを受けて李経方が李鴻章から教えられたのは，当時の朝鮮は中国に対してけっして「弐心（ふたごころ）無く」，中国も「另（べつ）に新様〔新たな局面〕を出さんとは欲せず」ということであった．日本を引き入れて共同保護を行うことも，朝鮮を局外の国にすることも，中国はともに望んでいなかったのである（同，pp.186-187）．これは実にまた，黎庶昌が2

度目の駐日期間中に提起した中日による朝鮮の共同保護案が，最終的に清朝政府の支持を得ることがなかったことを示すものであった．

　駐日期間の後期において李経方は，平壌(ピョンヤン)の開放・閉鎖問題や，オーストリア・朝鮮条約協議案，日本側が提案した中日がそれぞれ朝鮮に鉄道を敷設するなどの問題に関する交渉に，程度の差はあれ相次いで関与していた．その間，李鴻章はさらに緻密な秘密の指示を与えており，そこには，(1) 日本に駐在する朝鮮の使臣は閔党であり，彼らのいうことはまったく信用できないこと，(2) 袁世凱は長年にわたって朝鮮に駐在し，情勢を熟知しており，互いに誠意をもって連絡を取りあうべきこと，(3) 朝鮮問題の処理については，1890（光緒16）年3，4月に北京で共同上奏された清朝政府内の「朝事密摺(みっしょう)」〔朝鮮問題に関する秘密上奏〕を規準とすべきこと，が含まれていた．李経方らが朝鮮問題について新たな観察を行うように求められることはもはやなかったのである．彼個人の朝鮮問題における独自の見解といえば，彼は朝鮮開化派の代表人物である金玉均が唱えた三和主義の影響を強く受け，中日朝による3国同盟を主張していたともいわれている．

　日清戦争前の歴代駐日使節団の中で，朝鮮問題において最大の圧力を受けたのは第6代駐日公使の汪鳳藻であった．彼は基本的に清朝政府の政策を〔そのまま〕執行したが，それは彼の置かれた立場とおそらく一定の関係があろう．彼は1891（光緒17）年7月と1892（光緒18）年7月の2度日本に赴任した経験をもち，1度目は駐日公使代理（署理出使日本大臣）として，2度目は正式な駐日公使としての赴任であり，2度とも李経方の丁憂〔父母の死〕のために受命したものだった．李鴻章の意を受け，汪鳳藻は公使館随員の選定から対日政策の基本方針に至るまで，前任者であった李経方時代の処置と精神をほとんど越えることはなかった．彼がなした積極的な作用は，清朝政府が中日「天津条約」にしたがって行った困難な撤兵交渉に協力したことだが，朝鮮問題に対する彼独自の見解はいまだ見いだすことができない．

3. 条約改訂問題研究

　近代中国が西洋各国と締結した条約は，清朝政府が近代条約に関する知識に

乏しかったという背景のもと，西洋列強が武力を後ろ盾に強要したものであったが，それは当初からヨーロッパの条約制度とは異なるもの，つまり不平等な条約制度であった．日本と中国の状況は似通っており，近代の初期においてともに不平等条約の弊害を強く受けていた．1870年代になり中国と日本が条約を締結する際，清朝政府は不平等条約のいくつかの性質についてすでに一定の認識を有していたため，締結された中日「修好条規」は平等な条約となった．日本は明治政府の成立以降，西洋各国と不平等条約を改訂するための大規模な交渉活動を展開する一方で，中国に対しても条約を改訂するよう要求したが，その基本原則は，中日「修好条規」に規定されている日本側の権利を，中国が西洋と結んでいた条約の〔西洋側が一方的に享受していた〕基本的な権利と同等にし，また「一体均霑」〔最恵国待遇〕をも享受しようとするものであった．本節で検討する条約改訂問題とは，日本が行った上述の条約改訂のうち後者にあたる中国との条約改訂問題をおもに指している．しかし，後者の条約改訂問題を論ずる前に，前者の条約改訂，すなわち日本の西洋との不平等条約改訂〔いわゆる条約改正〕交渉に対して清朝の駐日使節団が行った調査，および〔清朝が〕それを参考にしたことについてまず紹介する必要がある．これは後者の条約改訂問題における駐日使節団の立場と密接に関わっているからである．

　日本の条約改訂交渉に対しておもに調査研究を行ったのは，初代駐日使節の何如璋らであった．日本の条約改訂交渉に対する彼らの関心は，おおよそ琉球問題交渉の舞台が東京から北京に移って以降に始まる．日本の条約改訂に対して強い関心を抱いた理由は，中国が西洋各国と締結した条約は日本と「本より同病に属す」ものであり，日本の条約改訂交渉を調査研究すれば，それを参考にして中国の不平等条約制度〔の改善〕に反映させられることに，何如璋が気が付いたからであった．駐日使節団は日本の条約改訂の動因や改訂交渉の具体的な手順を詳しく調査し，当時登場したばかりの最新の日本側の条約改訂基本方針を反映した井上馨外相の条約改訂草案をも秘密ルートを通して入手していた．これによって彼らは，不平等条約の2大要素が関税自主権問題と治外法権問題であることを明確に理解したのである．駐日使節団はこの条約改訂草案をアジア各国が西洋列強と結ぶべき条約の見本とみなし，清朝政府と当時来日していた朝鮮の修信使に対して紹介・推奨した．近代中国が不平等条約の中の

「一体均霑」の危険性について比較的明確に認識するようになったのは比較的早い時期のことであったが，危害は大きいがかえって隠蔽性を有していた協定関税と治外法権については，何如璋使節団以前は曖昧な認識しかもっていなかった．駐日使節団は日本に駐在するという利便をいかし，日本の条約改訂経験の助けを借りて，不平等条約の実質的な条項についてより明確に認識するようになり，さらにまた日本の条約改訂に乗じて西洋との条約改訂交渉に着手すべきであると清朝政府に建議した．しかし，近代中国についていえば，条約改訂は間違いなく容易になしえるものではなかったことから，何如璋の条約認識はおもに朝鮮の西洋各国との条約締結に対して積極的な作用を発揮することになった（戴，2012，第2章）．何如璋使節団の後，それを引き継いだ黎庶昌や徐承祖らの使節団も日本の条約改訂交渉に対して程度の差はあれ等しく関心を抱いたことはあったが，それはおもに対日外交の視点に基づき，条約認識史の視点から研究を行ったものであり，初代使節団は歴史的な任務を果たしたといえよう．

　使節団が派遣され日本に駐在した後，日本側が中国に対して条約改訂を正式に申し出たのは，1880（光緒16）年7月に日本が宍戸璣を公使として中国に派遣し琉球問題について協議したときであり，それはちょうど何如璋使節団の時期にあたった．当時日本側は琉球問題と条約改訂を同時に協議し，内地通商を加えることと「各国の例に照らして一体均霑の条を加入する」ことを求めていた（故宮博物院編，1932，巻2，p.9）．当時中露間のイリ交渉の行方は不透明な状況にあり，総理衙門はできるだけ早く琉球問題を決着させるため日本の要求を即座に認めることにした．駐日使節団が日本の内地通商と「一体均霑」の要求に強く反対したことは，李鴻章のこの問題における立場に直接影響を与えることになった．李鴻章は次のように上奏している．「正に善全の策を籌り思わんとするに，適ま出使大臣何如璋の来書並びに抄して総理衙門に寄る所の両函に接したり．力めて利益均霑及び内地通商の弊を陳べ，その語多くは切実たり」（同，pp.15-16）．李鴻章らの反対により，この時の条約改訂は最終的に見送られることになった．駐日使節団は日本の不平等条約改訂の歴史と不平等条約の特性についてすでに明確な認識を有しており，日本が西洋との不平等条約の改訂を進める一方で，かえって中国にはもともと平等であった条約の中に西洋と

同等の権利を加えるよう要求したことに対して反感を抱いていた．彼らはこれを台湾・朝鮮・琉球に対する侵略と同列に論じたのである（温, 1925, 巻2, p.7)[6]．条約改訂と琉球問題を同時に提議した日本側の要求の中から，何如璋は日本が内地通商条項を重視していることを見いだした．それゆえ，宍戸が〔交渉を打ち切〕帰国して琉球問題交渉が困難な状況に陥ったとき，何如璋は琉球問題の妥結見送りを総理衙門に提起した3つの対策の中で，その第3策として琉球問題と条約改訂を併議する案を採用し，日本側が自発的に〔再び〕やってくるのを待つよう主張したのである（同, pp.8-10)[7]．

何如璋の併議構想は彼の後任者たちによって強調されていった．第2代公使の黎庶昌は，分島案が阻止され日本の新任駐清公使榎本武揚がまもなく北京に到着しようとしていたとき，総理衙門に対して「球案結ばざれば，他事一つも商すべき無し〔琉球問題が決着しなければその他の案件は1つも交渉できない〕」という原則をとるよう懇請していた．日本が「一体均霑」の4字について「念念として忘れず」，「亟かに之を得て後に已むを欲す〔これを獲得しなければやめられない〕」というのであれば，条約改訂問題に乗じて琉球問題交渉を好転させることができると考えたのである（中央研究院近代史研究所編, 1972, 第3巻, p.1022）．ただ，榎本らは中国との条約改訂協議の任務を負っておらず，黎の建議はしばし予備案となった．第3代公使の徐承祖の時期になり，日本は中国に対し正式に条約改訂を要求し，併議案は実行に移されることになった．

塩田三郎は1886（光緒12）年5月に着任すると，ただちに清朝政府に条約改訂を要求した．前任者に比べ，徐承祖は条約改訂に比較的深く関わっていた．

徐承祖の条約問題に対する関心はけっして彼が日本に到着した後に始まったものではない．彼は以前中国の駐米公使館で随員を務めていたときに欧米の条約を翻訳したことがあり，1884（光緒10）年末に〔日本に〕着任して早々，彼は総理衙門に書簡を送り，これらの翻訳原稿の刊行について相談していた（同, 第4巻, p.1641）．1886（光緒12）年に漢訳条約集『美英条約』が東京の公使館から刊行されたことは前述したとおりであり，この訳書はおそらく清末中国においてもっとも早いアメリカ・イギリスの条約に関する漢訳の専門書であろう[8]．アメリカ・イギリスの条約に対する調査を通して，徐承祖は中国が西洋と結んだ条約の不平等性についてもより明確な認識を有するようになり，「吃虧

〔損をする〕の処甚だ多く」,「苟くも機会有らば,其れ〔西洋各国〕に勒いて従前の約を更改〔改訂〕せしめん」と主張したのである（哈門脱,第5冊,pp.24, 26）.

塩田が清朝政府に対して条約改訂を求めると,徐承祖らは〔日本側の〕改訂草案の検討に深く関わることになった.彼はこの改訂草案では,西洋人が日本に与えた権利は中国もすべて遵行しなければならないが,日本が西洋人に与えた利益は中国にはまったく与えられないことになっていることを発見した.その上,改訂草案は「暗に利益均霑を要め」,「流弊甚だ多く」,中国の商務に不利であるばかりか,「且つ窒碍も多」かったため,明確に拒絶するよう主張した.徐承祖はそれとは別に改訂草案について詳しく逐条反駁していた（故宮博物院編,1932,巻10, p.18）.駐日使節団の条約解釈には,対等概念がすでに完全に備わっていたといえよう.徐承祖の建議は相当程度李鴻章に受け入れられた.時はまさに中日長崎事件交渉にあたっており,李鴻章は清朝政府に対し,徐承祖に打電して長崎事件を懸案とし,これによって日本の条約改訂要求を牽制するよう建議していた（同, p.20）.塩田公使の時期に行われた条約改訂交渉は,清朝政府が条約改訂と琉球問題を併議するようになったため,結局未決着のままとなった.

日本との条約改訂は,李鴻章からみれば,琉球や朝鮮の問題よりも気楽に扱うことができる問題であった.彼の考えでは,中日関係の3大難題の中でもっとも厄介だったのは琉球問題であり,関係がもっとも重大であったのは朝鮮問題であり,比較的処理しやすかったのは条約改訂問題であった.彼の言葉を使っていえば,「我は創約の人〔日清修好条規の創始者〕に係らば,必ず汝〔李経方〕に向けて饒舌たらん.此の一時彼の一時,尚機を相て辯証すべし」であった（顧・戴編,2008,第35集, p.107）.日本の条約改訂要求について,李鴻章は後に李経方への指示の中で,さらに具体的に「日本は西国〔西洋〕と約〔条約〕を議すること数年なるも,迄に議を成すこと無し.榎本は重ねて前説を理さんと欲するも,一時にして必ず緒に就くこと無し.中国の修約〔条約改訂〕,自ずから応に後に居すべし」と述べている（同, p.250）.李経方とその後任の汪鳳藻は条約改訂問題に関心を抱かず,李鴻章のこうした立場と大差はなかったといえよう.

おわりに

　日清戦争以前の6代にわたる中国駐日使節団が琉球問題・朝鮮問題・条約改訂問題をめぐって展開した日本研究は，その基調は完全に防衛的なものであった．たしかに李鴻章がいうように，対日交渉におけるこの「三大難事」は「各国に較べ尤も難しい」ものであった．初代の何如璋使節団から第6代の汪鳳藻使節団まで，甲申事変後の黎庶昌使節団と時間が短かった李経方使節団を除く歴代の使節団は，この3大問題をめぐって苦難の外交交渉を強いられ，日本において関係する政策や対策の研究に従事することは間違いなく容易なことではなかったといえよう．段階的な対日研究の観点からいえば，初期に行われた琉球交渉問題の処理にせよ，朝鮮に開港通商を勧めることにせよ，また少し後の壬午軍乱と甲申事変の処理にせよ，駐日使節団はみな多くの称賛に値するところがあった．これは彼らが関係した対日研究と密接不可分のものであったにちがいない．実際，日清戦争勃発の原因の1つは，すなわち日本政府が壬午軍乱と甲申事変によって失った朝鮮に対する優勢を挽回しようとしたことによるものだった．

　日清戦争は中国の敗北で幕を閉じた．日清戦争の勃発の原因と戦争の性質については，別に分析する必要があるが，その中にはわれわれが検討するに値するところがたしかにある．

　台湾事件と琉球事件を経験した後に赴任した中国の歴代駐日使節団は，対外的侵略拡張という当時の日本の外交政策に対し一貫して十分な警戒心を有しており，朝鮮政策の重点は，日本が琉球につづいて朝鮮をも併呑してしまうことを防止することにあった．そして，朝鮮問題によって引き起こされるであろう中国と日本との戦争については，初代の何如璋使節団や後の黎庶昌使節団，徐承祖使節団にかかわらず，程度の差はあれ清朝政府に対し早い時期にそれぞれ明確な予言を行い，関連する情報を提供していた．ただ，清末の中日関係におけるいくつかの人を惑わす局面が，一定程度においてこれらの外交官たちをミスリードしてしまい，とりわけ甲申事変以後の数代の使節団はそうであった．これは中日間におけるいくつかの特殊な局面という歴史的背景やその他の要素と関わりがあり，さらに検討するに値するものであろう．

参考文献

王彦威輯・王亮編（1931），『清季外交史料』光緒朝，外交史料編纂処．
王宝平（2005），『清代中日学術交流の研究』汲古書院．
温廷敬輯（1925），『茶陽三家文鈔』補読書廬．
何如璋（1935），『使東述略附雑詠』汕頭安平路芸文．
「軍機処録副奏摺・外交類・中日琉」，中国第一歴史檔案館蔵
哈門脱輯，『皇朝八大家経世文彙編』美国哈門脱印発兌．
故宮博物院編（1932），『清光緒朝中日交渉史料』．
呉汝綸編（1921影印），『李文忠公全書』，商務印書館（全陵刻本影印）．
顧廷龍・戴逸主編（2008），『李鴻章全集』安徽教育出版社．
戴東陽（2012），『晩清駐日使団与甲午戦前的中日関係（1876〜1894）』社会科学文献出版社．
中央研究院近代史研究所編（1972），『清季中日韓関係史料』中央研究院近代史研究所．
趙中孚・張存武・胡春恵主編（1990），『近代中韓関係史資料彙編』第11冊，国史館．
「宮島誠一郎文書」，早稲田大学特別資料室所蔵．
姚文棟，『琉球小志並補遺附説略』．
姚文棟訳・楊守敬批校（光緒9），『琉球小志・補遺・説略』刻本．
姚文棟（光緒11），『読海外奇書室雑著』鉛印本．

1) この書簡には日付が記されていないが，光緒4年4月初7日ごろに書かれたものだろう．紙幅の関係で，具体的な論証過程については別稿で紹介したい．以下同様のため一々注記しない．
2) 1度目の任命については光緒7年3月初7日（故宮博物院編，1932，巻2，p.41）を，2度目の任命については光緒13年7月26日（同，巻10，p.31）を参照．
3) 現在この書籍は多くの名称があり，本章では姚文棟の琉球に関する著述を仮に『琉球小志並補遺附説略』と称することにしたい．
4) この書簡には日付がないが，光緒5年4月初めごろに書かれたものだろう．
5) この書簡には日付がないが，光緒6年4月から7月初めまでに書かれたものだろう．
6) この書簡には日付がないが，光緒5年4月初めごろに書かれたものだろう．
7) この書簡には日付がないが，光緒7年3月初めごろに書かれたものだろう．
8) 1881年12月（光緒7年10月），朝鮮使臣の魚允中（翰林院）はまもなく赴任する黎庶昌のもとを訪れた際，朝鮮がちょうど日本と関税に関する交渉を行っていたため，漢訳された英米各国の税則約款を閲覧したい旨を伝えたが，黎庶昌は「英・美〔アメリカ〕の税則の漢訳せる者，尚未だ専書を見ず」と答えていた（中央研究院近代史研究所編，1972，第2巻，p.546）．

3章　亡国，亡省，亡人
　　──1915年から25年における中国の3回にわたる反日運動の変化

王　奇生

　中国の近現代史において，最も深刻で最も頻発した危機は，「民族危機」をおいてほかにない．毎回の危機の対応には，すさまじい勢いの集団動員，集団行動がしばしば生じた．一般的に言うと，「危機」と「動員」の間には正の相関関係が存在しており，「危機」が深刻であるほど，「動員」規模も大きくなる．しかし，本文で検討する時期（1915-1925年）は，状況がやや異なる．この期間には，おもに日本の挑発と刺激によって，中国で大規模な集団による抗争行動が3回発生した．注意するに値する点は，これら3回の集団行動の規模は，「危機」の程度と正相関関係を構成してはおらず，それどころか，相反傾向さえ示しているという点である．1915年の日本の「対華二十一カ条要求」に対する抗議から，1919年のパリ講和会議の山東省の権益は日本に帰属するとする決定に対する抗議，1925年の上海の日本資本の工場で中国人労働者・顧正紅が銃殺されたことに対する抗議まで，3回の「危機」の程度は回を重ねるごとに弱まっていったが，集団行動の規模は反対に回を重ねるごとに拡大していった．このような傾向は当然のことながら，われわれにとって，詳細に研究する価値がある．この時期に，中国が実際に直面した「民族危機」と中国の民衆の「民族主義意識」との間には，いったいどのような関連性があるのだろうか．また，どのような要素がこの時期の中国の民衆による集団行動に影響を及ぼし，

それを制約したのだろうか．

1. 危機——亡国，亡省，亡人

　1914 年，第 1 次世界大戦が勃発した．日本は，欧米列強に東方を顧みる余裕はないと見て，機会に乗じ，ドイツに対する宣戦を名目として，山東に出兵し，青島（膠州湾）を攻撃，占領して，ドイツの中国における権益を奪った．これに伴い，1915 年 1 月には，中国の袁世凱政府に対して「二十一カ条の要求」を突きつけるとともに，5 月 7 日には，中国政府に対して受け入れを強制する最後通牒を発した．当時の中国の世論は，日本が突きつけた「二十一カ条の要求」は日本が過去に朝鮮に迫った要求に似ており，朝鮮は要求を受け入れて間もなく，日本に併呑されてしまった，という認識で一致していた．中国が日本の「二十一カ条の要求」をのめば，朝鮮と同じ轍を踏み，国は滅亡してしまう．このため，この危機を「亡国」の危機と呼ぶことができる．

　1918 年，第 1 次世界大戦が終結した．中国は協商国の一員としてともに勝利を喜び祝うとともに，大戦期間に，日本が中国に締結を強要した条約が戦後開かれる講和会議で，列強によって是正，調整されることを望んだ．しかし，1919 年に開かれたパリ講和会議で，日本は山東に関する議案を提出，列強は意外にもドイツが戦前に握っていた中国・山東の権益を日本が引き継ぐことを認めてしまった．この知らせが中国に伝わると，世論は「膠州を失い，山東を失い，果たして国といえるか！」[1] と激しく騒いだ．この危機の焦点は「山東の滅亡」にあることから，これをひとまず「亡省」の危機と呼ぶこととする．

　1925 年 5 月，危機が再度勃発した．この危機の導因は，上海の日本資本の紡績工場で中国人労働者・顧正紅が銃殺され，学生による抗議が誘発されたことにある．学生によるデモ行進は租界の英国人巡査の発砲射撃に遭い，これによって，よりいっそう大規模な集団の抗争行動へと拡大していった．この危機は顧正紅が殺されたことで誘発されたため，これをひとまず「亡人」の危機と呼ぶこととする．

表 3-1　集団行動の比較

	1915 年 反「二十一カ条」	1919 年 五四運動	1925 年 五・三〇運動
組織・指導	自発的．政党の関与はなく，組織化の程度は低い．	自発的．政党の関与はなく，一定の組織性を持つ．	中国共産党が組織・指導し，国民党が協力．組織化の程度は高い．
参加集団	都市読書人など上流階級の人々，商人が中心．	青年学生が中心．商人，工場労働者が声援・参加．	学生，商人，工場労働者が共に参加．主要な存在と副次的な存在は分け難い．
基本形式	集会・公開電報の発信，日本製品のボイコット，救国貯金．	集会公開電報の発信，デモ行進，日本製品のボイコット，学生スト，商人スト，労働者スト，暴力行動．	集会公開電報の発信，デモ行進，外国製品のボイコット，学生スト，商人スト，労働者スト．
中心スローガン	「救国」，「国の恥辱を忘れるな」	「外国と主権を争え，国賊を除け」	「帝国主義を打倒せよ」，「不平等条約を撤廃せよ」
運動規模	全国 30 余りの省都・都市，開港場に波及．	全国 200 あまりの大中都市に波及．	全国約 600 の都市部に波及．

2．動員——事件，運動，革命

　注意するに値する点として，1915 年に「二十一カ条」に反対した集団行動は全国的な規模を備えてはいたものの，中国近現代史上では「運動」とは呼ばれず，統一名称さえなく，1949 年に一度「国辱の日」[2]として記念されて以降，一度も人々の間で記念されていない（以下の文では，ひとまず「五七」をこの運動の呼び名とする）ことが挙げられる．これに対して，1919 年の「五四」については，発生から間もなく「五四運動」と命名され，すぐに当時の人々に認められるとともに，今日までずっと記念されている．中国の革命史においては，一般に五・三〇運動が 1920 年代の国民革命の始まりであると認識されている．五・三〇運動の性質を「革命」とすることも当時の人々の見解だった．例えば，瞿秋白は 1925 年 8 月出版の『嚮導週報』と 1926 年 3 月出版の『新青年』に掲載された文章の中で，「五・三〇以降，中国の歴史においては，国民革命の実行期という新たな時期がすでに始まっている」，「中国の国民革命は五・三〇から始まった！」[3]とそれぞれ記している．

動員規模について見てみると，3回の集団行動には逓増状態が顕著に見られる．「五七」，「五四」，「五・三〇」はほぼ「事件」，「運動」，「革命」という3つの異なるレベルを呈している．

　事件：具体的な政治的訴求があり，組織化の程度は低く，行動は相対的に穏やかである．

　運動：具体的な政治的訴求があり，かなりの組織性を有し，行動は比較的激しく，規模が大きい．

　革命：政治的訴求がイデオロギーにまで高まり，現状を根本から変えることを追求するようになる．行動は極めて激しく，革命政党が主導的役割を発揮し，高度に組織化され，動員される．

　五七／事件，五四／運動，五・三〇／革命は，中国の近代における民族主義運動の3つの異なるレベル，または発展変化の3つの段階をほぼ具体的に表している．

3. 主導的集団，参加集団

　1915〜25年に生じた3回の民族危機は，「亡国」，「亡省」，「亡人」というように逓減構造を呈しているにもかかわらず，これら3回の危機に呼応した集団行動は逆に「事件」，「運動」，「革命」というように逓増状態を示している．この現象をどのように解釈したらよいのだろうか？

　歴史現象の発生は往々にして多くの要素がともに作用した結果として現れる．ただ，多くの要素を解き明かすとともに，それらの間の複雑な相互の影響関係を総合的に分析するのは容易でないことは明らかである．本文では，主導的集団および参加集団，組織化の程度，中心スローガン，物質的基盤などのいくつかの面について分析を加えるにとどめる．

　五七，五四，五・三〇の3回の集団行動を比較する場合，組織・指導と参加集団の変化はそのうちのカギとなる要素と言うべきものである．

　五七から五四までの時間は4年足らずだが，主導的集団は「士紳」（1911年までの君主制下の中国の地方社会で，社会的・文化的地位を有する人を指す．一般的に科挙で得られる肩書きをもっている．）という新たなタイプの知識人へと明らかに

変化した.1915 年の反日運動において,全国各地で最も活発な組織は商会(＝商業界連合会)と教育会,最も活発な集団は都市の名士,商人層だった[4].袁世凱政府は革命党を迫害,弾圧したため,多くの革命党や急進的な思想をもつ教育界の人々が「隠棲して俗世間を離れたり,租界で落ちぶれたり,異郷を放浪したり」[5]した.このため,これらの人々はいまだ反日運動の主力にはなれなかった.もう 1 つ,注意するに値する現象として,在校中の青年学生はごく一部が参加したのみで,未だ大規模な集団性の行動は形成できていなかった点が挙げられる.1919 年の五四に至って初めて,学生の間から「奇襲軍が突如起こった」[6].1905 年に,科挙制度が廃止され,学校ができた.新制教育では小学校から大学まで,一般に 10 年余りの時間を要する.このことは,五四前後の大学生はちょうど,国内で完全な新制教育を受けた第一世代の青年学生であることを意味する.しかし,青年学生の集団性の目覚めにはさらに 2 つの極めて重要な要素があった.1 つは蔡元培が 1917 年に北京大学の学長に就任するとともに,同大学の改革に着手した後,学生の思想と気質に重要な変化が生まれたことが挙げられる.当然のことながら,この変化は主に北京大学で生じた.もう 1 つは新思潮,新文化運動の青年学生に対する計り知れない影響が挙げられ,しかもこの影響は全国的な効果を有していた.当時の人々は,清朝末期にも学生運動は存在したが,「精神の覚醒」[7]の全国的な広がりにまでは至らず,学生集団の自覚的行動[8]も形成されていなかったことに注目していた.「新しい思想があったために,『五四運動』という事実が生まれた」[9].陳独秀の『新青年』は 1915 年にすでに創刊されていたが(当初の名称は『青年』),当初 2 年間の影響は限定的であり,真の意味で青年学生の関心を集めたのは 1918 年以降だった[10].

学生集団の出現は五四期におけるとくに顕著な現象だった[11].五四運動には商人,労働者も参加していたものの,学生は終始一貫して運動の主導的集団だった.五四運動において,北京,上海などの大都市の市民集団の中で,商人は学生に同情し,労働者は商人に傾倒するという状況が見られた.このため,学生のストが商人のストを牽引し,商人のストがさらに労働者のストを牽引した.「商人がストライキを行い,労働者は仕事を放棄し,みな学生の指導・指示にしたがった」[12].青年学生は瞬く間に社会の信奉し実行すべき遵則を打ち立て

た．蔡元培は「『五四』以降，全国の人々が学生を先導者とし，みなが，学生が向かう方向について行こうとしている」[13] ことに注意を払った．「それまでの社会は学生を軽視していたが，この運動をきっかけに，社会は学生を重視し始めた」[14]．陶孟和も，五四以前は，教育界は完全に社会に無視されていたが，五四以降，「教育は1つの勢力，1つの侮りがたい勢力に変わった．それに対抗しようとする者はなく，倒そうとする者もなかった．それに対して，政府は寛容に対応，軍閥は迎合し，政客はつながりを求めた．見識が最も浅い商人もこうした中で，彼らの気分を害する行為に出るはずがない．このため，それ以後，教育界はなおざりにできない重要な存在として政治，外交，軍事，財政，政党の場に躍り出た．要するに，一切の活動の重要なかなめとなった．……教育界は無冠の王に変わったのである」[15] と指摘している．陶孟和が言う「教育界」とは実のところ，「学生」を指す．

　五四から五・三〇までの時間は6年で，その間の最も顕著な変化として，新たなタイプの革命党の出現が挙げられる．1915年の反日運動の際に，孫文をリーダーとする中華革命党は[16] 袁世凱政府の抑圧を受けて海外に亡命し，民族の矛盾と国内の政争との間で板挟みの状態に陥り，その身をほとんど運動の外に置いていた．1919年の五四運動では，一部の革命党の人々が五四運動に積極的に参加，賛助したものの，中華革命党は1つの政党として，この運動に対して，指導的，組織的役割を発揮することはなかった．ゆえに，五七，五四にはいずれも政党の力の関与はなかった．「それより前に革命事業に携わった者は，軍隊への働きかけ，軍隊の組織にのみ注意し，民衆勢力を軽視していた」[17]．これが当時の国民党の真のありさまである．五四の2年後に，中国共産党が誕生した．五・三〇の時期に至ると，中国共産党は一挙に運動の主役となり，運動の中で全局面を左右する重要な役割を担うようになった．運動全体のかなめ，実質的なリーダーは中国共産党だった．五・三〇運動は中国共産党が指導した，最初の全国的な規模と影響をもつ民衆運動である．このときの中国共産党はまだ党齢4年足らず，党員1,000人未満の小さな党だった．党員は青年知識人が中心で，大規模な民衆運動の発動・指導経験はなかった．こうした状況であるにもかかわらず，五・三〇運動は広範囲に及び，すさまじい勢いで数ヵ月間続き，中国共産党の民衆運動における非凡な組織・指導力を十分に

示した．五四が中国共産党を生んだとするならば，五・三〇は中国共産党の勃興を示すものであるといえ，それはまた中国共産党が全国の政治舞台に正式に登場した証でもある．

　五・三〇発生前の1年間に，孫文は「ロシアを師とし」，ロシア共産党のモデルに基づき，国民党の改組を行うとともに，共産党を受け入れた．五・三〇発生の2カ月前，孫文が逝去したばかりの時期に，国民党の上層部はまさに権力の継承・交替という問題に直面し，内部の頼りにならない軍隊の粛清と広州国民政府の設立準備に追われていた．国民党の地方党務機構は大部分が中国共産党の党員，団員の手で支配されていた．中国共産党の多くの活動は国民党という「看板」を掲げて展開されたものであったため，五・三〇運動によって，国民党の全国における政治的・社会的影響も大きく拡大した．五・三〇以降，青年学生が群れをなし隊を組んで南下し，国民革命の隊列に加わった．国民党もまた，組織拡充の高潮期を迎えた．しかしながら，国民党は終始一貫して「エリート」路線を歩み，中国共産党の「大衆」路線とははっきりとした違いがあった．孫文は「農工扶助（農民や労働者こそ第一）」を提唱したものの，依然として「先知先覚」，「後知後覚」（「先知先覚」は「創造者」，「後知後覚」は「宣伝者」というのが三民主義であるが，ここでは幹部やエリートを指す）が「不知不覚」（三民主義では「実行者」であるが，ここでは農民や労働者を指す）を「指導する」というものだった．これを，農民と労働者の利益の直接的代表者を自任する中国共産党の党員と比べると，近い部分はあるものの，やはり大きく異なる．中国共産党は間もなく民衆運動に長けた動員型の政党に成長していったが，一方の国民党は一貫して末端の民衆から遊離していた．

4．組織化の程度

　「二十一カ条」に対する抵抗で，主導的な役割を発揮したのは土地の名士や商人だった．北京，上海，江蘇などの商会（＝商業界連合会）と教育会は比較的構成が整った団体で，これらも大きな役割を発揮したが，全国的な連合組織を構築するまでには至らなかった．このほか，全国各地で多くの小団体が新たに設立されるとともに，さまざまな日本製品のボイコットを訴える組織が形成さ

れ，各地で大衆的な集会も続々と開かれた．しかし，このような活動は基本的に分散しており，全局を顧みず各自が勝手に戦うというもので，互いに競い合う例さえ見られた．救国貯金もこの時の反日運動において，最も活発で，最も主要な方式の1つだった．上海に全国的な救国貯金総事務所が設立されたが，この「総事務所」は自称で，全国各地に400余りの支所や支部が設けられたものの[18]，実際には上海の総事務所による指揮，支配は受けていなかった．このため，強力な組織力，指導力と，統一的，全国的な連合行動に欠けた．

　五四運動では，組織力，動員力が顕著に向上した．羅家倫はこれについて，「社会組織」の発展変化であり，五四運動の1つの「極めて大きな成果である」とする認識を示している．

　「五四以前の中国の社会には，組織というものがまったくなかったと言える．以前は，この学校の学生とあの学校の学生の間にはまったくつながりがないといった状態で，すべては退屈な校友会や村落の同郷会に過ぎなかった．それが今では，各省・各県の学生がいずれも連合会を組織するようになっている．以前は，教職員についても，この学校とあの学校の間にはまったくつながりがないといった状態で，すべては存在しているのか，していないのかわからないような教育会や退屈極まりない懇親会にすぎなかった．それが今では，いくつもの省が教職員同業組合といったものを組織するようになっている．以前は，工業界・労働界には組織などまったくなかったが，五四以降，工場労働者がいる場所，例えば上海などで，中華工業協会，中華工会総会（＝中華労働組合総会），電器工界連合会（＝電器工業界連合会）などさまざまな機関が生まれた．以前は，商業界にも組織などはまったくなかった．商人すべてが，官僚機関の商務総会の鼻息をうかがってばかりいた．それが今では，天津などの商人が同業組合をもつようになり，上海などの商人は各大通りの商業界連合会といった組織を備えるようになった」[19]．

　五四後，青年だった毛沢東もその著作の中で，辛亥革命は留学生，民間の秘密結社，新建陸軍などによるものに過ぎず，「民衆の大多数とはまったくの無関係」であり，まだ「民衆の連合」とは言えない，と指摘している．清朝末期・民国初期の各種学会，同業界，同郷会，校友会は一種の民衆の「小連合」だったが，五四運動によって全国の民衆による「大連合」という動向と趨勢が

生まれた[20]．

　五四期において，「民衆の大連合」の趨勢を最も具体的に示し得るものとして，全国学生連合会の設立がある．1919年6月16日，上海で21省の代表が参加して，全国学生第1回代表大会が開催され，同大会において「中華民国学生連合会」が正式に設立された．これより先，北京，天津，上海，武漢，南京，杭州などの大都市ではすでに地域的な学生連合会が創設されていた．この後，省・市レベルで学生連合会が相次いで設立されただけでなく，県レベルの学生連合会や各学校の学生会も次々に創設された[21]．全国学生連合会総会の下に60余りの支部があり，全国50万人の学生がその指導を受けたと言われる[22]．学生集団全体をめぐって，全国的かつ層的で，トップダウン的でありながら相互連携的でもある組織網が形成された．これは中国の歴史上，かつてないものだった．それまでは，政府当局の行政システムにこのような組織機構があるのみで，民間社会にはいまだかつて存在しなかった．李剣農は『中国近代100年政治史』の中で，「あえて大胆に言うと，この時期にすでに長い歴史を有していた国民党の組織と党員の間の連絡・指揮は，おそらくこの新たに誕生した全国学生連合会の組織の完全さ，緻密さ，運営面での活気や素早さに及ばなかったと言える」[23]と指摘している．

　「救国十人団」も五四運動の中で勢いよく登場した新たな組織である．日本の学者の小野信爾の研究によると，五四運動期間に，中国の大中都市のほとんどで「十人団」の組織が誕生していた．その組織対象はおもに学生以外の一般民衆であり，「小組織・大連合」という原則を採用し，「1人が10人に伝え，10人が100人に伝え，100人が1,000人に伝え，1,000人が1万人に伝える」という組織方式で，下から上へと連合していくというものだった．まさにこのようなかつてない組織モデルが，五四期に非常に広範な影響を一度に生み，全国学生連合会を除いて，最も勢力をもつ民衆団体としてその名を知られるようになった[24]．

　五四期にはさらにもう1つ，重要な新生の社会組織が生まれた．上海の各大通りの商業界総連合会である．清朝末期以降，中国の市民集団の中で最もよく組織されたのは商人だった[25]．なかでも，最もよい例が上海総商会である．全国の商会組織の中で，上海総商会は最も優れた商会だった[26]．五四期に，学生

運動に声援を送るため，上海の商人はもともとあった総商会のほかに，通りを単位として，各大通りの商業界連合会を設け，これを踏まえて，各大通りの商業総連合会を設立した[27]．都市の通りを単位とする社会組織の創設は，中国の歴史上でもかつてないものだった．同じように地縁性を備えているものの，それは会館や同業者の組合事務所，同郷団体とは異なる．会館や同業者の組合事務所，同郷団体は一般に，商人の本籍所在地に基づくものであり，その組織単位は省または県である．一方，大通り商業界連合会は商人の営業場所に基づくもので，その組織単位は都市の通りである[28]．その組織上の優位性は，上海という1つの分散的・多元的な商業大都市において，1つの厳密で秩序を備えた組織網の中で整合を図ることにより，強い組織・動員力，潜在力を備えることができるという点にある．

　五・三〇運動では，政党が主導的役割を発揮し，その組織・動員力は空前の高まりを見せた．中国共産党は上海労働組合総連合会，全国学生連合会，上海学生連合会，上海の各大通りの商業総連合会の四大団体と連合し，上海工商学連合会を設立，五・三〇運動を指導する総合機関とした．工商学連合会に参加した四大団体のうち，労働組合総連合会と学生団体はいずれも中国共産党の党員の手で支配されていたため，実質的には工商学連合会の指導権を握っていた．中国共産党はそれらを通じて，五・三〇運動の発展を組織，画策し，さらにはそれを導き，支配した．五・三〇運動の当初2カ月間で，工商学連合会は上海の地方政府の権力をほぼ手中に収めた[29]．五・三〇運動期間中，上海労働組合総連合会傘下の労働組合は最も多い時で100を超え，会員は30万人余りに達した[30]．各大通りの商業界連合会総会は中小の商人からなり，会員総数はこちらも30万人前後を数えた．このほか，上海学生連合会傘下の中学校・高校，大学の学生会も90余りに達した[31]．

　中国共産党は4大団体を通じて，労働者，商人，学生の3大組織系統をそれぞれ指導し，上海全体のほとんどの労働者，学生，商人がその直接的な指導と効果的な指揮統括を受け，上海全体の工場，学校，通りの商店すべてが動員された．このような組織的な動員は，20世紀前半の中国では1度も見られなかったものである．また，次のように指摘する者もいる．五・三〇運動における，「国民のさまざまな活動（宣伝，労働者スト，英国製品のボイコット，カンパ（寄付）

活動）は，参加者の多さ，地区の広さ，期間の長さのいずれをとっても，前例がないと言うべきである．民衆の感情の高まり，活動の緻密さもまたかつてないものである．さらに，カンパ（寄付）活動の金額の多さ，労働者のスト，英国製品のボイコットで得られた多くの効果も，歴史に前例のない，実に驚くべきものである．アヘン戦争のときの三元里における反英運動について，もとより一律に論じることはできないが，民国8年の五四運動であっても，反帝国主義について言うと，その規模，効果ははるかに五・三〇より劣る．これを中国史上，いまだかつてないと言っても，けっして過言ではない」[32]．

「五・三〇」は当初，近代史上でよく見られる，外国人による虐殺事件だったが，結果的に空前の規模の全国的な反帝国主義の嵐を巻き起こすこととなった．五・三〇の影響は，虐殺事件の悲惨さにではなく，運動の組織・動員の成功にみられる．新たなタイプの政党が出現するとともに，積極的に組織，指導にかかわったことは，1920年代に中国の民族主義運動が日に日に高まって行った要因であることに間違いない．

5. 中心スローガン

　3回の集団行動における，中心スローガンの変化も注目に値する．1915年における反日運動の中心スローガンは「救国」「国の恥辱を忘れるな」だった．1919年の五四運動における中心スローガンは「外国と主権を争え，国賊を除け」，1925年の五・三〇運動における中心スローガンは「帝国主義を打倒せよ」，「不平等条約を撤廃せよ」だった．

　義和団の乱以降，中国の政府と読書人など上流階級の人々，エリートはいずれも中国人の「野蛮な排外」というイメージを取り除こうと努めてきた．このため，「亡国」の危機に直面した時でも，過激なスローガンを掲げようとはしなかった．1915年の反日運動における，各地の「国辱」に対する反応の多くが「雪辱」をめぐる国民に対する宣伝・教育に集中し，「自分を強くする」ことから着手した．全国各地で設立された反日団体の名称も多くが「中華国民請願会」，「国事研究会」，「中華共済会」，「国民対日同志会」などというように，穏やかな字句が並んでいる．大手の新聞で最もよく見られたスローガンは「国

の恥辱を忘れるな」,「救国」だった.上海で救国貯金活動が始まった際に,中国銀行本店は上海の各支店が預金の代理徴収を行うことを許可したが,刺激するのを避けるため,名称を「救国」から「愛国」に改めるよう求めた[33].いわゆる「刺激するのを避ける」とは当然,日本を刺激するのを恐れるということである.この反日運動のおもな方式は,貯金と製品の排斥だった.貯金の目的は,富国強兵,民族工業の振興への備えにあった.製品の排斥だけが,日本に直接照準を合わせたものだった.しかし,日本人からの圧力を受け,政府は製品の排斥を禁止せざるを得なくなったため,各地の製品排斥のスローガンの多くが直接的な「日本製品のボイコット」ではなく,間接的な「国産製品の購入・使用の提唱」であった.

1919年の五四運動は,相対的に過激さが増し,焼き打ちや殴打などの暴力が見られるようになった.ただ,暴力はおもに国内に向けられ,対外的には依然として「文明」的なイメージをできるだけ保った.注意するに値するのは,五四の中心スローガンの1つである「外国と主権を争え,国賊を除け」[34]は,後に演繹された「外国に抵抗して強権を発動せよ,国賊を除け」ではないという点である.「外国と主権を争え」が「外国の強権に抵抗せよ」に比べて激しくないことは明らかである.

一般的に言えば,社会運動のスローガンは具体的であればあるほど,運動の実質的な目標に適合するようになり,民衆を引きつける力を備えるようになる.これに基づくと,五・三〇のスローガンは五七と五四のスローガンがもつ動員力に及ばないように見える.しかし,実際はそうではない.五・三〇は「亡人」に起因するため,具体的かつ適切なスローガンを提起しにくい.そこで,中国共産党は五・三〇をめぐる優れた戦術として,1つの局部的な地方の事件を全国的な大問題とし,具体的な個別の案件を一般性,普遍性の高みにまで押し上げ,日本の資本家と英国人巡査による殺人を帝国主義全体の暴行にまで拡大して,「帝国主義を打倒せよ」「不平等条約を撤廃せよ」というスローガンを掲げたのである.五・三〇のこれら2つのスローガンは,五四運動における「外国と主権を争え,国賊を除け」というスローガンの延長であるとともに,一種の新たな民族主義理念の昇華でもある.

「帝国主義」と「列強」は大差がないように見えるが,実のところ,内包さ

れるものはまったく異なる．日清戦争以降，中国は日本と同じように，「列強」と肩を並べることを願った．当時の中国のエリートはあまねく「生存競争と自然淘汰，適者生存」という社会ダーウィン主義に傾倒し，中国の弱さは，頑張っていないためだと考えていた．「人必ず自ら侮りて然る後に人これを侮る（自分で自分を尊重せず，軽々しい言動をしたり，修養を怠ったりしていると，必ず人からも侮られるようになる），国必ず自ら伐ちて，而る後に人これを伐つ（国が滅びるのも，国内に問題があるから外から攻められるのである）」といった類の自省型の民族主義が当時の中国のインテリ階層の中で非常に流行していた[35]．

しかし，1920年代になると，自省型の民族主義は間もなく反帝の民族主義に取って代わられた．中国で，最も早く「帝国主義を打倒せよ」というスローガンを提起したのは，中国共産党だった．1924年5月14日，中国共産党中央の報告は次のように示している．「われわれの政治的な宣伝は，1923年に始まった．すなわち，国際的には帝国主義を打倒し，国内的には軍閥を打倒するという2つのスローガンである．1922年から23年にかけて，『軍閥反対』は全国にあまねく広がる叫びとなっていった．1923年から24年になると，列強は中国への進攻を日に日に急ぐようになり，全国のインテリ階級における進歩的な人々がすでに『帝国主義への抵抗』というスローガンを採用し始めていた」[36]．

中国共産党の強力な宣伝・指導の下，わずか1～2年で，反帝国主義のスローガンはインテリエリート，とりわけ青年インテリに瞬く間に受け入れられていった．清朝末期・民国初期の自省型の民族主義と異なる点を挙げると，反帝国主義スローガンにはその魅力として，中国の一切の貧しさ，立ち後れをすべて帝国主義のせいにし，それによって強大な政治的宣伝効果と民族主義的な扇動性を備えることができるという点がある．呉国楨は晩年の回想録の中で次のように述べている．「当時における，中国の災難をすべて外国からの経済政治の侵入のせいにするという観点は確かに若者に対して，ほぼ全面的な宣伝効果をもっていたようだ．だから，共産党が『帝国主義』という言葉を生み出したときに，彼らは確実に若者の頭脳に入るカギを握ったのだ（中国共産党の者は『帝国主義』という言葉に対して，中国式の見解をもっている）．マルクス主義は若者の心を動かすという点ではあまり影響がないが，『帝国主義』と『反帝国主義』

にはその力がある」[37].

　さらに，惲代英は次のように指摘している．「五・三〇以前は，中国では，なぜ帝国主義に反対するのか理解していない者もまだ多かった．一般の知識を備えた学生であっても，帝国主義の意義を十分理解していなかった．……しかし，五・三〇運動以降は，反帝国主義の空気が全国に広く行き渡り，大多数の人がこれを知るようになった」[38].

　反帝国主義の具体的な目標に触れるとき，中国共産党は矛先を「不平等条約」に集中した．「帝国主義」と同じように，「不平等条約」もまた当時の新語の1つだった．異なる点は，「帝国主義」は外来語だが，「不平等条約」は中国人が自ら生み出した言葉であるという点である．この言葉は19世紀の中国ではまだ使われていなかった．当時の大多数の中国人は中華帝国の外交関係を根本から変える条約制度によってもたらされる危害について，まだ冷静かつ十分な認識をもっておらず，ごく少数の者のみがまれに憂慮と恨みを含んだ言論を発表するだけだった．五四前後，パリ講和会議による刺激と，ソビエトロシアが帝政ロシアの不平等条約の廃棄宣言を発表したことによる啓示を受けて，中国の民衆は初めて，不平等条約が中国の発展に及ぼす国際的な障害を真の意味で認識し始めるようになり，「不平等条約」という言葉を使って，列強の条約体系に対する不満を表すようになった．ただ，当時の人々はいまだ「不平等条約」を1つの特別な意義をもつ固定のフレーズとしては見ておらず，使用する回数も極めて少なかった[39].

　中国共産党が初めて，「不平等条約を撤廃せよ」を1つの政治スローガンおよび政治的主張として提起し，その後中国国民党がこれに呼応した．1923年6月，中国共産党第3回全国代表大会で採択された『党綱草案』には，「帝国主義列強が中国と締結したすべての不平等な条約を取り消す」[40]とある．翌年1月には，国民党も「第1回大会」の宣言で，すべての「不平等条約」の取り消しを対外政策の最も重要な主張とする，とした[41].

　中国共産党は「第2回全国代表大会」で帝国主義に反対するという目標を明確に提起した後，反帝闘争のたびに，闘争目標を不平等条約の撤廃に向けた．中国共産党は反帝を国民革命の最も重要な目標とし，条約の撤廃を反帝の最も重要な目標とした[42]．このような一種の政治的主張の選択は，孫文，国民党に

対してのみならず，同時期の中国社会の各階層の民衆に対しても直接影響を及ぼした．1920年代以降の20-30年間において，「帝国主義を打倒せよ」，「不平等条約を撤廃せよ」以上に，中国の民衆の挙国一致の民族主義的激情を引き出し，それを促進し得るスローガンは見られず，「帝国主義」，「不平等条約」以上に，欧米列強に対する譴責，攻撃力をもつ語句はなかった．1920年代に，国民党と共産党の両党がこれを創造的に使用し，宣伝・指導を強化していく中で，「帝国主義」と「不平等条約」は非正義，侵略，抑圧，威嚇を象徴する符号として，知らず知らずのうちに，中国の広範な民衆に完全に受け入れられていった．そして，中国人が対外関係を論じ，説明する際に，必要不可欠なものとなり，使用頻度が最も高い2つのキーワードにもなり，中国の各派の政治家による極めて多くの政治演説や各大政党のイデオロギー宣伝の中に現れるだけでなく，中国学術界においては，近代の中外関係を研究する際の，主導的理念，経典的概念になっている[43]．

　1915年の「救国」「国の恥辱を忘れるな」，あるいは1919年の「国内で主権を争い，国賊を除け」にかかわらず，いずれも具体的な目標を備えた政治的訴求である．一方，1925年の「帝国主義を打倒せよ」は濃厚な革命イデオロギー的色彩を顕著に備えているため，国民革命の奮闘目標にもなった．

6. 集団行動の物質的基盤

　3回の集団行動の中で，1915年の反日運動に，労働者は参加していなかった．1919年の五四運動では，上海の労働者ストが声援を送ったが，その時間と規模は限られていた．唯一，1925年の五・三〇のみで，数十万のストで労働者が全局に影響を与える重要な役割を担った．各地で五・三〇を支援するために発生した労働者のストは135回にも上り，労働者ストに参加した労働者は合計約50万人に達した[44]．数十万の労働者の参加によって，中国の民族主義運動において新たな鋭気が得られた．

　実際の活動の展開について言うと，「3つのスト（学生スト，商人スト，労働者スト）」による闘争の中で，労働者のストが最も苦しいものだった．商人のストはむろんその影響が営業に及び，学生のストもその学業に影響が生じるが，

労働者のストはその日常の生計に直接影響する．労働者の平素の給与は極めて少なく，貯蓄は難しく，ひとたびストに入ると，生活が窮地に追い込まれる．五・三〇運動期間中に，数十万の労働者によるストは数カ月間に及んだ．これは中国の歴史上，かつてない規模であり，世界の歴史においても珍しい例だった．数十万の労働者によるストで，労働者はどうやって生活を維持していたのかという点に注意を払う歴史家は少ない．しかし，これは労働者のストにとって，ひいては運動全体の維持と展開にとって，非常に重要な意義をもつ．当時の推算によると，ストに参加した労働者は1人1日当たり最低2角（当時の銀貨）の補助金が支給されていたことから，毎月合計で100万-120万元銀貨がなければ，上海全体のストに参加する労働者の基本的な生活を維持できなかった．この巨額な資金はどこから来たのだろうか？　国内外からの寄付金である．五・三〇運動期間中は，国内外のさまざまな方面で上海の労働者によるストを支援するために寄付金の募集が行われ，その額は300万元銀貨を超えた[45]．300万元銀貨は当時の価値でどのくらい大きな額になるのだろうか？　1925年の北京中央政府の通年の財政支出が595万元銀貨だったという．つまり，中央政府の通年の経費支出のおよそ半分に相当する額である．寄付金額の大きさ，寄付した人の数の多さも中国史上かつてない規模だった．

　しかし，五・三〇の寄付金はその多くが1925年6月に集中し，7月になると，各界からの寄付金は徐々に減少していった．月日がたつにつれ，労働者のストをめぐり，各方面の寄付に対する意欲は徐々に冷め，ストに参加する労働者の救済費用の調達は日に日に難しくなっていった．つまり資金調達が，上海労働組合総連合会の五・三〇運動の後期における最も重要な活動となったのである．寄付金では救済に足りない，または救済費を速やかにストに参加している労働者に支給することができないため，生活面で苦境に直面した労働者が運動に嫌気をさすことも避けられなかった．7月以降は，各界からの寄付金が不足したことで，労働者が救済費を催促し，たびたび騒乱事件が起きるようになった．国内外の情勢の圧力の中で，中国共産党中央は運動の目標と戦略を調整せざるを得なくなり，7月末になると，上海の労働者によるスト運動は急速に収束し始めた．

　1915年の反日運動の中で，かつて全国各地で「救国貯金」活動が起こった．

統計によると，その際の「救国貯金」は総額800万元を上回った．「救国貯金」の用途は造兵工場，兵士の訓練・軍隊の創設，国内工業の振興の3つとする予定だった．これら3大用途について言うと，800万元という額は焼け石に水で，最終的にはうやむやにするしかなく，貯金の自由な引き出しを許可することとなり，運動全体の展開に確実な効果を発揮することはできなかった[46]．これに比べて，五・三〇の300万元という寄付金は運動の中で極めて重要な経済基盤となった．

おわりに

　五七，五四，五・三〇について，危機は強から弱へと移っていったが，集団行動の規模と勢いは上昇傾向を呈した．その間の要素については，本文で分析したほかに，国際的な力の介入と制約（英国，米国，ソビエトロシア）も軽視できない役割を発揮した．紙幅に限りがあるため，この点については，別の機会に検討することとする．このほか，近代以降，中国の民族的覚醒と民族主義的思潮の発展変化には，顕著な「蓄積性」，「漸進性」という特徴がみられる．1919年の五四運動は実際のところ，依然として1915年の「二十一カ条」に対する後続反応としての性質が大きな割合を占める．「二十一カ条」の国辱は，中国人の対日感情の悪化をめぐる1つの重要な一里塚である．その後，日本の政府と民間による中国に対する1つひとつの負の行為はいずれも「オーバーラップ」効果を生み，中国の民衆の強烈な反発を引き起こす可能性があるものとなった．

　本文は中国側の反応の考察に重点を置いた．1915から25年においては，社会が集団を導くという変化と，新式の革命政党の出現という2つの大きな社会の変遷要素がとくに注目に値する．この2大変遷は相互に関連している．3回の集団行動の誘因はいずれも日本と関係しているが，集団行動の反応メカニズムは明らかに異なる．まず，集団行動の主導的役割を果たす力の変化が挙げられる．伝統的な士紳の人々，都市の商業エリートから，新たな学生インテリ集団，さらには新たな革命党へと変化した．次に集団行動の方式が変化している．集会，公開電報の発信，デモ行進，経済的なボイコットから，暴力（焼き打ち

とこぶし），さらには大規模な「学生スト，商人スト，労働者スト」まで変化した．最後に集団行動の中心スローガンが変化している．具体的かつ比較的穏やかな政治的訴求から，過激かつ革命的なイデオロギーまで上昇した．

　五・三〇後，集団行動はさらにエスカレートした．五七，五四，五・三〇が具体的な危機事件に起因して動員されたものだとすると，五・三〇後の動員には民族危機をめぐる個別の案件による触発は必要なくなった．あるいは，動員が民族危機による動員から国民革命による動員の段階に移った．1926 から 27 年に，大規模に展開された湖北・湖南の農民運動や上海，漢口などの労働者運動はいずれも「危機」とは無関係である．革命自体がすなわち動員である．革命の重心は対外から対内に方向を転じた．危機による動員から革命による動員へ，単純な民族主義運動から反帝・反軍閥の国民革命運動へと移った．両者の間には顕著な境はなく，かなりの連続性，相似性，転換性が見られたのである．

---

1) 「外交部等の日本の使節による反日宣伝品・文書の配布取締要求に対する処理」（中国社会科学院近代史研究所等編『五四愛国運動保存書類資料』中国社会科学出版社，1980 年)，201 頁.
2) 当時の人々は，日本が最後通牒を発した日の 5 月 7 日，または袁世凱政府が「二十一カ条要求」を受け入れた日の 5 月 9 日を，「国恥の日」と定めた．
3) 瞿秋白──「五・三〇後の反帝国主義連合戦線の前途」『向導』第 125 期，1925 年 8 月．瞿秋白──「国民会議と五・三〇運動」，『新青年』第 3 号，1926 年 3 月．
4) 羅志田──『救国は救民を抑制？「二十一カ条」時期の反日運動と辛亥・五四期間の社会思潮』，氏著『乱世潜流──民族主義と民国政治』上海古籍出版社，2001 年，60-78 頁参照．
5) 魯尚：『責任感』，『甲寅』第 10 巻第 1 号，1915 年 10 月．
6) 羅家倫：「過去 1 年間の我々の学生運動の成功・失敗および将来採るべき方針」『晨報』1920 年 5 月 4 日，第 2 版．
7) 陶孟和は次のように指摘している．清朝末期にも学生運動はあったが，「学生運動が全国に広がる「精神の覚醒」となったのは，『新思潮』誕生後である．彼の誕生日は民国 8 年 5 月 4 日」．陶孟和：「学生運動を評す」，『新教育』第 2 巻第 5 号，1920 年 1 月，598 頁（全頁数）．
8) 1919 年 10 月，沈仲九は『五四運動の回顧』という一部の中で次のように指摘している．「清の時代の学生も革命事業を展開したが，彼らはいずれも学生という立場を離れて，個人で行動した．学生の資格で，皆で団結し，国家・社会にかかわる事業を展開した例はない」．『建設』第 1 巻第 3 号，1919 年 10 月，604 頁（全頁数）．
9) 仲九：『五四運動の回顧』，『建設』第 1 巻第 3 号，1919 年 10 月，601 頁（全頁数）．

10) 王奇生：『新文化は如何に「運動」してきたか』,『近代史研究』2007 年 1 期参照.
11) 羅志田：『学業と救国——教師の即時観察から知る「五四」の豊富性』,『近代史研究』2010 年第 3 期, 29 頁参照.
12) 邵力子：『跋「学生潮」』, 上海『民国日報』1919 年 6 月 27 日, 傅学文編：『邵力子文集』（上）より. 北京：中華書局 1985 年版, 135 頁. 当時『覚悟』文芸欄編纂主任だった邵力子はさらに, 上海の六三運動で使われたスローガンにも注意を払っており,「売国奴を打倒せよ」のほか, もう 1 つ非常に顕著なものとして,「北京の学生を支援する」を挙げている. 邵は, 後の一文は上海の「六三運動特有の精神」と見ている.『六三運動の精神よ, いずこへ』, 上海『民国日報』1924 年 6 月 3 日「言論」,『邵力子文集（下）』, 945-946 頁引用.
13) 蔡元培：『北京高等師範学校学生自治会でのスピーチ』（1920 年 10 月）, 高平叔編：『蔡元培全周』(3), 中華書局 1984 年版, 465 頁.
14) 蔡元培：『学生に対する希望』（1921 年 2 月 25 日）,『蔡元培全周』(4), 37 頁.
15) 陶孟和：『現代教育界の特色』,『現代評論』第 1 周年記念特別号, 1925 年末, 31-36 頁.
16) 中国国民党から興中会（1894〜1905）, 同盟会（1905〜1912）, 国民党（1912〜1914）, 中華革命党（1914〜1919）まで.
17) 周鯁生：『民衆勢力の組織』,『現代評論』第 1 巻 24 期, 1925 年 5 月 23 日, 4-5 頁.
18) 羅志田：『救国は救民を抑制？「二十一カ条」時期の反日運動と辛亥・五四期間の社会思潮』. 氏著『乱世潜流：民族主義と民国政治』, 73, 81 頁参照.
19) 羅家倫：『過去 1 年間の我々の学生運動の成功・失敗および将来採るべき方針』,『新潮』1920 年 5 月 1 日第 2 巻第 4 期, 846-861 頁；『晨報』1920 年 5 月 4 日, 2 版.
20) 毛沢東：『民衆の大連合』,『湘江評論』1919 年 7 月 21 日〜8 月 4 日, 第 2-4 号. 中国共産党中央文献研究室等編：『毛沢東早期草稿』, 長沙：湖南出版社, 1995 年版, 338-341, 373-378, 389-394 頁.
21) 中華民国学生連合会総会執行委員会編：『学生会と学生連合会』, 編者印, 1926 年 3 月, 1-33 頁.
22) 翟作君・蔣志彦：『中国学生運動史』, 上海：学林出版社, 1996 年版, 48 頁より.
23) 李剣農：『中国近代 100 年政治史』, 武漢大学出版社, 2006 年版, 464 頁.
24) この節は救国十人団について詳しく述べている. 小野信爾『救国十人団運動研究』を参照（殷叙彝, 張允侯訳）, 北京：中央編訳出版社, 1994 年版.
25) 王冠華：『正義の探究：1905〜1906 年の米国製品ボイコット運動』, 南京：江蘇人民出版社, 2008 年版, 16 頁参照.
26) 徐鼎新・銭小明：『上海総商会史』, 上海社会科学出版社, 1991 年版参照.
27) 上海の各大通りの商業界連合会の組織は, 五四, とくに六三運動以降に続々と設立された. 各大通りの商業総連合会は 1919 年 10 月 26 日に正式に発足した.
28) 上海の各大通りの商業界連合会の構成には以下のようなものがある. 1 本の大通りの商店を組み合わせた例：南京路商業界連合会, 漢口路商業界連合会など. 数本の大通りの商店を組み合わせた例：新聞九路商業界連合会, 滬北六路商業界連合会など. 1 つの区域の商店を組み合わせた例：東北城商業界連合会, フランス租界商業界連合会など. 李達嘉：『上海の中小商人組織——大通り商業界連合会』,『新史学』（台北）第 19 巻第 3 期, 51-52 頁参照.
29)『五・三〇運動史料』第 1 巻, 上海人民出版社, 1981 年版, 119 頁.

30)『五・三〇運動史料』第2巻,上海人民出版社,1986年版,516頁.
31) 鄭文起:『五・三〇運動前後の上海学生運動の統一と分化を論ず』,『学術月刊』2000年第3期.
32) 李健民:『五・三〇虐殺事件後の反英運動』,台北:中央研究院近代史研究所,特集号,1986年版,213頁.
33) 羅志田:『救国は救民を抑制?「二十一カ条」時期の反日運動と辛亥・五四期間の社会思潮』,氏著『乱世潜流:民族主義と民国政治』,62-68頁参照.
34) 中国社会科学院近代史研究所編:『五四愛国運動』,中国社会科学出版社,1979年,169,454頁.
35) 陳志譲:『軍紳(軍隊,役人・名士)政権』,香港:三聯書店,1979年版,96-97,102頁.
36)『国民運動の計画決議案の実行』,『中国共産党党報』第1号,1923年11月30日;『中央局報告(1924年5月14日)』,『中国共産党党報』第4号,1924年6月1日.
37)『上海市長から台湾省主席へ:呉国楨口述回想録』,上海人民出版社,1999年,274頁.
38) 惲代英:『五・三〇運動』,『五・三〇運動史料』第1巻,15頁.
39) 五四期の刊行物(光ディスク版)のうち「不平等条約」のヒット回数:『毎週評論』(1918.12-1919.8)は2回,『新青年』(1915.9-1926.7)は1924年以前に1回,『少年中国』(1919.7-1924.5)と『新潮』(1919.1-1922.3)は未使用.王棟の『1920年代の「不平等条約」をめぐるスローガンの反省』という一文(『史学月刊』第5期2002年)では,「不平等条約」という言葉は五四の直接の産物ではなく,共産党の創造によるものでもなく,1924年に中国に入ってきた言葉と見られ,孫文が初めて使用したという認識を示している.この見方は明らかに間違っている.ただし,王棟の「不平等条約」という言葉がもつ風格,内包およびそれが20年代における中国の民衆の民族意識の覚醒に対してもつ象徴,符号,媒介的な役割に対する分析は高い啓発性をもつ.
40)『中国共産党第3回代表大会文書』(1923年6月),中国共産党中央檔案(=保存書類)館編:『中国共産党中央文書選集』(一),北京:中国共産党中央党校出版社,1982年版,112頁.
41) 中国第二歴史檔案館編:『中国国民党第1,2回全国代表大会会議史料(上)』,江蘇古籍出版社,1986年版,88頁.
42) 李育民:『中国共産党の早期反帝目標の研究・検討・分析』,『湖南師範大学社会科学学報』第31巻第1期,2002年1月掲載.
43) 1990年代から,中国の政府当局の広報用語の中で,「帝国主義」という言葉は徐々に「覇権主義」という言葉に取って代わられた.一方,学術界で近代中国の政治および対外関係の研究を行う際には,依然として「帝国主義」という言葉を使っている.その間の変化も興味深い.
44) 劉明逵・唐玉良主編:『中国労働者運動史』第3巻,広東人民出版社,2002年,135頁.
45) 李健民:『五・三〇虐殺事件後の反英運動』,164-168頁.
46) 羅志田:『救国は救民を抑制?「二十一カ条」の反日運動と辛亥・五四期間の社会思潮』,氏著『乱世潜流:民族主義と民国政治』,67-74頁参照.

4章 戦火での映像と人生
―― 日中全面戦争時の重慶映画と映画人

汪　朝光

　1937年7月盧溝橋事件が発生し，日中全面戦争が勃発，中国全土の大半が戦火の渦にのみ込まれた．当時，中国の映画の都だった上海も戦場となったため，映画制作に重大な影響が生じ，生産は停滞，市場も萎縮し，映画業界と映画人は後方へと撤退を始めた．その後，中国軍は作戦失敗のために上海を離れ，上海は日本軍の占領下に置かれた．上海の映画業界はイギリス・アメリカの租界地区という「孤島」の中でしばらくは守られており，戦況が落ち着くと以前のような発展の兆しが見えたものの，国民党政府の管轄下にある後方とは地理上に相当の距離があったため，制作環境としてもまさに映画業界の「孤島」であった[1]．そして1941年に太平洋戦争が勃発し日本軍が上海の租界地区を統治すると，日本軍の統治する独立した「孤島」はもはや存在せず，これにより上海映画界は日本占領軍の文化戦略，政略，策略の統制の下，日本統治下に属した映画界の1つとなってしまった[2]．これ以前に，日本軍は東北地方へ侵略して「満洲国」建立，また東北地方に当時のアジアでも屈指の規模となった「満州映画株式会社」（「満映」）を設立したため，東北映画業界も上海映画業界とは別に戦時下に置かれた映画界の一端を担うようになる[3]．同時に大後方へ撤退した中国の映画界は重慶を拠点とし[4]，日本の侵略戦争に抵抗する中国を反映した映画を制作し始めた．制作規模や本数に限りはあるものの，当時の中

国人の抗日民族主義精神を反映した主流映画となった[5]．これにより，戦争によって従来統一されていた中国の映画製作と市場は事実上，重慶，上海，長春を中心に3分割された．重慶は「抗戦映画」，上海は「娯楽映画」，そして長春は「国策映画」と「娯民映画」の特色を持つこととなった．ここで本章が論じるのはそのうちの1つ，戦時中の重慶映画とその映画人たちである．

1. 重慶映画の官営特質

　戦前の中国映画界は上海を中心としており，国産映画制作のほとんどが上海で行われていたため，上海は中国映画の代名詞でもあった．上海から映画産業は生まれたが，民営の1形態のみであり，大小の企業が乱立，競争は相当激しかった．経済，文化，社会環境において当時後れをとっていた近代中国ではあったが，上海映画産業に関しては生産，需要供給，販売ともに相当な競争力を持っており，勢いあるアメリカ映画の競争力と成熟した産業に対しても，近代中国はけっして劣性とはいえなかった．近代中国が相対的に弱体であった背景の中でこの点は珍しい．

　日中戦争の全面勃発後，中国映画産業を取り巻く環境は大きな変化を迎える．第2次上海事変（「八・一三」抗戦）後，上海は戦地下となり各中国映画会社は戦火に巻き込まれ破壊，もしくは撮影を中止，上海映画界は一時全面停止の状態に陥った．同時に，映画により民衆の抗戦モードを高め，海外からの支援を得るための手段として，国民党政府はこの機を逃すことなく映画統一事業計画を提出，官営映画計画に発展させようとしていた．

　国民党は1927年南京で政権を執って以来，「党治」の理念をかかげて社会思想形成に重点を置き，三民主義を中心とした一元的なイデオロギーの構築を図っており，その中での映画の役割を非常に重視していた．国民党文化宣伝系統の責任者である陳立夫はこう語っている．「映画はただの娯楽ではない．娯楽の中にも多くの教育文化的意義を持たせる必要がある」[6]．実質的に国民党中央宣伝委員会主任部員である邵元冲が，全国の映画界リーダーに対して語った言葉と同じである．映画は観客に，「政府を助け，積極的に国家建設に携わるように導かねばならない」[7]．こうして1932年5月，国民党中央宣伝委員会文

芸科は映画部門を設け，1933年10月には中央映画撮影所（略して「中映」）を再編成した．1933年9月には軍事委員会南昌行営政訓所も映画部門を設立，1935年には漢口へと移転し，漢口撮影所と改名した．基本資材と人材不足のため，戦前の国民党指導の官営映画界の効果は芳しくなく制作本数も非常に少なかったため，上海民営映画界の規模と作品数には到底及ばなかった．しかし日中戦争が全面的に勃発すると，外部環境に変化が生じ，国民党はこの貴重な機会を手にすることに成功，官営映画の発展を推し進めていくのだった．

　1937年8月12日，まさに第2次上海事変の勃発する前日，国民党第5回中常会の第50回会議で『戦時映画事業統制弁法』が提出された．戦時中は思想と軍事力の双方が重視されねばならず，映画は思想戦において人々に深く普及させる作用があり，文字による宣伝を凌駕する効果があると見なされた．だが中央映画撮影所は条件も限られており，単独で長期に及ぶ全面抗戦に対応することはできない．上海の映画会社は経営も長く規模も大きいが，戦火の脅威にさらされており，とても維持はできない．つまり全国の映画界は戦争に突入すると無用であるうえに適応もできず，その存在の余地すらもなくなっていた．このことからもこの「弁法」により戦時中の映画産業を発展させる指導的意見を提示したのだ．そのおもな内容は以下の通り：

1. 中央映画撮影所と漢口撮影所は連合で上海の各映画会社と総機関を設立，中央映画事業所を責任者とし，上海の各社は最短期間で後方に移転すること．
2. 各社は人員を必要最低限まで縮小させる．余剰人員は能力に応じて宣伝や舞台上映に編成させる．
3. 映画制作は宣伝に重点を置き，国防および非常事態時に関連性のない伝統劇映画などの制作を停止，戦争記録映画の撮影に重きを置く．その内容を国内外および前線および後方の宣伝に利用する．
4. 制作に必要な資材は中央がまとめて調達し，国外から購入，その需要配分を決定する．映画収入は従業員の報酬のほか，総機関の維持費や製作費に必要に応じて分配すること．収入がない場合，あるいは維持のための収入に満たない場合は，中央から特別に支給する[8]．

この「弁法」の観点は実質的に戦時下での映画に方針を持たせたという意義を持つ．ただし，戦争はあくまで背景にすぎずその実態は統制であった．「弁法」に定められた若干部分，たとえば産業移転，宣伝重視などは戦争と直接的に関係がある．しかし資材の統一調達と統一支給は必ずしも戦争と直接関係しているとは言えない．明らかにこの「弁法」を制定するに当たり，国民党の映画業界に対する別の深い意図が存在したのだ．映画に対して全面的に統制を図り，官営映画業の確立というのが主たる思惑であろう．このため，「弁法」は多方面において言及され，内容は膨大で煩雑，また当時の国民党にはそれを実行する力さえ備えていなかった．まず人材については，当時の中映と漢口撮影所の人材や資材では，名実ともに彼らをはるかに上回る民営映画界を統率する力はなかった．また経費の面でも，戦前の上海では映画1本にかかる制作費は約5万元前後であったことから毎年60作の映画を制作する場合は少なくとも300万元の資金が必要となる．しかし当時政府の財源には限りもあり，戦時中となれば支出もさらにかさんでくる．とても映画産業に回す財源などはなかった．加えて第2次上海事変勃発後，政府は上海産業の移転を国民生活に重要な工業分野に集中させており，映画産業の移転に構う余裕などなかったのである．このため，この「弁法」の発表後，中映所長の羅学濂が実施計画を策定，組織や人員，物資のコントロールに対してかなり具体的な規定を打ち出し，「原則では，上海映画界から厚い支持を受けてはいたが，制作者の態度が固まらなかったため，上海事変の勃発による打撃は深刻であった．全体の映画界関係者が直接仕事に関与できる計画も障害にぶつかり，中央映画撮影所の持つ力では上海での抗戦映画撮影へ間接的な経済的支援を行う事しかできない」[9]．その結果，この「計画」は宣伝面にかかわる基本的な内容は確定していたものの，他方面の内容については実現することができなかった．

　国民党が抗戦により全国映画業界を官営映画業に転換させるという計画は実現しなかったが，後方における民営映画の欠如に加えて抗戦宣伝の需要が現実として存在したため，国民党は中央映画撮影所と中国映画制作所（通称「中制」）の2大官営制作機構の支援に全力を注いだ．1938年10月，武漢陥落後，中映と中制は重慶に移転，国民党はここから全面的に重慶の映画事業をコントロールすることになる．

中映は国民党中央宣伝部に属していたため，国民党の党務系統からより多くの支援を受けることになった．抗戦が始まると中映は南京から蕪湖へ，さらには武漢へと移転，最後は重慶に移った．1939年3月国民党中央宣伝部が制定した映画宣伝計画によれば，中映に当年でドラマ映画3作，記録映画4作を完成するようノルマを課し，毎月少なくとも2本の報道ダイジェストを編集するよう指示している．戦争地区の映画に対しては，検閲と提唱を兼ねた政策を敷き，該当地域での映画会社と従業員の民族的な立場を安定させるため，中央は困難に対しては随時補助を行う．中央映画撮影所は各映画会社に代わって後方への上映事業を行い，資金が不足する映画会社に対しては中央映画撮影所が請け負い，その生産を補助する[10]．しかし国民党の中央部が「中映」に対して便宜を図ろうにも中映の予算は立ちいかなくなっていた．1939年，「中映」の制作経費は20万元にも満たず，そのほかにも補助費や香港映画界への制作外注費，後方映画産業市場基金の支援など約10万元の経費があった[11]．この経費は戦前上海にある明星電影会社の年間支出の半額以下，当時のアメリカ映画の俳優の平均週間収入の半分にも満たなかった．加えて映画撮影機材は大半が輸入品であり，購入・運搬も容易ではなく，インフレの関係もあり各種経費は戦前に比べて大幅に増加，経費が厳しい中，さらに映画を制作するのは困難であった[12]．1940年，中映の経費は以前の2倍，1941年には2.5倍に増加した．ただしインフレであるため経費の実額がそれほど増加したわけではない．経費の上限，またその他の要因もあり，中映は8年間の戦時中に3作映画を制作しただけにとどまった．だが羅学濂はこのように語っている．「われわれは資金物資の不足する中でも努力し，何とか手立てを考えチーム，機材や物資を補充していた．しかしわれわれの力ではせいぜい遊動作戦を行うことしかできない．まだ計画的，大々的に正規軍に協力して陣地線を行うことはできないのだ」[13]．

　一方で中制の状況は少々異なる．1938年，漢口撮影所は中国映画制作所に改編され，国民党政府軍事委員会政治部に組み込まれることになった．軍部に所属したことから，戦争宣伝の需要へ直接働きかける役割となり，軍事が優先された戦時中には各方面とパイプを持ち，予算に関しても中映よりもかなり融通の利く余地があった．また軍委員会政治部は戦争初期において国共合作の重要な機関であり，中国共産党も抗戦と統一戦線工作の必要があったために多く

の左翼芸術家が中制へと動員され[14],その顔触れは中映よりもそろっていた.中制は最高時500人近くの従業員を抱え,中映の100数人をかるく超えていた.中制所長の鄭用之は政治部三庁六処二科科長（映画主管）も兼ねており統一的に準備や手配をすることにも有利であった[15].1939年8月,重慶の中制の工場建物が日本軍の空爆により破壊されると,当局は50万元以上を費やし重慶郊外に新しい制作所を建設.2スタジオ,映画館2館,そして事務所も構えており,日本軍の爆撃に備えて地下撮影所も増設,「当時の中国としては最新式の設備を備えた撮影所といえた」[16].8年の戦争の間,中制が制作した映画は15本であり,うち1941年以前の作品が10本.1本あたり平均72日上映され,観客は28万人.海外向けに輸出された複製は183本.中映と比べてその実績は明白である[17].

　重慶映画の撮影実績は芳しくないものの,特色は突出していた.完全に官営映画の独占であり民営映画の影形すらなかった.そのおもな原因は戦争の影響を色濃く受けたからである.後方ではまず基本的に映画産業という基盤はなかったが,戦争が起こったことで上海民営映画は移転するすべもなく,後方では映画産業を発展させる経済的基盤,人員基盤も市場環境も存在しなかった.さらに重要な点は,戦争勃発後,国民党は意図的に映画産業を掌握下に収め,官営映画の移転を決めただけでなく,後方へ移動した大多数の映画界の人材までも網羅した.このことが後方における官営映画の独占的地位を築くことになったのである.この点は戦時下で,国民党政府が中央集権を強め,後方への経済,文化教育,社会統制に対して実効的支配を強めていった趨勢と一致しただけでなく,映画界からも官営映画としての独占的地位を認められたのだ.まさに当時論じられた通りである.「戦時中の中国映画は,観客を啓蒙し触発することがより重要であり,娯楽性という観点は少しも見当たらない.これにより中国映画が国営の道を切り開くには国家が運営するしかなかった.中国の映画事業は国営しか存在できず,国営だからこそ中国映画は新たな道を歩むことができたのである」[18].

2. 重慶映画の主流傾向

芸術としての映画の特性は非常に直観に訴えることとその形象であり,最も社会的に影響を及ぼす要素を備えている.日中戦争勃発後,中国映画制作所を取り巻く環境は変化し,抗日と救国という掛け声は社会的にも最も強いスローガンとなり,映画の社会属性と教育効果は空前のレベルにまで達した.映画界は戦時中の映画の役割について強烈に訴えかけている.「最も重要なことは民族意識の確立と抗戦政策への認識」,「営利的な観点から作品を評価するのではなく,映画の内容が抗戦アピール上価値があるか否かで決める必要がある」[19].このような意見は主管当局からの承認と支持を取りつけた.中制所長の鄭用之はこう指摘している.「抗戦期間中,われわれの撮影機材は機関銃と同じであり,照明は探照灯も同様である.われわれはもっと自分たちの武器を把握し生かさなければならない」[20].中制主管長官,軍事委員会政治部部長の張治中は映画界に対して,「過去の映画界における一切の悪い習慣を改革する責任があり,新たに抗戦文化を築きあげなければならない.……われわれは映画を金儲けの事業と見なしてはならず,国家における最重要の宣伝・教育手段と見据えるべきである」と要求した[21].

まさに戦争により,映画界とその主要機関は映画の功績に対して基本的な共同認識を確立した.すなわち「中国に現在急務とされているのが教育の普及であり,その完璧な道具となりえるのが映画なのである」[22].このため8年の戦争の間,重慶で撮影された映画は,戦争を報じる報道ドキュメンタリー以外は,19本の映画ドラマすべてが戦争を背景としたストーリーである.うち中国軍を題材にした作品は5本,農村を題材にした作品は4本,日本侵略を暴き社会生活を題材とした作品が10本である.戦前の中国映画は,市民層の観客の需要に合わせた娯楽作品が主流であったが,戦時中の重慶映画にはまったくその影はない.これも中国映画史上にはまったく見られなかった特徴であろう.戦時中の重慶映画の高度な社会性,宣伝性,そして教育性は,戦前の「孤島」上海および戦地下にある映画とも性質が著しく異なる.戦争への従事を支持するような「国策映画」の制作を強調してきた満映でも一定数の娯楽映画を制作してきた.これは当然日本統治に有利となるような「民衆娯楽」(娯民)である.

しかし重慶の映画にはまったく娯楽作品が制作される余地はなかった．撮影本数が少なかったため，人々から金儲け主義だと見なされる「営利性」映画にまで限りある資金や物資を無駄にすることができなかったという理由もあるが，さらに重要なことは日本の強硬的な侵略に対して，中国人の民族意識が高揚したということである．映画主管当局から映画制作者にいたるまで民衆が一致団結して抗戦従事，抗戦宣伝を自らの使命としたことで，大多数の映画観衆は，どの階層や職業であろうとこのような映画を進んで鑑賞し，意識的にも無意識的にも映画の宣伝指導を受け入れた．これにより自分たちの国家に対する信念と外敵への抵抗することへの賛同意識が構築されたのである[23]．

　注目すべき点は，戦前の国共両党の政治闘争を背景とする左翼・右翼の争いが，戦争となると対外的に一致路線を図るため，ある程度収束していたことだ．特に戦争初期の国共合作の「蜜月期」においてその傾向は顕著である．1938年1月，中華全国映画界抗敵協会が武漢に設立され，国共両党，左翼，中間派，右翼，映画会社経営者や俳優などの各方面の名士が集結，「どの映画に携わる人々も民族革命戦争の勇敢な戦士として鍛錬する」とのスローガンが掲げられた[24]．国共の映画界における重要指導者の1人である陽翰笙は中制脚本編集委員会主任に選任され，4作の映画の脚本を執筆，映画を制作した．彼はかつて戦時中の映画について以下のような意見を述べている．

1. 危機感を麻痺させるような作品は二度と制作しない．
2. 上海の会社を速やかに後方へ移転させること．
3. 政府が設立した制作会社は資金が十分備わっていなければいけないが，けっして営業を目的とせず，映画によって政府の宣伝活動に協力し民衆を訓練し動員させることが重要な任務である．
4. 多方面から抗戦生活，民族の悲哀と怒りを反映させること．映画の形式は簡素化することが望ましく，報道や簡潔な物語，アニメなどがよい．
5. 全国の上映網を確立し上映隊を組織して，工場や農村でも映画を鑑賞できるようにすること[25]．これらの意見は当時の主管当局の考え方や手法と基本的に一致している．

当然映画の社会的属性と教育機能への認識は一致していたが，左翼・右翼間ではやはりその本質に対する解釈は異なる．国民党が重きを置く映画の社会機能と教育機能とは，三民主義に基づいた抗戦による建国であり，中国共産党の国家理念は毛沢東の新民主主義論であった．戦争当初，国共両党は日本の侵略への対応が急務であり，その矛盾はそれほど表立ってはいなかった．しかし戦況が膠着状態に入ると，国共両党の矛盾は日増しに大きくなり社会の各階層にまで反映されていった．映画界も例外ではない．

　1941年2月，国民党中央宣伝部は文化運動委員会を設立，その目的は「文化の力で抗戦の力を増強させる」，「文化建設により国家建設を促進する」，そして最後は「三民主義の文化建設を完成させ，理想の新中国を実現させる」というものであった[26]．文化運動委員会主任委員長の張道藩は文芸家に対して，「社会の暗黒面ばかりを描かないこと」「階級間の不満を取り上げないこと」「悲観的な色合いを出さないこと」「意義のない作品を生み出さないこと」「間違った意識を表現しないこと」と要求した[27]．その主旨は国民党の「抗戦建国」論に呼応しており，戦前の国民党が狙った文芸を通して社会思想の教化を行うという政策を継承している．

　この「抗戦建国」論に応じて，国民党の映画主管当局は「民族本位映画論」を発表．すなわち「民衆を教育し，民衆に宣伝し，民衆に必要な知識を植え付け，民族思想を確固たるものにするため，映画そのものが時代に即し民族化せねばならない．よって民族本位の映画の確立こそがまず根本的な先決条件なのである」．また「中華民族に従来備わる美徳，礼儀，恥じらい，忠誠孝行仁愛，信義や平和などは東方文化の基本的特質であり，これらが民族本位映画の精神になるだろう」[28]．またある評論家は明確に映画の宣伝教育機能と国民党およびその指導者への信仰を関連づけ，「群衆の本能，感情とその方向性を1つの理想または1つの主義の下に統制し，崇高な国民性を築き偉大な民族性の模範を形成しなければならない」と主張した[29]．その政治的意味合いは鮮明であり，抗戦を革命の契機とし新民主主義国家を建立しようとする中共の民族革命戦争論とは正反対である．抗戦中期以降，中映と中制の映画制作の停止にはたしかに各種の客観的な要素が影響しているだろう．だが国民党が映画界に影響力のある左翼文化，とくに中制に対して不満を感じ厳しく統制管理したこととは無

関係ではない[30]．大勢の映画俳優は出演映画がないため演劇の活動に従事するしかなく[31]，後日演劇界で有名になった著名映画スターの白楊，張瑞芳，舒綉文，秦怡などは，この時期重慶の演劇舞台の主役となり，「4大名旦」と呼ばれた．

　映画を戦時中の自らに有利な宣伝効果とするため，国民党は抗戦期においても厳格な映画検査制度を実施し続けていた．1938年6月に「非常時の映画検査における暫定規定」が通過し，映画検査は「一切の非戦的作品，敵に有利な作品，ロマン作品，腐敗した作品または反動意識のある，抗戦意識を揺るがす，統一を破壊する作品を取り締まる」とした[32]．1944年4-7月の統計によれば，検査された113本の中国映画のうち（戦前と戦時中の「孤島」上海の出品作品を含める），削除された作品は43本に達し，全体の40%近くにのぼる．上映を禁じられたのは15本，その理由は戦時中の需要に合わないとのことだった．削除されたシーンは低俗な場面，たとえば抱擁や喫煙シーンなど．また抗戦に不利とされるシーン，たとえば誕生会や自殺などの場面．そのほかにも従業員のデモや，農民の略奪，兵士の難民への暴行，軍人が結婚を迫るシーンといった当局に不利であったり，不利となる可能性のあるシーンは削除の対象となった[33]．

3. 重慶映画の民衆への影響

　戦時中の重慶映画が重視した社会性，宣伝性，教育性は呼応しており，その芸術性は通俗化の傾向があり，上映面では普及化の傾向がある．つまり映画が民衆への影響力を拡大し，映画を通して民衆の中に一定程度の民族国家の共通認識と外来侵略者に対する共通の反抗心を植え込ませ，現代中国に有利となる理性的民主主義を抗戦時に確立，高揚させた．

　日中戦争期，中国民衆による国家の前途と命運に対する関心はこれまでにない高まりを見せ，映画も民衆が戦況を理解する重大な手段となった．戦時中の重慶映画が戦争や戦時中の生活などを基本テーマにした背景には，映画界が提唱してきたという主観的な点のほかにも，観衆が必要に迫られたという客観的な側面と切り離せない．観衆に対する宣伝と教育のために，戦時中の重慶映画

人は特別に「農村映画」を制作するべきだと主張した．過去の中国映画はおもに都会市民の需要を満たしてきたが，戦時中の映画の大多数の観衆は小さい町や村の住民や農民である．彼らは知識が不足し文化水準も低く，都会映画の制作手法が適当ではないため，彼らを対象とした映画を制作する必要があるというのだ[34]．このため戦時中に制作された重慶映画は記録性に重きを置き，民衆が戦争の事実を知りたいという渇望を反映させた．文化レベルの高くない民衆が物語を理解できるように，芸術作品では普遍的であるストーリー性は簡略化され，演技も簡素的，動作もストレート，物語を詳細に述べ，ゆったりとしたテンポの作風となっている．またストーリー理解への障害とならないように，できるだけ方言の使用は控え，セリフを用いないこともあった．

戦前の中国映画のおもな上映場所は都市の映画館であったが，後方では映画館の数は全国の映画館数に対して占める比率が非常に低かった．1934年の統計によれば全国で242の映画館があり，うち戦時中は大後方となる南西，北西などの広範囲な地域に位置する映画館は15館しかない．これは全国総数のわずか6％である[35]．このため，映画主管当局と映画界は映画館の不足している小規模な町や村へ映画を普及させる重要性に着目した．1939年，国民党中央宣伝部は映画事業計画の中で，映画の上映巡回隊を発足させ，映画上映人員の研修クラスを立ち上げて，各省区に映画服務社を設立し農村部への映画上映事業を推し進めていった[36]．これと同時に，文化宣伝を主管する軍委員会政治部第三庁も映画上映網を設置することとし，映画上映人員に対して研修クラスを開設した．中映では6つの流動上映部隊が，中制の上映隊には10の流動上映部隊が設けられ，1940年前半だけでも各戦争地区での上映は493回，観衆は260万人に達した[37]．広大な農村地区では，以前にはほとんど映画などは観られなかった．さらには映画とは何かを知らない民衆もおり，戦時中に映画上映隊が巡回で上映したことにより，今まで映画を観たことのなかった農民がはじめて映画に接することができたのである．これは映画を通して農民に抗日愛国の民族主義精神の理念を訴えただけでなく，映画上映が農村にも普及したという点で大変意義があるといえる．

だが映画上映の普及は別の問題を引き起こした．映画と現代工業，そして科学技術には密接な関係がある．多くの投資を行い上映で投資を回収，利益を得

て映画産業を維持することで次の再生産へ繋げなければならない．戦前の上海映画業が発展した要因は，映画への投資と回収が良質なサイクルで行われていたからだ．だが戦時中の重慶映画は農村地区で上映し基本的に収入は見込まないという方針に立った宣伝活動である．戦時中，愛国心が強烈に高まる中，「抗戦の前途という視点に立ち，営利的な着眼点を大多数の群衆による抗戦意識に移すような無料の上映を行おう」と途切れることなく叫ばれたのである[38]．ただし映画撮影から上映に至るまでには大量の資金が必要であり，都市で上映された有料映画は大幅に激減，農村の無料上映が大量に増加した状況では，映画制作者もその負担は負えない．どれだけ訴えたところで「映画宣伝事業を拡大するならば，政府は部門の予算を増やしてほしい」となるのだ．しかし政府の投資にも限りがある．とくに戦争中期となれば国民党政府の財政はますます困窮しインフレも日増しに拍車がかかっていた．これにより映画産業も厳しい制約を受けたことは容易に理解できる．実際に映画界もこの問題を認識していた．「収入を増やして資金不足を補うためには営利政策は放棄できない．効果的に宣伝と教育を普及する任務があるならば宣伝政策は考慮されるべきである．双方の主張が衝突する中，両者の目的を同時に実現させたくても一方を選択するしかないため，混乱は目に見えていた．映画制作者の身としては矛盾を感じるというより，これは苦痛である」[39]．つまり各種の主観的な要素が存在したことにより，戦時中の重慶映画は宣伝と社会性，そして教育効果が実現したと同時に，生産と消費の良質な循環を確立できなかった．作品数が限られたことは，この点とも直接関係がある．

4. 戦時中の映画人の処遇と選択

　日中戦争が全面的に勃発し，上海は戦地となり，上海に集中していた中国映画人の分流という現象が起こり始めた．戦争が始まり，上海の映画人のほぼ全体が抗日活動に参加し「中国映画人協会」と「中国映画界救済協会」を設立，「映画界に携わる人々のすべての力を集約させ，非常時の国家を救う義務を負おう」という声明を発表した[40]．その後，上海の映画演劇界は 13 の救援演劇隊を組織し，うち 11 の演劇隊は前線や後方へと出発して抗日救援演劇活動に

従事した．その多くの人員がその後重慶映画の重要構成員となっている．上海を離れた映画界の名士の中でも著名な映画監督には夏衍，田漢，陽翰笙，洪深，慶雲衛，孫瑜，蔡楚生，史東山，袁牧之など，著名俳優には趙丹，金山，鄭君里，顧而已，白楊，陳波児，王莹などがいる．

　冷静に判断すると，戦前の上海の映画スターは比較的特殊な群体に属していた．多くのスターが裕福な生活を送り，湯水のように金を浪費するほど贅を尽くす者もいた．左翼映画人でさえも同様である．生活に困窮，もしくは生命にまで影響するような環境にいる左翼文学者といった同業者と比べれば，彼らの生活は保障されかなり裕福であった．これは映画の商業性といった特性と密接な関係がある．戦争勃発後，平素な生活でもよいと映画スターが後方への撤退を選んだことは裕福な生活との決別でもあった．映画スター黎莉莉が重慶へ撤退後，中制での月給は20元あまり，哈徳門タバコ4箱半しか買えない額である[41]．黎莉莉は有名な女優で，彼女の夫羅静予は当時「中制」の総エンジニアであった．彼女の待遇がこれほどということは，一般の俳優がそれ以下であることはおわかりいただけるだろう．戦時中の後方での物資の条件は，華やかで豪勢な上海とは比べものにならない[42]．黎莉莉は，出演した中制映画『塞上風雲』の撮影時に見た屋外の情景をこう回顧している．「私たちは砂漠で7日間を生活した．のどが渇いても井戸は見つからず，3日間臭い水を飲み，6日間塩むすびを食べるしかなかった」[43]．

　困難な生活以上に後方の物資も不足していたため，後方に撤退した映画人たちの大半は映画を撮影する余裕などなかった．後方における8年の戦争期間中，制作された映画は20作品にも満たない．動員できる監督にも限りがあったため，最も多くの作品に関与した陽翰笙（脚本4作品），史東山（脚本・監督4作品），何非光（脚本・監督4作品）などは突出しているといえるだろう．しかし戦前と戦時中の「孤島」上海の映画人が10数作の映画を監督する量に比べれば，後方での映画人の作品実績が劣っているのは明白である．このため戦争の中後期になると，重慶映画人は本業の映画よりも演劇活動に従事することになる．

　後方へ撤退した者や上海に残った映画人の詳細な名簿からも見られるように，後方へ撤退した映画人の中には左翼映画人もかなり含まれる．彼らは民族独立の歩みに追随し何の躊躇もなくそれまでの豪華な生活環境を捨て，どの条件も

劣悪だと言える後方に赴き抗戦映画制作に従事したのだ．そこには理想と信念への支持と，抗戦宣伝に対する政治認識，中共が組織し動員したという原因もあった．一方で上海に残った映画人の中には多くの営利性娯楽映画の監督や俳優が含まれていた．上海は娯楽映画が生き残る場所として適していたこと，そして文化人の散漫な習性は上海という便利な都会での生活リズムに合っていたのだ．離れるにしろ残るにしろ，各方面の要素と絡み合っているため政治からその意義を判断することは難しい．中国映画人の多くは抗戦支持者もしくは呼応者であった．第2次上海事変以降，周剣云，張善琨など映画会社の経営者は当局に提案している．「もし全面抗戦が実現すれば，上海映画界全体が1人あたり50元の生活費で政府の抗戦事業に喜んで追随するだろう」「家庭に特殊事情のある者以外は，ほぼ全員登録，参加する」．これは前述した国民党の戦時映画計画と一致する．しかしその後国民党政府の撤退時，様々な要素が絡み合ったため，映画人が撤退するに当たっての具体的な計画や物質的支援はなく，彼らがすぐにしかるべき選択を下すことは難しかった．「映画人は大資本と相応規模の設備を捨て去れば何の使い物にもならないことは承知の上である．政府が約束を履行しなかったことで，大多数の映画人は租界が自身の安全を保護してくれると信じ込んだり，家庭の事情などで仕方なく上海に残った者もいた」[44]．また「後方の映画制作所ではそれほど大勢の映画人を受け入れることはできない．政府はすでに受け入れないという意思を示している．後方に民営映画場など成立しえないのだ．地理的距離はあまりに遠く，旅費も問題となるだろう．子どもや女性たちはどうなる．たとえ行ったとして何になるのだ？」[45]．このため何人もの映画人が上海に残ったことは理解できる．過酷な要求を課してはならない．それでも上海に残った映画人は手法を変え，ときに公式にときに隠密裏に自分の政治態度を表明した．進んで日本に近づき協調した映画人は非常に少ない．「大多数の制作者や従事者は，敵の脅威と甘い蜜にさらされながらも，自らが進んで戦う姿勢を表明し，紆余曲折を経ながら多くの仕事を行ったのである」．たとえば時代劇の撮影などは，歴史上でも外来の侵略に抵抗するような題材を選択し，暗に含ませた手法を用いて日本侵略に対する中国人民の抵抗意識を示した．そんな中でも当然，正義が麻痺して己の身を戦線の外に置き，主観的には営利を目的とし，客観的には観客の抗戦心理を

麻痺させ，もしくは敵が平和をもたらすような内容の映画を制作する少数派もいた[46]．たしかに映画とは元来商業性があるが，上記のような映画を制作することは「営利」が主旨である．もしくは抗戦の宣伝や政治的意義が欠落しているのだろう．他の点に関してはそれほど深読みする必要はない．

しかしいずれにしろ，後方に撤退した映画人は，仕事条件も過酷で生活環境はそれ以上に劣悪だった．このため自ら後方への撤退を希望した映画人は個人の芸術人生や優雅な生活を犠牲にして，積極的に抗戦に身を投じた．全民抗戦という大義名分の下では彼らは政治的にも道徳的にも自然と賞賛されるであろう．だが同時に日中戦争時に上海が陥落，「孤島」がすでに存在しなくなってから，上海に残り続け最終的に日本に協力せざるをえなかった映画人たちの心に長きにわたる苦難と屈辱を植えつけたのだ．戦争終結後，「審判」により「漢奸」と烙印を押された映画人たちは悲劇に見舞われた．だが，後方に撤退し徹底的に抗戦に参加した映画人の中には，上海に残ることを選択した映画人にも複雑な理由があったことに着目し，戦地に残った同業者の責任だけを過剰に追及するべきではないと主張する者もいる．著名監督蔡楚生と史東山いわく「政府を責め，勇敢な精神のなかった彼らを許すのは間違っている．ただまったく抗戦への参加を望まなかった者や抗戦に反対していた者と，抗戦への参加を訴えたが政府に受け入れ能力がなく紆余曲折を経て仕事を続けた結果，非難にさらされた者．この両者を同等に語ってはならない」[47]．

全体的に，日中全面戦争という背景にあって，中華民族は抵抗するかどうかの国家的な選択を迫られた．映画人も同様に撤退するかどうかの個人的な選択を迫られ，その選択が集合体を形成し中華民族の集団による選択の一部分となったと理解できる．つまり中国映画人の選択は全体的な観点において抗戦に従事した中国民族の選択と一致していた．個人の下した異なった選択については多くの事例を検討することで，戦争時の個人と集合体，個人と国家，個人と戦争といった一辺倒には語れない複雑な関係をより深く理解することができるだろう．

中映所長の羅学濂は抗戦勃発4周年の際に書いた文章でこう述べている．「抗戦の大きな波は中国の映画界を2つの主流へと分断した．1つは一時隆盛

し現在も「投機」路線をひたすら走り続ける大流であり，もう1つは苦難の中でも奮闘を続けた抗戦部隊による日増しに勢いを増した「新興」奔流である．作者は当時隆盛を誇った上海「孤島」の映画を「投機」と位置づけ，戦時中の重慶映画を「新興」と位置づけているが，これには当然宣伝という意味も込められている．だがたしかに重慶映画はそれまでの中国映画の発展とはまったく一線を画した「新興」の道を歩んでいた」．すなわち，映画制作は官営を主体とし，教育を目的として制作され，都市から農村へと上映を推し進めていた．これは戦前の中国映画の発展，すなわち映画制作の民営化，映画内容の市民化，映画上映の都市化とは大いに趣が異なる．そして20世紀における中国映画の発展史上自ら鮮明な刻印を残した．つまり戦時中の中国映画人は自分たちの選択に則って奮闘し，このような刻印の上に自分自身が属した証しを残したのである．

1) 上海「孤島」の配給する映画は商業娯楽物を中心に，国民政府が統治する後方では合法的に上映することができる．ただ山間部からの隔たりといった地理条件，戦場の封鎖，交通の不便さなどの理由により全面的に後方で上映されることは困難であった．
2) 戦時中の上海映画の研究については以下を参照．李道新『中国映画史（1937-1975）』北京・首都師範大学出版社，2000年，ポシェク・フ，劉輝訳『双城故事～中国早期映画の文化政治』北京・北京大学出版社，2008年，辻久一『中華電影史話』，東京・凱風社，1987年．
3) 東北地方の映画研究については以下を参照．胡昶・古泉『満映——国策電影面面観（満州映画 国策映画の全貌）』北京・中華書局，1990年，王艶華『満州映画と東北地方の占領時期の日本植民地化映画研究，監督と作品集』，長春・吉林大学出版社，2010年，古市雅子『満州映画研究』北京・九州出版社，2010年，山口猛『満州映画 甘粕正彦と活動屋群体』東京・株式会社平凡社，1989年，山口猛『哀愁の満州映画』東京・三天書房，2000年，四方田犬彦・晏妮『ポスト満州映画論』京都・人文書院，2010年．
4) 中国抗戦後方の映画制作は，抗戦初期に国民党政府のある武漢に集中するも長くは続かなかった．そして武漢が陥落し1938年10月以降，中心地は戦争終結まで重慶に移ることになる．よって一般的には後方の抗戦映画を重慶映画と呼ぶため，本文もこの理論に基づくものとする．
5) 戦時中の重慶映画に関する研究は以下を参照．第7回中国金鶏百花映画祭執行委員会学術研究討論部編『重慶と中国抗戦映画学術論文集』重慶・重慶出版社，1998年，厳彦・熊学莉ほか『陪都映画専門史研究』北京・中国傳媒大学出版社，北京，2009年．
6) 陳立夫：『中国映画事業』，上海，上海晨報社，1933年，4頁目．
7) 「邵主任委員の発表した中国映画界が注意するべきいくつかの工作」，『中央映画検査委員会広報』，第1巻第1期，19-20頁．

8) 中国国民党中央委員会党資館蔵書ファイル（以下,「党史館」と簡略）,台北,ファイルナンバー 5.3/297.
9) 羅学濂「抗戦 4 年における映画」,重慶市文化局電影所編『抗日戦争時の重慶映画』重慶,重慶出版社,1991 年,432-433 頁.
10) 『中央宣伝部半年の中心工作計画』,党史館 5.3/127.
11) 『1939 年中宣部半年の経費予算案』,党史館 5.3/127.
12) たとえば戦争映画を制作する場合,煙や火を使うシーンでは,適当な特殊機材がないためスタジオで藁を燃やすしかなかった．結果役者とスタッフは煙にむせながらも撮影を続けた．メーク用具も不足していたため,カツラは羊の毛で代用し 1 本 1 本貼り付けていた．1 人の役者のメークを施すのに 7-8 時間を要し,その疲労はとてつもなかった．また日本軍の空襲が頻繁に重慶を襲ったことで映画制作はさらに困難を増したのである．「毎日敵機の襲撃にさらされる中,時には 1 日に何度も空襲を受けることもあった」．1939 年 8 月,重慶の中制によれば,「工場建物は破壊され,所長の鄭用之,劇務主任の周伯勛は負傷,ほかにも死傷者を出した」．『袁従美映画人生 70 年の回顧録』,台北,亜太図書出版社,2002 年,67,70 頁.
13) 羅学濂「抗戦 4 年における映画」,重慶市文化局電影所編『抗日戦争時の重慶映画』重慶,重慶出版社,1991 年,434 頁.
14) 「中制」脚本委員会主任陽翰笙,劇務組組長田漢,総務組組長応雲衛,技術組組長袁牧之はすべて中国共産党員あるいは中共に近い左翼芸術家であった．
15) 鄭用之,黄埔軍校 3 期生．卒業後北伐に参加,1927 年に国民党「清党」時に審査を受け,その後報道事業に従事する．満州事変後は上海で『新大陸報』を創刊．国民党の対日妥協政策を批判したため,当局の捜査が入り閉鎖された．1933 年南昌行営政訓所映画部門の責任者となり,1935 年には漢口撮影所所長,1938 年には「中制」所長を歴任,多くの左翼映画人を「中制」に加えた．1942 年に免職（孫暁芬「鄭用之の映画従事記」『民国春秋』1994 年第 6 期,37-39 頁）.
16) 『袁従美映画人生 70 年の回顧録』,71,77 頁.
17) 鄭用之「30 年来の中国映画制作所」,范国華ほか編『抗戦映画回顧』,重慶,重慶市文化局,1985 年,114 頁.
18) 唐煌「映画国営論」,『抗日戦争時の重慶映画』9 頁.
19) 小倫「戦時中の報道記録映画について」,顔鈿主編『重慶映画紀』重慶,重慶市電影発行上映公司,1995 年,12 頁.
20) 鄭用之「全国の銀幕戦士よ,立ち上がれ」,『抗戦映画』第 1 号,6 頁.
21) 張治中「映画を語る」,『抗戦映画回顧』101 頁.
22) 熊佛西「映画教育問題」,『抗日戦争期の重慶映画』151-152 頁.
23) 相対的に見て,戦時中に後方で上映された大量のアメリカ映画はやはり娯楽作品が主流であった．これは観衆の娯楽需要を満たすためでもあり,またアメリカという「外国」の位置づけが戦時中の民族主義感情から批判や拒絶されるほどではなかったからである．
24) 程李華主編『中国映画発展史』北京,中国電影出版社,1980 年,264 頁.
25) 陽翰笙「国防映画の確立について」（一）,『抗戦映画』第 1 号,2 頁.
26) 「文化運動委員会会告文化界書」,中共重慶市党委史工作員会編『南方局指導下の重慶抗戦文芸運動』重慶,重慶出版社,1989 年,276-280 頁.
27) 張道藩「我々の必要とする文芸政策」,『南方局指導下の重慶抗戦文芸運動』,281-288

頁.
28) 鄭用之「民族本位映画論」,『抗日戦争時の重慶映画』133-137 頁.
29) 王平陵「戦時教育映画の編集と上映」,『抗日戦争時の重慶映画』155 頁.
30) 左翼人と接近した「中制」の所長鄭用之は 1942 年に免職され,後任として所長の任に就いた呉樹勛と蔡勁軍は以前西安警備司令部参謀と上海市公安局長を担当していた.この人事は反共という政治色が濃く,工作方針も左翼活動をさらに抑制するという方向へ偏重した.
31) 日本が東北地方へ侵略した背景を描いた『日本間諜』は「中制」によって 1943 年に完成した.蔣介石は鑑賞後,大変不機嫌な語気で日記にこう記している.「かわいそうな張治中や張道藩などは政治や宣伝の常識がまったくわかっていない.わが党の宣伝機構がすべて共産党に利用されていることも知らぬとは,愚の骨頂なり.」「我が党の革命意義や主義の色合いがまったく見られぬ宣伝部と政治部の宣伝芸術は,逆に共産党の宣伝となる.とくに『日本間諜』といった映画などは論外だ.党と政治の政策に関係ある脚本であれば,ほとんどが共産党の目に見えぬ操縦にさらされる.だが張道藩と張治中は自分の愚かさを知らぬどころか得意げでもある.呆れてものがいえないとはこのことだ.党と国の前途を思えば悲しみを禁じ得ない」『蔣介石日記』1943 年 4 月 25 日,27 日(ハノーバーアーカイブ蔵書,スタンフォード大学,カルフォルニア,アメリカ).この映画の監督袁従美は当時を振り返りながらこう語っている.「蔣介石は 3 度鑑賞した.不満のある映画は共産党率いる抗聯の勇敢な行動を反映しており,共産党軍遊撃隊の勇敢な姿と人民の厚い感謝が映し出されていたため,撮り直しを命じた.そのため重慶の初回上映スケジュールは何度も延期された」(『袁従美映画人生 70 年の回顧録』73 頁.)
32) 『非常事態時の映画検査における暫定規定』広州市社会局ファイル,広州市資料館蔵書,ファイル No. 0-4-6.
33) 『行政院の非常時での映画検査 33 年度の映画検査一覧表』中国第 2 歴史資料館蔵書,南京,ファイル No. 5-12107.
34) 楊邨人「農村映画の制作問題」,『抗日戦争時の重慶映画』,94-95 頁.
35) 聯華影業公司編成部編『聯華年間(民国 23-24 年)』上海,聯華影業公司,1935 年,11 頁.
36) 『中央宣伝部半年の中心工作計画』,党史館 5.3/127.
37) 楊邨人『農村映画の制作問題』,抗日戦争時の重慶映画,93-94 頁.
38) 小倫「戦時中の報道記録映画について」,『重慶映画紀』12 頁.
39) 羅学濂「抗戦 4 年における映画」,『抗日戦争時の重慶映画』443 頁.
40) 朱剣・汪朝光『民国影壇』南京,江蘇古籍出版社,1997 年,262 頁.
41) 『抗戦映画回顧録』89 頁.
42) 黎莉莉「塞外からの帰還」,『抗日戦争時の重慶映画』512 頁.
43) 蔡楚生・史東山「上海映画界の忠奸問題を解決する尺度」,陸弘石・李道新・趙小青主編『史東山影存』上巻,北京,中国電影出版社,2002 年,585 頁.
44) 蔡楚生・史東山「上海映画界の忠奸問題を解決する尺度」,『史東山影存』上巻,586 頁.
45) 史東山「抗戦からの中国映画」,『史東山影存』上巻 566 頁.
46) 蔡楚生・史東山「上海映画界の忠奸問題を解決する尺度」,『史東山影存』上巻,587 頁.
47) 羅学濂「抗戦 4 年における映画」,『抗日戦争時の重慶映画』,434 頁.

第2部 | 権益と共存

第2部　権益と共存

川島　真

　敵対関係が強調されがちな近現代の日中関係だが，その共存への試みは頻繁になされていたし，またたとえそれが的外れであっても相手に何かを期待する向きは常に存在した．

　近代以来の日中関係は，相手国での生活経験があった．そして，日本の支那通・中国通，中国の日本通によって担われた部分がある．彼らの多くは，異文化社会としての日本や中国，あるいは日本の植民地や統治地域での日本／中国体験をいわば内面化させ認識した．その個々の認識は生活や実践にも影響を与え，それが日中の敵対局面，あるいは支配と抵抗の論理の下で複雑な様相を呈することになった．それは共存への試みであったこともあるし，時には敵対へと至ることもあった．第2部で取り上げられる蔣介石や劉心田はそうした場に身を置いた人物の例であろう．蔣介石は，日本に軍事留学し，青年期の多感な時期を日本で過ごし，日中関係の現場でさまざまな思いを抱きながらも，その日本と敵対することになった．また，劉心田はまさに対日協力者としての複雑な存在である．台湾をはじめとする植民地，旅順・大連などの租借地，あるいは満鉄附属地，そして各地の疎開などでさまざまな「協力者」がいたであろう．そして，中国戦線で戦った日本軍人たちもまた重要である．日中戦争期こそが中国大陸にもっとも多くの日本人が居り，日本にも20世紀初頭に匹敵するほどの留学生がいたことを考えれば彼らの異国での戦争体験は看過できない．第2部では，中国戦線にいた日本の軍人たちが，戦後にその体験をいかに内面化させ，中国と関わったのかという課題も検討される．日本留学経験者，協力者，あるいは戦争参加者がどのような緊張感を以て日中関係の現場に立ちあったのか，という点が重要となろう．

　他方，日中関係が緊密になり，かつ広汎な領域に及べば及ぶほど，スペシャリストだけでなく，ジェネラリストや，あるいは他の地域を専門とする人々が日中関係の現場に関わることも生じる．そうした人々が日中関係を改善させたり，危機を回避させるために尽力することも少なくない．日中関係が悪化した1910年代の第1次世界大戦後の日中関係が幣原喜重郎らによりいかに構想されたのか，そして1970年代の日中国交正常化以後，いかにして歴史をめぐる問題と経済をめぐる日本との関係との間のバランスが大平正芳らによってはかられたのか，ということも検討される．

　そして，日中双方の学術界においても相手をいかに認識することも大きな課題であった．それは日本の支那学，中国の日本学に限定されず，社会科学，人文科学，そして自然科学の各領域に及んだ．日本は諸学問を西洋からいち早く受容し，まさに「知の咀嚼・翻訳装置」として東アジアで機能した面があり，中国も日本から「知の体系」を取り入れた．だが，中国が西洋から直接学問を受容することもあったし，また日本からの需要のみで終わることを潔しとせず，中国なりの自立性を強調することもあった．ここにもまた，一定の相互尊重に裏打ちされたアカデミックなバランスとナショナリズムとの間の，緊張感を孕む日中関係のフロンティアがあったのである．

5章 | 中国青年将校の日本陸軍留学体験
　　　——蒋介石の高田時代を例として

川島　真

はじめに

　本章は，20世紀初頭の中国人留学生の日本体験がどのようなもので，その留学生たちにとってその体験がいかなる意味を持ったのかということを，日本に軍人として留学していた蒋介石を例として考察する．蒋介石は，1887年生まれであるが，1906年に東京の清華学校で日本語を学び，1908年に再来日して振武学校に入学（第11期），1910年12月に同校を卒業して第十三師団野砲兵第十九連隊に入隊し，翌年10月辛亥革命の報に接して，帰国している[1]．また，その後の数年間も頻繁に日本を訪問した．蒋介石は10代の末から20代後半の青年期を，日本と中国を往来しながら過ごしていたのである．
　蒋介石の日本体験それじたい，その後の人生に対する影響については，すでに先行研究が一定程度論じているところである．たとえば，黄自進は蒋介石が日本の武士道が陽明学を基礎としていたと見なし，その実践の一例としての明治維新を賛美していたことを挙げている．そして，1950年に革命実践研究院訓練団を設立し，蒋介石自ら「明治維新史」や「武士道精神」を教授したことを紹介している[2]．家近亮子は，蒋介石が民国成立後の1912年に出版に関与したという『軍声雑誌』の内容を分析するとともに，当該時期の蒋介石の日本

97

認識をまとめている．そこでは「蔣介石は東京の振武学校への留学と高田連隊への入隊の経験から，日本に対する自らの評価を早い時期から確立していた．そのため，『武士道』『大和魂』という精神面だけでなく，日本が清潔で秩序立った社会を形成していること，礼節を重んじること，義務教育が徹底し，識字率が高いことなどが生み出す日本人像を崩さずに持ち続けた．このことは，1927年秋の日本訪問で確信される」としている[3]．

このほか，劉鳳翰「蔣中正先生学習陸軍経過」（黄自進主編『蔣日学生実録』中正文教基金会，2001年）は，日本留学への経緯をまとめ，段瑞聡『蔣介石と新生活運動』（慶應義塾大学出版会，2006年）は，外務省および防衛省の史料，また蔣介石の回想を用いて，その生活と後世の新生活運動との関連を意識しながら紹介し（62-65頁），深町英夫「師か？ 敵か？――蔣介石・閻錫山の留日経験と近代化政策」（貴志俊彦・谷垣真理子・深町英夫編『模索する近代日中関係 対話と競存の時代』東京大学出版会，2009年所収）は，蔣介石自身の回想に依拠しつつ，主に振武学校時代の蔣介石の規範の下にあった生活を検討している．

こうしたなかで蔣介石の日本留学について全体を総括したのが山田辰雄「蔣介石・記憶の中の日本留学」（山田辰雄・松重充浩編著『蔣介石研究――政治・戦争・日本』東方書店，2013年所収）である．山田は，蔣介石の日本留学をめぐる議論が，多くの場合，蔣介石の記憶のなかで論じられているということを指摘し，一面で事実を確認しつつ[4]，他面で記憶を記憶として分析するという手法をとっている．

本章もこの山田の手法に則りたい．これまでの研究では十分に確認されていない「事実」の検証をおこない，他方で同様に先行研究であまり用いられていない史料で記憶をたどりたい．その事実確認をおこなう対象は，蔣介石の高田時代（1910-11年）である．この時代について，最も詳細に記述しているのはサンケイ新聞社『蔣介石秘録 2 革命の夜明け』（サンケイ新聞社出版局，1975年）［以下，「秘録」］である．「秘録」では，『高田新聞』と高田での取材に基づいて，詳細な記述がなされている．また，黄自進，山田辰雄は，『野戦砲兵第十九連隊史』（防衛省防衛研究所図書館所蔵），「野戦砲兵一ヶ年間教育順次表」（『明治元年～四十五年 陸軍教育史 明治別記第三巻 野砲兵之部』（同上）などの史料に基づき，野砲兵たる兵士の1年間の訓練を制度的に検討している．

ここでは，筆者がこれまでおこなってきた諸報告の内容に依拠して[5]，「事実」の面について『高田新聞』『高田市史』などに基づく「秘録」の分析を，『高田日報』やその他の公文書を加えながら補い，高田時代の蔣介石の活動を，野砲兵十九連隊の活動を追うかたちで再現してみたい．そして後半部では，そのような日本での活動，体験が蔣介石のその後の人生にとり，どのような意味をもったのか，ということについて，とりわけ先行研究で十分に検討されていない日記から検討を加えてみたい．

1. 軍人としての蔣介石——風貌・成績・昇進

　蔣介石（当時の呼称は蔣志清）は1910年12月4日，高田に到着した[6]．二等の貸し切り列車で高田に到着した蔣介石らは，上職人町にあった三友旅館に一泊し，5日午前9時過ぎに入隊した．そのときの蔣介石の風貌はどのようなものであったであろうか．『高田新聞』（1910年12月6日）の「清国留学生入隊」は，「野砲兵に入隊せしめらるるだけありて，体格は一層良好に見受けられしが，一名病後の衰弱ありしものを除くのほか，帯患者は一名も無く，其姓名及び体量等を記せば左記の如し」として，趙連科以下全16名を成績順に，その身長体重とともに記している．それによれば，

　　四川　　張群　　　　　5.39尺，15.660貫（163.3センチ，58.7キロ）
　　浙江　　将志清〔ママ〕　　5.59尺，15.780貫（169.4センチ，59.2キロ）

とある．『高田日報』（1910年12月9日）の「本年入営の砲兵」という記事に紹介されている日本人兵の平均の体格は，平均身長・5.45尺（165.15センチ），平均体重・16.204貫（60.8キロ）というものであったから，蔣らの体格は遜色ないものであったと言えるだろう．その身体を支える食生活についても，清の学生たちと日本兵とは異なることは高田の社会で意識されていた．『高田日報』に掲載された「清国留学生の待遇」（1910年12月6日）には次のように記されている．

表 5-1　振武第十一期畢業希望兵科一覧表（野砲兵第十九連隊入隊者）

順位	姓名	第一希望	第二希望	平均点	
1	趙連科	砲	騎	96	
2	長文	砲	騎	95	
3	張群	砲	騎	95	
4	任居建	砲	騎	93	
5	王柏齡	砲	騎	93	
6	黄宮桂	砲	騎	93	
7	楊錦昌	砲	騎	92	
9	溥泉	砲	騎	91	
20	張為珊	砲	騎	86	
21	陳星枢	砲	騎	86	
22	師韓	砲	歩	85	
25	承厚	憲	砲	84	第二志望
37	湯顯雋	憲	砲	79	第二志望
44	祺鋭	憲	砲	76	第二志望
53	閻聚珍	憲	砲	70	第二志望
55	蒋志清	砲	騎	68	

各隊に入営したる清国留学生に対しては師団長の命もあり特に厚遇すべき方針なりと云ふが其給養の如きも国の習慣上日本人が外国に在りて淡白なるお茶漬けを恋ふるが如き事あらんを以て此点にも意を用ひて脂肪室に止める食料品を本国に習ひて供給すべしと云ふ．

清からの将校候補生に対しては特別待遇が準備されていたのである．

また，蒋介石の制服はどのようなものであったであろうか．12月5日の『高田日報』「清国留学生着高」に「詰め襟のカーキー色の洋服外套」を着ていたとあるが，「清国陸軍学生取扱規程」第七条に「一　衣ノ襟ニハ星章及隊号ヲ附セス其ノ両端ニ龍爪章各一個ヲ附ス　二　帽及肩章ニ附スル星章ハ総テ龍爪章ヲ以テ之ニ換ユ」などとあり，留学生もそれに準じた服装だったと思われる[7]．

蒋介石は決して優秀であったとは言い難い．表5-1にもあるように，日本語の修得の面でも，学科の成績などでも張群とは大きく差が付いていた[8]．防衛省の史料によれば，振武学校時代の蒋介石の成績は62名中55位で68点．張群の95点に大きく差をつけられていた．興味深いことに，成績上位者はみな第一志望が砲兵で，第二志望が騎兵であった．蒋介石の成績は極めて悪かったものの，この上位者と同様の志望をしていた．

また，野砲十九連隊に入った人数について，『中央―部隊　歴史連隊 463　野戦砲兵　第19連隊歴史』（防衛省防衛研究所戦史史料室，090-1702-0592）は表

の16名を挙げている．その成績は表のとおりであるが，蔣介石の成績は，入隊者の中でもっとも悪かった[9]．この序列は明白であり，名簿にそのまま反映された．蔣志清の名は，新聞に掲載される場合でも最後におかれたのであった．

しばしば蔣介石は陸士（陸軍士官学校）出身でない，ということが言われるが，蔣は第一種学生（各兵科将校［憲兵科ヲ除ク］ト為ラムトスル者）と位置づけられており，「清国陸軍学生取扱規程」によれば，本来であれば高田での訓練後に陸軍士官学校に進学するはずであった．その第一条には，「第一種学生ノ教育ハ概ネ士官候補生ニ準ジ十二月ニ於テ聯隊［独立大（中）隊ヲ含ム以下同ジ］ニ入隊セシメ下士兵卒ノ勤務及之ニ必要ナル軍事学ヲ教授シ翌年十二月一日ニ陸軍士官学校ニ入校セシメ約一年六月間初級士官タルニ必要ナル教育ヲ為シタル後ニ更ニ約六月間聯隊ニ於テ士官ノ勤務ヲ習得セシメルモノトス」とある．そして，第六条にあるように，第一種学生は帝国陸軍の士官候補生と同等とされた．蔣介石もまた，辛亥革命によって帰国しなければ，（制度的には）陸軍士官学校に進学することが想定されていたのである．

入隊後，15名は上等兵扱いであったようである[10]．前掲『中央一部隊』は，彼らのその後の昇進の過程を示している．1911年8月1日，「清国陸軍学生趙連科以下十六名，右陸軍砲兵伍長ノ階級ニ進ム」とあり，蔣介石もまた伍長になった．ところが，きわめて意外なことに，1911年10月1日に清国陸軍学生たちが陸軍砲兵軍曹へと昇進するに際して，蔣志清の名だけが欠落しているのである．岩谷將の知見によれば，連隊史は一種の公文書であり，何度も校閲されることから，誤記であることは考えにくいという．張群は陸軍砲兵軍曹になったのだが，蔣介石については昇進が確認できない．

1911年10月，辛亥革命の報道に接した蔣介石らは高田の連隊を離れて，東京に寄ってから長崎経由で中国に向かった．しかし，蔣介石，張群，陳星枢の3名が高田を離れた時期については，『高田日報』などを見てもわからない．防衛省の史料および前掲『中央一部隊』では，1911年11月10日付で，張群，陳星枢，蔣志清［介石］の3名が「事故ニ依リ」退隊となっている．11月12日の『高田新聞』には「野砲兵の決起」とあり，「さきに休暇許可の上帰国せる三名の学生，猶未だ帰隊の途に就かざる」ことが報じられているが，これは蔣らのことではないだろう．蔣介石の上官が正式には帰国を認めないものの，

5章　中国青年将校の日本陸軍留学体験　101

水盃で彼を送ったというエピソードが伝えられているが，張群の回想録などをも併せ見ても，高田を離れた日付は確定できない．だが，辛亥革命の報を聞いて帰国したのだから，10月中旬から下旬であったと考えるのが妥当であろう．

2. 蔣介石の野砲兵としての軍人生活と活動

1910年12月4日から翌11年10月半ばまでの1年弱の間の蔣介石の活動や生活はどのように再現することが可能だろうか．これまでの研究では，蔣介石の回想や関係者の回想録が多く用いられてきた．1927年の蔣介石の訪日時にも蔣介石が長岡外史元十三師団師団長を訪ねたということもあって，関係者がメディアに対して思い出を語り，1936年1月9日には霜田藤次郎の談話が『東京日日新聞』新潟版に掲載されている．また，長岡外史やその娘朝吹磯子の回想もまた用いられてきた．これは戦前の研究も，昨今の一部の研究も変わらない．

このような関係者の回想に依拠した研究状況を打破したのが，「秘録」である．「秘録」は，蔣介石の通った「三ツ一」食堂などの地域の関係者に対しておこなったインタビューをもとにして，その生活を再現している．これは，1970年代だからこそ可能であったことであろうが，現在でも貴重な資料である．「秘録」が用いている文献史料は，『高田市史』と立憲改進党系の『高田新聞』である．だが，自由党系の『高田日報（上越日報）』は用いられていない．そこで，本章では，蔣介石の高田生活を再現すべく，野砲兵十九連隊の活動を，この両紙や公文書を用いて日表として再現する（後掲資料「第十三師団野砲兵第十九連隊の動向」）．

野砲兵となった蔣介石であるが，一般論として，野砲兵は砲や火薬とともにあり，またその野砲を引く馬とともに生活していた．その訓練は，基本的に前掲「野戦砲兵一ヶ年間教育順次表」に依拠していたであろうが，日露戦争を経てクルップ社製の砲が輸入され，三八式野砲が導入されて新たな訓練が加えられていたとも思われる．これは前掲山田辰雄論文も指摘するとおりである．では，その連隊の動きは具体的にどのようなものであったのか．それを本章で検討する．蔣介石がこれらの連隊の動きひとつひとつに加わっていたか否かは定

かではない．だが，それに加わっていた可能性は高いと見ることができる．

　1910年12月4日に到着した留学生たちは，翌5日朝9時には入営し，7日には練兵が始まる．5日に伺候式，師団司令部参観がなされた．前掲山田論文の指摘するように，野砲兵の1年間の訓練は定式化されていた．全体は一期から四期に時期区分され，内容的には学科と術科から構成されていた．当時の野砲兵十九連隊には初年兵から三年兵までおり，それぞれがそれぞれの訓練カリキュラムを実施していた．果たして，一般に2年とされる兵役に対して，1年の実地訓練を経て陸軍士官学校への入学が想定されていた，外国人の士官候補生である留学生たちにどのようなカリキュラムが課せられたのかは不明である．だが，1年目の訓練を省いて2年目に至ることは考えにくく，また2年間を1年間に短縮して，少人数の留学生のためだけに2倍のスピードの速修カリキュラムが組まれたとも考えにくい．

　さしあたり，断片的に分かる留学生の実地訓練の様子と1年間の野砲兵十九連隊の訓練，とりわけ1年目のそれを比べると，およそこれに合致しているように見える．ここでは，主に1年目の訓練兵の動きを中心にしながら，2年目，3年目の学年の動きも合わせておってみよう．なお，野砲兵第十九連隊には中隊が少なくとも6つあり，蔣介石は第三中隊，第四中隊，そして第六中隊所属だったとも言われているが，この点は定かではない．

　12月，早速留学生たちに「内務」「敬礼」といった基本動作から，身体検査，さらに「撃剣，角力，器械体操」が比較的多くおこなわれ，それらをしばしば長岡外史師団長らが参観していた．1月もそれは続き，器械体操や角力が続けられている．果たして留学生が角力をとったのかどうか，詳細は不明であるが，それを見ていたことは確かだろう．

　1911年3月に入ると，第二期にはいったことをうかがわせる記事がある．『高田日報』の3月3日の記事，「師団長の砲兵隊教育視察」などがそれを示している．

　　長岡師団長派昨日渡辺参謀長，島野副官を随え野砲兵第十九聯隊第三中隊
　　及第六中隊の徒歩教練，乗馬教練，機械体操（ママ）等教育状況を視察せ
　　り

つまり，第二期の術科として加えられた「部隊教練」，「馬術」がここでなされていたことがうかがえる．3月24日の『高田日報』では，「野砲兵聯隊検閲　▽藤井砲兵監の来高」では，砲兵監による検閲がなされたことが記されている．

　　砲兵監藤井中将は野砲兵第十九聯隊検閲の為来廿九日来高卅，卅一の両日を以て同隊の検閲を施行する由なるが第一日将校集会所に於て聯隊長以下将校の伺候式あり続いて聯隊長の砲兵科専門の事項に関する教育概要報告あり後約四十分間宛の予定を以て新兵の学科諮問を以て第一日終了，第二日は下士の教育一時間，第一大隊下士馬術四十分，将校馬術大尉以上及中少将各四十分，尚飛松聯隊長統裁の下に約二時間将校の現地講話施行さるべしと

　ここでいう「砲兵科専門の事項」，「馬術」といったものも基本的に第二期に学ぶべき内容として組み込まれていたもので，砲兵監もそれを確認するために来ていたようにも思われる．3月30日の砲兵監の検閲も馬術などに重点を置いているが，ただ3月31日におこなわれた図上戦術が具体的に何をおこなったものか新聞史料からは判然としない．
　4月23日の『高田日報』に掲載された「野砲兵第一期検閲」では，初日に「初年兵の徒歩教練，二三年兵の単砲教練，及照準法」をおこない，二日目に「初年兵の照準法，二三年兵の馬術及学科」，三日目に「初年兵の単砲訓練，中隊訓練」がおこなわれる，としている．これは初年兵の訓練が次第に，射撃に移動していることを示しており，二期から三期にはいりつつあることを示している．だが，まだ連隊全体を動員しての訓練ではなかったようであり，そうであれば依然第二期にあることになる．その連隊を動員しての動きが出てくるのは5月である．『高田日報』の5月15日の記事「野砲兵第一期検閲」は，連隊の第一大隊が高田から関山という演習場に行く予定であることを伝えている．
　本格的な演習は6月末に実施されている．6月28日の『高田日報』の記事「野砲兵の演習　▽墺国武官見学す」は，次のようにその模様を伝えている．

野砲兵第十九聯隊は昨日午前八時中田原北端に集合，第一大隊は久米少佐の統裁を以て宮村中隊の演習あり北国街道を北進し新町附近に到着せる砲十数門を有せる敵に向つて壮烈なる砲撃を開始し敵砲兵三箇中隊に対する分火，目標変更，陣地変換等の研究あり午前九時を以て演習終了したるが更に第二大隊は戦時一箇中隊を編成し稲枝少佐の統裁を以て引き続き別個の想定に基き薬師山頭に砲兵陣地を占領せる敵兵に向つて激烈なる砲戦を開始し演習は十時を以て中止となりたるが第二大隊の研究項目は戦闘間弾薬補充の方法にして該演習後飛松聯隊長は両大隊の演習に就て講評ありたり（後略）

　このような演習は 7 月にもおこなわれており，5 月以降，最低でも 1 ヶ月に一度は関山での連隊としての演習が実施されていることがわかる．
　蔣介石の属していた野砲兵第十九連隊に関わる記事はこうした訓練以外にも及ぶ．それは現地社会との関わり，身体検査，衛生環境などである．現地社会の，彼らを迎え入れる視線は比較的好意的に報じられている．オーストリアのレルヒ少佐も含め，外国人を迎え入れることを"光栄"と見る向きがあったようである．

　　（前略）世界より注目されつつあるかは之を想像するに難からず状況斯くの如きと共に第十三師団の責任は重大となり恰も全国代表的師団として環視の位置に置かれたるが如し，之と共に吾が高田町民の責任も従って重且つ大となれり何となれば将来高田町民の一挙一動は留学生の目に映じ又外国武官の脳裡に印して各種の報道となり其本国に伝はる時，軍隊が代表的師団として嘱目され居ると同様高田町民も代表的日本国民と思惟さるるべければなり依って町民の之に対する覚悟と尚ほ一層の注意を望むとは師団副官の語る処なり

　それは『高田日報』の「高田師団の栄誉　市民の奮闘を要す」（1910 年 12 月 22 日）にも示されている．
　衛生問題もまた深刻であり，『高田日報』の「高田師団と病気」（1911 年 4 月

3日）には次のように紹介されている．

> （前略）猶ほ肺結核の新患者は各部隊に就て見るに肺結核は野砲兵十九聯隊の十六名最も多く歩兵十六聯隊六，騎兵十七聯隊五，歩兵五十八聯隊四名にして最も尠きは歩五十の一名なり　▼伝染病は腸窒　伝染病患者は悉く腸窒扶斯にして総計十六名の中最も多きは輜重兵十三大隊の十一名，歩五十の二名同五十八の二名，最も少きは野砲兵十九聯隊の一名，他の部隊には其発病更になく発病最も熾んなる期は四月五月の候也．（後略）

留学生の中にも死亡者が出るなど，衛生環境は決して良好とは言えなかった．

1911年10月，辛亥革命の報道に接した蔣介石らは高田の連隊を離れて，東京から長崎を経て中国に向かった，とされるが，その経緯が判然としないことは前述の通りである．

以上，蔣介石自身の所属する野砲兵十九連隊の動きを中心に，新聞資料などを用いながら，後掲の「資料」にあるように，彼らの体験を「事実」ベースで追認してみた．およそ定められたカリキュラムに即して訓練をおこない，その時代の社会，自然的背景の下で軍人生活を送っていたことがうかがえる．次にここでの軍隊経験がどのような意味をもったのか，ということを，蔣介石の回想から検証してみたい．

3. 回想の中の日本時代

蔣介石は，帰国後もしばしば高田時代を回想し，それを部下や兵士に語ってきた．たとえば，「合作人員的革命責任」（1933年9月），「新生活運動的要義」（1934年2月），「軍人教育的要務」（1940年10月），「在興隆山軍事会報的訓詞」（1942年8月），「対従軍学生的訓話」（1944年1月），「対青年遠征軍退伍士兵訓詞」（1946年4月）などにその記述が見られる．そのうち，「対青年遠征軍退伍士兵訓詞」では，自らの高田での生活を「完全な士兵生活であり，極端に単調かつ厳粛だった」とし，「この一年の士兵生活と訓練によって確立された基礎があったので，自らの一生の革命の意思と精神が今日のように確固で，また何

事も恐れぬものになったのである」などとしている[11]．こうした演説で高田時代を回顧する際には，比較的肯定的に描かれることが多い．具体的には馬の飼育，衛生への配慮，規律あり質素な食生活といったこともあれば，武士道などへの注目もある．これらは，前掲山田論文などが指摘しているところである．

『蔣介石日記』にも日本での軍人生活を回顧する部分が少なくない．日記は1917年より始まるが，それ以前については回想として記されている．「民国六年前来略」の高田部分は，「二十三歳，振武を卒業し，日本の高田野砲第十三連隊に士官候補生としてはいった」という書き出しで始まる．「連隊に入った時にはまさに冬で，雪が深く何丈にも達し，朝起きては馬の体を刷り，夕方に戻れば靴を磨いた．その労苦は新兵と同じであった．当時は，将来この隣邦と戦争をする可能性を感じたり，また今後今日よりも苦しいことがあるか，などと考えた」というが，日本軍への印象として挙げられるのは「階級の厳しさ」であり，また「営内の清潔，整頓」であった．

日記には高田時代の回想がしばしば述べられているが，晩年になると批判的な記述が増える．たとえば1969年10月20日には次のように記している．

> 日本の士官学校と陸大の教育は，わが中国の軍事教育に非常に大きなマイナスの影響を与えた．これらは，中国軍官をその植民地の奴才としようとする趣旨の下に人材養成をしたものであって，それはきわめて痛ましいことである．一般の士官卒業生，とりわけ先輩だと称する蔣百里[12]，蔣伯謙，陳藹士[13]，許崇智[14]など，百人をくだらない人々が卒業して帰国し，高官として高禄を食んだが，そういった者は自立自強を知らず（中略），建国の精神がどこにあるかも知らず，ただ日本の教育により受けた形式的な薄っぺらいものだけを知るに過ぎず，保定軍官学校や陸軍大学の教育もまたその日本の毒害を受けていた．そして，黄埔軍官学校に至っても，その伝統的な影響を受けてしまっていたので，中国で軍隊を建てるに際しては，最初から初めなければならなかったのだ（後略）．

この日の日記はかつて黄埔軍官学校の校長となった蔣介石が自身の苦労を語りながら，日本の士官学校教育の弊害を述べたものとなっている．日本の士官

学校を批判する論調は 10 月 23 日の日記にも続けられている.

> 日本の士官学校が生み出したその奴才たる中国人の学生は，根本的に日本人の士官学校の学生と同じではなく，中国の学生自身が設定した特別な経験を積んだものであり，その中国人の設定した教育課程が（日本人のそれと）異なるものであり，とりわけ学生に対する管理と訓練の方法が放任散漫であり，まったく日本人学生に対する厳粛で真剣なものとは異なるのだった．（後略）

日本の士官学校を批判するというよりも，そこでおこなわれていた中国人向けの教育が，日本人に対するものとは異なっていたことについての批判である．このような内容は 1969 年の日記の雑録にも見られる．

> 仝（七一筆者補）月廿二日，（一）日本の士官学校と陸大の我が国の留学生に対する教育は中国軍人と軍隊によくない影響を与え，またわが国の無知自是たる軍閥の習性を生み出し，わが留学生に対する武徳愛国の精神，領導・統御・指揮・組織・計画，制度法令の基本知識，さらに実施法則などについては，それを援けるものではなかったのである．（後略）

陸士には結局入らなかった蔣介石による陸士批判が自己肯定と他者批判に基づくのか否かは判然としない．いずれにせよ，蔣介石はこのように高田時代，日本での士官教育，あるいは自らの過ごした日本軍に対する印象を，批判的に描くこともあった．蔣介石は高田時代を肯定的にも否定的にも描いている，ということだろう．このほかにも，高田時代の日常生活における冷水での洗顔や冷や飯の弁当を賛美したりしたが，他方で軍隊における上下関係や体罰を厳しく批判していたのである．野砲兵はそもそも馬の面倒を見ながら火器を管理する．それだけに衛生面や身の回りの管理には相当厳しいものがあったことが推測されるし，当時の軍隊の厳しい生活には肯定すべき点もあれば，受け入れられないものもあったであろう．そうした意味では，その日本体験はまさにその正負両面を含み込んだ日本観と結びついていた点があろう[15]．

だが，むしろ重要なのは，振武学校の時期も含めて，蔣介石の日本経験は様々な意味での，近代の指標，価値の基準，比較の軸のようなものを与えたものと考えられる点である．本章では，具体的な事例について紙幅の都合で言及できないが，新生活運動にせよ[16]，軍隊の強化にせよ，国民の鍛錬にせよ，そうした問題を考える上での基礎が日本時代の体験に求められているということである．上の日記においても，黄埔軍官学校のことを振り返るに際し，欧米の士官学校に多くの言及はなく，あくまで日本の士官教育が思考，判断の基準になっているのである．つまり，肯定的であれ，否定的であれ，ものを考える上での参照規準，引証基準となったのが，日本体験，蔣介石の見た日本近代ではないかということである．この点は，深町英夫の言う「蔣介石は，中国の独立と統一とを脅かしつつあった日本に対抗するため，まさにその日本で『身体の躾』を受けた自身を模範として，中国人民を勤勉かつ健康な近代的国民に改造することを企図する」という指摘につながる[17]．

おわりに

　本章では，近代日本に千を超える単位で留学していた中国からの軍事留学生の一例として蔣介石を取り上げ，その具体的な活動（高田時代），そして日本体験が記憶に於いていかに語られたのかということの両面を検討した．
　蔣介石は1906年の清華学校での日本語学習の状況については定かではないが，1908年に振武学校に学び始め，1910年からは高田の第十三師団で実地訓練をおこなっていた．高田では，当時の野砲兵の訓練手法に準じながら，軍人としての基礎から，馬の扱い，砲の扱いなどを，士官候補兵として学び，後半では演習場での訓練に臨んでいた．辛亥革命の勃発によって，蔣介石は帰国してしまって除隊となるが，革命後日本陸軍が帰隊を認めても，ともに連隊を離れた張群らが帰隊したにもかかわらず，帰隊することなく革命運動を継続した．そのため，蔣は陸士出身とはなっていない[18]．だが，1913年の第二次革命のあとにも日本に滞在するなど，1910年代前半には頻繁に日本を訪れている．総じて，蔣介石は1906年からの10年弱，日本を基盤に活動していたと言えるだろう．この明治末年から大正初年の日本体験が蔣介石の日本体験の基礎とな

る．

　日本が中国の主権を脅かし，侵略をおこなうなかで，蔣介石の日本論には批判的な内容が増える．だが，日々日本関連の報道を確認し，政策決定を観察するに際しては天皇の動向を注視するなど，「日本通」としての一面を常に見せていた．そして，戦争中であれ，戦後台湾に移ってからであれ，日本を肯定的に見る言論は継続する．衛生，規律，質素な生活などといったことは一貫して肯定的に描かれる．無論，軍隊生活の暴力性などといったことは常に批判される．

　これは蔣介石が親日かどうかということではなく，思考や判断の基礎に日本体験が位置づけられ，肯定的にも否定的にも，あるいは多様な意味で参照される存在，つまり日本体験が参照基準，引証規準となっていた，ということを示唆するものである．近代日本には軍人留学生だけでなく，多くの留学生が東京を中心に生活を送った．それは「日本」に親しみを感じたかどうか，反日になったのかということではなく，蔣のように日本をひとつの基準にしてものを考えるような青年を多く育んだということであろう．

　無論，それが明治末年から大正昭和期であり，多くの日本留学経験者が明治末から大正初期の日本を基準として日本を観ることに対する批判も1930年代以降見られている．たとえば戦前戦後の国語政策に関与した大岡保三は1941年の座談会でこう述べた[19]．

> 現代の日本人は中国に関して清朝の末頃の事より知らない，中国は何時もああいふ国だと，日清戦争，北清事変頃の中国を考へてゐる．又，中国のほうでも，今日枢要な地位に居られる方々は，多くは日露戦争後留学生として日本に見えた人々であって，さういふ人々は大体明治四十年頃の日本ばかりを知って居られて其後三十年間の躍進的な日本要するに日本人も中国人も相手方の国情に関して三十年前の事のみを知って，現代の事を知らないのでありまして，これが今度の事変を引起す，重大な原因だと思ふのでありますの発達を余りご存知ないのであります．

　蔣介石こそ「日露戦争後留学生として日本に見えた」方の代表であろう．だ

が，蔣が「後三十年間の躍進的な日本」を知らなかったのかどうかという点，またその明治末年から大正初期の日本像が引証基準になったのだとしたら，それがいかなる意味をもったのか，それらもまた今後の検討課題としなければならないだろう．

1) 蔣介石の来日時期とそれをめぐる従来の研究の問題点については，拙稿「産経新聞『蔣介石秘録』の価値——『日記』の引用とオリジナリティーをめぐる再検討」(山田辰雄・松重充浩編著『蔣介石研究——政治・戦争・日本』東方書店，2013年所収) を参照．
2) 黄自進『蔣介石と日本——友と敵のはざまで』(武田ランダムハウスジャパン，2010年，9-13頁)．
3) 家近亮子『蔣介石の外交戦略と日中戦争』(岩波書店，2013年，60-61頁)
4) たとえば，中国公使館遊学監督処の『官報』などを用いて，蔣介石が最初に留学した1906年当時に通ったとされる清華学校の所在と教育内容などを確認したことなどが挙げられる (山田辰雄前掲論文，4-7頁)．
5) これまで筆者は数度にわたり，この論点について報告をおこなってきた．「蔣介石の高田時代」(国際シンポジウム「蔣介石と高田，そして日中ソ関係」，2009年11月30日，上越教育大学)，「蔣介石的日本経験——以高田時代為中心」(蔣介石与近代中国国際学術研討会，浙江大学，2010年4月10日)，「早年蔣介石的日本経験 (一) 高田時代與振武学校」(「蔣介石的権利網絡及其政治運作学術研討会」，中央研究院近代史研究所・中国社会科学院近代史研究所主催，2010年9月4-5日，於：中国社会科学院近代史研究所) など．なお，その一部は拙稿「蔣介石的日本経験——以高田時代為主」(陳紅民主編『中外学者論蔣介石——蔣介石与近代中国国際学術研討会論文集』浙江大学出版社，2013年) としてすでに公刊されている．
6) 蔣介石の高田到着がこれまでの中国の研究では1909年になっていたという誤りとその原因については，前掲拙稿「産経新聞『蔣介石秘録』の価値－『日記』の引用とオリジナリティーをめぐる再検討」で検討したところである．そこでその原因として指摘した毛思誠編『民國十五年以前之蔣介石先生』(龍門書店，1936年初版，1965年影印) については，翌1937年には龍門版と同内容の上装本が公刊されている (京都大学人文科学研究所所蔵)．その後，秦孝儀の校訂を経て1971年に中央文物供応社から影印本が公刊されている．ここで，あるいはそれ以前に，年代の誤りなどが修正されたようである．陰暦と陽暦の変換ミスにともなう誤謬の拡大は，この校訂本が普及しなかったことにも由来すると考えられる．なお，龍門書店刊行の『民國十五年以前之拔介石先生』は，1936年10月初版刊行とあるが，表紙には「1937年3月印行」と記されており，こちらが正しければ京都大学人文科学研究所所蔵の刊本と同時期に刊行されたことになる．本稿では，1965年に記された龍門書店からの「出版説明」にも明確に1936年10月刊行と記されていることから，差し当たり1936年刊行としておくが，今後の課題である．『拔介石日記』の1936年は破損が激しいが，1936年4月8日に「整理十五年年譜」，4月10日に「校閱十五年年譜」などとあり，拔介石自身が手を入れていることがわかる．4月24日に，年譜の序文を記したとある．以後も，しばしば年譜を整理するといった表現があり，8月の本週反省録に「七，

韜養時期之年譜校閲完畢」とあるが，これは同書の民國六年から八年部分を指す．いずれにせよ，『民國十五年以前之蔣介石先生』の編纂過程は今後の研究課題となろう．
7)「清国陸軍学生教育の件」(龍門版に代わって『壹大日記』，明治43年12月，防衛省防衛研究所戦史史料室).
8) 蔣介石の日本語能力については諸説ある．拙稿「長崎から見た辛亥革命」(辛亥革命百周年記念論集編集委員会編『総合研究　辛亥革命』岩波書店，2012年所収) で紹介した，1913年の長崎来訪時の蔣介石は日本語で新聞記者に応えている．
9) この点，段瑞聡は日本外務省記録の『在本邦支那留学生関係雑纂　陸軍学生の部』(第四巻) に採録されている「振武学校第十一期卒業生希望兵科一覧表」を用いているが (段前掲書，75頁)，「清国陸軍学生教育の件」(『壹大日記』，明治43年12月，防衛省防衛研究所戦史史料室) にも同様の文書がある．段が用いた陸軍関係の史料は，『中央－部隊　歴史連隊463　野戦砲兵　第19連隊歴史』(防衛省防衛研究所戦史史料室，090-1702-0592) であり (同上書，75頁)，「清国陸軍学生教育の件」は用いられていない．振武学校は陸軍所管であり，また学生の成績や進学先，諸規定などとともにファイルされていることから，本章では，一次史料として「清国陸軍学生教育の件」に依拠する．
10) ただし，蔣介石は「対従軍学生訓話」(1944年1月) において，自らが入隊当初二等兵であったと述べている (「最初是當二等兵，後來升了上等兵，稱為士官候補生．」).
11) 張其昀主編『先總統蔣公全集』第二冊，第二巻，中國文化大學中華學術院先總統蔣公全集編纂委員會，1984年，1816-1817頁).
12) 蔣方震 (1882-1938年) は浙江省出身の軍人で日本陸軍士官学校15期．日本留学中は『浙江潮』の編者として知られる．
13) 陳其美 (1878-1916年) は浙江省出身の政治家で，日本留学中に蔣介石と孫文を引き合わせたことでも知られるが，陸軍士官学校出身ではない．
14) 許崇智 (1887-1965年) は広東省出身の政治家，軍人で日本陸軍士官学校3期．
15) 蔣介石の日本論については，黄自進主編『蔣中正対日言論選集』(中正文教基金会，2005年) があるが，それらは秦孝儀主編『先総統蔣公思想言論総集』(全40巻，中央文物供応社，1984年) にもともと採録されている．なお，サンケイ新聞社『蔣介石秘録2 革命の夜明け』(サンケイ新聞社出版局，1975年) もまた，蔣介石の日本に関する言論，とりわけ高田時代の回想などを日本語訳して掲載している．山田辰雄前掲論文も第2節「記憶のなかの日本留学」でそうした高田についての回想について分析を加えている．本章では，重複を避けるために，蔣介石日記を中心に分析を加えた．なお，日本の陸軍士官学校における中国人留学生に対する士官教育を批判的に捉える視点は，他の軍関係者にも共通していたようである．たとえば黄埔軍官学校一期生で国防部長も務めた黄杰は，「奴婢教育」だとして批判している (Hunag Jie Diary, Jan 15, 1971, スタンフォード大学フーバー研究所所蔵).
16) 新生活運動について日本留学経験がそこに関わっていた点は，段瑞聡前掲書や山田辰雄前掲論文だけでなく，深町英夫『身体を躾ける政治――中国国民党の新生活運動』(岩波書店，2013年) で詳細に検討されている．そこでは，軍人の生活所作について陸軍の『軍隊内務書』など，制度化された所作がもった意味を強調している (第1章).
17) 深町英夫前掲書 (324頁).
18) 拙稿「長崎から見た辛亥革命」(辛亥革命百周年記念論集編集委員会編『総合研究　辛亥革命』岩波書店，2012年，257-276頁) を参照．

19) 座談会「日本語と日本文化」(『日本語』第 1 巻 4 号, 1941 年 7 月).

資料「第十三師団野砲兵十九連隊の動向 1910年12～1911年11月」

高田日報	1910/12/1	新入営兵	第十三師団管下新入営兵は今十二月一日を以て高田を初め松本，新発田，村松，小千谷の各衛戍地屯在部隊に入営せんとす（後略）
高田日報	1910/12/1	新兵の入営式	本日入営したる壮丁の入隊式は明二日午前九時より各隊営庭に於て施行せらるべきが新古残らず整列し隊長は勅諭五ヵ条を捧読し訓示を与ふ，倘歩兵騎兵隊に在りては軍旗を奉迎すべし（全文）
高田日報	1910/12/1	本日の入営兵数	今一日を以て第十三師団下各隊に入営すべき各兵科の壮丁数左の如し．（中略）野砲兵第十九連隊二百十九名（後略）
高田日報	1910/12/1	入営兵の身体検査	軍隊にては伝染病に注意し居れるを以て病気発生地方より入営し来りたる者又は一見病者らしき者は直に健康診断を施し疑ある者は糞便の検査を為したる後衛戍病院に送りて治療せしむべきが一般者の精細なる身体検査は一般に入営第二日に於て施行さるべし．
高田日報	1910/12/1	今日からの生活	兵営には厳重な規律があつて起床，点呼，食事，就寝など何れも喇叭の音にて合図されるから其喇叭の音の聞きやうを覚えねばならぬ（後略）
高田日報	1910/12/3	清国留学生の教育	清国留学生は来る五日午前九時を以て高田連隊に入営すべきが該学生の為に入隊式は行はず，又精神教育は国体の相違なれば之を省き，教育は日本兵士と共に行動せしむるも成るべく激動を避けしめ猶居室は他の一区画に収容する筈なり．
高田日報	1910/12/3	各隊の入隊式	昨日騎兵連隊は覆馬場内に於て砲兵連隊　輜重兵大隊は何れも第一覆馬にて午前九時より歩兵連隊は午後一時より其入隊式を挙行し　陛下の御真影を遙拝せしが団隊長は勅諭捧読の後熟誠なる訓示を与へ而して歩騎連隊内に在りては軍旗を奉迎して新入営兵に拝観せしめたり．
高田日報	1910/12/4	高田師団の声価	（前略）高田師団の声価及其勢力決して推思し難からざるものあり，更に這回多数師団中清国留学生を収容せしが如き第十三師団の為め一痛快事と云はざるべからざるなり．
連隊史	1910/12/5	清国陸軍学生第一種	趙連科，長文，張群，任居建，王柏齢，黄宮桂，楊錦昌，溥泉，張為珊，陳星枢，師韓，承厚，湯顕篤，祺鋭，閻聚珍，蔣志清

高田日報	1910/12/5	清国留学生来る	高田第十三師団管下各衛戍地屯在部隊に入隊すべき清国留学生六十二名は昨四日何れも来着し今五日を以て各配属部隊に入営すべしと聞けるが吾国に於ける清国よりの留学生は去る三十年浙江省より陳梶, 何橘時の両人が初めて所謂東洋の新教育を受けんとて来朝せるを第一として爾後常にその後を絶たず多さは萬余も出でたるとすらあり, 公私各種学校に学ぶもの軍隊教育を受くるものさて女学生の来朝をも見るに至り現時はその数さして多からずと雖も清国留学生は決して珍しきものにあらず, 而も此の地方に之れを見るは珍となさざるべからず, さればあの珍あるが故に師団当局は特に地方官民に向つて此の珍の嵩じて非礼となる勿らむことを注意せるなり, 由来珍らしさは兎角に無礼を生みたがるものなるに清国留学生に在りては言語に通ぜず人情を弁へざるが故に異邦の子女等が好奇心に駆られて彼等に跟随し彼等の態度を指し彼等の言語を嗤うが如きとあらば必ずや不快の念を禁ずる能はざるものあるべく時には思はざるの事実を醸成するに至るを測るべからず, 家の内長幼の序あり, 家の外又隣保の誼あり, 之れやがて国際間に礼譲の存する所以なり, 此の地方の人誰か之を弁へざるものあらむや, 吾等は□を知りつつも地方の官民が弥が上によしなき間違の起きざる様特に注意すべきを希望せざるを得ず, 更に又吾が高田を初め各地が外国の留学生を収容するに至りたるは時勢の変化なりとは言へ（後略）
高田日報	1910/12/5	清国留学生着高	本日午前九時高田各隊に入営すべき清国留学生卅九名は昨日午後五時の列車にて須崎少尉引率し来着. 上職人区三館に投宿したるが留学生は二等車借りきりにて皆詰め襟のカーキー色の洋服外套を着し居たり. 留学生は皆日本語は既に修得し居れば言語に不自由な□今朝九時入営後は各隊教育掛に於て教育を開始すべきが入営後は襟に龍爪章を付したる軍服に改めしむべしと云ふ.

高田日報	1910/12/6	清国留学生入営	清国将校学生は愈々昨五日午前九時を以て第十三師団各隊に入営したるが高田各隊の学生は清国振武学校教官須藤少尉引率騎兵, 砲兵, 歩兵聯隊の順序に交付を了せり, 各団隊長は入営の留学生に対し訓示を為し尚周到なる注意を与へたるが該学生は本国振武学校に在りて操典, 築城教範, 野外要務令の研究を為し居り語学に不自由なきを以て其訓旨や注意事項も尽く了解し得る模様なり, 留学生は十一月卅日命令を受領し直に本国を発して着高したるものなりと其出身地及姓名左の如し（中略）△砲住区連隊（第一種学生）…四川　張群…浙江　蔣志清（後略）
高田日報	1910/12/6	清国留学生の待遇	各隊に入営したる清国留学生に対しては師団長の命もあり特に厚遇すべき方針なりと云ふ其給養の如きも国の習慣上日本人が外国に在りて淡白なるお茶漬けを恋ふるが如き事あらんを以て此点にも意を用ひて脂肪室に止める食料品を本国に習ひて供給すべしと云ふ.
高田日報	1910/12/7	清国留学生練兵開始	□日入営したる清国留学生は昨日より□□練兵を開始したるが学生の教育は該当部隊の教育教官に於て之を掌り所属中隊長は専ら内務に就いて教育し中隊長自ら教育を為す場合は教育主任の許可を得て実施する筈なりと云ふ.
高田日報	1910/12/12	清国学生入営後の成績	第十三師団に入営したる清国留学生其後の情況を聞くに入営の翌日より兵士と同様徒手各個教練の教育を受けつつあるが熱心なる専任の教官の指導に依り其成績見るべきものあり, 敬礼演習の如きにも紀律厳正なる事自ら現□□□（後略）
高田新聞	1910/12/15	清国学生伺候式	高田各部隊に入隊せる清国学生は来二十一日午後一時より師団司令部に於いて伺候式を挙行せらるへし.
高田新聞	1910/12/15	師団司令部参観	堀内歩兵聯隊長は昨十四日清国学生一同を引率して師団司令部を参観さしめたり.
高田新聞	1910/12/18	砲兵細密検査	野砲兵第十九聯隊にては一昨, 昨の両日を以て飛松全聯隊長は本年に於ける武器, 兵舎其他諸般の事務等に就いて細密なる検査を遂げられたり.
高田新聞	1910/12/22	清国留学生の伺候	高田各隊に於ける清国留学生に既記の如く昨二十一日午後一時より師団司令部に出頭して伺候式を行はれたり.

高田日報	1910/12/22	清国留学生の伺候式	高田諸隊に入営中なる清国留学生の伺候式は昨日午後一時より挙行せられたるが各隊教育主任留学生を引率して師団会議室に参集，歩兵，騎兵，砲兵の順序に各二列に整列し一同師団長に敬礼したる後一名毎氏名を申告し終つて師団長の懇篤なる訓諭ありたり．
高田日報	1910/12/22	高田師団の栄誉　市民の奮闘を要す	本年第十三師団下に六十四名の清国留学生の派遣あり去る五日入営以来各兵科教育主任に於て之が薫陶を為しつつあるが清国留学生を入隊さしめたるは全国師団中単り当師団のみと云ふ然るに今又墺国「デオドルドレルシ」氏当師団に軍事視察として派遣せられ一月十日より…（中略）斯くの如きは他師団にも前例なく当師団を以て嚆矢とする由なるが之を見ても我第十三師団が如何に陸軍界に於て嘱目されつつあるか，又世界より注目されつつあるかは之を想像するに難からず状況斯くの如きと共に第十三師団の責任は重大となり恰も全国代表的師団として環視の位置に置かれたるが如し．之と共に吾が高田町民の責任も従つて重且つ大となれり何となれば将来高田町民の一挙一動は留学生の目に映じ又外国武官の脳裡に印して各種の報道となり其本国に伝はる時，軍隊が代表的師団として嘱目され居ると同様高田町民も代表的日本国民と思惟さるべければなり依つて町民の之に対する覚悟と尚ほ一層の注意を望むとは師団副官の語る処なり．
高田日報	1910/12/23	各隊新兵の体格	本年第十三師団下歩騎砲工輜重各隊に入営したる新兵の体量及び体尺は歩兵科の一人平均五尺二寸七分より砲兵の五尺四寸五分迄にして，体重は歩兵の一人平均十五貫二十五匁なり砲兵の十六貫二百〇四匁の間にあり其比較表左の如し　（中略）△砲十九聯隊　身長　五・四五，十六・二〇四（後略）右表に依れば身長は歩十六，歩五八，輜十三，工十三，騎十七，砲十九聯隊の順序に大になり其最低より最長迄の一人の差一寸三分となれり又体重は歩五八，騎十七，歩三〇，輜十三，工十三，砲十九聯隊の順に大となれるが茲に注意すべき事は身長の大なるもの必しも体重の大ならざる事なり而して体重の歩兵と砲兵の差約一貫匁を示せり．

5章　中国青年将校の日本陸軍留学体験　117

高田新聞	1911/1/5	砲兵隊の競技	今五日午後八時より砲兵第十九聯隊下士卒一同は宮村大尉監督の下に馬術，撃剣，器械体操等の競争を催す筈なれば一般の外出は午後より許可さるゝならんと.
高田新聞	1911/1/8	砲兵隊の競技	砲兵第十九聯隊に於ける撃剣，角力，器械体操競技は去る五日挙行の筈なりしも今八日陸軍始めに行はるゝことなるが長岡師団長，森川旅団長何れも臨場せらるゝなりと.
高田日報	1911/1/9	昨日の砲兵隊	▽砲兵隊　野砲兵第十九聯隊にては昨日午前八時半より雪中体操場に於いて宮村大尉審判の下に将校，特務曹長及び曹長の撃剣，前田大尉審判の下に下士兵卒の器械体操及び第二覆馬場にて両角力競技を挙行し初め一時間半程長岡師団長臨場し居りしが各競技何れも渾身の力を籠められ看者をして自ら汗を握らしめたるが就中全隊独特の角力は実に見物にして今其各競技の勝利者を記さんに（後略）
高田日報	1911/2/10	砲兵隊会計経理検査	野砲兵第十九聯隊の会計経理検査は本日午前九時より施行さる.
高田日報	1911/3/3	師団長の砲兵隊教育視察	長岡師団長派昨日渡辺参謀長，島野副官を随え野砲兵第十九聯隊第三中隊及第六中隊の徒歩教練，乗馬教練，機械体操〔ママ〕等教育状況を視察せり.
高田新聞	1911/3/11	清留学生と県通牒	本邦在留の外人に対し適当の時期に於て我文物を紹介するに国交上必要に付目下軍事研究として各聯隊に入営中の清国留学生に対しては特に善隣の誠を表すべき勿論右所在各学校に於ては儀式並に成績品展覧会，運動会の機会を以て教育の実際を示し其参考に供すると共に益々彼我の親交を計るべく各小学校へ示達方再昨九日本県より歩兵聯隊長へ通牒されたり.
高田日報	1911/3/16	藤井砲兵監の来高	野砲兵監陸軍中将藤井茂太は氏は高田野砲兵第十九聯隊検閲の為め四月中旬若くは下旬頃来越する筈.
高田日報	1911/3/17	各隊兵器視察	高田兵器支廠に於ける兵器委員会議は十五日を以て終了昨日は騎兵，砲兵，歩兵，輜重兵大隊の順序に一同兵器の視察を為したり.

高田日報	1911/3/24	野砲隊創立紀念祭	野砲兵第十九聯隊の創立紀念祭は来る四月一日に相当せるが卅一日迄は藤井砲兵監の検閲あり、尚五月上旬には特命検閲施行さるるを以て同紀念祭は特命検閲終了迄延期し盛大に施行する筈なりと云ふ。
高田日報	1911/3/24	野砲兵聯隊検閲　▽藤井砲兵監の来高	砲兵監藤井中将は野砲兵第十九聯隊検閲の為来廿九日来高卅、卅一の両日を以て同隊の検閲を施行する由なるが第一日将校集会所に於て聯隊長以下将校の伺候式あり続いて聯隊長の砲兵科専門の事項に関する教育概要報告あり後約四十分間宛の予定を以て新兵の学科諮問を以て第一日終了、第二日は下士の教育一時間、第一大隊下士馬術四十分、将校馬術大尉以上及中少各四十分、尚飛松聯隊長統裁の下に約二時間将校の現地講話施行さるべしと。
高田日報	1911/3/30	砲兵隊に於ける藤井中将	藤井砲兵監は昨日午後二時半野砲兵第十九聯隊に赴きたるが営門内には飛松聯隊長以下全将校出迎、隊長は口頭を以て人員を報告したるが将校集会所に於て伺候式あり後聯隊長は教育に関する概況を報告せり、当日長岡師団長は吉井参謀、五歩一副官を従えて臨場せり。
高田日報	1911/3/30	砲兵監本日の検閲	野砲兵第十九聯隊に於ける藤井砲兵監の検閲は本日午前九時より開始され二日間に亘りて実施さるべきが其課目は大凡左の如し　新兵中隊訓練、新兵中隊教練、新兵学科下士の教育に就て、下士馬術、将校馬術、聯隊長統裁図上戦術（後略）
高田日報	1911/3/31	野砲兵昨日の検閲	既報の如く目下来高中の藤井中将野砲兵監教育実視は一昨二九日より今三十一日迄三日間野砲兵第十九聯隊に於いて施行されつつあるが昨三十日は午後九時より新兵軍砲教練、同中隊教練、新兵学科、下士教育、下士馬術、将校馬術、下士器械体操並に将校剣術等あり長岡師団長臨場せり猶ほ本日は晴天を卜し中田練□□（後略）
高田日報	1911/4/1	砲兵監図上戦術検閲	野砲兵第十九聯隊も於いて昨卅一日藤井中将は飛松聯隊長統裁の図上戦術の検閲をなし渡辺参謀長も嶋野副官を随へて臨場せり。

5章　中国青年将校の日本陸軍留学体験

高田日報	1911/4/3	高田師団と病気	第十三師団四十三年度の衛生概況を聞くに同年度に於ける新患者は六千四百五十八，傷病死二十二，自殺者一名なりと　▼自殺益々減ず　今此を一昨四十二年度に比するに他の部分は殆ど大差なけれど唯自殺者に於いて八名を減じたるは頗る注目に値す，一昨年の自殺は九名歩兵十六聯隊二名（縊死）歩兵五十聯隊一名（溺死）歩兵五十八聯隊四名（縊二礫一溺一）砲兵十九聯隊一名（礫）工兵十三大隊一名（溺）にして初年兵最も多く昨年の一名は歩兵五十八聯隊の新兵の礫死者なりと▼患者一日二百人　一日平均現在患者数の最も多きは野砲兵第十九聯隊の四十五最も少きは村松衛戍病院の四厘なるが此を全師団より見れば平均一日患者の数は実に二百八人七分九厘にして千人中に二十三人の割合なり　▼主要疾病比較　主要なる疾病の実数最も多きは外傷千六百十四，外被病千八十，急性胃炎及び癲癇千七十五，トラホーム八百八，急性咽頭炎五百五，急性□□（中略）猶ほ肺結核の新患者は各部隊に就て見るに肺結核は野砲兵十九聯隊の十六名最も多く歩兵十六聯隊六，騎兵十七聯隊五，歩兵五十八聯隊四名にして最も尠きは歩兵五十の一名なり　▼伝染病は腸窒　伝染病患者は悉く腸窒扶斯にして総計十六名の中最も多きは輜重兵十三大隊の十一名，歩兵五十の二名同五十八の二名，最も少きは野砲兵十九聯隊の一名，他の部隊には其発病更になく発病最も熾んなる期は四月五月の候なり．▼腸窒扶斯死亡　昨年度全師団の死亡数総計は二十四名なるが中最も多きは腸窒扶斯患者の死亡にして歩兵五十同五十八野砲兵十九各々一名並に輜重兵十三大隊の二名併せて五名にして次に脳膜炎並に肺炎各々三名，肺結核，蟲様突起炎，急性脳膜炎各々二名宛なり（後略）
高田日報	1911/4/9	野砲兵の接種	野砲兵第十九聯隊にては昨八日従来接種し来りし腸窒扶斯予防接種に漏れ居たる残忍悉皆を医務室に集め午前十一時より該接種を施行す．

高田日報	1911/4/9	野砲隊軍需品検査	野砲兵第十〔ママ〕聯隊軍需品検査は金竹中佐以下二十三名の将校，経理員，医官委員となりて第一日の諸帳簿の検査を為し，第二日より三日間は被服庫の検査第五日文庫書類，戦用糧秣，練習用具，陣営具，消耗品に関する書類第六日中隊被服庫，各人支給品被服，陣営具，消耗品検査，第七日文庫蹄鉄装具，陣営具，消耗品，糧秣，第八日保管練習用具，中隊練習用具検査，以上十日より十七日迄に検査終了すべし．
高田日報	1911/4/13	野砲隊紀念祭の期日	野砲兵第十九聯隊創立紀念祭は四月一日に相当せしが第一期検閲及特命検閲ある為延期されたが，紀念祭は検閲終了後五月中旬を以て施行さるる模様なり．
高田新聞	1911/4/19	師団長検閲巡視	長岡師団長は左記日割を以て管下未済各隊の第一期教育検閲を巡視せらる．右随行員は田中高級副官，嶋野副官なり．△二十六日　野砲十九連隊
高田新聞	1911/4/22	閲兵分別式挙行	特命検閲使長谷川大将来高　検閲期間に於いて高田諸部隊の閲兵分別式を中田原練兵場に挙行せらるる由なるが其期日は未定なり．
高田日報	1911/4/23	野砲兵第一期検閲	野砲兵第十九聯隊第一期検閲は明廿四日より三日間に亘りて施行さる其検閲課目第一日は初年兵の徒歩教練，二三年兵の単砲教練，及照準法，第二日初年兵の照準法，二三年兵の馬術及学科，第三日は初年兵の単砲訓練，中隊訓練（射撃準備教育，学科にして毎日午前七時三十分より検閲開始の予定なり●中田原の戦術研究　本日零時半より中田原附近に於て飛松大佐統裁の現地講話施行の筈にて野砲兵第十九聯隊全将校乗馬出場約二時間に亘り戦術研究あるべし．
高田日報	1911/4/23	清国留学生追弔　▽清国留学生故白荘文氏の為め	当地第五十八聯隊に留学せる清国陸軍学生白荘文氏は兼て病気の為め東京に治療中の処遂に死亡したるに付き在京清国公使館に於て送葬したるも当地各隊に於ける同留学生一同は今廿三日午前九時寺町東本願寺別院に於て亡友の追弔会を行ふべしと，尚第五十八聯隊の戦友よりは特に弔意を表する為め吊花を供すべしと云ふ．
高田日報	1911/4/24	野砲兵本日の検閲	野砲兵第十九聯隊第一期検閲は本日午前七時半より開始せらるべきが初年兵の徒歩教練は営庭に於て第六中隊より反対□□（後略）

5章　中国青年将校の日本陸軍留学体験

高田日報	1911/4/25	砲隊本日の検閲	野砲兵第十九聯隊本日の検閲は午前七時半より営庭に於て砲六門を使用し新兵の照準法を行ひ同十時より二三年兵の馬術は各班十名を出し三班同時に蹄跡に於て障碍飛越午後二時より二三年兵の学科施行の筈なり.
高田日報	1911/4/26	野砲兵隊検閲終了す	野砲兵第十九聯隊第一期検閲は本日を以て終了に付明日は下士以下兵卒に慰労休暇を附与さるる筈なり.
高田日報	1911/4/26	野砲隊本日の検閲	野砲兵第十九聯隊本日の検閲は新兵の検閲にして午前七時半より雨覆体操場附近に於て単砲教練同十時より中隊教練（射撃準備教育）午後二時より学科以上を以て第一期検閲終了明日将校集会所に於て三日間に亘る飛松聯隊長の第一期検閲総評あるべし.
高田日報	1911/5/4	空砲発射演習	野砲兵第十九聯隊第四中隊新兵は昨日午後砲六門を□架して紀念陣地附近に出場，空砲の発射演習を施行せり.
高田日報	1911/5/5	砲隊の特命検閲	野砲兵第十九聯隊の検閲は本日午前七時より開始さる午前中は閲兵式に次で将校集会所に於ける飛松聯隊長の概況一般の報告書類の査閲より営内の巡視午後将校準士官下士兵卒の学術科施行さるる筈也.
高田日報	1911/5/6	砲兵特命検閲	野砲兵第十九聯隊特命検閲は昨五日第一日執行午前六時半検閲使来着同七時より営庭に於て聯隊全部の閲兵開始，長谷川大将，長岡師団長，飛松聯隊長以下幕僚従七時三十分より将校集会所に於て飛松聯隊長は聯隊大隊本部経理等の書類を報告し八時卅分より聯隊大隊本部，衛兵所，官舎，医務室，下士集会所，第一中隊兵舎，炊事場，戦用炊具所，糧秣庫，第六中隊兵舎，第二大隊砲廠，第四第二中隊兵舎，被服廠の順序に営内巡視ありて午前の部終了，午後一時准士官下士兵卒の学科開始，准士官試問官は各中隊長兵卒は中隊附士官之を行ひ夫れより士官候補生及一年志願兵の学科次で雨覆器械体操場に於ける第三第五中隊の下士卒の器械体操あり続て雨覆練兵場に於て尉官全部の軍刀術，大尉以上及中尉班の将校馬術あり前者稲枝少佐後者は福元中尉之を指揮す次で準士官下士の馬術，新馬調教を以て当日の検閲了る時に午後四時（後略）

高田日報	1911/5/13	野砲隊の紀念祭	野砲兵第十九聯隊の創立紀念祭は折から特命検閲の迫り居たるを以て一時延期されしが該紀念祭は愈来る卅日を以て施行さるるに決し当日は砲兵名物の大角力,各種の馬術,其他競技余興等催さるる筈.
高田日報	1911/5/13	清国勲章佩用允許　陸軍中将正四位勲二等功二級　長岡外史	清国皇帝陛下より贈与したる頭等第三双龍宝星を受領し及佩用するを允許せらる（後略）（五月十二日官報）
高田日報	1911/5/15	野砲隊第一期検閲	野砲兵第十九聯隊第一大隊は第一期検閲に関する野外の動作,其他野外演習施行の為明日久米少佐引率関山に出発すべきも同廠舎に六日間宿舎実弾射撃をも実施の筈.第一大隊帰営後第二大隊は代つて同地に出発演習を施行する由.
高田日報	1911/5/17	野砲隊の演習	野砲兵第十九聯隊久米大隊は昨日午前六時屯営出発関山に出場したるが今回の演習は廿一日迄六日間廠舎に宿営施行の筈にて十八九両日は実弾射撃を施行し廿日は飛松隊長関山に出張第一期検閲に於て時候の関係上施行する能はざりし野外教練及馭法教練に就て検閲あるべし.
高田日報	1911/5/18	砲兵隊の紀念祭　▽一般者にも観覧許可	野砲兵第十九聯隊にては来る卅日創立紀念祭を挙行すべしとは既報の如くなるが全隊にては秋山少佐を委員長とし,大尉一名及各中隊より中少尉一名宛を委員に撰定し紀念祭諸準備余興等に就て考案中なるが,廿六日を以て関山に於ける第一期検閲を終了し,特命検閲は既に結了せし事とて兵士の慰労を兼ね例年より一層盛に興行する由にて当日は各学校生徒及一般者にも公開して営内及余興の観覧を許可する筈なりと云ふが,余興には砲隊特有の大角力より騎□,馬術に関する競技,撃剣,器械体操並に砲兵課として特色ある競技を撰び,尚神楽,講談等を催し一般兵士の娯楽に供する筈なりと云ふ.
高田日報	1911/5/22	李世子来越期　▽五歩一師団副官談	李王世子殿下には来る七月廿日ごろ東京を発し甲信地方を経由して来越先づ高田に御立寄あらせらるべきが高田御着は多分同月廿六日頃となるべく御一泊の上下越に向ひそれより北越金沢方面に御旅行の由に聞けり,尚は高田御立寄の目的は重に（ママ）軍隊の視察に在り随行者は確知せざれど或は宮内省御用掛たり前統監府秘書官古谷久綱氏ならんか.

5章　中国青年将校の日本陸軍留学体験　123

高田新聞	1911/5/24	予備砲兵下士除隊		勤務演習の為め去る四月三十日野砲隊に入営せる下八名は二十一日召集解除となり二十二日朝食後退営せり.
高田日報	1911/5/25	砲隊補充兵入営		本日野砲兵第十九聯隊にては補充兵三十六名入営の筈なり.
高田日報	1911/5/30	今日の野砲隊紀念祭		野砲兵第十九聯隊の創立紀念祭は本日を以て挙行さる, 余興開始は午前九時にして砲兵科特有の勇壮なる競技のみを撰定し居れり例へば繋架競争の如き本職の砲車を繋駕したる運動にして, 砂礫を引きのめして疾駆する処他に比類なき壮観を呈すべし, 其他打□の如き騎馬にて紅白の球を争ふなど曾て高田にては見ざる処なり, 三頭並馬競争の如きも愉快なるべく, 大角力は例に依つて挙行さる一般の□□（後略）
高田日報	1911/5/31	全軍嬉々たる野砲隊紀念祭		飛松聯隊長は創立紀念祭の晨部下を集めて精神的訓話を為し午前九時から余興を開始した, 第一次の余興としては第二覆馬場で狂言があると云ふので, 永く関山の廠舎に寝起して居た兵士は嬉々として寄り集まつて見物して居る, 拍子の悪い事には曇天で細雨が降つて来たが, 覆馬場内の見物は一向差支が無い, 営庭で徒歩競争の始まつた頃には青嵐が雨を吹き払つて, 地湿り雨の御蔭で埃も起たず, 結局幸福せとなつた, 兵士は之が為め勇んで競技に実が這入る, 此日第一の見物と思ふに繋架競争も砲三門十八頭の馬が旗竿を拵えた間を右手前左手前と縫ひ歩いて最後に竿を一ど廻りし決勝点に駈け戻るのであるが, 励声叱咤鞭を揚げる時馬は阿修羅の様に来るつて最高度の勢で駆ける勇ましさ壮烈過ぎて, 心臓を寒からしむるものがあつた, 次が三頭駢馬競争で一人の騎手が三頭の馬を制御して是れ又四本の標旗の周囲を巻乗りして駆け戻るのであるが張り切つた馬は制御にも難多く足の早い変りに旗竿を大廻りして意外の失敗を招く, 騎者が後れ先立つ処に云はれぬ面白味がある, 以上二つは今迄曾つて催された事のない競技丈け喝采裡に終を告げた（後略）
連隊史	1911/6/1			右砲兵上等兵ノ階級ニ進ム　趙連科, 長文, 張群, 任居建, 王柏齢, 黄宮桂, 楊錦昌, 溥泉, 張為珊, 陳星枢, 師韓, 承厚, 湯顕雋, 祺鋭, 閻聚珍, 蔣志清

高田新聞	1911/6/11	野砲馬匹検査	野砲第十九聯隊にては将校乗馬を除き九日第二大隊六五四中隊の順にて十日は第一大隊三二一の順中隊の順序にて手入，飼養，損徴装蹄の検査を施行せらる．
高田日報	1911/6/24	野砲兵下士身体検査	野砲兵第十九聯隊にては来る十六日より廿九日迄四日間に於て下士卒全部の身体検査を施行する筈なり．
高田日報	1911/6/27	野砲隊と見学将校	
高田日報	1911/6/28	野砲兵の演習　▽墺国武官見学す	野砲兵第十九聯隊は昨日午前八時中田原北端に集合，第一大隊は久米少佐の統裁を以て宮村中隊の演習あり北国街道を北進し新町附近に到着せる砲十数門を有せる敵に向つて壮烈なる砲撃を開始し敵砲兵三箇中隊に対する分火，目標変更，陣地変援等の研究あり午前九時を以て演習終了したるが更に第二大隊は戦時一箇中隊を編成し稲枝少佐の統裁を以て引き続き別個の想定に基き薬師山頭に砲兵陣地を占領せる敵兵に向つて激烈なる砲戦を開始し演習は十時を以て中止となりたるが第二大隊の研究項目は戦闘間弾薬補充の方法にして該演習後飛松聯隊長は両大隊の演習に就て講評ありたり因に墺国大使館附武官ブッツ少佐フォンツリー大尉は乗馬にて出場午前八時より十時迄見学此日砲兵は練兵場南端及薬師山頭並に高栄舎附近に敵火に擬する擬砲火を使用せり．
高田新聞	1911/7/19	野砲野外演習　関山演習地に出動	野砲第十九聯隊にては来る二十二日より廿九日まで全聯隊関山演習地に出張全地廠舎に宿営の上第二期検閲を実施せる由なるが検閲科目左の如し各年兵徒歩教練，初年兵馬術，初年兵駄法，大隊教練
高田新聞	1911/7/21	砲兵将校現地講話	野砲第十九聯隊にては金竹中佐の統監にて廿日午前中歩兵第五十八聯隊兵営付近に於て将校の現地講話を実施せるが飛松連隊長も臨場視察ありたり．
連隊史	1911/8/1		清国陸軍学生趙連科以下十六名　右陸軍砲兵伍長ノ階級ニ進ム　趙連科，長文，張群，任居建，王柏齢，黄宮桂，楊錦昌，溥泉，張為珊，陳星枢，師韓，承厚，湯顕雋，祺鋭，閻聚珍，蔣志清
連隊史	1911/10/1		清国留学生　趙連科，長文，張群，任居建，王柏齢，黄宮桂，楊錦昌，溥泉，張為珊，陳星枢，師韓，承厚，湯顕雋，祺鋭，閻聚珍　右陸軍砲兵軍曹ノ階級ニ進ム．

5章　中国青年将校の日本陸軍留学体験　125

高田日報	1911/10/14	松代における野砲兵隊	野砲兵第十九聯隊長飛松大佐以下将校下士卒三十八名は現地講話の為め去る十日降雨中粛々として午後八時頃松代に到り田村屋，豊田屋，旭堂の各旅館に宿営せられ馬匹は観音堂境内に全部繋留し翌日午前八時聯隊長の講評の後小千谷に向け出発せり．
高田日報	1911/10/14	★	辛亥革命の報道（内容省略）
高田日報	1911/11/6	在高清国留学生逃走を企つ ▽長野駅にて取押らる ▽革命軍に投せん意か	四日午後七時高田第十三師団司令部より長野駅長宛に同師団附き清国軍人二名逃走せしが七時三十五分長野着列車に搭乗せる形跡あり取押方依頼すとの電報到着せしより直に此旨長野警察署に急報同署より警官数名出張同列車を取調べたる所果して最後の客車に乗込み居たるより有無を言わせず取押へ引戻し取調べ中なるが恐らくは革命軍に逃走せしなるべしと．
聯隊史	1911/11/10		清国陸軍学生　張群　清国陸軍学生　陳星枢　清国陸軍学生　蔣志清　右事故ニ依リ退隊
聯隊史	1911/11/11		清国陸軍学生　趙連科，長文，任居建，王柏齢，黄宮桂，楊錦昌，溥泉，張為珊，師韓，承厚，湯顕萬，祺鋭，閻聚珍　右事故ニ依リ退隊

6章 第1次世界大戦中の「戦後」構想
——講和準備委員会と幣原喜重郎

加藤陽子

1. はじめに

1.1 対象

　本章では，第1次世界大戦，同時代の呼称でいえば，日独戦役のさなかの1915（大正4）年10月18日から開始され，翌1916年12月25日まで通算31回の会合が持たれた日独戦役講和準備委員会[1]（以下，委員会と略称）で，いったい何が話し合われていたのか，その内容を明らかにする．

　注に示したように，本委員会については，会議の議事録，浩瀚な参考調書と参考資料が印刷された状態で遺されたにもかかわらず，「機密」に分類され，番号付きで関係部署に少部数配布されたためか，これまで本格的に分析されることはなかった．外務省外交史料館に会議録が，防衛省防衛研究所戦史研究センターに海軍省書記官・榎本重治の寄託文書として参考調書と参考資料が，遺されていたという事情も影響しているかもしれない．

　委員会は，外務省・法制局・陸軍省・海軍省，3省1局を出身母体とする委員により組織された．委員長は外務次官が務め，外務省からは通商局長，政務局長，書記官数名からなる委員が，法制局からは参事官からなる委員が，陸海

軍省からはそれぞれ，軍務局長と参事官からなる委員が出席していた[2]．

　委員会の設立の趣旨として正式に説明されているところでは，「大正三四年役は青島陥落，独逸東洋艦隊殲滅と共に帝国に関する限り実際の戦闘一段落を告げたるを以て，予め欧洲大戦争後の講和に関し，各般の事項を調査研究し置き，形勢一変何時講和会議の開かるヽ在るも，違算なからしむるの準備を為すの要あり」として，1915 年 9 月 10 日，大隈重信外務大臣が設置したと述べられている[3]．

　設立までの準備としては，1914 年 10 月，加藤高明外相が，公使館一等書記官・長岡春一に講和準備資料の蒐集編纂を命じたのが最も早く，次いで，公使館三等書記官・木村鋭市を長岡の補助員としておき，半年余をかけて，先例と関係文書の蒐集を終わっていたという[4]．委員会の芽を準備したものは加藤外相であり，加藤の信任の篤かった長岡・木村によって，事前の準備が周到になされていたことになる．

1.2　問題意識

　日本と第 1 次世界大戦のかかわりを簡単にふりかえっておこう．1914 年 8 月 23 日，日本はドイツに宣戦布告，同年 10 月 14 日には，早くも赤道以北のドイツ領南洋諸島を占領し，同年 11 月 7 日には，山東半島におけるドイツ租借地であった膠州湾の青島を占領した．開戦後，半年もたたないうちに，日本は獲得すべき目標を手に入れてしまっていた．

　日本は宣戦布告前の 1914 年 8 月 15 日，対独最後通牒を発したが，その第 2 項には，「膠州湾租借地全部を支那国に還附するの目的を以て」，1914 年 9 月 15 日を期限として無償無条件に日本へ交附せよ，との文言があった．膠州湾租借地をその要港・青島とともに獲得するのは，当時の日本にとっては，第 1 に予定された行動であった．1917 年 1 月，イギリスの要請を受けて軍艦を地中海へ派遣したこと，また同年 11 月のロシア革命勃発後，ロシアへの干渉戦争に参加したことを 2 つの例外として，日本はいち早く戦闘から身を引き，「戦後」を構想し始めたのである．

　委員会が外務省で開催されるようになった 1915 年 10 月の時点においては，第 2 次大隈内閣は，ドイツの膠州湾租借地に関する問題については，すでに手

を打っていた．中華民国大総統・袁世凱の北京政府に最後通牒付きで「対華21カ条要求」[5]を認めさせ，1915年5月25日，南満州と東部内蒙古に関する条約とともに，膠州湾租借地については，「山東省に関する条約」を調印し終えていたのである．山東省に関する条約の第1条[6]には，山東省にドイツが有していた権利利益譲与のすべてについて，日本とドイツが協定する一切の内容を，中国はすべて承認しなければならない，との規定をおいていた．この時点で，日本が獲得すべき対象として，膠州湾租借地以外に，山東鉄道（膠済鉄道，山東省の済南と膠州を結ぶ鉄道），鉱山なども含まれることになっていた点に注意を要する．

さらに，委員会開始とほぼ同時期の1915年10月19日，日本は対独戦についての単独不講和と講和条件の相互協定を約した英仏露のロンドン宣言に加入していた．そして，委員会の終了した1916年12月の少し後にあたる1917年2月，日本は，山東省のドイツ権益と赤道以北の独領南洋諸島の処分について，講和会議での日本の要求を支持する保障を英仏露伊から得ていた（高原，2007，p.179）（加藤，2005，p.97）．

日本が核心的ととらえていた山東省のドイツ権益が，山東省に関する日中条約で確保済みであるのならば，委員会は，なぜ31回もの会合を必要としたのだろうか．もちろん，山東以外の問題，たとえば，赤道以北の南洋諸島の帰属について，ドイツのほか関連諸国を講和会議の場でいかに説得するか，その論理構成の準備など，他の問題に時間をとられたこともあったであろう．ただ，全31回の議事録からわかるのは，山東問題は，実際の会議の場で，最も長く最も慎重に議論された問題だったことである．

それは，なぜだったのか．この「問い」は，考えるにあたいする問いだろう．結論を少しだけ先取りして述べておけば，それは，膠州湾租借地のほかに，租借地と一体のものとして，山東鉄道と鉱山を日本の手に入れることの困難性，法理論としての困難性に由来していた．本委員会を，初回を除いて30回にわたり主催したのは幣原喜重郎だった．第2次大隈，続く寺内正毅内閣において外務次官を務めた幣原その人[7]である．山東問題が最も長く最も慎重に議論されなければならなかったのは，なぜなのか．この「問い」を考えることは，幣原の対中認識，戦後構想を知るうえでも重要だと思われる．

アメリカの参戦（1917年4月），中国の参戦（同年8月），ロシア革命勃発（同年11月）と，ドイツ国内の急速な崩壊等の要因により，大戦の大状況は劇的に変化していたが，幣原という存在の一貫性は，大戦の性質の変容にもかかわらず注目される．委員会では，ドイツが山東半島に持っていた租借地・膠州湾をはじめとするドイツ権益，これをいかに「合法的に」奪取するかが一貫して追求されていた．日本のナショナルな利益の追求が赤裸々になされていたのである．これが，大戦中の日本による「戦後」構想の，正直な実態だった．

　本書は「日中両国の各分野の代表的な人物・グループを取り上げ，ナショナルな利益の追求と，世界的な将来構想という2つの視点から彼らの思想と行動を位置づけてみる」とのコンセプトで企画されている．ならば，幣原が委員長を務めた「委員会」が，大状況の変容の直前に構想していた「将来構想」の内容を論ずることは，本書の意図にそうものと考える．

　最後に付言しておけば，本委員会が，これまで本格的な分析の対象とされてこなかった理由は，なにも史料の所在のわかりにくさだけによるのではない．大戦の最終盤における変化，すなわち，アメリカと中国の参戦，ロシアでの革命勃発と対ドイツ単独講和による戦線離脱（1918年3月），等々の変化が生じた結果，対独講和会議としてのパリ講和会議のテーマは，戦中に予想されていた内容と著しく変化したからであった．

　事実，パリ講和会議における全体会議初回のテーマは，労働問題，ドイツ皇帝の戦争責任，戦争犯罪の処罰，の3点であり，事前に会議の題目のすりあわせを進めていた英米2国以外の参加国は，議題の内容に驚かされたという[8]（松井，1983, p.95）．委員会で検討されていた議論は，根底から前提を覆されたことになった．実際のパリ講和会議の対策と原案は，1918年11月の休戦協定を前にした10月頃までには，外務省政務局一課長・小村欣一などによって準備され[9]，原敬内閣下の臨時外交調査委員会での決定を経て，全権に手渡されることとなった．

　たしかに，人種差別撤廃法案や国際連盟構想への対応など，原内閣と臨時外交調査委員会が新たに対処すべき案件も生じたことは事実であった．ただ，それでもなお，以下のことはいえる．日本はパリ講和会議での獲得目標を，山東省のドイツ権益の獲得，赤道以北の南洋諸島の獲得，人種差別撤廃法案成就，

の3つに絞っていた．その際，山東省と赤道以北の南洋諸島のドイツ権益確保については，委員会，すなわち，日独講和準備委員会で作成された条約草案や理由書の論理構成のままに，日本の要求項目案は書かれていたのである．

パリ講和会議の場では，中国全権は，中国がドイツ・オーストリアに宣戦布告した結果，ドイツと中国間に締結されていた膠州湾租借条約（1898年3月6日北京で調印）およびその条約に規定されていた内容は無効となったはずである，との国際法解釈を掲げて，日本と対峙することとなる（高原，2007）（加藤，2005）．1916年12月に終了していた委員会が，1917年8月の中国参戦を予想しえていたはずはない．ただ，委員会の会議録を追ってゆけば，そこにはある種の，中国政府が将来的に採ると考えられる態度に対する「暗い予感」というべきものが漂っていることも事実[10]であった．日独戦役講和準備会の議事録は，このような意味でも読み応えがある．

2. 背景となる時代状況

2.1　対中政策担当者の横断的連携

第2次大隈内閣下においては，外務省のほか，陸海軍関係者の間で，対中政策（外交，軍事，情報）担当者たちによる横断的グループが形成されるようになっていた．それは，陸軍からの観点でいえば，山県有朋のもとでの元老・長州閥の支配から，軍部が政治主体の1つとして自立化する過程でもあった（北岡，1978）．

横断的な連携グループが抱いていた対中策は，1915年5月の対華21ヵ条要求を結実させてゆく背景となった．山県有朋の「外ムノ若者ト海陸軍ノ若モノトガ，ブッテブッテヤレト云フ事ガ，遂ニ加トウ〔藤〕又ハ大隈ヲ動カシタヨウ」（山本，1979，p.157）との観察中，「外務の若者と陸海軍の若者」というのは，具体的にはこの横断的グループを指していた．

彼らは中国政治への内政干渉との批判を怖れながらも，しだいに反袁世凱へと傾斜してゆく．第三革命[11]を支持しようとした彼らの発想は，大隈内閣の対中政策を方向づけることとなった．この横断的連携については，『海軍の外

交官　竹下勇日記』[12])の解題を書かれた斎藤聖二氏の論考（斎藤，1998）と，大戦勃発時に参謀本部第二部長を務めていた宇都宮太郎の日記『日本陸軍とアジア政策』[13])の翻刻にあたられた櫻井良樹氏の論考（櫻井，2009）に詳しい．

『竹下勇日記』の記述からは，中国情報，あるいは作戦計画に干与していた軍令部と参謀本部の間に，大戦勃発直後から密接な連携が成立しつつあったことがわかる[14])．大戦勃発時に海軍軍令部第四班長（情報）であった竹下勇[15])は，1914年1月から，参謀本部第二部（情報）との間に，交流団体「安倶楽会」を発足させていた．同年2月27日の日記には，「支那問題解決大方針を定むるの必要を論し，同盟を制る[ママ]ことを相談す」との記事がある（波多野ほか，1998，p. 210）．

以上に述べた，陸海軍の対中国情報・諜報にかかわる人々の横断的連携の外務省側の相手は，小池張造政務局長（1913年10月-1916年10月）であった．小池は，第三革命援助のための資金援助にも動いていたことが，「竹下日記」の1916年5月の補遺の記述からわかる．「小池政務局長の周旋により東亜興業会社及正金銀行より五百万円の借款出来，南方に送る事になりたり．彼等もホッと一いきするなるべし」とある（波多野ほか，1998，p. 341）．

2.2　第三革命と日本の対中方針

同じく1916年1月13日の条には「午后四時より水交社に於て参謀本部員と会合，支那問題に就て協議す」（同，p. 323）などの状況が記され，2日後の1月15日には，福田雅太郎参謀本部第二部長が持ち込んだ陸軍案に基づいて，陸海軍統一案としての「対支外交案」を閣議へ提出したとの記事（同，p. 323）がみえる．本外交案の内容は，当時，参謀本部第二部の支那課長であった浜面又助の元に集まった文書群が遺ったことで知ることができる．「一，帝国ハ支那ニ対シテ帝政ノ延期ヲ勧告セシ主旨ト支那ノ現況トニ鑑ミ，当分帝政ノ承認ヲ与ヘス」（山口，1980，p. 221）とするもので，袁世凱の帝政を承認しない，との立場をとることであった．

このように，竹下の記す1916年初頭のあわただしい動きは，袁世凱による帝政実施計画とそれに対する中国各方面からの反対運動，とくに，1915年12月25日に雲南省で護国軍が旗揚げするという第三革命への対応を協議するた

めにほかならなかったが，その後，護国軍の緒戦の勝利をみた第2次大隈内閣は，当初の中立案ではなく，1916年3月7日，明確に反袁・南方援助政策を打ち出す閣議決定「中国目下の時局に対し帝国の執るべき政策」[16]を行うにいたった．

具体的な文言としては，「二，袁氏カ支那ノ権位ニ在ルハ帝国カ叙上ノ目的〔優越なる勢力を支那に確立するとの目的のこと——引用者注〕ヲ達スルノ障碍タルヲ免レサルヘシ，従テ右帝国ノ方針遂行ノ為ニハ袁氏カ支那ノ権力圏内ヨリ脱退スルニ至ルヲ便トス」とみえる．また，南方援助の方策として，南方軍を交戦団体として承認することを決定した．

以上が，外務省で1915年10月から16年12月まで開催されていた委員会をめぐる内外の情勢であり，中国問題に関与していた陸海外の省庁横断的な連携の実態であった．

3. 会議録の分析

3.1 調査事項の分担

1915年10月18日，外務省において午後1時半から午後4時まで開催された第1回の会合[17]において，以下のことが決定された．①12月1日から毎週水曜日，午後1時半から開催すること，②議事録を毎回作成し，それには外務省委員・木村書記官[18]があたること，③重要案件の調査の分担．「機密　日独戦役講和準備調査附属参考調書　上巻」「同　下巻」[19]などで確認すると，分担は以下のようになされたことがわかる．

　①外務省委員・木村書記官
　　（a）山東鉄道と鉱山についての調査
　　（b）大戦下において日本が押収中の山東鉄道会社が蒙った損害賠償の必要性について
　②外務省委員・小村書記官
　　（a）山東省に関するドイツ国の利権調査概要

(b) 山東鉄道と津浦鉄道〔天津と南京の対岸・浦口間を結ぶ，中国を南北に走る鉄道〕との連絡関係[20]（山東鉄道と津浦鉄道の幹線同士が済南駅で連絡，山東鉄道支線の済南・黄台橋支線の小清河駅で，津浦鉄道の濼口・黄台橋支線，濼口・埠頭支線が連絡）

③法制局委員（牧野英一[21]参事官，黒崎定三参事官）
　　(a) ドイツ殖民会社の性質とこれに対する国家の干与権
　　(b) ドイツ法上，鉄道の性質特にその所有権の性質について

④陸軍省委員（山田隆一軍務局長から，福田雅太郎参謀本部第二部長へ）
　　(a) 山東鉄道会社が日独交戦中に行った敵対行為
　　(b) 山東鉄道買収の場合の見積価額
　　(c) 帝国の占領地における土地および私有地に関する調査

⑤海軍省委員（当初は秋山真之軍務局長が出席していたが，途中から，森山慶三郎海軍軍令部参謀へと交代．山川端夫[22]参事官）
　　(a) ドイツ領南洋諸島ドイツ諸会社に関する調査全般

　調査項目の内容自体からは，外務省と法制局が，山東鉄道をドイツの国有財産とみなしうるか否かの点を中心に戦時国際法の観点から先例を含めた詳細な調査を行っていたのに対し，陸軍は接収の対象としての山東鉄道を，海軍は接収の対象としての南洋諸島と同諸島に所在する会社についての調査を進めていたことがわかる．鉄道や鉱山がドイツの国有財産とみなしうるか否かは，戦時の押収の適法性に関する重要な論点であった．日本側がある程度予期していたとおり，山東鉄道は，東清鉄道とは異なった形式と理念で経営されていた実態がしだいに判明してくるのであった．

3.2　山東鉄道はドイツの国有財産といいうるか

　1915年12月8日に開催された第3回の会合において，まずは外務省委員の木村書記官から，「山東鉄道と鉱山に関する調査」と題した浩瀚な資料群が配布された．それは，第1号「山東鉄道会社の沿革及其事業並財産」から第10号「山東鉄道押収中の損害賠償の問題」からなる調書であった[23]．この資料を参照しつつ木村の述べた内容は，次の4点であった．

①山東鉄道会社と鉱山は,ドイツの東アジアにおける,軍事上および政治上の根拠地たる租借地経営の重要部分を構成するものであり,山東鉄道会社はドイツ政府のこの目的のために成立する「一種の公の機関」といいうる.

しかしながら,②ドイツ政府は,同社に対して,資金上出資上の保護の関係を持っておらず,③政府の監督権という点で,山東鉄道会社とドイツ国内を走る通常の私設鉄道会社との差はない,といえる.以上の②と③の点からは,山東鉄道会社をドイツの公的財産である,と言い切ることは困難である.

④ドイツの敷設した山東鉄道と,ロシアの敷設した東清鉄道南支線とを比較してみると,類似点として指摘できるのは,以下の3点.(a)両鉄道とも,中国政府との租借条約によって獲得された鉄道敷設権によって存立している点.(b)表面上,中国との共同合弁の私設会社の経営に属するが,実際は純然たる所属国の独占事業といいうること.(c)鉄道に対し,ドイツもロシアも政府に重大な監督権を持たせている.差異点として指摘できるのは,以下の4点.(a)東清鉄道はロシア政府の出資で敷設されたが,山東鉄道はドイツ経済界の株金によって敷設された.(b)東清鉄道の敷設目的は軍事的であるが,山東鉄道は少なくとも表面上は商業的なものである.(c)軍事輸送の義務について,東清鉄道は義務を有するが,山東鉄道は租借地と中立百里地帯外で禁じている.(d)鉄道警察権については,東清鉄道はロシアが持ち,山東鉄道は中国が持っている.

以上,木村は,1898年3月の膠州湾租借地条約,1899年6月の山東鉄道敷設および営業免許,中国山東省における鉱山採掘免許,山東鉄道会社定款,1900年の山東鉄道章程[24],1913年2月に改定された山東鉄道会社定款などを参照した考察結果を会議の席上で報告している.膠州湾租借地を獲得することは簡単でも,山東鉄道など山東省にドイツが有していた諸権利利益を日本側が獲得するのは,なかなか容易なことではないことが,席上,明らかにされた.

3.3 山東鉄道会社からのクレーム

外務省側が暗い予測を持って会議に臨んでいたのには理由があった.すでに,青島に本社のある山東鉄道会社側から,クレームが届けられていたからである.1914年11月7日の青島開城後,山東鉄道会社側は迅速に動いた.1915年1月

5日，駐日アメリカ大使を通じ，日本が押収している山東鉄道と鉱山の引渡，押収によって生ずる損害賠償請求書を日本に対して正式に提出していた[25]．山東鉄道会社からの引渡請求書と賠償請求書[26]の日付は1914年12月11日となっている．

　ドイツ側の主張の柱は3点からなっていた．①山東鉄道会社は商業的私設会社であること．資本は私人の資本であり，中国政府の持ち株はあるがそれは非常にわずかなものであり，ドイツ政府の持ち株はない．また，会社は政府から補助金を得ていない．会社が商業的なものであるのは，ドイツと清国との間に締結された膠州湾租借条約[27]の第2章「鉄道及鉱山に関する譲与」の第2条・第3条からも明らかである．

　ここで，少々煩雑になるが，第2条と第3条の条文を示しておく．第2条「以上の各鉄道を敷設する為，一個又は数個の独清鉄道会社を設立し，独逸国及清国の商人等は，其の株式の募集を為し，且双方より信任すべき役員を任命して企業の管理に当らしむることを得べし」．第3条「詳細なる事項を規定する為，両締約国は速に別条約を締結すべし．右条約の締結は独清両国之に当るべしと雖，其の際，清国政府は前記鉄道の敷設及営業に関し右独清鉄道会社に対し有利なる条件を許与し，以て総ての経済問題に付，清国内の他の場所に於ける他の清欧会社に比し不利益なる地位に立たしめざるの義務あるものとす．本規定は専ら経済事項に関するものにして，別に何等他の意義を有することなし．前記鉄道の敷設に際し山東省内の如何なる土地も併合若くは占有せらるることなかるべし」．

　②山東鉄道を租借地の延長とみることはできない．根拠としては，膠州湾租借条約の第2章第3条を挙げ，その末段に「鉄道の敷設に際し山東省内の如何なる土地も併合もしくは占有せらるることなかるべし」とあるとしていた．また，山東鉄道章程[28]の第27条の規定を引き，鉄道の通過するドイツ租借地では主権問題はドイツの青島総督が処理するが，山東省の他の部分についての主権問題については，中国の山東巡撫が処理する，と述べている．さらに，山東鉄道章程第17条を引き，その「本鉄道は商業及交通を治理するを目的とするものなれば，一切外国軍隊及同所用の軍器を運送するを准さず．然れども戦争若は之に類似の事情によりて強要せられたる場合は此の種の輸送に対し鉄道会

社は責を負はず,また山東巡撫は前記の如き場合,敵人の手に落ちたる鉄道線路に関しては何ら保護の責らに任ぜず,本条の規定は百里環内の線路には適用せず」という条文から,租借地外の鉄道警察権を中国側官憲が握っていることを思い出させていた.

③ドイツ政府は山東鉄道に対して何ら財産権的関係を持たない.

以上,それぞれの論拠の説明ぶりには濃淡があるが,3点にわたり,日本による山東鉄道の押収が違法である,と述べ,鉄道の引渡と賠償を日本側に求めていた.交戦区域内外を問わず,中立国地域内における私設会社財産の押収は,いかなる法律または国際法の下においても,戦争の必要の理由においても,不法であるとした,堂々たるものであった.

3.4　法制局への応援依頼

このようなドイツ側からのクレームの内容を検討せざるをえなくなったこともあるのだろう.木村は第3回の委員会において,山東鉄道と鉱山に関する条約取極[29]を改めて調査したところ,山東鉄道と鉱山の中にドイツ政府の国有財産はないといわざるをえない,との見通しを述べている.

木村は,日本にとって交渉の前途が明るくない中にあって,次のような観点での法的な判断を法制局に依頼した.それは,山東鉄道会社が植民会社として,①国家の行政権の一部を行っているといいうるかどうか.②ドイツ政府は,植民会社としての山東鉄道会社に,自由に国家権力を振うことができていたといいうるかどうか.③ドイツにおいて一般法規上,私設鉄道も国有財産と認めるべき理由や先例があるかどうか.これら3点にわたって,山東鉄道と鉱山が,ドイツの国有財産として主張できるかどうか,考えてほしい,との要請を行っている.

少し大げさなことをいえば,軍事・医療・地方行政から憲法まで,近代国家の制度的根幹をつくる理念と制度を日本に教えた他ならぬドイツから,鉄道と鉱山をいかに合法的に奪取するか,それが,委員会にかけられた使命であったといえるだろう.

3.5 研究史からの知見

　ドイツの山東鉄道経営方針が，ロシアの東清鉄道のそれとは大いに異なることについて，委員会のメンバーたちはようやく認識を改め始めた．先行研究を参照しつつ，委員会メンバーたちが改めさせられた認識がいかなるものであったのかを補っておきたい．ドイツは，山東鉄道敷設の際，青島から軍隊を沿線に送り，高密と膠州に兵営を建設して軍隊を駐屯させたが，鉄道完成のあかつきには軍隊を引揚げ，中国側鉄路巡警によって警備にあたらせ，1905年末までには，鉄道全線にわたり，中国官憲（巡官・巡警約790人）の管轄下に置いていたという（清水，1977，p.118）．山東鉄道会社のクレーム中にあった山東鉄道章程は，忠実に守られていたということになる．またドイツは，その施政を租借地内にとどめて租借地外におよぼすことを避けていた．それに比べ，日本は軍事占領を開始して以来，租借地外の山東鉄道沿線に租借地同様の軍政を施行し，駐兵権・警察権・司法権を設定してしまった[30]．このやり方は，まさにロシアの東清鉄道南支線を日本が受領して以降，南満洲鉄道で行った経営方針そのものであった．

　膠州湾租借地について，ドイツの東アジア植民政策の特徴から解明したものに，浅田進史氏の一連の論考がある（浅田，2005a；2005b；2011）．1897年11月14日にドイツ東アジア巡洋艦隊によって占領された膠州湾租借地は，他のドイツ植民地とは異なり，3つの特徴を有していた．第1に，膠州湾租借地は，商業植民地として成長することが期待されていたこと，第2に，同地は東アジアにおけるドイツの経済活動の安全を保障する巡洋艦隊の拠点として機能することが期待されていたこと，第3に，同地の経営は，中国と中国をめぐる国際環境と不可分の関係にたっていたこと，である．

　膠州湾植民地に対し，当時，ドイツにおける主管省庁であった海軍省は，同租借地を「自由港」制度の下に運営しようと意図しており，膠州領総督府＝青島総督が本国から最大限の自立性を持つように望み，商業分野の措置に対して国家機関からの指示などは最小限にとどめられるように制度設計をしていたという．自由な商業の発展に期待する海軍省の当初からの意図が，監督権の小さな租借地を創出する最初の条件となったことがわかる．もっとも，ドイツ海軍

省は後に，自由港制度の維持は困難であり，不平等条約下にある中国と条約体制下での連携，すなわち中国商人層を取りこむ必要性を認識するようにはなったのではあったが．

先にも記したように，ドイツと中国は1898年3月，膠州湾租借条約を締結し，1899年6月14日，ベルリン（後に青島に移転）で山東鉄道会社の設立をみる（浅田，2008）．鉄道・鉱山をめぐる会社設立について，浅田氏の指摘する興味深い点は，ドイツにおいて，外務省・海軍省などの政府側と，銀行資本を中心とする利権の受け皿となるシンジケートとの間で，国家と資本の綱引きが顕著にみられたことである．政府側は，①鉄道路線・運賃決定への政府の関与，②事業総収益が一定額以上になった場合の国庫への一定額の拠金，③有事の際の軍事上の義務，④膠州湾租借地での一定の貯炭義務などの点から介入を試みたが，資本側はすべてにおいて反発した．

妥協の結果，①市場価格の5％割引で海軍に石炭を供給する，②配当金が5％以上になった場合には，国庫へ一定の納付金を収める，③運賃の設定は10年後には膠州領総督府による認可制となる，④鉱山会社は植民地会社の位置づけが与えられ，帝国宰相の監督下に置かれる，等々が決定されることとなった（浅田，2008，pp. 188-189）．

以上をまとめれば，山東鉄道会社の独特な性格は，当初の監督官庁であった海軍省による制度設計の特徴，次いで，国家と銀行シンジケートとの資本と利益をめぐる対立の歴史に由来するものであったとえるだろう．

4. どのような論拠で権益を奪取するか

4.1 幣原の発した問い

1915年12月15日の第4回会合において委員長の幣原は，ドイツ側がたとえばこのようなことをいってきたらどうするか，と問うた．つまり，私設会社の持っている鉄道・鉱山を譲渡することは，それらがドイツの国有財産ではないからドイツ政府の権限ではない，関与できないのだ，と開き直って交渉を拒絶してきた場合，いかなる根拠で鉄道・鉱山利権の奪取が可能かを質していた．

来るべき講和会議において,最も争点となりそうな部分について,幣原はあくまで慎重な検討を準備しようとしていた.それに対し,外務省委員の木村書記官は,正面からの法的論拠による立証は難しいので,側面からの政治的論拠による立証をめざす,と正直に述べている.鉄道と鉱山は,国家の権利事業を行っているといえるから,「独逸国家の機関,公の営造物と同一と看做し得」[31]る,といった論拠である.

このときの委員会の他のメンバーの意見もみておこう.法制局委員の牧野英一参事官は,「植民地に於て政府の附与する特権に基きて行ふ山東鉄道の如き,規模の大なる経済的経営は,法理上の理由如何を問はず,之を公的経営と看做すを当然とす」といって,木村の意見に賛同していた.外務省委員の小池張造政務局長と海軍省委員の山川端夫参事官は,「租借地と鉄道が不可分」であるとの説を援用すれば大丈夫であると述べている.租借地と鉄道が不可分という論拠が成立しえないことは,山東鉄道会社側からのクレーム部分で明快に論じられていた部分である.小池と山川は,このドイツ側のクレームについて,深刻に受け止めていなかったようだ.

第4回委員会の決議としては,牧野の議論,すなわち,「植民地において政府が附与した特権に基づいて規模の大きな経済的経営を行う会社は公的経営とみなす」との論が,暫定的な決議として採択されている.ただ,公的経営とみなすことと,国有財産であるゆえに押収が適法であることは別問題である.委員会においても,なお厳密な判断を要する問題であるとの自覚は当然のことながらあったものとみえ,無償譲渡の場合と有償譲渡の場合,2つの場合に分けて,今後の議題としてつめてゆくこととされた.

4.2 立作太郎[32]の立論

1915年12月22日の第5回委員会においては,外務省委員の立作太郎嘱託が,第4回の決議に対して,疑義を唱えている.規模大なる植民地経営を公的経営としてしまう根拠が乏しいというのであった.立の疑義を受けて,立,長岡,木村,牧野,黒崎の,外務省と法制局からなる特別委員会[33]で研究を続けることとなった.この第5回委員会の議論の過程で,外務省の長岡春一が発した質問が興味深い.

山東省にある鉄道や鉱山は買収にあたいするほどよいものなのか，その点をまず調査してみる必要がないか，そう長岡は質したのである．それに対して，陸軍省軍務局長・山田隆一の述べた反論は，陸軍が最も重視していたものが何であったのかを正直に物語っていよう．山田はこう述べた．「山東省に於ては，青島租借地の如きは価値なく，本鉄道が軍事上経済上植民上唯一の価値ある重要物件なるが故に之を其儘に放棄するを得ず，如何なる方法にても是非此際之を我手に収むるを要す」[34]．いわく，青島港などどうでもよく，山東鉄道こそが重要なのだ，と．

　この会合でも幣原は，かねてからの懸念を口にしている．山東鉄道を日本軍が押収していることにつき，ドイツが違法だと抗議してきた場合，日本側の押収が適法であるとする論理を研究しなければならない，と．これは第4回委員会からの懸案事項であった．この問いについての木村の説明は，次のようなものであった．

4.3 敵性による押収

　いわく，中国政府が宣言した中立除外区域以外，純然たる中立地域内にある鉄道を占拠する論拠を考えてみるに，いくつかの答え方がある．たとえば，参謀本部は「戦争の必要論」で説明をしている．また，陸軍省は「国家自衛権論」で説明をしようとしている．政府としての立場は，中国政府からの抗議に対して答えたものがそれに相当するが，山東鉄道の性質論からの説明であった．だが，政府の説明による山東鉄道の性質論は，山東鉄道会社自身のクレームの時点で会社から論駁されているとおり，疑義の多いものである．山東鉄道・鉱山の性質論を持ち出すのは，今となっては危険かつ不必要なので，「敵性」による押収，という線で説明したい，と述べていた．

　その理由として木村が挙げるのは，私設会社であるか公的会社であるかを問わず，とにかく山東鉄道会社は租借地の鉄道であること，鉄道と中国政府との関係，鉄道とドイツ政府との関係を柱として，「平時戦時共に支那領土内にありながら支那の支配権外に立ち，常に独逸国の支配権内に属し，戦時に於ては此点は一層敵国の利用する所となり，中立地域内に存在するも鉄道其のものは非中立性寧ろ敵性を有するもの」と説明したいとした．

6章　第1次世界大戦中の「戦後」構想　141

それに対して，立は，なおも疑義を呈していた．山東鉄道の非中立性のみを論拠とするのは「国際法上の中立領域の不可侵権及庇護権に抵触する危険」がある，というのである．その立が提案した意見は，むしろ中国の「中立は完全なりや否やの根本問題」を取り上げるべきだ，というものだった．立が論拠として挙げたのは，膠州湾租借条約第1章「膠州の租借」第1条[35]の，ドイツ軍隊の自由通過の規定などであり，中国は中立違反の結果を生ずべき条約上の義務を負っているはずなのに，その中立は不完全であることを指摘すべきだというものであった．立の論拠の2つめは，山東鉄道章程第17条第2項にあった．第2項では，戦時に山東鉄道が軍事的に用いられた場合，中国には保護の責任がないことを規定している[36]が，それは中国の立場からみた場合，山東鉄道が実際上軍事的に用いられるのを容認していることを意味しているのだ，と．

立は，木村らが主張するような，山東鉄道が本来的に帯びている敵性という論拠ではなく，山東鉄道が敷設されている中国という国家の中立の不完全さを前面に押し出せ，と主張していたのである．本来は講和後のドイツとの論戦をいかに説得的に戦うかが問題とされていたわけであった．立の立論はドイツ側を説得するには有利であったかもしれないが，中国に対する日本側の見方や観点をゆがめる危険性をも有していた．

なぜなら，中立遵守の義務履行についての中国側の実際の態度と，この論法から想定される中国の不完全な中立というイメージの乖離を招くからである．大戦勃発後，中国は即座に中立を宣言した．戦闘が中国本土における列国の租借地やその近海で行わないで欲しいとの要請を，アメリカを通じて通告しており，イギリスとドイツはその要請を遵守することに同意していたからである（高原，2007, p.203）．しかし，日本側は，この要請を無視し，日本陸軍はドイツ軍を攻略するためとして中立侵犯を行いつつ，ドイツ軍の背後から膠州湾へと迫っていった．

竹下勇の日記には，中国側が山東鉄道問題で日本側に抗議したことについて，冷ややかな反応が記されている．たとえば，1914年10月13日の条「支那政府は又復我軍，山東鉄道占領に抗議を提出す．袁の芝居驚くの外なし」とある（波多野ほか，1998, p.249）．

いずれにせよ，立の主張する中立概念による説明も，木村の出した方針に加え，第5回の委員会では共に採用されることとなった．すなわち，中国は初めから完全なる中立とはいえない，中国は中立国に関する論点において特別の地位にあるとの立の論法と，戦争の緊急必要点，鉄道が敵性を有するとの木村の論法，これら双方が決議として採用されている．

4.4 特別委員会による調査報告

第5回の委員会で選出された，立，長岡，木村，牧野，黒崎5名からなる山東鉄道に関する特別委員会からの報告は，1916年3月8日の第14回委員会でなされた．来るべき講和談判委員の利用に便利な形ということで，条約文案の形で書かれていた．無償譲渡案が条約案その1であり，有償譲渡案が条約案その2であった．ドイツから有償で獲得する方法も考慮されていた点が興味深い．無償と有償の併記案は，委員会の結論として最後まで維持されていた線であった．

木村は，特別委員会での審議を説明し，条約案文本体と理由書については，法理論を避け，政治上の理由を基礎とし，立と木村の意見を折衷して書いたと説明している．第5回委員会での立と木村の論法が採用されたことがわかる．鉄道と鉱山の基礎と由来，その目的，そのドイツ政府との関係の3点から，該事業の公的性質を有するゆえんを説いていた．特別委員会では，ドイツの議論に対する反駁書，という形式も準備していたが，これは，法制局の牧野と黒崎によって書かれていた．これは，ドイツが，鉄道と鉱山は私有財産であるから，ドイツが国家としてこの処分に関与できないと反論してきた場合の反駁書としての位置づけをもっていた．

特別委員会の原案は委員会の了承を経て第14回の決議となった．無償譲渡の場合の条約文案は以下のとおりである．「独逸国は，青島済南間の鉄道及其の一切の支線並同地方に於て該鉄道に属し，又は其の利益の為に経営せらるる一切の鉱山及同地方に於て該鉄道及鉱山に附属する一切の権利，利権及財産を無償にて日本国に譲渡することを約す」[37]．1919年6月，パリ講和会議で調印された対独講和条約の山東に関する実際の条約は第156条から第158条に規定され，委員会で議論されていた日本の要求のほぼすべてを認めた詳細なものと

なった[38]．

　理由書は長文であり，重要部分のみを要約すれば，以下のとおりとなる．「本鉄道及鉱山は上述の存立の基礎，目的，其独逸政府との関係よりみれば，独逸国家の租借権及国際地役権を実行する施設経営にして独逸政府は之を其実権の下に置き，以て支那領土上に於て政治上経済上特別の地位を占むるものなり．（中略）公的性質を有する財産にして独逸国家と運命を共にすべきものなり」[39]．

　ところが，1919年1月からのパリ講和会議に参集した英米仏の首脳，ロイド・ジョージ，ウィルソン，クレマンソーらの首脳は，ドイツ側に講和条件についての意見を許さなかったので，日本側が用意した理由書・反駁書が用いられることは，実際にはなかった．日本側が山東問題をめぐり，駁しなければならなかった相手は，アメリカと中国となったのである．

4.5　中国がどうでるか

　1916年4月5日の第18回委員会では，講和会議参列国についての議論がなされている．外務省委員の長岡書記官は，過去の欧州三大会議といわれているウィーン会議・パリ会議・ベルリン会議の例でも，講和会議参加国は交戦国のみに限られたわけではないので，日本側としてはイギリス・フランス・ロシアの意見に合わせればよく，参加国の選定に干渉すべきではないと述べながらも，中国の「参列に対しては絶対に拒絶」[40]すべきだと述べているのが注目される．

　その理由として長岡は，中国との間では山東省についての懸案は1915年5月調印の「山東に関する条約」によって解決済みである．「帝国は既決の問題に対して，新に支那が講和会議を利用して容喙し問題の解決を妨害するは断じて許す」ことはできない，と述べた．幣原委員長もまた，オランダを出席させることに自分は反対であると述べ，もしオランダの出席が許されれば，オランダ領インドとの関係上，赤道以北のドイツ領南洋諸島問題に容喙してくると考えられるので，オランダの参加には反対であり，「交戦国のみ参列国」[41]という主義に固執すべきであるとの考えを述べている．幣原は中国の参加に反対していたのである．

　このように，大戦の結果として得られるドイツ権益を確保するためには，参

加国を絞ってもあくまで確実な路線をめざす外務省側に対して，注目される発言を行ったのは，参謀本部第二部長の福田雅太郎であった．福田は，講和会議の議題に関係あるとの理由でオランダを参加させるのであれば，中国も参加させなければならないのが道理ではないか．「帝国将来の政策として日支親善を企図する以上は，帝国独り支那の参列を極力排斥するは政策上に於ても一考を要すべし」と述べていた[42]．

　1917年2月に入ってから問題となった中国の参戦問題では，陸軍内部において意見が分かれていたことがわかっている．①講和の際に中国側に発言権が生ずること，あるいは，宣戦布告により，領事裁判権や関税自主権など，中国とドイツ間に締結されていた不平等条約の効力が失効することによる変化を嫌う一派と，②中国が宣戦布告することで，中国国内のドイツの影響力の完全なる払拭が可能となることに期待する一派，あるいはロシアの革命勢力を駆逐する際に中国との連携が不可欠であるゆえに，中国がドイツに宣戦布告することを望む一派で，議論は分かれることとなる．ただ，これは今しばらく後の話ではある．

　いずれにせよ，委員会においては，将来の講和会議参加国について，国名を挙げて，明確な排斥的方針を明記することはないが，中国については「巧に之を排斥する」ように誘導する線で，1916年4月段階の議論はまとまっていた．

　中国参加問題に対する幣原の不安感は，なお続いた．1916年7月12日に開催された第27回委員会において幣原委員長は，なお確認のために質していた．もしドイツが，「支那の承諾を得る」という条件を付して膠州湾租借地を日本に譲渡しようとした場合など，これを排斥する理由を考えておく必要があるというのである．「山東省に関する日支条約ありと雖，夫は日支間の契約に止まり，独逸の関する所に非ず」[43]として，中国側の承諾をドイツ側がさらなる要件とした場合にいかにすべきか，との危惧が述べられていた．

　これについては，海軍を代表して国際法の立場から論じてきた山川端夫参事官が答えている．「支那の承諾を得る」ことを条件として，ある国家が日本に対して譲渡をする例は，日露戦争の場合のロシアがそうであった，と．つまり，ロシア側はポーツマス講和会議の席上で，中国側の反応を確認しないままに日露講和条約を結んだ．中国側に約諾なく条約を結んだために，ポーツマス条約

中には,「中国の承諾を得て」という文章が入れられたのであり,今回の場合は,中国はすでに「山東省に関する条約」において,日独の協定した一切の内容を承認するとすでに認めているのだから,対応する必要はないはずだと述べ,委員会に出席していた多数がこれを支持したために,これ以上の考慮が払われることはなかった.

おわりに

たしかに,山川のいうように,「支那の承諾を得る」という文言からは,日露講和条約中の「ロシアは清の承諾を以て旅順口,大連(中略)一切の権利,特権及譲与を日本に移転譲渡す」を想起し,今回の場合は状況が異なっている,と答えることは簡単である.ただ,まがりなりにも日本は,ドイツに対する最後通牒文に「支那国に還附するの目的を以て」と入れていたのであり,大戦中の帝国議会においては,第2次大隈内閣の外交姿勢を批判する野党・立憲政友会などは,このような条件を付した真意はどこにあるのかと厳しく質していたのであった.

このような状況を考慮に入れたとき,参加国に中国を入れないための方策,中国側の承諾をドイツ側が求めないようにするための方策について,幣原が執拗なまでに慎重な対応をとったことの意味がみえてくるのではないだろうか.幣原の目に,アメリカの参戦,中国の参戦,革命によるロシアの戦線離脱が予見されていたとは思われない.ただ,最も優れた外交官の1人であった幣原の目に,パリ講和会議の場で中国と日本との間で戦わされることになる外交戦が,暗い予感として映じていたかもしれないとの感慨を,筆者は捨てきれないでいる.

参考文献

浅田進史 (2005a),「植民地支配と自由貿易」歴史学研究会編『シリーズ歴史学の現在 10 帝国への新たな視座』青木書店.
浅田進史 (2005b),「膠州湾租借地における『中国人』」『歴史学研究』797号.
浅田進史 (2008),「利益独占と『門戸開放』」左近幸村編著『近代東北アジアの誕生』北海道大学出版会.
浅田進史 (2011),『ドイツ統治下の青島』東京大学出版会.

宇都宮太郎関係資料研究会 (2007),『日本陸軍とアジア政策　陸軍大将宇都宮太郎日記2』岩波書店.
外務省 (1965),『日本外交年表竝主要文書 1840-1945　上』原書房.
加藤陽子 (2005),「中国とアメリカを同時に捉える視角」『戦争の論理』勁草書房.
加藤陽子 (2007),『シリーズ日本近現代史⑤　満州事変から日中戦争へ』岩波新書.
北岡伸一 (1978),『日本陸軍と大陸政策』東京大学出版会.
北岡伸一 (1985),「二十一ヵ条再考」近代日本研究会編『年報　近代日本研究 7　日本外交の危機認識』山川出版社.
斎藤聖二 (1998),「竹下勇小伝　第二章　第一次世界大戦期」波多野勝ほか編『竹下勇日記』芙蓉書房出版：32-53.
櫻井良樹 (2009),『辛亥革命と日本政治の変動』第三章, 岩波書店.
清水秀子 (1977),「山東問題」日本国際政治学会編『国際政治』56 号, 有斐閣.
高原秀介 (2007),『ウィルソン外交と日本』創文社.
波多野勝ほか (1998), 波多野勝・斎藤聖二・黒沢文貴・櫻井良樹編『海軍の外交官　竹下勇日記』芙蓉書房出版.
本庄比佐子編 (2006),『日本の青島占領と山東の社会経済　1914-22 年』東洋文庫.
松井慶四郎 (1983),『松井慶四郎自叙伝』刊行社.
山口利明 (1980),「史料紹介　浜面又助文書」近代日本研究会編『年報　近代日本研究 2　近代日本と東アジア』山川出版社.
山本四郎 (1979),『第二次大隈内閣関係資料』京都女子大学.

---

1) 日独戦役講和準備委員会が設置されたのは第 2 次大隈内閣下であり, 最後の会合がなされたのは寺内内閣においてであった. 設置時の外相は石井菊次郎であったが, 1917 年 10 月 9 日から寺内 (兼任), 本野一郎へと代わった. 史料の所在は次のとおり.「機密　日独戦役講和準備委員会会議録」(2.3.1 2-2) は外務省外交史料館が所蔵している.「機密　日独戦役講和準備調書　附属参考調書上巻・下巻」(寄託／寄託榎本／512, 同 513) と「機密　日独戦役講和準備調査　附属参考資料」(寄託／寄託榎本／514) は, 防衛省防衛研究所戦史研究センターの所蔵である. 外交史料館の委員会議録と本来は一体のものとして作成されたものであり, 貴重である.「機密　日独戦役講和準備調書　附属参考調書上巻」の表紙には,「第一班」の印が捺されている. 軍令部第一班は,「作戦計画, 艦隊等の編制に関する事項」を担当する部署.
2) 委員のメンバーは次のとおり.
　外務省委員は, 外務次官幣原喜重郎, 通商局長坂田重次郎, 政務局長小池張造, 外務書記官松田道一, 外務書記官田中都吉 (通商局第二課長・第三課長兼任), 公使館一等書記官法学博士長岡春一, 外務書記官小村欣一, 公使館三等書記官木村鋭市, 外務書記官広田弘毅, 外務省嘱託帝国大学法科大学教授法学博士立作太郎, 参事官奥山清治ほか.
　法制局委員は, 帝国大学法科大学教授兼法制局参事官法学博士牧野英一, 参事官黒崎定三の 2 人.
　陸軍省委員は, 当初は軍務局長山田隆一であったが, 参謀本部第二部長福田へと代わる. ほかに, 参事官兼馬政局書記官立花俊吉.
　海軍省委員も, 当初は軍務局長秋山真之であったが, 軍令部参謀森山慶三郎へと代わる.

ほかに参事官兼鉄道院理事山川端夫.
3) 前掲「機密 日独戦役講和準備委員会会議録」中の第30回議事録, pp. 593-594.
4) 同上, p. 594.
5) 第1号「山東問題の処分に関する条約案」, 第2号「南満東蒙における日本の地位を明確ならしむる為の条約案」, 第3号「漢冶萍公司に関する取極案」, 第4号「中国の領土保全の為の約定案」, 第5号「中国政府の顧問として日本人招聘方勧告, その他」など. 外務省 (1965), pp. 381-384. 簡便な一覧は, 加藤 (2007, pp. 44-45) にある. 対華21カ条要求についての基本文献は, 北岡 (1985).
6) 本条約の第1条は, 以下の内容であった. ドイツが山東省に関して条約そのほかによって中国に対して有する一切の権利利益譲与等の処分について, 日本とドイツとの間に協定する一切の事項を, 中国は認める, との条文. 外務省 (1965, pp. 404-405).
7) 初回のみ, 1915年10月29日まで外務次官であった松井慶四郎が務めている.
8) 全権の1人で, 当時, 駐仏大使であった松井慶四郎の自叙伝には次のようにある.「本会議の第一回を一月二十五日外務省『時計の間』に開いた. (中略) 議題は, 一, 戦争発起者の責任, 二, 戦争中の犯罪に対する制裁, 三, 労働問題で, 次回の問題は国際連盟ということであって, 直接戦争と重大関係ありかつ戦争の始末に関する問題をあと廻しとし, 右のような問題を第一の本会議に出すのはずい分変なもので世間でも大分批難があったようだ」.
9) たとえば, 外務省講和準備委員会の名前で準備された「極秘 大正七年十月調 第二十三 講和に関係ある支那問題に関する諸文書」(2.3.1.2-1, 外務省外交史料館蔵) などがある. 1918年10月の時点で, このように番号を付された一連の諸文書などが準備されていたと思われる.
10) 前掲「機密 日独戦役講和準備委員会会議録」の第18回 (1916年4月5日開催) においては, 講和会議参列国の想定をめぐり, 外務省の長岡春一書記官, 幣原喜重郎外務次官, 立作太郎嘱託などが中国を参加させないためにいかなる方法があるか, 議論していた. 外務省委員が中国を参加させることに否定的であるのに対して, 陸軍側の福田雅太郎本部第二部長が, 中国の参加を拒絶することはできないし, よくない, と発言しているのは注目される. 本章の第4節も参照.
11) 中国の第三革命は, 袁世凱が帝政 (帝制とも) 実施を公表した1915年秋から, これに反対する, 中国各方面の反袁闘争として展開される. 比較的規模の大きなものが, 雲南都督唐継堯による雲南挙兵であった. 山口 (1980, p. 207) 参照.
12) 波多野ほか編 (1998).
13) 宇都宮太郎関係資料研究会 (2007).
14)『竹下勇日記』1914年8月7日の条には,「秋山〔真之, 海軍軍務局長〕少将, 福田〔雅太郎, 参謀本部第二部長〕陸軍少将と外務省に小池〔張造〕政務局長に面会す」とある. この時手渡されたものが, 福田が作成した「日支協約案要領」であり, 陸軍側が外務省に寄せた最初の対中要求案であった.
15) 第四班長であった竹下は, 1915年8月, 第一班長も兼任し, 同年12月第一班長専任となる (1916年12月まで).
16) 外務省 (1965, p. 418).
17) 前掲「機密 日独戦役講和準備委員会会議録」.
18) 木村は, このとき, 履歴上では, 政務局第二課臨時勤務となっている.

19) 前掲「機密　日独戦役講和準備調書　附属参考調書上巻・下巻」．
20) 済南において，山東鉄道と津浦鉄道の幹線が乗り入れていた．また，山東鉄道支線の小清河駅で，津浦鉄道支線が乗り入れていた．津浦鉄道支線は，塩の運搬に不可欠の線であった．
21) 東京帝国大学教授（刑法学）．
22) 海軍省参事官で，パリ講和会議全権随員，1920年から外務省条約局長，1925年から法制局長官など歴任．
23) 前掲「機密　日独戦役講和準備調書　附属参考調書　下巻」pp.1-106．
24) 前掲「機密　日独戦役講和準備調書　附属参考資料」pp.1-172 に所収されている．
25) 前掲「機密　日独戦役講和準備調書　附属参考調書　上巻」pp.47-52．
26) 前掲「機密　日独戦役講和準備調査　附属参考資料」pp.146-151．
27) 同上，pp.16-19. に条約文の邦訳が載せられている．
28) 同上，pp.108-112. に章程の邦訳が載せられている．
29) 同上，p.5 以下の「山東鉄道及び鉱山に関する文書」参照．
30) 近年の共同研究の成果としては，本庄（2006）がある．
31) 前掲「機密　日独戦役講和準備委員会会議録」p.36．
32) 帝国大学法科大学教授（国際法）．
33) 他の問題においても特別委員会はつくられた．たとえば，ドイツ領南洋諸島ドイツ諸会社問題調査特別委員は立・長岡・木村・牧野・山川の5名が務め，山東省租借地問題特別委員は長岡・小村・木村・黒崎の4名が務め，条約起草特別委員は長岡・木村・黒崎の3名が務め，講和に関係ある国際法規問題特別委員は立・長岡・木村・牧野・立花・山川の6名が務め，工業所有権問題特別委員は奥山・黒崎の2名が務めていた．
34) 前掲「機密　日独戦役講和準備委員会会議録」p.46．
35) 第1条の内容は，以下のとおり．「清国皇帝陛下は清独間の修好的関係を強固にし而して之と同時に清国の軍事上の準備を確実にせんとする目的を以て，満潮の際に於ける膠州湾の周囲50キロメートル（清国里数百里）の地域内に於ける主権に基く一切の権利は，之を自己に保有するも，独逸軍隊に対しては此の地域内に於て何時にても自由の通過を許容すべく，並同地域内に於ては予め独逸国政府の承認を得るに非れば，何等の処分若しくは命令を為さざるべく，而して特に将来必要となるべき水路の整理には，何等の故障を申出でざるべきことを約す．清国皇帝陛下は独逸国政府と協議の上，右地域内に軍隊を駐屯せしめ並其の他，軍事上の処分を行ふべき権利を留保す」．前掲「機密　日独戦役講和準備調査　附属参考資料」所収．
36) 第17条第2項は，次のような内容であった．「然れども，戦争若は之に類似の事情によりて強要せられたる場合は，此の種の輸送に対し，鉄道会社は責を負はず，又山東巡撫は前記の如き場合，敵人の手に落ちたる鉄道線路に関しては，何等保護の責に任ぜず，本条の規定は百里環内の線路には適用せず」というもの．前掲「機密　日独戦役講和準備調査　附属参考資料」所収．
37) 前掲「機密　日独戦役講和準備委員会会議録」p.157．
38) 第156条は次のとおり．「独逸国は一八九八年三月六日，独逸国と支那国との間に締結したる条約及山東省に関する他の一切の協定に依り取得したる権利，権原及特権の全部，殊に膠州湾地域，鉄道，鉱山及海底電信線に関するものを日本国の為に抛棄す．青島済南府間の鉄道（其の支線を含み並各種の附属財産，停車場，工場，固定物件及車輛，鉱山，

鉱業用設備及材料を包含す）に関する一切の独逸の権利は之に附帯する一切の権利及特権と共に日本国之を取得保持す」.
39) 前掲「機密　日独戦役講和準備委員会会議録」pp. 157-160.
40) 同上., p. 218.
41) 同上.
42) 同上.
43) 前掲「機密　日独戦役講和準備委員会会議録」p. 474.

7章 日本の中国統治と中国人顧問
―― 関東州・劉心田を事例として

松重充浩

1. 本章における問題の所在と課題の設定

　日本が中国の一部を統治した時期の歴史像をいかに再構築するのかという課題は，「日中関係150年」というテーマを追究していく上で避けて通ることのできない課題に1つといえよう．この点は，既刊の本書シリーズにおいてもすでに検討されているが[1]，本章では，日本の関東州統治初期における中国人顧問の役割を事例に，改めてこの課題へのアプローチを試みるものである．もちろん，日本の中国統治は，様々な地域と時期に及び，その具体的な分析対象も多岐にわたっており，その歴史像も当然多様なものとなるであろうことは容易に想像がつく．その意味で，本章でのアプローチが，あくまで一事例の提供に過ぎないことはいうまでもなく，加えて，そのアプローチも，後述内容から明らかなように，本格的追究の前提確保を図る初期的考察にとどまるものとなっていることも予めお断りしておかなければならない．にもかかわらず，本章で関東州における中国人顧問の検討を試みるのは，従来の研究が，後述することとなる中国人顧問の日本による在関東州中国人統治実態化過程において果たした重要な役割を等閑視してきたという事実からである．
　従来の日本の関東州統治に関する研究は，大きく分けて次の2つの領域で実

証的成果を蓄積してきた．1つは，日本による大連・旅順を中心とする関東州における日本人社会の形成と同地諸産業の育成に関する諸施策の内容解明，さらにはそれらの展開過程に関する研究である[2]．もう1つは，日本による現地中国人に関して，その形式制度的な法的位置付けを確認しつつ，現地中国人に対する日本の暴力的支配とそれに抵抗する中国人の諸活動状況を明らかにしていくという研究だった[3]．

　しかし，その一方で，この2つの研究蓄積成果の有機的連関性の解明を通じて再構成されるべき日本による関東州統治実態の歴史的全体像（以下，関東州像と略）の追究は十分なされてこなかった．このため，従来の関東州像は，開発と近代化を推進する日本像と，開発と近代化の美名の下で日本側からの収奪と抑圧に晒され抵抗に立ち上がる現地中国人像という，2つの異なる像を，相互の具体的な有機的連関性を欠落させたまま，いわば両論併記的に羅列するという形で再構成されることとなっていた．このような関東州像の下では，あたかも日本側の施策意図が現地社会に一方的に貫徹し，その中で現地中国人は一方的に隷属を強いられるか，英雄的な抵抗へ立ち上がるという歴史像が再生産されることとなるが，近年の中国東北地域をめぐる実証的研究は，その歴史像に修正を求める成果を提出しつつある．すなわち，日本側支配力の限界性が明らかにされる一方で[4]，現地中国人側の対応にしても，上述したような＜抑圧→隷属 or 抵抗＞といった直線的なものではなく，現地中国人の選択的かつ重層的な認識の下で，日本側施策意図を相対化しつつ自らの成長戦略に活かしていこうとする多様性としたたかさを内包するものだったことが示され[5]，上述した両論併記的な関東州像では等閑視されてしまっていた諸実態が明らかにされつつあるのである．別言すれば，従来の関東州像は，その実態をより一層反映したものへと発展させていく必要が生じつつあるのである．

　このような研究状況の克服にあたっては，数的には日本人を大きく上回り[6]，日本の安定的な関東州統治にあたっては不可欠な統治対象となっていた現地中国人の実態解明が不可欠な作業の1つとなる．日本側の諸施策がいかなる現地実態へ帰着していくのかは，現地住民の多数を占める中国人が諸施策受容にあたっていかなる意図と形態を持って活動したのかが重要な規定要因の1つになるからである．別言すれば，関東州像再構成にあたっては，日本側諸施策の立

案・執行過程で現地中国人のいかなる主体や要因が関与し，その結果，施策執行内容にいかなる方向性が付与され，現地社会の変容実態にいかなる影響をもたらすものだったのかという，統治の実態化過程に関する日中間の相互連関・相互変容の実相追究が不可欠となるのである．しかし，この点に関しても，従来の研究では十分検討されてこなかった．このことは，支配の実態化過程の解明が，当該研究を新たな研究水準に導いていくため重要な作業課題の1つとなっていることを示しているともいえるであろう．

　本章では，以上の問題意識の下，従来の研究における空白を埋めていく作業の一階梯として，まずは日本側の施策内容にいかに現地中国人が関与したのかを，関東州における司法的領域を事例に検討せんとするものである．すなわち，一般中国人の日常生活の中核を構成する民事領域活動への法的判断提示を通じて彼らの活動実態の方向性を規定する要因の1つとなる，関東庁法廷における対中国人民事裁判を取り上げ，その判決内容の特徴と，それに影響を与えた要因を明らかにしていくこととしたい．より具体的には，関東庁法廷における対中国人民事裁判を検討していく上で必須ともいえる重要性を持ちながら，従来十分な利用がなされてこなかった史料の解題をおこなった上で，同史料から明らかとなる，日本による関東州統治の実態化過程に果たした中国人顧問の役割の一端を確認しつつ，それが日本側にいかなる方向性をもたらすものだったのかを展望することとしたい．

2. 関東州における中国人の法的位置付けと基本史料の紹介

(1) 関東州における中国人の法的位置付け

　関東州の法廷で，中国人の民事問題に対していかなる判断が提示されていたのかを明らかにする前に，まず，関東州における中国人の法的位置付け一般に関する概況を先行研究成果に則して一瞥し，本章課題追究の前提を確保しておくこととしたい．

　関東州における中国人の法的位置付け如何は，当然ながら同地域における主権の所在如何が大きくかかわるものであるが，日本側当局は，この主権に関する形式制度的な所在をめぐる議論に拘泥することなく，おおむね「その主権を

行使する権は租借国たるわが日本にある．したがって租借地の施政は日本の領土に準じて行われ，事実上において一切の統治権能包括する」[7]との認識を前提に，関東州における統治を展開していた[8]．この認識の下，現地中国人への「裁判管轄は民事刑事を問わず，すべて関東州の司法官憲に帰属」[9]するものと認識されていた．その上で，裁判に際しての準拠法は，日本国内の当該部分から選択されたものが勅令という形で運用されることとなっていた．その際，注目すべきことは，刑事案件に関しては日本人も中国人も「同一ニ取扱フノ是ナルヲ認メ新刑法ヲ一様ニ適用スルコトトシタ」[10]としながら，民事案件に関しては「中国人のほかに関係者なき親族，相続に関する事項については当分のうち慣習により，また破産法中相続財産に対する破産に関する規定は中国人の相続財産に対する破産にはこれを適用しない」[11]といった，中国人に対する法運用にあたっていくつかの例外規定が設けられ，事実上中国人間における「民事事件ニ関シテハ総テ其ノ固有法ヲ適用スルコトト」[12]なっていた点である．では，この「慣習」あるいは「固有法」の内実はいかなるものだったのであろうか．この内実に関して，満洲事変以前の事例を網羅的に記録したのが，『関東庁ノ法廷ニ現ハレタル支那ノ民事慣習彙報（上・下巻）：満鉄調査資料第165編』（南満洲鉄道株式会社総務部資料課，1934年，上巻：1頁・編輯者序2頁・凡例2頁・目次90頁・本文1296頁，下巻：凡例1頁・目次90頁・本文1297〜2565頁）（以下，『彙報』と略）だった．

(2) 基本史料の解題

『彙報』は，「関東庁始政以来昭和六年末日ニ至ル迄三十年間ニ於テ関東庁地方法院同庁高等法院同庁臨時土地調査部委員会ノ記録ニ現ハレタル慣習ヲ細大漏ラサス集録セジモノ」（「編輯者序」1頁．以下，引用括弧内の頁は『彙報』の頁数を指す．なお，引用に際して漢字は常用漢字を使用した）であり，1931年以前における関東庁の関東州在住中国人への法適用の実相を知る上で，管見の限り，量的にも採録期間的にも，最も充実した史料となっている．しかしながら，従来，その内容に踏み込む形で紹介・解題がなされてこなかった．このことは，当該問題に関する史料環境が未成熟であることを端的に示すとともに，当該研究を進めていく上では解決すべき課題の所在の1つを示すものともなっているとい

えよう．この点を踏まえて，以下本節では，『彙報』の解題をおこない，次節の内容検討の前提を確保すると同時に，当該問題追究における史料環境整備の一階梯としておきたい．

　『彙報』は，「満洲ニ於ケル旧支那人間ノ慣習ヲ確実ナル文献タラシメ以テ将来之カ調査ノ資料タラシムル」(「編輯者序」1頁)ことを目的に編輯されたものである．この編輯・刊行の背景的契機に，「満洲国」成立に伴い，同国法典(特に民法典)に中国人をいかに位置付けるかとう課題が存在したであろうことは，同書の「編輯者序」に「本書カ日本国及満洲国ノ新立法及満洲ニ於ケル生活又ハ事実上参考ノ一端(中略)トナルコトアリトセハ編者ノ幸之ニ過キス」(「編輯者序」1-2頁)とあることからも容易に推定できる．今，実際の「満洲国」における立法体系創設に際して，『彙報』が具体的にいかに利用されていったのかは不明であるが，同書の内容を整序する形で，1936年に満洲国司法部民事司より刊行された『関東庁ノ法廷ニ現ハレタル支那ノ民事慣習』(緒言1頁，目次22頁，本文：日本語137頁／漢語；緒言1頁・本文部分142頁)の緒言で「司法関係職員ハ勿論一般法律研究者諸彦ニ好個ナルモノト信スル」と述べていることからも，『彙報』が何らかの形で「満洲国」司法当局において意識され利用されたと推定できる[13]．

　以上の点をふまえれば，『彙報』は，『満洲一般誌：草稿』(関東都督府陸軍経理部，1911年)，『関東州土地旧慣一斑』(関東都督府臨時土地調査部，1915年)，『満洲旧慣調査(全9冊)』南満洲鉄道総務部事務局調査課，1913-15年)，『関東州司法令集　附領事裁判樺太朝鮮台湾内外交渉裁判法規』(大阪屋号書店，1920年)，『満蒙全書(第6巻)：法制・移民・労働』(満蒙文化協会，1923年)，等々に代表される，関東庁や南満洲鉄道株式会社(以下，満鉄と略)を中心に蓄積されてきた満洲事変前における中国東北地域中国人慣行の実態把握作業の延長線上にあると同時に，「満洲国」における新たな民法典を中心とする法体系構築に資することを念頭に置いた，満洲国成立前における関東州中国人慣行に対する日本当局認識の集大成であると位置付けられるであろう．なお，『彙報』の編輯は，満鉄が，筒井雪郎(関東庁高等法院覆審部長裁判官)，松木俠(「満洲国」法制局参事官)，山田弘之(「満洲国」司法部事務官兼法制局参事官)の3名(肩書きは，編輯終了時の1934年4月段階のもの)に委嘱し，藤崎朋清(法学士)の原稿整

理補助を得て行われている．満鉄から委嘱を受けた3名中の後2名はいずれも満鉄社員から「満洲国」官吏に転じた人物で，「満洲国」建国当時において満鉄が果たした役割の一端を示すものともなっている．

『彙報』の目次で掲げられた主要項目は，以下の通りとなっている〔() は，判示事項および鑑定事項の数を示す〕．

緒論：法：権利及憑帖（27）

「民事慣習」

<u>第一編　総則</u>　第一章人：第一節能力（4）／第二節不在者ノ財産管理（2），第二章法律行為：第一節意思表示（1）／第二節代理（2）／第三節条件及期限（1），第三章時効：第一節総則（1）／第二節日本民法上ノ時効期間（1）

<u>第二編　物権</u>　第一章総則（31），第二章占有権：第一節占有権の取得（1）／第二節占有権の効力（6），第三章所有権（5）：第一節所有権の限界（29）／第二節所有権の取得（19）／第三節共有（7），第四章入会権（1），第五章典権（172），第六章兒（8），第七章押権又圧権（27）

<u>第三編　債権</u>　第一章総則：第一節債権ノ目的（7）／第二節債権の効力（19）／第三節多数当事者ノ債権（24）／第四節債権ノ消滅，弁済（6），第二章契約：第一節総則（8）／第二節贈与（1）／第三節売買（129）／第四節消費貸借（16）／第五節租（30）／第六節寄託（3）／第七節組合（26）／第八節和解（1），第三章不得利得（3），第四章不法行為（27）

<u>第四編　親族</u>　第一章総則（22），第二章戸主及家族：第一節総則（55）／第二節戸主及家族ノ権利義務（25），第二章婚姻：第一節婚姻ノ成立（73）／第二節婚姻の効力（13）／第三節離婚（31），第四章親子：第一節実子（5）／第二節養子（59），第五章親子間ノ権利義務（19），第六章後見（1），第七章親族会（2），第八章扶養義務（8）

<u>第五編　相続</u>　第一章：第一節総則（3）／第二節相続人（56）／第三節相続ノ効力（17），第二章相続人ノ曠欠（1），第三章遺言（2）

「民事訴訟ニ関スル慣習」

<u>第一編　総則</u>　第一章裁判所（1），第二章当事者：第一節訴訟能力（2）

／第二節共同訴訟（1），第三章訴訟手続：第一節口頭弁論（1）／第二節裁判（7）／第三節訴訟手続ノ中断及中止（1）

第二編　第一審ノ訴訟手続　第一章訴訟（8），第二章証拠（1）

人事訴訟手続ニ関スル慣習（5）

「商事慣習」

第一編　総則　第一章商人（3），第二章商号（3），第三章商業帳簿（13），第四章商業使用人（13）

第二編　商行為（1）

第三編　手形（9）

第四編　海商　第一章船舶所有者（2），第二章船員（2），第三章運送（4）

寺廟ニ関スル慣習（40）

租税ニ関スル慣習（8）

有財産ニ関スル慣習（9）

漁業ニ関スル慣習（2）

以上の目次を一読してわかるように，本書は，関東庁当局（関東庁高等法院，関東庁地方法院，関東庁地方法院出張所，関東庁民政署，関東庁臨時土地審査委員会初審部および同終審部）および日本領事が法的判断を下した，対中国人民事案件に関する判示および鑑定内容を，「大体日本法文ノ順序ニ依ツタ」（「凡例」1頁）項目に即して分類・記載したものである．なお，『彙報』内では，各判示および鑑定内容が前掲目次順に整序された形で掲載されておらず，恣意的な配列順となっており，前掲目次が事実上掲載「事項」紹介となっている．このことは，前掲『関東庁ノ法廷ニ現ハレタル支那ノ民事慣習』が，『彙報』同様の目次順をとりながら判示および鑑定事項を目次順に合わせて配列され直されていることを勘案すれば，『彙報』は「満洲国」の立法過程に照応するよう急ぎ編輯されたものであることが推察される．

次に，判示内容であるが，「判示（裁決，判決）事項→判決（裁決）要旨→判決（裁決書）：主文→事実→理由」もしくは「査定事項→査定要旨→査定理由（査定要領）」の順に記載されており，鑑定（証言）事項は同鑑定（証言）が利用された判示（裁決，判決）に続く形で「鑑定（証言）事項→鑑定（証言）要旨→

鑑定（証言）人鑑定（証言）訊問調書」もしくは「鑑定人→鑑定書」の順で記載されている．なお，1つの判示事項が1つの判例に対応しているということではなく，1つの判示事項に複数の判例が提示されている場合もある．この判示および鑑定事項（総事項数1,178件）の目次分類事項別の件数は上掲括弧内の通りだが，物権の「典権」（172件）と債権・契約の「売買」（129件）が突出していることが確認できる．「典権」とは「日本ノ買戻約款附売買ニ類似ス物ノ一担保権ニ非スシテ一種ノ用益的物権ナリ」（686頁）と理解されものであるが，具体的に取り上げられている案件の大半は土地を中心とする不動産をめぐる事例であり，「売買」に関しても同じく不動産関係の事例が大半を占めている．このことは，関東州の中国人係争案件において，土地を中心とする不動産関係案件が主要なものであったことを，別言すれば，中国人間での処理が困難な，あるいは，日本側が強く介入を必要とする案件として，土地問題を中心とする不動産関係案件があったことを窺わせるものとなっている．

　では，その判示内容に現地中国人はいかに関与していたのであろうか．次節では，この点に関して検討を加えることとしたい．

3．判示内容の根拠と中国人顧問劉心田

　前述した通り，対中国人民事案件の判示は「慣習」「固有法」に則して立論されることとなっていた．このことは，判示内容に，日本側当局の「慣習」「固有法」認識のありようが大きく反映されることを意味するものであるが，そもそも，日本側当局は，その「慣習」「固有法」の内容をいかに入手していたのであろうか．

　『彙報』の記載内容からは，それが，鑑定（証言）人からの尋問（聞き取り）によりもたらされるものだったことが確認できる．すなわち，法廷は，同様な判決前例がない対中国人民事案件に関しては，関連「慣習」「固有法」に詳しいと考えられる鑑定人からの尋問を行い，その結果を判示立論の中核に据えるという形式をとっていたのである．このことは，もし鑑定人に現地中国人が存在すれば，その「慣習」「固有法」認識が，日本側当局の同領域の認識内容に反映されていたことを意味するものであり，日本側当局の司法案件に関する原

則実態に，中国側アクターが大きく関与し得る可能性があることを意味するものでもあった．現地中国人の「慣習」「固有法」に関する認識は，『彙報』の鑑定事項（鑑定総数 1,001 件）に記録されており，その全体像を整理すれば，当該期における現地中国人の，さらには日本当局の「慣習」「固有法」に対する認識の全貌が明らかになると考えられるが，本章では，その一部を次節で垣間見ることにとどめることとして，本節では，別の視点から，この鑑定事項が内包する特徴に注目しておくこととしたい．それは，鑑定人の人選に顕著な特徴があるという点である．

鑑定に際して鑑定人として登場する人物は，中国人が 106 名，日本人が 6 名であるが，注目すべきは，鑑定回数が特定の人物に集中している点である．その特定の人物が，関東都督府顧問の劉心田（1854-1925）だった．劉心田は，121 回と突出して多くの鑑定を行っており，他の人物で，10 回以上の鑑定を行った人物が 7 名（筱候 30 回，徐瑞蘭 23 回，郭学純 17 回，谷信近 14 回，李鴻禄 12 回，杉本吉五郎 12 回，江鼎先 11 回）しかいないことを勘案すれば，劉心田の突出ぶりが確認できよう．鑑定は，判示内容立案の根拠とされるものであり，その内容は判決内容に大きな影響を与え得るものだったことは前述した通りであり，劉心田の突出ぶりは日本当局の中国側「慣習」「固有法」に対する認識において，劉心田が極めて大きな影響力を持っていたことを示しているといえよう．

劉心田は，次のような経歴を持った人物だった．1854 年 7 月 19 日，遼東半島における中核的な在来県城都市である金州で「南山劉家」と称される有力資産家に生まれる．童試の受験に失敗して以降は官途を諦め，書家・画家として名をなす一方で，現地公益事業にも積極的に参加しつつ，1885 年に清銘軍（提督劉盛休）駐防に際して現地収奪を回避するために自家の土地を提供．これ以降「金州地方一位徳高望重，為人敬仰的長者」と目されるに至った．さらに，1898 年義和団に伴うロシア軍の金州侵入の際には，ロシア軍との交渉にあたり戦闘を回避する一方で金州城内に撫民府を開設し治安を維持．日露戦争時に日本の軍政署が開設されると，現地中国人有力者の推薦を受け第一民政長に就任し，現地の訴訟裁判，公安秩序維持を担当．同時に，岩間徳也（1872-1943，秋田県出身，東亜同文書院第一期卒，関東州の教育事業に従事），王永江（1872-1927，金州出身，奉天省財政庁長，同省省長など，同省要職を歴任），曹正業（1852-1927，

金州出身,同地有力者)らと協力し,初等教育機関としての南金書院民立小学堂設立に尽力するなど,現地中国人子弟の教育事業も積極的に関与した.戦後金州民政署が開設されると同署参事員と関東都督府事務嘱託を兼務し,主に現地中国人社会と日本側当局との交渉を担当.その功績により日本政府から勲六等瑞宝章を与えられる(1912年)大連公議会顧問,関東庁経済調査会委員を歴任する一方で,1917年には日本側当局の街灯建設を名目とする増税に対する反対交渉をおこない日本側に計画の撤回させることに成功.1925年3月28日金州自宅にて病死.死後,勲四等瑞宝章を日本政府より与えられ,劉公伯良記念碑と記念堂が金州有力者の発起により建設されている[14].

　この劉心田の経歴は,土地経営に経済的基盤を置きつつ伝統的文化教養を備え現地の治安や教育などの公行政的案件に積極的に関与し現地自治の中核的人物と目されるという,中国東北地域における在地有力者層と同様のものであり[15],劉心田自身が在地有力者層の一員とであると推定してほぼ間違いないことを示すものとなっている.このことは,劉の判示内容に在地有力者層の利害関係が大きく反映されることとなることを意味するものでもあった[16].なぜなら,「旧慣重視」の「旧慣」なるものは,現地社会の中で有力者と目される者たちにより彼らの利益を保証し得る形で形成・維持されてきた既存秩序を意味するものにほかならないからである.日本側の「旧慣」による係争案件の処理という方向性は,劉心田らの在地有力者層の利益保障という方向性を結果として内包するものとなっていたのである.

　そして,この方向性をより強く押し進める上で,劉心田が単なる鑑定人にとどまらず,関東都督府顧問だったことは,有利な条件となり得たと考えられる.今,顧問の直接的影響力が具体的にどの程度のものだったのかは不明だが,関東都督(関東長官)やそれに連なる日本側当局幹部に「旧慣重視」を直接請願し得る機会を持ち得る顧問職にあるということは,「関東州内の司法権は総て関東長官の指揮命令に隷属され居る関係上,裁判官の一進一退も亦長官の一擧一笑に関係する所大なるもの」[17]だった.当時の状況にあっては,「旧慣重視」を単なる鑑定結果を超えて判決として確定する上で有利な条件となり得るからである.事実,劉は,前述経歴の箇所で述べた日本側増税などの既存秩序の変更を求める事態においては顧問という地位を駆使したことは,関東都督府(関

東庁）長官をはじめとした日本側当局幹部に繰り返し既存秩序の維持の請願をおこなっていた[18]．いずれにしても，判示内容は劉心田の鑑定内容を軸に立論され，日本側当局関係者の中には，土地問題に関する中国側の「慣習」「固有法」を尊重していくことを関東州統治の柱として維持していくことを主張する者も現れることとなっていたのである[19]．

しかし，劉心田が強く主張し判示内容に反映され，関東州における土地案件処理に依拠すべき基準と目されていた「旧慣重視」は，日本側にとって自らの土地取得における障害となる中国側の複雑な土地権利関係を温存することとなり，結果として「邦人ハ常ニ権利ノ薄弱ナル官有地ノ借地権ニテ満足セサルヘカラス斯ノ如キハ蓋シ邦人ノ発展ヲ阻害スルコト大ナリト謂フ可キナリ」[20]との状況を惹起する一面を持つものだった．このことは，日本統治下の関東州で日中両住民の相互連関が深化していく中，従来「中国人のほかに関係者なき」と目されていた案件が，日中間の対立案件へと発展しつつあったことを示すものでもあった．日本側当局にとっては安定的な中国人統治を展開するためという，また，現地有力中国人にとっては日本統治下において自らの既得権益の安定的発展環境を確保していくためという，それぞれの思惑により形成された司法判断をめぐる日中間の相互連関性が，その思惑を離れて新たな対立を生み出す契機となっていたのである．それは，相互連関が新たな相互変容の契機となることを示すものだったともいえよう．

では，このような状況に対して日本側当局と現地中国人はいかなる対応をとることとなっていったのであろうか．このことは，日中間に対立が生じている民事案件に関して日本側当局がいかなる判断を示したかを問うことでもあるが，次節では，この点を『彙報』に掲載された日中間に跨る案件事例の中で検討することとしたい．

4．日中間に跨がる案件に対する判示内容とその特徴

（1）日中間に跨がる案件に対する判示内容

『彙報』の目次から確認される，日中間に跨ることが明示された判示事項あるいは鑑定事項は，以下の通りとなっている〔（）内は目次項目（「大項目」

編：章：節：項の順）を示す〕．

(イ)「清国人間ノ取引ト日本商法」(「緒論」法：権利及憑帖)
(ロ)「日本商法及支那商慣習法又ハ慣例ノ適用範囲」(「緒論」法：権利及憑帖,「民事慣習」総則：時効：日本民法上ノ時効期間)
(ハ)「支那人間ノ既得権と日本人介入の効果」(「緒論」法：権利及憑帖)
(ニ)「支那人間ノ法律関係ト外国人ノ介入」(「緒論」法：権利及憑帖)
(ホ)「支那人ニ対スル日本民法上ノ時効期間ノ起算点」(「民事慣習」総則：時効：日本民法上ノ時効期間)
(ヘ)「日本人対支那人間ノ取引ニ因リ負担シタル保証債務ノ性質」(「民事慣習」債権：総則：多数当事者ノ債権：保証債務)
(ト)「支那人ノ日本人ニ対スル土地出租ノ性質」(「民事慣習」債権：契約：総則：租：総則)
(チ)「日支人間ノ訴訟ト裁判管轄」(「民事訴訟ニ関スル慣習」総則：裁判所)
(リ)「土地調査令ニ依ル査定の効力」(「民事訴訟ニ関スル慣習」総則：訴訟手続：裁判)（※事項名の異なる「関東庁臨時土地調査部ノ査定ノ効力」も，目次頁数からは本「土地調査令ニ依ル査定の効力」の一事例に入れられている）

このすべてを詳細に紹介する余裕は本章にはないが，各事項の概略は以下の通りとなっている．

（イ）と（ヘ）は，同一案件で提示された事項で，メリケン粉や雑貨の中国商間の取引において生じた売掛金残額の支払いを同取引担当責任者個人に求めた裁判である．日中間の取引により負担した保証債務は日本商法により連帯債務であるとして，残額は取引担当責任者個人ではなく，取引を行った商店の共同経営者で分担負担する旨の判決がなされた．ただし，判決理由には「原告代理人ハ弁論ニ際シ数人共同ニテ商取引ニ関シ債務ヲ負担シタル場合ニハ互ニ連帯ノ責任アルカ故ニ原告カ被告一人ニ対シ全部ヲ請求スルハ不当ニアラスト云フト雖モ清国人間ノ取引ニ日本帝国商法ヲ適用スル能ハサルカ故ニ此議論ハ採用セス」（2417頁）とあり，中国人間の処理に関しては「慣習」「固有法」遵守

の原則を確認している．

（ロ）と（ハ）は，同一案件で提示された事項で，原告日本人から塩鱒代金の未払い分を中国人の連帯保証人に請求した裁判である．中国人連帯保証人による原告日本人への支払いが判決されている．判決理由には「被告ハ日本人対支那人ノ間ニ於テ為サレタル取引ニ因リ負担シタル保証債務ハ商慣習ニヨリ連帯責任ニアラスシテ単純ナル保証債務ナリト抗争スルニ付キ案スルニ支那人ノ外ニ関係者ナキ事項に付キテハ従前ノ慣習ニ依ルヘシト雖モ本件ノ如ク日本人及支那人間ノ取引ニ関スル事項ニシテ商法ニ規定アル場合ニ於テハ商慣習法又ハ従前ノ慣例ニヨルヘキニアラスシテ先ツ商法ノ条規ニヨリテ規律セラルヘキハ多言ヲ要セサル処ナリ」（2117頁）とある．

（ニ）は，原告中国人が被告中国人から「典得」（「典権」を入手すること）した不動産物件を，後日，同被告中国人が「典得」中国人から「典権」を回収することなく，日本人からの融資の抵当とし，その抵当権を関東庁で登記した日本人が同物件を競売にかけようとしたことに対して，原告中国人が，日本人の抵当権抹消を求めた裁判である．判決は，大連民政署における当該物件の第一抵当権（前述の日本人が所有していたもの）の抹消を命じるものだった．その理由には，「同建物ニ対シ抵当権ヲ得タリトノ主張ハ之ヲ真実ナリトスルモ以テ原告ノ権利ニ対抗スルコトヲ得ス同代理人ハ原告ノ典権ノ効力ニ付争フ所アルモ典権ハ支那人間ニ存スル一種ノ物件ニ外ナラスト雖モ之ヲ登記スルノ途ナク又其他ノ方法ヲ以テ之ヲ公示スルヲ要セス且ツ必スシモ典主ニ於テ典物ヲ占有スルコトヲ以テ権利成立ノ要件ト為サス支那人間ノ慣例トシテ契約ト同時ニ其効力ヲ生シ其以後ニ於テハ総テ第三者ニ対シテモ其効力ヲ生スルモノ」（1781頁）であり，「右第二条（関東州裁判事務取扱令第二条を指す―引用者註）ニ依リ支那人ノ外関係ナキ事物トシテ一旦或効力ヲ生シタルトキハ其効力ハ絶対的ニ何人ニ対シテモ存スルモノニシテ其後支那人以来（ママ，以外カ―引用者註）ノ者カ同事物ニ関係スルニ至リタリトテ既定ノ権利ニ影響ヲ生スヘキ理ナキモノ」（1782頁）とある．

（ホ）は，中国人土地所有者が出典していた土地を回収しようとしたことに対し，被回収対象中国人が，前述土地所有者の回収権（回贖権）は民法上の時効を迎えており消滅しおり当該土地の所有権は被回収対象中国人にあるとして

争った裁判である．判決は，時効は認められず，回収権は承認されるというものだった．その理由には，「親族相続ニ関スル事項ヲ除ク外支那人ニ対シテモ民法ノ適用セラレル、ニ至リシハ大正十三年一月一日ナリ而シテ民法施行法第三十一条第三十二条ノ規定ニ照ラスルモ支那人ニ対スル民法上ノ時効期間ハ其施行セラレタル日ヨリ進行スルモノト解スヘキ」(2151-2152頁) とある．

（ト）は，本事項は鑑定事項であり，1915年締結の「南満洲及東蒙古ニ関スル条約」に基づき日本人が奉天省で土地商租を行う際の手続的実態が，瀋陽県で実際に土地商租を行っている川村宗嗣の鑑定書から明らかにされている．同鑑定書は，従来は，その困難性が指摘される一方で，必ずしも明らかにされてこなかった日本人による土地商租における手続き上の実態を記録した貴重な資料となっている．そこでは，日本人の土地商租が，「(中国側県知事より－引用者註) 租地契ノ発給ヲ受ケタル商租地ニ関シテハ出租地契ノ所持ヲ以テ商租権ヲ第三者ニ対抗スル最モ有力ナル方法ト為スコト日支人間一般ノ観念」(2361頁) の下，事実上中国側官憲の統制下にあり，1922年以降，新たな租契の発給が停止されるなど，日本人の土地商租が厳しい局面に至っている様子が窺える．

（チ）は，振出満期を超えた約束手形債権の支払いを中国商である手形振出人および裏書人に請求する訴訟を奉天瀋陽地方審判庁に起こし第2審・第3審で勝訴した日本法人により，敗訴後に奉天満鉄附属地における自己資産を差し押さえられた手形振出人および裏書人が，その無効を求めた裁判である．手形振出人および裏書人の訴えは却下との判決がなされた．その理由には，「支那裁判所ニ於テ既ニ確定判決アリタル以上ハ支那国法ノ許ス方法ニ基キ再審其他ノ途ヲ講スルハ格別一旦支那裁判所ニ於テ債権ノ存在ヲ認メ其給付ヲ命スル確定判決アリタル同一事物ニ関シ更ニ再ヒ帝国領事裁判ニ於テ其債権ノ有無ヲ争フカ如キハ日清通商航海条約ノ精神ニ照シ許スヘカラサルモノト認ム」(2296頁) とある．

（リ）には，次の3つの裁判が事例としてあげられている．

1つ目は，従来一族の共有地としてきた土地を関東庁土地査定に際して自己の所有地として登記し，さらには第三者に売却した被告に対して，一族がその取消を求めた裁判で，取消を認めない判決がなされた．その理由には「関東庁土地調査部カ土地ノ所有権ヲ査定シ確定セハ司法裁判所ニ於テ再ヒ其所有権ノ

確定ニ付争ヒヲ主張シ得サルモノトス何トナレハ調査部ノ所有権査定ハ原始的ニ所有権ノ帰属ヲ確定スルモノ換言スレハ創設的ニ所有権ノ帰属ヲ確定スルモノナルヲ以テナリ（中略）此点ニ於テ右認定ノ如シトセハ爾余ノ争点ハ判断ヲ須スル迄モナク原告ノ共有権ヲ基本トスル本訴請求ハ認容シ難キ」（978 頁）とある．

2つ目は，所有権が該当金州民政署備付土地台帳簿面に記載されている土地家屋を持つ被告に対して，同被告の所有権は，中国人慣習に反して購入されたものとして（未亡人が夫の財産を養子家族および親族の了解なく被告に売却したことを指す―引用者註），被告所有権の無効と土地家屋の引き渡しを求めた裁判である．判決は，控訴人の主張する中国人慣習を認め，土地台帳記載に関しても所有の絶対的根拠とならないとして，控訴人の主張を認めるものだった．その理由には，「関東庁臨時土地調査部ノ査定ハ認定的ノモノニシテ創設的ノモノニアラサルヲ以テ之ヲ絶対的ノモノト為シ難ク本件ノ如ク其原因ニ無効ノ事実アル場合ハ真ノ所有者ニ之カ返還ヲ為サシムルコトヲ得ヘキモノト謂ハサウヘカラス（中略）関東州ニ於テハ不動産登記簿ニ登記ナキ土地ニシテ土地台帳ニ記載アルモノハ其土地台帳ヲ登記簿ト看做スヲ以テ本件土地ニ付テハ被控訴人趙世貴ノ所有トシテ登記アル効果ヲ為スモ登記アルノ故ヲ以テ直ニ名実共ニ被控訴人趙世貴ノ所有地ナリト謂フヲ得サル」（2111 頁）とある

3つ目は，新たに所有権を獲得した被告中国人に対して，それ以前から典権を所持している原告中国人が，被告中国人による原告典権への侵害を排し賠償を請求できるかで争われた裁判である．判決は，被告に原告への損害賠償を命じるものだった．その理由には，「民法並ニ民法施行法カ関東州ニ施行セラレタル後ニ於テ土地調査令ニヨル査定ノ結果原告（中略）ノ典権カ創設的ニ確定シ登記簿ト見做サルヘキ土地台帳ニ登録セラレタルモノナルヲ以テ」（2143 頁）とあった．

(2) 判示内容から窺える日本側当局と現地中国人側の特徴

以上の内容から，日中間に跨がる案件に対する判示内容から窺える日中双方の特徴としては，以下の3点をあげることができよう．

1つは，日本人と中国人との間の係争案件での日本側当局の判断規準につい

てである．前項事例からは，商取引に関しては日本商法の適用が原則となっている．また，土地などの不動産に関しては，日本側土地法施行時期を分岐点として，それ以前に権利関係が成立している場合は中国人慣行への配慮を示し，分岐点以降に関しては日本側法規を適用するというパターンが確認できる．ここからは，長期存在する中国人慣行による権利関係を尊重する側面と同時に，漸次日本法規への移行・統一化を進めようとする意図を読み取ることができよう．

もう1つは，関東州外の中国側司法判断に対して，日清通商航海条約の遵法を原則にそれを尊重する姿勢を示している点である[21]．

最後の1つは，「慣習」「固有法」遵守に拘泥することなく，日本側商法をも自らの利益確保に利用する現地中国人の柔軟さである．前項事例からは，中国人慣行を盾に日本側商法適用による不利益を回避しようとする中国商や，関東庁により実施されていた土地登記制度などの中国側慣行では従来十分利用されてこなかった法規や制度を利用して利益獲得を目指す中国人，中国側の司法判断を相対化するために関東州における日本側司法判断を利用しようとする中国人の存在が確認できる．このことからは，現地中国人にとって，「慣習」「固有法」を遵守することで日本側の影響力を排除しつつ既得権益の安定と発展を図るという方法とは別に，日本側が提示する諸法を利用することで自らの発展の契機をつかむ方法が存在し，その両方を巧みに使い分ける柔軟な対応が現実的な自己の成長戦略としてあったことが窺えよう．

おわりに

本章では，対中国人民事裁判における判示内容がいかなる内実を持つものだったのかを，『彙報』の内容に則しつつ確認してきた．そこでは，中国人間の係争案件に対しては中国人慣習を適用するという原則の下，その内実が関東州内有力中国人の認識，より具体的には鑑定人であると同時に関東都督府（関東庁）の中国人顧問だった劉心田の認識に依存する側面を持っていたことが確認できた．このことは，日本側の対関東州内中国人統治が関東州内有力中国人の協力を重要な要件とすることを意味するものであり，劉心田の事例をみる限り，

中国人顧問は鑑定人を兼職することで単なる名誉職や形式的な役職ではなく，現実的な大きな役割を担い得るものとなっていたことを示すものだった．それは同時に，中国人側にとって顧問なる職が，日本による関東州支配という動かしがたい事実を前にして自らの利益を確保・発展させていく方向へ日本側当局に働きかけていく現実的な役割を持ち得るものとなり得ることを示すものでもあった．関東州の司法行政において，日本側当局と現地中国人は，顧問という職を通じて相互連関性を形成していたのである．

　しかし，この相互連関性は，前述した土地取得問題に示されるような，日中間の新たな矛盾を惹起するものともなっていた．これに対して日本側当局は，当面は中国側「慣習」「固有法」を尊重しつつも，日中間での係争案件では日本側法規の尊重を明確に打ち出す対応をとっていた．このことは，日本当局による関東州統治が持続する中で日中の相互連関的側面が拡大・深化するであろうことをふまえれば，関東州における司法判断基準を，日中を問わず日本側法規による一元化へと導いていく方向性をも持つものだったといえよう．

　他方，現地中国人側は，日本当局にとって中国側の「慣習」「固有法」と日本側法規とを巧み使い分けながら当面の利益確保を図るという対応をとっていた．ここからは，日本側法規にも自らの安定・発展を可能性とする契機を見いだしている現地中国人の柔軟さをみて取ることができよう．ただし，このような現地中国人側の対応を安定的に展開していくためには，次の2つの条件を必要としていた．

　1つは，日本側当局による日本側法規の一元化の方向性が，現地中国人の「慣習」「固有法」に根ざした利益を一挙に掘り崩すことなく，漸進的に進んでいくということである．現地中国人は，日本側法規を利用することで利益の確保を図る側面を持ってはいたが，それはただちに日本側法規へ全面的に依拠することで自らの安定・発展を確保できる状態にあることを意味するものではなかった．1920年前後のいわゆる「大連建値問題」で現地中国商が取引の金建て一元化を，いきなり旧慣を放棄するものだとして激しく反対した理由もここにあった[22]．

　もう1つは，日本側法規への一元化をめぐって形成される新たな日中の相互連関性を媒介し得る新たな質を有する中国人顧問の登場ということである．日

本側当局による日本側法規への一元化推進という方向性は，日中の相互連関を担う顧問の人物像を，現地の「慣習」「固有法」に精通した劉心田のような人物から，日本側法規の内容と運用も含めて日本側の諸事情に精通した人物への転換を迫るものでもあった[23]．とりわけ，この転換要請は，「大連建値問題」に象徴されるように，日本側の経済的停滞が長期化する中で日本法規・慣行への一元化圧力が高まることとなる 1920 年以降を機に急速に高まるものでもあった．

そして，現実の歴史は，この 2 つの条件が十分確保されることなく満洲事変さらには満洲国の樹立へと展開し，日本による関東州統治は新たな段階を迎えることとなるのであるが，この点は，後日の課題として本章を終えることとしたい．

参考文献　※註で掲示したものを除く．
関東庁編『関東庁施政二十年史』（関東庁，1926 年）
植田捷雄『支那租借地論』（日光書院，1943 年）
川畑源一郎編『満洲に於ける慣習並特殊事情より見たる判例集』（法律時報社，1940 年序）
金州区地方志編纂委員会辨公室編『金県志』（大連出版社，1989 年）

1) 劉傑・三谷博・楊大慶『国境を越える歴史認識：日中対話の試み』（東京大学出版会，2006 年）．
2) さしあたり，越沢明「大連の都市計画史（1898〜1945）（1）〜（3）」（『日中経済協会会報』134〜6 号，1984 年），柳澤遊『日本人の植民地経験―大連日本人商工業者の歴史―』（青木書店，1999 年）を参照されたい．
3) さしあたり，『帝国主義侵略大連史叢書』（全 8 冊）（遼寧人民出版社，1999 年）を参照されたい．
4) 前掲『日本人の植民地経験―大連日本人商工業者の歴史―』，塚瀬進『満洲の日本人』（吉川弘文館，2004 年）．
5) このような現地中国人の実態把握の試みとしては，さしあたり，拙稿「植民地大連における華人社会の展開：1920 年代初頭大連華商団体の活動を中心に」〔曽田三郎編著『近代中国と日本：提携と敵対の半世紀』（御茶の水書房，2001 年）所収〕，拙稿「第一次大戦前後における大連の『山東帮』中国人商人」〔本庄比佐子編『日本の青島占領と山東の社会経済　1914-22 年』（財団法人東洋文庫，2006 年）所収〕，宋芳芳「大連華人の社会的生活基盤：大連の華商公議会を中心に」〔芳井研一編『南満州鉄道沿線の社会変容』（知泉書館，2013 年）所収〕を参照されたい．
6) 関東州の人口の推移をみると，1906 年：日本人（含朝鮮人）12,792 人・中国人 360,428 人・その他外国人 39 人，1915 年：日本人（含朝鮮人）50,253 人・中国人 490,584 人・そ

の他外国人 141, 1920 年：日本人（含朝鮮人）73,896 人・中国人 593,062 人・その他外国人 179 人, 1925 年：日本人（含朝鮮人）91,376 人・中国人 665,988 人・その他外国人 441 人, 1930 年：日本人（含朝鮮人）117,846 人・中国人 820,534 人・その他外国人 734 人, 1935 年：日本人（含朝鮮人）163,000 人・中国人 955,514 人・その他外国人 1355 人, となっている〔関東庁編（1926, 6 頁）, 関東局編『関東局施政三十年史』（関東局, 1936 年）8 頁附表, 「第 13 回関東州並満洲在留本邦人及外国人人口統計表」（外務省亜細亜局, 1921 年）（『戦前期中国在留日本人統計』第 2 巻, 不二出版, 2004 年, 所収）〕.

7）『関東州租借地と南満州鉄道付属地　前編』（外務省条約局法規課, 1966 年）123 頁. なお, 当該期日・中両国の「租借地」認識に関しては, 川島真「領域と記憶：租界・租借地・勢力範囲をめぐる言説と制度」〔貴志俊彦・谷垣真理子・深町英夫編『模索する近代日中関係：対話と競存の時代』（東京大学出版会, 2009 年）所収〕を参照されたい.

8）無論, このことは, 関東州の法運用が日本国内法と同一だったことを意味するものではない. 例えば, 主権の所在に対する曖昧さは, 日本側立法権が関東州に及ばないとの判断を招来することとなり, 勅令による統治権執行が図られるなど（同上書, 148 頁）, 関東州と日本国内とは「異法地域」となっていた（同上書, 179 頁）点は留意すべきである. この「異法地帯」が持つ歴史的意味に関しては, さしあたり, 浅野豊美・松田利彦編『植民地帝国日本の法的展開』（信山社, 2004 年）を参照されたい. なお, 本章の分析対象時期となる満州事変前における関東州の司法制度の変遷概要に関しては, 関東庁編（1926）226-240 頁を参照されたい.

9）同前書, 177 頁.

10）『満洲誌附録関東州誌草稿』（関東都督府陸軍経理部, 1912 年）72 頁.

11）前掲『関東州租借地と南満州鉄道付属地　前編』, 178-9 頁.

12）前掲『満洲誌附録関東州誌草稿』, 72 頁.

13）『彙報』の利用は, 満洲国立法過程に限るものではなく, それ以降の中国人慣習に関する研究において参考資料として利用する例がいくつも確認できる. 一例をあげれば, 土肥武雄『合夥股東の責任に関する一研究：民法第六八一条を中として　経調資料 111 編』（満鉄経済調査会, 1936 年）.

14）以上の略歴に関しては, 王勝利主編『大連近百年史人物』（遼寧人民出版社, 1999 年）67-69 頁, 『泰東日報』1925 年 3 月 29 日・同年 4 月 15 日, 国立公文書館アジア歴史資料センター A10113019100「支那国人勲六等劉心田叙勲の件」, 中村義等編『近代日中関係史人名辞典』（東京堂出版, 2010 年）91-92 頁.

15）中国東北地域における「在地有力者層」は, 対内的には大豆耕作民の掌握を基礎としつつ大豆関連商品ををを軸とする中国東北地域内流通網を排他的に独占する一方で, 対外的には日本などの海外資本に対するいわば「commission merchant」的な役割を担い, その対内, 対外的特徴を巧みに運用することで海外資本の地域内流通の参与をコントロールしつつ地域内外への「富」の出入りを調整し得る存在として「有力者」と目されていた社会階層を指しており, 実存形態としては, 地主, 商人, 在地官僚という形をとっていた〔拙稿「張作霖による奉天省権力の掌握とその支持基盤」（『史学研究』192 号, 1991 年）.

16）事実, 他の 10 回以上の鑑定を行った中国人も大半が, 大連華商公議会会長をはじめとした在地有力者の一員と目される人物だった. 郭学純は大連華商公議会会長, 徐瑞蘭は西崗子華商公議会副会長, 李鴻禄は金州公議会（金州が関東州に編入されてからは金州商務会）会長, 筱候は大連華商公議会董事を務めた経歴を持っている（前掲『大連近百年史人

物』, 123-125・207-209・224-226 頁).
17) 前掲『大連近百年史人物』, 68 頁,『盛京時報』1917 年 11 月 1 日.
18) 篠崎嘉郎『大連』(大阪屋号書店, 1921 年) 135-6 頁
19) 満鉄社長室調査課編『関東州土地制度論：関東州土地制度改正に際し慣習法の尊重を望むの論 (満鉄調査資料；第 5 編)』(満鉄社長室調査課, 1922 年). このような「旧慣」をめぐる議論は, 関東都督府により 1914 年から開始される「土地整理事業」展開過程において確認することができる. 同事業において問題となる「旧慣」の内容に関しては, 江夏由樹「関東都督府, 及び関東庁の土地事業について；伝統的土地慣習法を廃棄する試みとその失敗」(『一橋論叢』97 巻 3 号, 1987 年) を参照されたい.
20) 前掲『満洲誌附録関東州誌草稿』, 112 頁.
21) この点は, 奉天省政府などの中国側公権力と関東州内中国人との関係を示す事例ともなっている. このことは本章の主題と離れることもあり後日の課題としておきたいが,『彙報』にはこれに関連する興味深い事例も掲載されている. 関東州における奉天省政府統治権の形式的な残存の指摘がそれである. 日本側当局は, 日本統治前の中国側やロシア側官憲により設定された諸権利は, 日本統治の開始とともに原則無効としていた〔判示例,「露治時代ノ民事法」(「緒論」法：権利及憑帖),「露治時代清国ノ法規改正ノ関東州内清国民ニ対スル効力」(「緒論」法：権利及憑帖). しかし, 現実には,「今尚ホ奉天ニハ (金州の—引用者註) 不動産ノ登記ヲ取扱フ役所存在」(1843 頁) し,「奉天ノ役所ニテハ金銭ヲ支ヘヽ其事実ノ真否ヲ確メシテ紅契 (公的認証がある証書—引用者註) ヲ下附ス ル」(同前) との状況にあり, 関東州の一部中国人が, この状況を利用する状況が惹起されていたのである〔判示例として,「関東州内ノ土地ニ関スル紅契ト清国官衙ノ証明ノ効力」(「民事慣習」債権：契約：総則：売買：総則),「光緒三十年以後ノ売買ト奉天役所ニ於ケル登記ノ効力」(「民事慣習」債権：契約：総則：売買：総則)〕. この状況は,「善良ナル人ノ為スヘキ行為ト認メ難ク」(1675 頁) と一蹴すればすむということに終わらない側面を持っていた. というのも, 奉天省政府が, 1923 年の所謂「旅大回収運動」以降, 関東州および満鉄附属地の裁判権および教育権の回収を正式に日本側に表明するなど, 関東庁の関東州統治に対する競合的な施策を展開し, 関東州内にその施策のいわば受け皿となる中国人を求めていくことになるからである. 日本側当局にとって, 関東州における奉天省政府統治権の形式的な残存は, 看過し難い一面を内包していたのである.
22) 「大連建値問題」に関しては, さしあたり, 前掲拙稿「植民地大連における華人社会の展開：1920 年代初頭大連華商団体の活動を中心に」を参照されたい.
23) そのような人物の一例としては劉雨田 (1870-1951) をあげることができる. その具体像の検討は後日の課題としたいが, 同人の略歴は次の通り. 普蘭店の大地主の家に生まれ, 科挙の試験に 2 度受験するも不合格. 日清戦争に際して日本軍に協力. 三国干渉後, 東京に移住し日本に帰化. 1898 年陸軍大学校教授. 日露戦争に従軍. 1912 年関東都督府嘱託. その後, 現地親日派の代表的人物として蓄財を重ねる. 日本敗戦後, 吉林省遼源に潜伏するも 1951 年逮捕され「漢奸」として処刑される (前掲『大連近百年史』, 73 頁). なお, このような新たな質を有する現地中国人に対する日本側の要請に応えることが, 関東州における有力者として存在する条件となることに関して, 劉心田も自覚的だったことが, 自らの次女を東京帝国大学を卒業し法学士だった閻伝紱 (1895-1962) に嫁がせていることからも窺える〔『泰東日報』1925 年 4 月 15 日, 金州区地方志編纂委員会辦公室編 (1989, 787 頁)〕.

8章 相反する日本憲政観
——美濃部達吉と張知本を中心に

中村元哉

はじめに

　中国近現代史における1つの重要な側面は，憲政と革命の視角から「も」整理し得る．このことは，清末民初の立憲派と革命派との対立，あるいは民国期の憲政改革と共産党による革命運動との対決といった事実からも明らかであろう．とりわけ，1930年代から40年代にかけて国民党政権が準備した中華民国憲法体制が共産党の革命によって否定され，そうして人民共和国が成立したという事実は，その象徴的出来事である．むろん，立憲か革命か，憲政か革命かという既存の枠組みの有効性そのものが揺らいでおり，筆者もそのような近年の研究潮流に共感を覚える．しかし，いずれにせよ，民国期において憲政をめぐる思想潮流が一定の重みを持っていたことは，事実として確認されなければならない（石塚ほか編，2010；村田ほか編，2010）．

　本章は，民国期の憲政思潮と日本との関係を，満洲事変から中台分断までの時期を中心に考察する．とりわけ天皇機関説論争の当事者の1人であった美濃部達吉がどのように当時の中国で認識され評価されていたのか．そして，そうした美濃部評価を含む日本憲政に対する観方の中で，当時からすでに著名な憲法学者として活躍していた張知本が自らの憲法論でどのような日本憲政観を提

示していたのかを中心に考察していきたい．

　ここで，美濃部については多くを語る必要はないだろう．彼の天皇機関説が，天皇の国家統治権を否定したために，国体に反する学説として批判にさらされていたことを指摘しておけば十分であろう．だが，張知本は多くの読者にとって馴染みの薄い人物である．そこで，まず張知本の略歴と政治思想について簡潔に紹介しておきたい（中村，2010a・b）．

　張知本は清末民初に日本で法学を学び，国民党員として中華民国憲法の制定に深く関与した民国期を代表する憲法学者の1人である．1947年に施行された中華民国憲法は1936年に公表された草案（五五憲草）に大幅な修正を加えて制定されたが，張知本は五五憲草をとりまとめる初期段階の中心メンバーの1人であった．憲法作成の責任者である孫科や，草案作成の実質的な責任者の1人で英米法系と目されていた呉経熊と比較すれば，彼はドイツや日本の影響をうけた大陸法系の学者であった．したがって，張知本の憲法論が本章の目的に合致した格好の研究対象であることは明らかであろう．

　ところで，民国期の憲政思潮をめぐる旧来の理解は，やや簡略化しておくと，次のようになる．清末の立憲改革は日本をモデルとし，辛亥革命後の民初の政治改革はフランスやアメリカの共和政の影響をうけつつも，依然として有賀長雄らを介して日本からの影響もうけていた（李暁東，2005；金子，2008；曽田，2009）．ところが，1920年代からの欧米留学経験者の増加と彼らの活躍により，たとえば憲政思潮の動向と密接にかかわる政治学の分野においてはアメリカの影響が1930年代以降に徐々に強まっていった（孫宏雲，2005）．中華民国憲法が第2次世界大戦終結後に制定される過程においても，国民政府はアメリカの法社会学を牽引していたパウンド（R. Pound, 1870-1964）に助言を求めることになった．かりにこうした整理の仕方がアメリカ要素を過度に強調するものだったとしても，1930年代の「民主・独裁」論争や1940年代の憲政運動がドイツのワイマール憲法やソ連の社会主義憲法をしばしば参照していたことから，日本以外の各国の要素が混雑していたことは容易にわかるだろう．そして，こうした事実は，満洲事変以降の日中間の政治的軍事的な緊張関係の中にあって日本の影響力が，憲政観という視点からしても，急速に弱まっていったことを物語っている，と解釈されてきた．

しかし，このような従来の認識枠組みは，どこまで当時の歴史事実を言い当てているのであろうか．このような日本憲政観理解を再考するにあたっては1920年代の中国が吉野作造をどのように論じていたのかについても併せて考察しなければならないが，本章の考察対象である1930年代に絞ったとしても，当時の有力な雑誌である『東方雑誌』からもただちに次のような事実を確認できる．それは，日本が天皇機関説をめぐって論争を繰り広げていた頃，胡澤吾なる人物が美濃部達吉を「自由で進歩的な立場から憲法を解釈」する「先進的な人物」として肯定的に評価していたことである[1]．ちなみに，胡澤吾は東京帝国大学への留学経験を持ち，のちに汪精衛政権に参加した人物である．

　こうした日本憲政観は，従来の認識枠組みの外に置かれている．だからこそ問題になるのは，1930年代以降に日中が対立した局面を迎える中で，このような肯定的な日本観が例外的なものであったのかどうか，かりに例外的で非主流だったとしても，それは結局のところ中国近現代史の中でどのように位置づけられるのか，ということである．

　確かに，『東方雑誌』が1930年代前半に掲載した日本政治に関する専論および報道の多くは日本に対して否定的である．たとえば，葉作舟「日本憲法の特質およびその現段階における政治的影響」は，元老・枢密院・軍部・貴族・官僚などの非民主的要素が政党政治を圧迫していると同時に，軍権を制限する憲法条文の欠如が天皇大権をも崩壊させ，大日本帝国憲法が得体の知れない不完全な憲法になりつつあるとして，日本を切り捨てている[2]．また，上述のような肯定的日本観は偶然に発見しただけの極めて例外的な事実であり，『東方雑誌』を発行していた民国期の有力な出版機関——商務印書館そのものが第1次上海事変（1932年）によって壊滅的な被害をうけたことから，『東方雑誌』では反日本観が主流だったはずだとの解釈も十分に成り立つだろう．

　しかし，「翻訳の黄金期」と称されていた1930年代前半の民国メディア界（鄒振環, 2000, p. 174）[3]は，日本語書籍の翻訳を中断したわけではなかった．美濃部達吉の著作にしても，『憲法講話』や『憲法撮要』など重要な著作を含めて，1930年代前半にも中国の読者に紹介され続けている（後述）．外国語書籍の翻訳に尽力し，日本のメディア技術を導入しながら発展してきた商務印書館（李家駒, 2005, pp. 43-44）も，第1次上海事変以後においても美濃部達吉の

表8-1 美濃部達吉の著作と翻訳書籍の一例

翻訳者	中国語書名	出版社	発行年	原書
王運嘉, 劉蕃	憲法講義	東京：憲学社	1907	
谷鐘秀, 馬英俊	府県制郡制要義	東京？：東華書局	1907	
張歩先, 畢厚	選挙法綱要	北京：内務部編訳所	1918	選挙法大意（1914）
欧宗祐, 何作霖	憲法学原理	上海：商務印書館	1925（初版）1927（二版）	日本憲法1巻（1921）
鄒敬芳	議会制度論	上海：華通書局	1931	議会制度論（1930）
鄧定人	行政裁判法	上海：商務印書館	1933	行政裁判法（1929）
黄屈	行政法総論	上海：民智書局	1933	日本行政法―総論（1924）
楊開甲	日本行政法撮要（上・下）	上海：民智書局・考試院	1933	行政撮要（1927〔第2版〕）※1924年出版の第1版の翻訳書もある．
程隣芳, 陳思謙	行政法撮要	上海：商務印書館	1934	行政法撮要（1933〔第4版〕）
林紀東	法之本質	上海：商務印書館	1936	法の本質（1935）
黄馮明（A）	公法与私法	上海：商務印書館	1937	公法と私法（1935）

注1：韓大元主編『中国憲法学説史研究（上）』（中国人民大学出版社，2011年）PP. 207-209が詳細に分析している．
注2：これらの翻訳書籍には，同時期に出版された別の翻訳版（著作権法違反も含む）がしばしば複数存在する．こうした出版構造については中村（2007）が解明しているが，たとえば（A）には陳正明訳『公法与私法』（漢口：陳正明律師事務所，1937年）がある．

著作を翻訳している（表8-1）．当時，美濃部達吉の教え子の1人で戦後日本の憲法学を牽引していくことになる宮澤俊義らが中華民国法制研究会を組織して民国の法制事業の展開に注目していた（西，2006）ように，同時期の中国も日本の法学に注目していた可能性がある．換言すれば，日本人研究者が台湾社会をどう認識していたのかを示す『台湾私法』が日本から台湾へと広がりをもつ東洋法制史の一環として位置づけられる（西，2009）ように，当時の法学は東アジア大の広がりを有しており，日中双方向の相互影響と相互認識の中で中国の日本憲政観が推移していったと考えられる．こうした東アジア大の枠組みの下で，まず1930年代の民国メディア界が日本語書籍をどの程度翻訳していたのか，また美濃部達吉の学説がどのように当時の中国に受け入れられていたの

かを概観し,その後に張知本の憲法論と日本憲政観について分析していくことにしたい.

1. 民国メディア界と日本語書籍の翻訳

1.1 民国メディア界の翻訳活動

近年の中国近現代メディア史研究の成果に基づけば,民国メディア界は日中戦争期を除いておおむね発展段階にあったと考えられている.

もちろん,厳密にいえば,時代や地域によって事情は異なっており,このように単線的には理解できない.たとえば,日中戦争期には,戦時首都重慶を中心とする国民政府統治地区は停滞傾向にあったものの,沿海部は日本資本のメディア界への参入によってむしろ発展していた――あくまでも数量的な次元にとどまる――(周佳栄編,2007, pp.177-178) という見方も可能である.また,第2次世界大戦終結後の1940年代後半には,国共内戦の直接的な影響を受けた東北地方や延安を中心とする共産党統治地区は南京や北平(北京)・上海・広州ほどには復調せず,そうした地域偏差を含んだメディアの復興・発展段階であったことも確認されている(中村,2004, pp.127-144).

しかし,民国期全体を鳥瞰すれば,緩やかに発展していたと総括し得るのであり,その発展の過程は通信網の整備や外国語書籍の翻訳活動といった当時の国際関係とも密接にかかわっていた(中村,2007;貴志,2009).当時から翻訳活動は盛んであったと評されてきたが,こうした同時代的な評価は李家駒(2005) が整理した表8-2や鄒振環(2000)をはじめとする今日の研究成果と照らし合わせてみても妥当であろう.

1.2 翻訳書籍と日本

ところで,外国語書籍の翻訳活動を分析した表8-2からは,日本語書籍からの翻訳の割合がその他の言語と比較してもかなり高いことがわかる.こうした日本語書籍の翻訳状況をどのように理解すればいいのであろうか.

一般論として,日本語書籍の翻訳活動は留日ブームを背景として清末民初に

表 8-2　商務印書館の翻訳書籍（1897-1949 年）

ジャンル	イギリス	日本	アメリカ	フランス	ドイツ	ソ連
（不明）	76 11.99	109 17.19	34 5.36	14 2.21	11 1.74	5 0.79
工業技術	12 14.46	31 37.35	20 24.1	4 4.82	3 3.61	1 1.2
小中教科書	2 4.26	15 31.91	19 40.43	0 0	1 2.13	0 0
中国文学	0 0	10 83.83	0 0	0 0	0 0	0 0
心理学	11 15.28	3 4.17	40 55.56	4 5.56	8 11.11	0 0
文化科学	6 35.29	3 17.65	7 41.18	0 0	0 0	0 0
文物・考古	1 12.5	4 50	0 0	2 25	0 0	0 0
文学理論	3 18.75	3 18.75	7 43.75	0 0	0 0	1 6.25
世界文学	0 0	3 30	3 30	1 10	0 0	1 10
外国文学	258 33.77	27 3.53	82 10.73	136 17.8	46 6.02	79 10.34
交通・運輸	2 25	0 0	4 50	0 0	0 0	1 12.5
地理	26 25.74	15 14.85	18 17.82	10 9.9	1 0.99	1 0.99
自然科学	97 19.68	178 36.11	103 20.89	25 5.07	34 6.9	4 0.81
宗教	6 15.38	6 15.38	3 7.69	9 23.08	2 5.13	0 0
法律	6 6	45 45	15 15	6 6	5 5	2 2
社会科学	17 18.09	19 20.21	31 32.98	5 5.32	5 5.32	2 2.13
政治	49 28.32	20 11.56	48 27.75	5 2.89	6 3.47	3 1.73
軍事	4 14.81	3 11.11	5 18.52	2 7.41	7 25.93	1 3.7
哲学	51 26.29	37 19.07	40 20.62	18 9.28	26 13.4	2 1.03
教育	14 8.54	26 15.85	81 49.39	3 1.83	7 4.27	1 0.61
伝記	16 22.22	9 12.5	15 20.83	8 11.11	6 8.33	0 0
経済	60 17.44	96 27.91	81 23.55	20 5.81	19 5.52	7 2.03
農業経済	1 4.55	13 59.09	6 27.27	0 0	2 9.09	0 0
総合図書	0 0	2 100	0 0	0 0	0 0	0 0
言語・文学	20 23.81	3 3.57	12 14.29	8 9.52	6 7.14	6 7.14
歴史	30 20.13	32 21.48	27 18.12	19 12.75	3 2.01	4 2.68
医薬・衛生	5 6.33	40 50.63	16 20.25	0 0	4 5.06	1 1.27
芸術	9 22.5	7 17.5	7 17.5	3 7.5	2 5	4 10
スポーツ	5 15.63	2 6.25	17 53.13	0 0	1 3.13	0 0
総数	787 20.28	761 19.61	741 19.1	302 7.78	205 5.28	126 3.25

注：各項目の下段の % は，各ジャンルにおける割合を示す．
出所：李家駒（2005），pp. 180-181.

表 8-3　翻訳書籍の年度統計－日本語書籍－（1911-49 年）

年度	日本語から中国語	その他の言語から中国語
1911	39	62
1912	20	78
1913	49	108
1914	50	173
1915	26	114
1916	12	86
1917	20	105
1918	15	75
1919	19	75
1920	27	102
1921	20	132
1922	22	143
1923	32	176
1924	39	186
1925	34	177
1926	53	204
1927	60	221
1928	106	360
1929	176	628
1930	180	714
1931	152	557
1932	117	412
1933	168	667
1934	160	689
1935	190	708
1936	192	796
1937	142	692
1938	69	412
1939	70	456
1940	68	493
1941	68	447
1942	45	261
1943	43	359
1944	33	340
1945	22	318
1946	15	437
1947	23	537
1948	26	531
1949	22	443
年代不詳	68	248

出所：王奇生（2008），p. 47.

表8-4 翻訳書籍の年度統計－各国別－（1911-49年）

年度	国別・言語別	翻訳書籍数	年平均	割合（%）
1911-27	日本	537	31.6	24.2
	アメリカ	470	27.6	21.2
	イギリス	515	30.3	23.2
	ソ連	130	7.6	5.9
	フランス	161	9.5	7.3
	ドイツ	95	5.6	4.3
	その他・不詳	309	18.2	13.9
	合計	2,217	130.4	100
1928-37	日本	1,583	158.3	25.4
	アメリカ	1,284	128.4	20.6
	イギリス	983	98.3	15.8
	ソ連	591	59.1	9.5
	フランス	465	46.5	7.5
	ドイツ	429	42.9	6.9
	その他・不詳	888	88.8	14.3
	合計	6,223	622.3	100
1938-49	日本	504	42	10
	アメリカ	1,252	104.3	24.9
	イギリス	708	59	14.1
	ソ連	1,197	99.8	23.8
	フランス	328	27.3	6.5
	ドイツ	263	21.9	5.2
	その他・不詳	782	65.2	15.5
	合計	5,034	419.5	100
年代不詳	日本	68		27.4
	アメリカ	56		22.6
	イギリス	37		14.9
	ソ連	23		9.3
	フランス	17		6.9
	ドイツ	18		7.3
	その他・不詳	29		11.7
	合計	248		100

出所：王奇生（2008），p.54.

ピークを迎え，それとは対照的に，満洲事変・第1次上海事変・新生事件[4]，そして日中戦争をそれぞれの節目として1930年代から次第に減少していった，と考えられている．つまり，本章が対象とする1930年代から40年代の時期は日本語書籍の翻訳活動が停滞した時期だと総括されている（実藤・小川編，1956；譚汝謙主編，1980）．

ところが，こうした通説的理解は必ずしも事実に即さない．王奇生（2008）によれば，日本語書籍の翻訳活動は，1928年から37年にかけて，むしろ最盛期を迎えていた．このことは，王奇生（2008）の緻密な実証分析を裏付けている表8-3と表8-4に端的に示されている．

表8-3と表8-4からも分かるように，日本語書籍の翻訳活動は，1928年から37年にかけて他の外国語書籍のそれを圧倒的に凌駕していたわけではなかった．しかし，それでも中国語に翻訳された外国語書籍の中では，日本語書籍が依然として第1位の座を占めていた．しかも，翻訳書籍全体の数量が清末から1930年代にかけて増加していったことから，1928年から37年までの日本語書籍の翻訳活動は清末民初よりも盛んになっていたことが分かる．当時の中国は新しい知識・思想・学術を各国から吸収し続けており，その輸入先の1つが依然として日本であった，ということである．この事実を，1930年代から40年代の憲政思潮と関連づけながら，詳細に検討していきたい．

2. 民国期の憲政思潮と日本——美濃部学説の受容

2.1 民国期の憲政思潮と日本の法学

あまり知られていないかもしれないが，中国の憲法制定史において1930年代から40年代は重要な時期である．蔣介石を中心とする国民党政権は1933年から憲法制定の準備を本格化させ，1936年に五五憲草を公表した．憲政への移行は日中戦争の勃発によって中断したが，戦時期にも政権と社会を巻き込んだ憲政運動が度々高揚し，憲法草案をめぐる議論は続いていた．そうした戦時期の憲政をめぐる諸活動を経て，1946年に中華民国憲法が制定され，翌年に公布・施行されたのである．したがって，当該時期のメディア界も憲政問題に

表 8-5　日本の法学と主な翻訳書籍（1930-49 年）

翻訳者	中国語書名	出版社	発行年	原著者
関錦輝	刑法論文集	北平：朝陽大学	1930	大場茂馬
彭学沛	国際公法概要	上海：神州国光社	1930	泉哲
胡長清	日本刑法改正案評論	上海：会文堂新記局	1931	岡田朝太郎
劉仁航	民法与社会主義	上海：商務印書館	1931	岡村司
胡長清	婚姻法之近代化	南京：法律評論社	1931	栗生武夫
薩孟武	憲法的原理及其運用	上海：新生命書局	1932	森口繁治
謝冠生	行政裁判法	上海：商務印書館	1933	美濃部達吉
黄屈	行政法総論	上海：民知書局	1933	美濃部達吉
楊開甲	日本行政法撮要	上海：民智書局・考試院	1933	美濃部達吉
程隣芳ら	行政法撮要	上海：商務印書館	1934	美濃部達吉
韓逋仙	国際法学界之七大家	上海：商務印書館	1936	寺田四郎
陳汝徳	行政法学方法論之変遷	北平：北平大学法商学院	1937	村杉章三郎
韓桂琴	国際法	上海：商務印書館	1937	横田喜三郎
王履中	行政法総論・各論	？：政法学校	不詳	副島義一

出所：何勤華（2006），pp.245-251，295-297，329-337，416-421，538-543．なお，一部は表 8-1 と重複している．

は高い関心を示し，幾多の論評を掲載してきた（西村，1991；中村，2004）．

　「はじめに」でも触れたように，この時期の憲政論はアメリカ要素を抜きにして語ることはできないが，ドイツやソ連をはじめとする各国からの影響が混在していたことも忘れてはならない（中村，2011）．だからこそ，ここで問題になってくるのは，このような憲政思潮の中で日本要素がどの程度あり，日本の憲政にかかわる成果や議論がどのように認識されていたのかということである．

　表 8-3・表 8-4 の翻訳活動をさらに分野別に分析すると，社会科学のうち法学部門については，民国期全般を通じて日本の存在感が他国に比べて高かったことが実証されている（王奇生，2008）．もっとも，雑誌論文と新刊書籍の目録を毎号掲載していた『人文月刊』の情報によれば，1931 年から 36 年にかけて発行された政治・法律分野の新刊書籍のうち，日本語から翻訳された新刊書籍数はけっして多くはなかった．だが，『人文月刊』には掲載されていない書籍も多数あり，たとえば憲法・行政法・民法・商法・刑法・国際法の分野に限っ

てみれば，表 8-5 のような事実も別に確認できる．したがって，日本の法学が 1930 年代以降にも一定の注目を集めていたことは間違いない．

2.2　民国メディア界と美濃部学説——1930 年代から 40 年代を中心に

以上のように日本の法学が受容される中で，1930 年代の民国メディア界は，それ以前と同じように，美濃部達吉の著作を中国に紹介し続けた（表 8-1)[5]．

表 8-1 からもわかるように筆者は，現時点において，美濃部達吉の代表的な著作である『憲法講話』と『憲法撮要』の翻訳書籍を確認できていない．だが，『憲法撮要』は，『行政裁判法』とともに早くから複数の人々によって翻訳されていた[6]．また，国家法人説と天皇機関説を唱えた『憲法講話』と『憲法撮要』は，しばしば肯定的に引用されていた．その一例は，「はじめに」でも触れた胡澤吾論文である．同論文は次のように述べている．

> 美濃部氏の憲法学説は立憲主義に基づくものであり，その中心の概念は「国家法人説」と「天皇機関説」である．（中略）．1912（明治 45）年，美濃部氏は『憲法講話』——すなわち今日流行している『憲法撮要』の前身——を発刊した．彼はこの書で立憲主義思想を存分に展開しており，同書は日本の自由〔主義的〕学説を代表する憲法著作だといい得る[7]．

この胡澤吾論文は，美濃部達吉が忠君観念から完全には脱し切れていないと批判しながらも，行政権が肥大化しつつあった当時の日本において，彼の学説こそがやはり「進歩的で自由だ」と評したのであった[8]．

ここで確認しておかなければならないことは，こうした肯定的な日本憲政観が日本留学経験者のうち，のちに汪精衛政権に参加することになる胡澤吾のような人物にのみとどまっていたわけではないことである．のちの日中戦争期に重慶に逃れることになった陳啓修[9]は，美濃部の憲法学説が『日本憲法 1 巻』（1921 年）に凝縮されているとの認識に立って，同書の翻訳本『憲法学原理』（商務印書館，1927 年）の序文で次のように解説している．

> 私の個人的な考えに基づけば，本書には 2 つの優れた点がある．1 つは

原理を研究している点であり，もう1つは最新の研究をおこなっている点である．(中略) 管見の限り，原理面の研究を満足におこない得ているのは次の4冊しかないだろう．(1) エスマン『比較憲法学』(A. Esmein, *Eléments de Droit Constitutionnel Français et Comparé*), (2) イェリネック『一般国家学』(G. Jellinek, *Allgemeine Staatslehre*), (3) デュギ『憲法学』(L. Duguit, *Traité de Droit Constitutionnel*), (4) 美濃部達吉『日本憲法1巻』. (中略).

　上述の4書は原理の研究においてそれぞれに長所をもっているが，最新さ (up-to-date) という点においては，やはり美濃部が抜きんでている[10]．

　こうした1920年代後半における美濃部学説に対する極めて高い評価は，満洲事変以降の中国にも引き継がれた．だからこそ，表8-1のような翻訳書籍が1930年代にも出版され続けたのであり，美濃部達吉らの日本の行政法学が1930年代の中国における行政法学の基礎となったのである (何勤華, 2006, pp. 322-323)．また，美濃部の『公法と私法』は短期間のうちに3種類の翻訳書籍が出版されるほどに注目を集め，現代中国においても，当時の公法と私法との関係を系統的に説明できていなかった国際学界の研究空白を埋めるものであるとの高い評価を得ている (何勤華, 2006, p. 163)．事実，翻訳書である『公法与私法』の巻頭には，次のように記されている．

　　法学の領域において「公法と私法」は新しく提起された問題であるが，その学術面での重要性は何名かの学者によってすでに認められている．この問題を扱った著述について述べるならば，本書のように具体的かつ系統的な研究は，日本の独創的な見解であると同時に，欧米の先進諸国ですらほとんど見かけないものである．訳者が本書を翻訳した動機は，わが国の静寂とした法学界に幾ばくかの刺激を与えたいからである．
　　著者は（中略）日本法学界の重鎮であり，憲法学と行政法学の権威である．昨年（1935年），その「天皇機関説」が日本の政界に大きな波紋──いわゆる「国体明徴」問題を引き起こし，岡田内閣を崩壊させる第一弾となるところであった．本書は〔美濃部〕博士が逆風の中で出版した著作で

あり，(中略)「天皇機関説」とは直接関連していないが，本書を通じて博士の法学思想の一端をうかがい知ることができる．

ただし，美濃部達吉の著作が中国語に翻訳されるにあたり，その大意は歪曲されなかったとはいえ，中国語版が必ずしも原文に忠実に翻訳されていたわけではなかった．たとえば表8-1の『法之本質』は，法理の不足が中国の法の停滞を引き起こしているとの強い危機感の下で出版された[11]が，当時の中国の立場に配慮して，原書145頁に記された2つの原則を訳出していない．また，美濃部達吉に対する評価が全般的に高かったからといって，憲政問題を論じていた1930年代から40年代の中国が日本の憲政論ないしは法学を絶えず高く評価していたわけではなかった．表8-3・表8-4・表8-5からも推測できるように，日本の法学書籍は1940年代に入るとほとんど翻訳されなくなったのである．つまり，美濃部評価を含む日本憲政観を過大に評価してはならない，ということである．そして，こうした日本憲政観とは一線を画する憲政思潮に位置していた憲法学者こそが，次節で確認する張知本であった．

しかし，張知本を紹介する前に，ここで，もう1点だけ確認しておきたい点がある．それは，これまでに触れてきた日本憲政とは大日本帝国憲法に基づく「戦前」の日本憲政であって，日本国憲法に基づく「戦後」の日本憲政を指しているわけではない，という事実である．このことをここで特に強調しておきたい理由は，戦前の日本憲政は評価しないが戦後の日本憲政は評価する，という歴史事実を見落としたくないからである．つまり，表8-5は，1940年代後半の中国が日本憲政を無視し続けていたことを即座に示しているわけではないのである．このことは，次節で検討する張知本の憲法論から十分に読み取れる．

3. 張知本の憲法論と日本憲政観

3.1 五五憲草作成時

張知本は清末に日本へ留学し，法政大学で民法・刑法・国際法を学んだ．張知本自身の回想によれば，民法は梅謙次郎（清末の日本人顧問）に，刑法は岡田

朝太郎（清末の日本人顧問）に，国際公法は中村進午（彼の翻訳書は中国の国際公法研究の先駆となった）に，法理は筧克彦（上杉慎吉らの天皇制国家主義に同調しつつも，のちに穂積八束の天皇主権説を国体に反する権力主義として批判）に，憲法は清水澄（大正・昭和天皇に憲法学を講じた最後の枢密院議長，日本国憲法施行日に自殺）に学び，併せて，日本の琉球処分に法的根拠を与えたのが中村進午だったと別に述懐するなど，日本からの影響を強くうけていた[12]．こうした記憶と理解が正確かどうかは措くとしても，憲法学で清水澄の名前が取り上げられ，琉球処分と関連付けて日本の国際法が論じられていることが示すように，張知本は国益やナショナリズムを重視する文脈で日本の法学や憲法学を吸収していたことがわかる．少なくとも，張知本が大陸法系の憲法学から強い影響をうけていたことだけは間違いない．

　張知本は，日本から帰国した後，司法制度の整備に着手し，とりわけ軍権が司法に介入するのを防ごうとした．こうした姿勢はたびたび蔣介石との軋轢を生み，それゆえに2度の党籍剥奪処分をうけた彼は，反蔣介石グループによる「太原約法」（1930年）の作成過程に関与することになった．1933年に憲法草案委員会の副委員長に任命されると，「現役の軍人は総統になることはできない」との条文を起草したが，その採用が見送られたことなどから，同委員会の職を早々に辞した．ただし，蔣介石との政治的距離が反国民党や反孫文に転嫁したわけではなかった．事実，張知本は終始一貫して三民主義を国家統合の軸とし，三民主義を原則とする五権構想を主張し続けた（中村, 2010a）．

　以上のような経歴をもつ張知本の政治思想の特徴とその憲法論の特徴は，次のようになる（中村, 2010a）．

　個人の自由と権利は最大限に保障されなければならないが，経済的社会的平等を脅かす契約の自由や財産権については制限してもよい．なぜなら，こうした新たな政治思想の潮流は，第1次世界大戦後のドイツとソ連で実際に生まれているからである．前者はドイツのワイマール憲法であり，後者はソ連の社会主義憲法である．このように社会を安定化させながら，三民主義に基づく国家統合という観点から国権の強化を目指し，立法権の暴走化を警戒しなければならない．

　ただし，誤解してはならないのは，軍権の専横化を嫌悪していた張知本が一

貫して軍権の放漫な拡大を容認せず，中央と地方との権限を明確に分離した上で地方分権化を積極的に推進していたことである．加えて，法律によって個人の自由や権利を侵害することにも強い不快感を表していた．つまり，法律の留保をともなうことなく個人の自由や権利を憲法で直接保障しようとしていた張知本は，立法権を制約することで行政権の拡大を画策していたわけではなかったのである．張知本は，行政権や立法権などの専横化に歯止めをかけるための仕組みとして，最後の意思決定が民意に委ねられる全民政治型の体制——五権下の国民大会制——を最も重視していた．そして，そうした民主政治が憲法に基づいて機能するためには，法治精神を社会に定着させなければならず，そのためには司法制度を充実させなければならないとした——ただし判例や解釈によって司法権が肥大化していくことにも警戒していた．

　要するに，張知本は，真正な自由主義者とは言い難いかもしれないが，国家権力の暴走を防ぎ，個人の自由と権利を確立しようとした点において，間違いなく立憲主義者であった．国家の生存を図りつつも国権は無制限ではないとして，民選の国民大会が憲法解釈権を有さなければならないと主張した（中村，2010a）．

　以上のような憲法論は『憲法論』(1933) として体系的に示されたが，ここには各国の憲政に対する様々な観方が含まれていた．たとえば，立法権の専横化に歯止めをかけようとした姿勢は反イギリス的であり，三権の均衡を保とうとするアメリカに近かった．また，地方分権化に理解を示している点においても，アメリカに近かった．そして，立法・行政・司法の3権が暴走しないようにするための全民政治という視角に立てば，ソ連やドイツ（ワイマール憲法）を高く評価する傾向にあった．とりわけ，ソ連の社会主義を評価しつつも一貫して反共主義者であった張知本は，孫文の構想した憲政がソ連の一党独裁とは同じではないとして，ワイマール憲法下のドイツに最も好感を抱いた[13]（中村，2011）．さらに，言論・出版・集会・結社などの自由を最大限に保障し，しかも憲法で直接保障しようとする考え方はアメリカ合衆国憲法修正第1条をモデルとしていた（中村，2010b）．

　こうして各国の憲政を評価する中で，張知本は自らの法学の基礎を身につけた日本をどのように認識していたのであろうか．

張知本は，清末の欽定憲法大綱から民初の中華民国臨時約法までのモデルが日本・イギリス・アメリカへと順次変化していったとし，第1次世界大戦以降の世界が民主政治に転換していったにもかかわらず，日本は君主主義の色彩を最も濃厚に残したとして戦前の日本憲政を酷評した（張知本，1933, p.76）．行政権についても，日本はその肥大化を制限できず，憲法に列挙されていない自由や権利さえも制限される可能性があると厳しく批判していた．たとえば，天皇大権の日本は戒厳令の発布に議会の同意を必要とせず，緊急命令の発布をも認めていることから，世界の主たる潮流とは一線を画している，とみなした（張知本，1933, pp.193, 196）．

　総じて，1930年代の張知本は日本の憲政を否定的に捉えた．さらに，管見の限り，彼が批判していた日本憲政の問題点を改善しようとしていた美濃部学説にも一切触れていない．つまり，1930年代以降の中国では日本の憲政論が少なからず参照されていたにもかかわらず，日本で法学を学んだ張知本は自らの憲法論において否定的な日本憲政観のみを展開していたことになる．通説でしばしば強調されてきたように，日本の存在感が1930年代以降に低下し，それと並行して反日本観が醸成されていたことも確認しておかなければならない．

3.2　中華民国憲法制定時

　だが，張知本の場合，1930年代の日本憲政観が1940年代にもそのまま持ち越されたわけではなかった．第2次世界大戦終結後に日本が大日本帝国憲法を廃止して日本国憲法を施行すると，その日本憲政観は変化した．

　そもそも張知本は，自らの憲法論を支えていた各国の憲政に対する観方を，日中戦争と第2次世界大戦を通じて変化させざるを得なくなった．張知本が重視した全民政治のモデルはワイマール憲法のドイツであったが，そのドイツはヒトラー政権を生み，ファシズムへと変質してしまった．そのため，1940年代の張知本は，ソ連のプロレタリアート独裁政治もドイツ（ナチズム）の集権政治もいずれも法治から人治へと転落してしまった，とばっさりと切り捨てるようになった．国民党とともに台湾に移った1950年代以降には，新民主主義と人民民主独裁を掲げる共産党中国に対抗するという論理も加わって，孫文の三民主義と五権構想をますます頑なに遵守しようとし，そうして全民政治を実

現すべきだと主張し続けた（中村，2011）．

　このように，ソ連の社会主義憲法でもドイツのワイマール憲法でもなく五権憲法こそが世界最先端の憲法学説だと説くようになったのであるが，この主張のさらなる深層部には三権分立へと傾斜していった1947年の中華民国憲法に対する不満があった．そして，五権憲法こそが世界の2つの潮流，つまり個人の自由・権利および経済的かつ社会的な平等を同時に実現しようとする第1次世界大戦以降の世界潮流と，国際平和主義を理念として掲げる第2次世界大戦以降の世界潮流とを同時に体現している，と考えるようになった．張知本の観察によれば，この2つの世界潮流を体現している憲法は，五権憲法を除けば，フランス・西ドイツ・パナマの憲法（基本法）であり，そして戦後の日本国憲法であった（中村，2011）．

　張知本は，第2次世界大戦後の日本が戦前以上に自由権・平等権・参政権を徹底化しており，その証左が日本国憲法第11条から第14条および第25条であると指摘した．と同時に，張知本の直接保障主義論を採用した中華民国憲法が憲法に列挙されていない自由や権利を条文上保障する仕組みになったのをうけて，これは日本国憲法第11条・13条・97条にも通ずるものだと評価するようになった．中華民国憲法第23条にある自由や権利を制限し得る条件についても，日本国憲法第13条の「公共の福祉」と同列であると論じた．さらに，国際平和主義の観点からすれば，日本国憲法の前文と第9条は世界の憲法の中で最も優れていると称賛した[14]．つまり，1940年代の中国は，表8-5にも示されているように，日本の憲政論を積極的に受容し続けたわけではなかったが，この事実は戦後日本の憲政を無視し続けていたことを必ずしも意味するわけではない．少なくとも張知本の憲法論は，日本憲政観が1940年代を通じて好転していったことを示している．

おわりに

　日本の憲政論が1930年代から40年代の中国に与えた影響は，清末民初ほど強くはなかったのかもしれない（王奇生，2008；章清，2009）．しかし，日中が政治的軍事的な緊張を高める中にあっても，日本語の法学書籍は翻訳を介して受

容され続け，美濃部学説も依然として高く評価されるなど，否定的な日本憲政観のみが中国を覆っていたわけではなかった．

　もちろん，本論で浮かび上がってきた日本憲政観を質量の両面から過大に評価してはならない．事実，1930年代前半から40年代後半までの日本憲政観は，中華民国憲法の制定過程に一定の影響力をもっていた国民党員や憲法学者に対して，正負両面の複雑な反応を引き起こした．たとえば，張知本は，戦前の美濃部学説を積極的に活用しながら中華民国憲法草案の作成にあたったわけではなく，日本憲政に対する観方も厳しかった．しかし張知本は，その戦前のマイナスの日本憲政観を戦後にプラスへと変化させ，五権憲法の性格を弱めた中華民国憲法に不満を抱きながらも，同憲法が採用した自由と権利に関する直接保障主義を日本国憲法と同列に位置付けて高く評価したのであった．

　それでは，1950年代以降の日本憲政観はどのように推移したのであろうか．この点については，今後の課題とせざるを得ない．だが，この課題に取り組むにあたっては，1950年代の大陸中国における憲政論が1940年代以前のそれとどのように関連しているかについてまず分析しなければならない．課題はまだ山積している．

参考文献
〈日本語文献〉
石塚迅ほか編（2010），『憲政と近現代中国——国家，社会，個人』現代人文社．
金子肇（2008），『近代中国の中央と地方——民国前期の国家統合と行財政』汲古書院．
貴志俊彦（2009），「通信メディアの展開と国際関係」飯島渉ほか編『シリーズ20世紀中国史』第2巻，東京大学出版会．
実藤恵秀・小川博編（1956），『日本訳中国書目録——日中友好の一つの礎石として』日本学生放送協会．
章清著，泉谷陽子訳（2009），「近代的学科の形成——中国における『日本要素』の出現」貴志俊彦ほか編『模索する近代日中関係——対話と競存の時代』東京大学出版会．
曽田三郎（2009），『立憲国家中国への始動——明治憲政と近代中国』思文閣出版．
中村元哉（2004），『戦後中国の憲政実施と言論の自由　1945-49』東京大学出版会．
中村元哉（2007），「近現代東アジアの外国語書籍をめぐる国際関係——中国を中心に」『中国——社会と文化』22号．
中村元哉（2010a），「国民党『党治』下の憲法制定活動——張知本と呉経熊の自由・権利論」中央大学人文科学研究所編『中華民国の模索と苦境——1928-49』中央大学出版部．
中村元哉（2010b），「近代中国憲法史における自由とナショナリズム——張知本の憲法論と中華民国憲法の制定過程」前掲『憲政と近現代中国』．

中村元哉（2011），「世界の憲政潮流と中華民国憲法——張知本の憲法論を中心に」村田雄二郎編『リベラリズムの中国』有志舎．
西英昭（2006），「中華民国法制研究会について——基礎情報の整理と紹介」『中国——社会と文化』21号．
西英昭（2009），『『台灣私法』の成立過程　テキストの層位学的分析を中心に』九州大学出版会．
西村成雄（1991），『中国ナショナリズムと民主主義——20世紀中国政治史の新たな視界』研文出版．
村田雄二郎ほか編（2010-11），『新編原典中国近代思想史（全7巻）』岩波書店．
李暁東（2005），『近代中国の立憲構想——厳復・楊度・梁啓超と明治啓蒙思想』法政大学出版局．

〈中国語文献〉
韓大元主編（2011），『中国憲法学説史研究』上巻，中国人民大学出版社．
何勤華（2006），『中国法学史』第3巻，法律出版社．
李家駒（2005），『商務印書館与近代知識文化的伝播』商務印書館．
譚汝謙主編・小川博編輯（1980），『中国訳日本書綜合目録』中文大学出版社．
孫宏雲（2005），『中国現代政治学的展開——清華政治学系的早期発展（1926至1937）』三聯書店．
王奇生（2008），「民国時期的日書漢訳」『近代史研究』．
張知本（1933），『憲法論』上海法学編訳社．
　※復刻版（中国方正出版社，2004年）を使用．
周佳栄編（2007），『近代日人在華報業活動』三聯書店．
鄒振環（2000），『20世紀上海翻訳出版与文化変遷』広西教育出版社．

1）胡澤吾「日本憲法学上天皇機関説之論争」（『東方雑誌』32巻10号，1935年5月16日）．
2）葉作舟「日本憲法的特質及其対於現段階政治的影響」（『東方雑誌』30巻7号，1933年4月1日）．
3）とりわけ1934年と1935年は「翻訳の年」と称されている．
4）日本は，上海の週刊誌『新生』（2巻15号，1936年5月4日）が日本の皇室を冒瀆した論文を掲載したとして，中国へ抗議した．同年7月に『新生』の責任者杜重遠が処罰され，一応の解決をみた．
5）美濃部学説がなぜ受容され続けたかについては，独立して考察されるべき課題である．本論は日本語書籍の翻訳状況と日本への留学経験をもつ法学者の存在を美濃部学説受容の背景として指摘しているわけだが，このほかにも，近代中国のリベラリズム思想の受容と展開，および軍権を掌握していた蔣介石の独裁化傾向に対する政権内外の批判も美濃部学説受容の1つの背景であったと考えられる．なお，美濃部の憲法学と行政法学がどのように具体的に受容されたかについては，憲法学者による分析を俟ちたい．
6）「訳者序」（美濃部達吉著，程隣芳・陳思謙訳『行政法撮要』商務印書館，1934年）．
7）前掲胡澤吾論文．
8）同上．

9) 陳啓修（1886-1960）は四川省中江県の出身．日本とソ連への留学経験をもち，汪精衛が武漢国民政府を指導していた 1920 年代後半に，武漢『中央日報』で中心的な役割を果たした．日中戦争期には重慶で国民参政会参政員として活躍，戦後に重慶大学商学院院長を務めるなど，人民共和国成立以後も四川省にとどまった．
10) 美濃部達吉著，欧宗祐・何作霖訳『憲法学原理』（商務印書館，1927 年），3-4 頁．
11) 「訳者序文」美濃部達吉著，黄馮明訳『法之本質』（商務印書館，1937 年）．
12) 沈雲龍『張知本先生訪問紀録』（中央研究院近代史研究所，1996 年），16 頁．
13) この文脈において，張知本は，政党に政治を操られているフランスを否定的に評価している（中村，2011）．
14) 張知本「第二次世界大戦後各国憲法的新趨勢（1953 年）」（国民大会秘書処編『憲法講話』国民大会秘書処，1961 年）．

9章 1950年代における戦争記憶と浅い和解
——元日本軍人訪中団を中心に

楊　大慶（江藤名保子　訳）

　1956年の初秋のある日，十数人の日本人男性の一団が中南海に入った．北京市中央にありながらひっそりしたこの場所に，毛沢東主席を訪ねたのである．ジャケットとスラックスに身を包んだ一団は，この地を前後して訪れた他の日本人グループと何の変わりもないように見えたが，彼らにはただ一つだけ重要な違いがあった．ほんの10年ほど前に，この15人の男性はすべて旧日本陸海軍の将校だったのである．この元日本軍人たちは，中華人民共和国（以下，中国）政府のゲストとして，先例のない1か月にわたる中国訪問のただなかであった．

　現在の中国で，元日本軍に最も頻繁に付随する言葉は，「日本侵略軍」「日本鬼子」「日寇」などである．こうした状況はおそらく，二国間関係や民衆の戦争記憶における，いわゆる「歴史問題」の重要性を考慮すれば理解されよう．しかし一方で，戦後の日本と中国の関係構築において，元日本軍人は様々な役割を果たしてきた．日本による長く血なまぐさい中国侵略の10年後には，こうした日本の元将校が中国政府のゲストとして迎え入れられ，中国指導部の要人に会っていたという事実は，現在ではほとんどが忘れられてしまっているものの，たくさんの疑問を生起させる．彼らの訪問はどのような目的に従うものであったか．こうした訪問やその参加者の記録からは，戦争が日中両国にどの

ように記憶されていたと考えられるか．元将校が，かつて日本の侵略と占領により苦しんだ中国を訪問したという事は，旧敵との和解の兆候であるとみなせるか．もしそうならば，それはどのような和解であったのか．

戦後日中関係に関する先行研究はしばしば，戦争に関わる問題より，冷戦下の対立構造の表出，あるいは両国民の永続的な友好物語を描くにすぎなかった[1]．だが中国人研究者の劉建平や日本人研究者の大澤武司のように近年には戦争に関連する問題を中心課題に設定し，「不変の友好」関係というナラティブについては懐疑的な目を向ける研究もある[2]．本章は，元日本軍人訪中団という日中交流史において稀な事例を中心にして，戦後における日中戦争観と歴史和解の問題を検討する所存である．

1. 元軍人訪中の経緯

1.1 1950年代前半の日中関係

なぜ日本の元軍人が中国に招待されたのか．この点を理解するためには，1950年代の日本と中国の総合的な状況を再検討する必要がある．

日本と中国との関係は，国内政治情勢と冷戦構造によって形成された．1952年に連合国軍による占領統治が終了すると日本本土は独立を回復したが，日本の対外政策はワシントンの影響を強く受けていた．吉田茂首相は英国式の外交手法によって大陸を支配する中華人民共和国との関係を維持することを望んだが，米国の主張により，日本は台湾の中華民国との外交関係を回復した．経済的にも，中国は朝鮮戦争の間に侵略国のレッテルを張られていたため，日本は対中経済制裁に従った．イデオロギー面においては，多くの人が中国の共産党政権は革命の輸出を企図しており，日本に対する脅威だとみなしていた．そして，中国が戦犯として日本人を抑留し続けていることは，日本に対する敵意の表れだとする見方が主流であった[3]．

1954年12月に鳩山一郎が日本の首相になった．鳩山は前任者である吉田とは対照的に，再軍備を急ぎ，憲法改正を提起した．さらに鳩山は，独立自主の外交を実行して米国と距離をとることを目指した．その結果として，日本は対

アジア外交においてより積極的な姿勢を採るようになった．アジアとしてのアイデンティティーを強調するために，日本はインドネシアのバンドンで開催された第1回アジア・アフリカ会議に参加した．ここで日本の重光葵外相は「日本と自由世界の協力を阻害しない，相互に受け入れ可能な条件のもとでソ連，中国との正常な関係を回復する」意思を表明した．鳩山政権において，日本はソ連との国交正常化交渉に乗り出し，1956年に外交関係を回復して対ソ関係は最高潮に達した．
　日本は1952年に台湾の中華民国と国交正常化を果たしていたにもかかわらず，鳩山は前任者たちと同様に，中華人民共和国との準政府レベルでの関係構築の可能性を探った．その背景には，戦争に関わる問題が未解決であったことがある．数万の日本人がいまだ中国大陸に残されており，数百の日本人戦犯容疑者が留置されていた．戦後10年を経て，これらの日本人の家族による，彼らを帰国させたいという要望が政府への圧力となっていたのである．
　一方，中国にとって1950年代半ばの世界情勢は新しい可能性を有していた．朝鮮戦争停戦とインドシナにおける紛争解決の交渉に続いて，グローバルな冷戦は不拡大の兆候を示していた．スターリンの死去は中国にとって最大の同盟国であるソ連との関係に新しい要素をもたらした．中国はアジアの新しい独立国とつながりを築くことを狙い，平和共存五原則を表明した．中国はアジア外交での新しい姿勢を示し，周恩来首相を1955年のバンドン会議に派遣したのだった．
　鳩山の登場とソ連の対外政策における新しい平和方針はすぐに中国の対日政策に影響を与えた．対日政策とソビエトとの同盟を一致させるため，1954年末から中国は日米同盟条約や日本と中華民国との関係など，日本との基本的な相違について控えめに取り扱うようになり，代わりに日本と中国の関係回復を求めた．その結果として中国は日本との関係改善のためのいくつものステップに着手した．多くの日本人の関心に応え，中国は国内にとどまっていた数万名の日本の民間人を送還した．中国はまた約千名の戦争犯罪に問われた日本人の大多数を起訴免除し釈放した．さらにバンドンにおける周恩来と日本の閣僚である高碕達之助との面会は，日本と中国の戦後初めての最高幹部同士の面会で，1972年までは再演されなかったできごとである．それは疑いもなく，関係改

善の期待を高めた[4].

1.2 遠藤三郎：異色の旧軍人

中国は，1952年に始まった，日本に対する「人民外交」として知られる外交努力を強めた[5]．中国政府と様々な付属機関が，多様な背景をもつ日本人を中国に招待し，貿易協定にサインした．表1が示すように，1955年には日中間の訪問に急激な増加がみられる．多くの注目すべき日本人代表団や政治家たちが中国を訪れた．1920年代から活動してきた古参の保守政治家である久原房之助は，中国を訪問し毛沢東と面会した．10月には，すべての主要な政党を代表する国会議員代表団が天安門広場で開かれる国慶節の祝賀に招待された．

表9-1 中国と日本の訪問者による交流（1949年～1959年）

年	中国を訪問した日本人	日本を訪問した中国人
1949	6	0
1950	0	0
1951	9	0
1952	50	0
1953	139	0
1954	192	10
1955	847	100
1956	1,182	142
1957	1,243	140
1958	594	93
1959	191	0

出所：『中国年鑑1970』（大修館書店，1971年）302ページ．

こうした人的接触の増加と国交正常化への期待向上を背景にして，日本の元軍人の招待が中国政府によって是認されたのである．

日本側の取りまとめ役は元陸軍中将の遠藤三郎であった．ここで少し，遠藤三郎について触れておこう．遠藤は，仙台陸軍幼年学校を首席で卒業し，陸軍士官学校第26期を卒業，陸軍砲兵学校と陸軍大学校で学んだ．またフランスで学び，1927年にはジュネーブで開かれた軍縮会議に出席した．彼の軍人と

しての経歴には，満州事変の間に関東軍での任務経験があり，日中戦争期には中国で重砲兵大隊の指揮官および航空連隊の指揮官であった．後に遠藤は陸軍航空本部総務部長，軍需省航空兵器総局長官などを歴任し，中将に昇進した．また遠藤は，「神風特攻隊の父」として知られていた大西瀧治郎海軍中将と昵懇であった．1970年代に記された回顧録で遠藤は，戦時中の軍隊業務や行動について，以下のように弁解している．

> 当時の指導部の人々とは若干意見の相違もありましたが，軍人の立場上与えられた命令に従い各種の職務に全力投球，戦争に従事して来ました．そしてその戦争は客観的にはまぎれもない侵略戦争であり，その結果はあの通りの惨めな敗北でありました．従って私の動きも勿論ことごとくマイナスであったのであります[6]．

そのため，その責任は最高指導者達だけでなく，自分自身にもあると遠藤は記すが，この点について詳しくは述べていない．戦争の後に，遠藤はしばらく占領当局によって追放され，埼玉県で農業に従事することを選んだ．そしてより重要なことに，遠藤は熱心な平和主義者として，完全な軍備放棄を主張するようになっていた．朝鮮戦争が勃発し，米国が再軍備の最初のステップとして警察予備隊を日本に創設したのちには，遠藤はこれに繰り返し反対し，代替としての国際警察隊を声高に求めた．のちに遠藤は自身の墓石に「軍備全廃を訴え続けた元陸軍中将遠藤三郎茲に眠る」と刻ませた．こうした平和主義的活動により，遠藤は多くの旧軍人たちから疎外され，非難さえ受けるようになった．また遠藤は，平和主義憲法を擁護する動きのなかで，戦後に短命ながら首相に就任した片山哲につながっていた．

1955年に遠藤は，広島で開催された世界平和会議に中国代表団を率いて参加した劉寧一に会った．遠藤は，後に第1次台湾海峡危機として知られる台湾海峡の緊張が高まった状況のなか「台湾問題の解決に断じて武力を行使すべきでない事および日中両国民はお互いに復讐心を払拭すべき事」を伝えた．劉寧一は遠藤の率直な見解に感銘を受け，遠藤に中国の指導者とのさらなる意見交換のために北京を訪れて欲しいと述べた．こうして遠藤は，自身の後半生での

主題となる中華人民共和国と初めて関係したのであった.

　同年の11月,遠藤は片山哲に伴われて戦後初めての中国訪問を遂げた.他の訪問者たちがハエと蚊を除去したといわれる新中国に感動したのとは異なり,遠藤は3つの尺度を確認するつもりでいた.それは,人々が抑圧されているか,指導者たちの間に腐敗があるか,そして中国は日本に対し復讐し攻撃するつもりがあるか,である.遠藤は,そのすべてがないことを知って安堵した[7].

　この訪問中に遠藤は初めて毛沢東と面会した.毛は非常に関心を示し,冗談を込めて「遠藤のような右翼の日本軍人」と呼んだそうである.毛沢東やその周辺が遠藤について,実際にはどのように考えていたのかは明らかではない.遠藤が北京を立つ前に,廖承志は,周恩来からのメッセージを渡した.そのメッセージは,もし遠藤が元日本軍将校による訪問を組織できるならば中国は歓迎するというものであった.後に,対日政策に携わるある中国政府関係者は,日本の元軍人を招くという提案を廖承志の下での民間交流の議論に帰していた.廖は,日本の元軍人のなかにはいまだに「大東亜戦争」を信じ,日本との戦争に中国が勝利したことを疑っている者がいるため,元軍人の訪中が必要だと考えていたようである[8].このような考え方が,1950年代の半ばに北京政府が日本の右翼に働きかけ続けた動機の1つだったと考えられる.いずれにせよ,こうして元日本軍人グループの訪中が可能になった.

　中華人民共和国の初期の対日政策は,党と政府の重複構造によって管理されていた.政策方針はおそらく毛沢東と周恩来によって決定された.当時の外交部長である陳毅が率いる対外問題担当の小組が共産党のなかに設立された.辛亥革命の元老の息子で,日本の早稲田大学で教育を受け,申し分のない資格を有していた廖承志は副組長に就任した.国務院も同様の外事弁公室を有し,同じような人材配置であった.この弁公室で廖承志はやはり副室長であった.彼はまた対日関係に特化した特別な部署を率いた.廖承志が対日政策の形成と実施において中心的役割を担っていたと結論づけてよいだろう[9].人材交流の運営が中国の知日派を育成するメカニズムともなり,政策の実施や海外の非政府組織,個人等とのやり取りは様々な前線組織に任せられた.元日本軍将校の訪中団に対する中国側窓口であった中国人民外交学会はこうした組織の1つであった.

1.3 元軍人と訪中

　帰国してすぐ，遠藤は訪中を発起しようとした．遠藤は自身の近しい仲間からなる世話人会を設立した．そして旧陸軍士官学校の同窓組織である偕行社をはじめ主要な陸海軍の退役軍人団体に案内を送付し，各地で演説し，政治家，元将校や中国とコネクションを持つ人々などの様々な個人に面会した[10]．

　戦後日本における最大の変化の1つは，軍隊の役割であった．軍隊は敗北し，解隊させられた．多くの軍指導者が公判に付されるか，仮釈放の戦犯であった．ほとんどの元軍人が自分たちの人生を取り戻そうとして様々な職業に身を投じて生き延びることに必死であった．彼らの一部は新設された警察や自衛隊に参加した．少数の人々が軍事問題の専門家として立場を確立し，シンクタンクを設立するまでになった．一方，1955年まで，一部の元軍人は戦犯容疑者として中国およびソ連で拘置されていた．

　退役軍人の組織は元軍人の思想行動に著しく影響し，戦争記憶において重要な影響を及ぼしていた．戦争が終わるやいなや，占領統治の下では秘密裏にではあったが，除隊した軍人の多くが再組織するようになり，戦友会や退役軍人会として知られる組織を形成していった．戦友会は，艦船，学級や軍の部隊などの様々な単位をもとに構成され，その目的には，死去した戦友を悼むこと，参加者が所属や支援を受けている感覚を見出すことなどがあった．また，徐々に戦友会は退役軍人たちが自らの戦争体験を共有する場になっていった．日本のある社会学者が述べたように，個人は孤立していても過去の体験を追憶することにより自己アイデンティティーを強めることができるかもしれないが，このような追憶は昔の戦友たちと会うことにより，より鮮やかで確固たるものになった[11]．

　中国については，2つの対立する政府による中国の分裂により，状況は一層複雑になった．一部の元日本軍将校は中華民国政府との緊密な関係を維持していた．戦後，少人数が中国に残留し顧問あるいはその他の立場で勤務していたが，「白団」として知られる小グループは1949年以降に密かに国府に雇われていた．他の日本人と同じように，退役軍人の何人かは蔣介石の有名な「以徳報怨」の呼びかけに共鳴したのであった[12]．

1956年3月，中国人民外交学会からの正式な招待状が届いた．元軍人訪中団に北京でメーデーの行事に参加するよう招聘したのである．中国からの呼びかけは日本国内で大きな波紋を呼んだ．日本の反応は一様ではなかった．下村定元陸軍大将のようなかつて軍上層部にいた人物は，元軍人の共産中国訪問に激しく反対した．しかし元軍人の間には相当な関心があった．これらの意見の折衷として，偕行社は正式には訪問を支援したり代表者を指名したりしないことを決定したが，メンバーが訪中団に参加することには反対しなかった．そのため，遠藤は，士官学校同期卒業生からなる他の退役軍人会や個別の海軍将校らに訴えた．200余りの参加希望回答があり，そのうちの多くがこうした元軍人の集まりから推薦を受けていた．例えば内野治嘉元陸軍少佐は，53期会の代表として推薦を受けていた．こうしたものをもとに，遠藤は80人からなるリストを作成し，旧陸軍と旧海軍の元軍人にその順位決めを依頼した．最終的には，4月11日に30人のリストを完成させた．遠藤は「旧軍人団渡航趣意書」と参加者のリストを外務省に提出した[13]．

　日本政府はパスポートの発行という最後のカードを握って，展開を注意深く見守っていた．1955年の終わりには既に，重光外相は元日本軍人の中国訪問の提案について質問を受けていた．日本の軍事専門家が中国に出向くのは，中国に侵略の意図があるかを確かめるためにも良いアイディアだと思われた．重光は直接的な回答を避け，ほんの数人だけの観察で中国には侵略的意図はないと総合的に判断するのは難しいと言うにとどめた．重光は朝鮮戦争による中国を侵略者と定義している「国際情勢」が，中国自身の「善意」によって徐々に変化することを望んでいた[14]．遠藤が得た情報によると外務省内部は賛否に二分していた．内閣の次官会議の議論を経て，4月23日には政府は申請書を棄却した[15]．

　5月の半ばに日本の最有力新聞の1つである読売新聞が，この団体の中国訪問計画について半ページの記事を掲載した．そこには，世話人を含む34名の全メンバーのリストがあっただけでなく，見出しには，このメンバーは政府によって嫌疑をかけられており，そのうち3分の1が「要監視」として注視されていると記載されていた．遠藤は激怒した．遠藤は事情の解明のため読売新聞社を訪ね，記事の撤回と謝罪を要求した．さらに6月初旬には，藤井五一郎公

安調査庁長官が読売新聞に対し，中国の元軍人招待は「左翼の右翼切り崩し工作」構想の代表的なものだと断定し，近く行われる参議院選挙への影響を警告した[16]．この一連の報道の影響であったか，数名の訪中希望者が参加を辞退した．

一方，遠藤は粘り強く活動をつづけた．彼が誰に支援と助言を求めたかは興味深い点である．彼の個人的な関係は職務上旧知の元軍人の他に，内山完造や平野義太郎ら中国問題に長く関わってきた個人を含んだ．内山は中国人作家の魯迅と長い個人的な交友関係があり，平野は新中国に関する影響力のある学者であった．遠藤の接触先には山元桜月という画家もいるが，山元には一部の保守派政治家や皇族との関係があった[17]．さらに遠藤は，新設された与党である自由民主党の代表的人物を頻繁に訪問した．遠藤は当時の外相である岸信介や，設立当初の自民党幹事長の三木武夫などに面会した．国会選挙が終わった7月20日に遠藤は自民党副幹事長の中曽根康広と会い，もし参加者の人数が半分に減らせるならば許可を与えるという提示を受けた．状況を考慮し，遠藤はその条件を受け入れた．全体で30人少々であった参加者のうち，15人が政府によって承認を受けてパスポートを手に入れた[18]．

2．訪中の経過と終結

2.1　訪中団

最終的に第1次訪中団は15人のメンバーからなり，そのうち3人を除く全員が旧日本陸軍の出身であった．4人が少将かそれ以上の階級で，9人が佐級であった．最年長は67歳，最年少は31歳であった．職業はビジネスに従事する者が最も多く，少数が独立した研究者，評論家であった．長崎の原爆投下記念日である8月9日の深夜，15人の元将校は羽田空港で日本航空機に搭乗し，香港に向かった．翌日に一行は香港から列車に乗り，中国深圳に到着して，北京から派遣されてきた謝南光，蕭向前の2人に迎えられた．続く33日間，日本人一行は，様々な中国の最高指導者や政府高官に会うこと，各地の民間施設または軍事施設を訪問すること，そして余興，祝宴，あるいは単なる自由時間

を楽しむことという3種類の活動に従事した[19]．

　一団は中国の最高指導者によって迎えられた．最初に会った陳毅元帥は外交部長で，休養先からこのためだけに北京に帰京していた．それから周恩来首相，彭徳懐国防部長にそれぞれ面会した．周恩来との会談において遠藤は，裕仁天皇の叔父であり，様々な軍隊の部局に勤務したのちに日本降伏後の最初の首相になった東久邇宮からの私信を手渡した．毛沢東との会談はおそらく当初の日程にはなかった．しかし一行が北京を発つ前日，中国を離れる1週間余り前のある日に，廖承志の強い勧めにより，毛主席は一団全員と面会し自ら着席して時間を延長して議論した[20]．

　訪問者たちは様々な中央と地方政府の要人とも面談し，広範囲な問題について踏み込んだ議論を行った．そのほかにこの日本人訪問団と会見した中国人は，元国民党将官の一団であった．1937年南京保衛戦にも関わった劉斐（内密に共産党員）以外に，傅作義もまた抗日戦争に参加していた．北京では，一行は旧満洲国で勤務していた人々にすら会うことができた．これらの面会の多くは，時には祝宴の場で，また時には別々の行程として設定された．

　一団は中国に1か月を少し超えて滞在した．全33日間のうち，半分以上を北京で過ごし，残りの日程は中国の異なる地域にある9都市に滞在した．元軍人は工業，港湾，農村，教育などの様々な施設を訪問した．元軍人たちにとってハイライトの1つは軍事施設で，北京近くの戦車学校と航空学校，大連の海軍学校，南京の歩兵学校などを訪れた．

　最後に，余興，観光と少々の自由時間があった．例えば，夜行列車で中国東北部に向かう前日，北京で1日の自由時間を与えられた．ある団員によれば，彼らは当初は監視下に置かれていたが，それはすぐに消え，中国語を話せる人々は首都の街を歩き回ることができた．

　当初から提案されていたように，中国政府は全旅程の費用を請け負った．（全参加者が支払ったのは羽田空港までの地下鉄代だけであったといわれる）．中国国内では，一行は列車で移動し，時には特別専用チャーター機を使った．各団員は200円分程度の小遣いを与えられた．そのお返しに，何人かの日本人は贈答品を持参したようである[21]．

　遠藤とその一行には一つ重要な使命があった．彼らは投獄された日本人，そ

のうちの多くはかつての仲間だったが，こうした日本人を訪問することを願い出ていた．中国東北部（旧満州）滞在中は幾人もの団員が，戦犯として有罪判決を受け，撫順戦犯管理所で監禁されていた数十人の日本人に面会することを許された．また日本を離れる前に遠藤は，処刑された戦争犯罪者の家族を代表する団体から，彼らの遺骨の所在確認を頼まれていた．遠藤はこの要望を，中国の外相である陳毅と，中国赤十字の会長であった馮玉祥の未亡人である李徳全との面会で伝えた．時間は限られていたが，中国政府は調査に乗り出した．一団が香港に向けて中国を経つ前日に，中国赤十字の役人が，1949年以前に病没または国民党政府によって漢口地域で処刑された10人の日本人戦争犯罪者の遺骨を手渡し，広東地域で処刑されたと思われる人々の情報を提供した．もし一団が日本に帰った直後に受けた反応から判断するならば，これは最も成功した点だったようである．処刑された10人の日本人の遺骨を持ち帰ったために，訪問に反対していた偕行社理事長の今村均元陸軍大将が羽田空港で一団を出迎えた[22]．故人の遺族も空港に出向き，遠藤に感謝した．

　帰国後ほどなくして，遠藤は他の元将校による翌年の訪中のために動き出した．第2次訪中団は主として，1度目の訪中では自民党によって却下された人々から構成された．遠藤はより高い階級の元将校が第2次訪中団をリードするよう，数名の陸海軍将官を勧誘することに骨を折ったが，失敗した．遠藤が名簿を政府に提出したのちに，彼は中国から，聶榮臻元帥が終戦時にかけて中国北方で陸軍少将であった渡辺渡に会いたいと希望しているという航空便を受けた．渡辺は元々第二次訪中団に参加を希望していたので，その結果，訪中を実現することとなった．全体として第2次訪中団は第1次よりも少し人数が多く，遠藤を含めて18名となった．そのうち5人が将級で，6人が佐級，6人が尉級であった．陸軍がやはり多数派で，17人のうち4人以外すべて陸軍出身だった[23]．

　第2次訪中団は1957年6月22日に中国に到着し，第1次の時とほぼ同様の旅程であったが，第1次よりも少し長く中国に滞在した．中国側が最初計画したにもかかわらず，なぜか第1次訪問団とは異なり，第2次訪中団は毛沢東にも，元国民党将校の誰にも会えなかった．彼らは国防部の閣僚級官僚と多数面会し，南京にある人民解放軍高級歩兵学校の教官や士官候補生と面会して議論

を交わすことができた[24]．

2.2　その他の訪問候補者と訪中団の終焉

　2つの訪中団の他に，中国政府が喜んで受け入れようとした個人がいる．遠藤は幾人かの「大物」とされる人をリストに加えようとしたが，失敗に終わった．当初から，遠藤は東久邇宮の支援と参加を得ようとしていた．軍では上級将官として将軍階級まで上った人物で，日本の降伏直後には暫時，総理大臣を務めた．その短い在職期間中には，日本にいた中国人特派員を通して中国への遺憾の念を表明していた．東久邇宮は中国に謝罪使節団を派遣することまで意図していた．彼は第1次近衛内閣時に中国との全面戦争が勃発したことから，近衛文麿に代表を務めさせることを漠然と考えていた．しかしこうした計画は実現しなかった．わずか50日あまりで東久邇宮内閣が辞職し，連合国軍最高司令官が日本国民の海外渡航を制限したこともあって，失敗したのであった．それにもかかわらず，東久邇宮は日本敗戦後の中国指導者と中国人民の寛大さから，日本は中国に道義的な意味でも負けたのだと強く信じていた．「我々は中国に対する見方を正し，中国と中国人を尊敬しなければならない」と彼は繰り返し警告していた[25]．当時の多くの日本人と同様に東久邇宮にとって中国は，蔣介石に率いられた中華民国であろうと中国共産党のもとの新中国であろうと，それは単なる政治的な存在以上の意味をもっていたのである．

　しかし遠藤が接近した際に東久邇宮は，健康不順を口実に弁明した．そしてその代わりに遠藤に対し，中国指導者に対する手紙を持参するように依頼した．そのなかで東久邇宮はアジアにおける経済協調を形成するための中国の協力を要請し，戦争を謝罪した．1956年に中国から帰国すると遠藤は，改めて関心を示した東久邇宮に継続的に働きかけた．東久邇宮は宮内庁の反対を引き合いに出したが，遠藤は中国側に，彼は台湾との関係があるために距離をとっていると報告した[26]．興味深いことに，東久邇宮は1959年の終わりまで決して訪中を諦めることはなかった．

　東久邇宮以外にも，遠藤は多くの上級の元軍人を勧誘した．1956年の終わりに訪中していた内山完造に対して廖承志は，東久邇宮と共に畑俊六元陸軍元帥に第2次訪中団に加わって欲しいと伝えた．これは明らかに，畑は第1次訪

中団を支援したという考えに基づいたものだった[27]．また2回目の訪問について，磯谷廉介元陸軍中将の名前も挙げられた．彼らは2人とも，中国国内での日本の軍事行動に長く従事していた．磯谷は戦争のはるか以前から帝国陸軍の主要な「支那通」で，1941年末に香港が日本占領下に入ると，その総督を務めていた．しかし磯谷本人にも訪中の意欲があり，既に全く別のグループを率いて訪中することを計画していた．

最初の訪問の後に，廖承志は当時自民党所属の国会議員であった辻政信元陸軍大佐に対し，元将校の中国訪問団を組織するよう招待の手を差し伸べていた．辻はすでに1956年に訪中し，周恩来と面会していた．1957年3月に辻は9人からなる訪中団の名簿を送っていた，そのなかには，元陸軍大佐で，ノモンハン事件では参謀として処分を受けた服部卓四郎がいた[28]．そこで人民外交学会は，既に確約していた遠藤の第2次訪中団のあとに辻の訪中団を許可すると提案した．しかし，1957年半ばから中国政府は日本から退役軍人をさらに招くことについて考え直し始めており，最終的には，辻，磯谷らの訪中を拒否するに至ったのであった[29]．

後に明らかになったように，両国の内政の展開が日中関係に重要な影響を与えていた．日本国内では，1956年12月に鳩山一郎が総理大臣を辞職し，石橋湛山がその後継者となった．積年の自由主義者で中華人民共和国との関係拡大を支援していたが，石橋は健康状態の悪化によりわずか2か月しか在職しなかった．1956年2月には，石橋政権で外務大臣を務めていた岸信介が総理大臣の任務を引き受けた．4か月後には，岸は日本の総理大臣として初めて台湾の中華民国を訪問し，そこで公に蒋介石政権の大陸中国を取り戻す計画を支持することを述べた．疑うべくもなく北京は激怒したが，それでも完全には「人民外交」を諦めることはなかった．第2次元軍人訪中団が中止されなかったのは驚くべきことである．しかし第2次訪中団が中国を離れる少し前に，周恩来は日本人記者団に対して，日本政府の中国敵視の姿勢に対する強い非難を発していた．この頃には，東ヨーロッパの政治変動の影響もあり，中国政治は不穏な時期に突入しようとしていた．最初の訪問は「百花斉放，百家争鳴」キャンペーンと同時期であり，中国共産党は公開の議論を奨励していたのに対し，1957年5月までに毛沢東は反右派闘争，整風運動を開始していた．数人の日本人訪

問者は訪問の間に，粛正キャンペーンに気が付いていた．更に1958年末までに，中国は大躍進の時期に入り，台湾が維持していた沖合の島嶼への砲撃を再開した．中国外交における「平和攻勢」は終わりを迎えたかにみえた．

1958年5月2日，右翼団体に所属するある日本人青年が，長崎の中国に関する展示の外にかかっていた中国国旗を引きずり下ろした．長崎国旗事件として知られるようになったこの事件が，中国の対日関係の急速な沈滞の契機となった．北京政府は貿易協定を破棄し，人的交流を大幅に減少させた．日本と中華人民共和国の関係は1950年代はじめに接触を回復して以来の最低水準へと沈んだ[30]．

2.3　何が注目されたのか

これらの2度の訪問から，両国は何を得たのだろうか．こうした訪問は実際に何を成し遂げたといえるのだろうか．

中国政府はこうした訪問をどのように報道していたか．第1に，これらの訪問に対する公式メディアの取り上げ方には驚くべきものがある．『人民日報』は代表団の北京到着を8月13日の第1面に掲載し，その団員の階級情報まで記した．記事は空港で行われた歓迎セレモニーでの遠藤のスピーチを引用した．遠藤は「日本と中国の友好関係はアジアの平和に不可欠である」と主張し，このような友好関係の基になるものと表現して，相互理解を強調した．「私たちはこの訪問をつうじて中国を理解したいと思います」．要するに，これら日本の元将校たちは友好の先駆けとして描かれていたのである．『人民日報』はさらに中国人民外交学会主催の歓迎夕食会について報じたが，祝宴の名簿には様々な元国民党軍将校が載せられていた[31]．

近年に公開された中国側資料からは，中国政府がどのようにこの訪問を理解し対処していたかという問題に光を当てることができる．訪問の準備には党，軍（将官級の人員）と，政府（国防部，外交部）が関係したようである．例えば，2回目の訪問に対しては特別な領導小組が創設され，指導グループは廖承志，喬冠華，趙安博らが任じていた．実際，喬と趙はいずれも特定の日本人訪問者と個別に会談していた．日本人訪問者への対応において，廖承志が大きな役割を担っていた．その他の3人，呉茂蓀，蕭向前，謝南光らは実務にあたっ

ており，蕭と謝の2人は日本人訪問団を迎えるために送られ，旅行に同伴した．戦後しばらくの間は中華民国政府の駐日代表であった謝南光が，元将校に対応するという「困難な任務」において最も助けになった[32]．

　中国政府は，これらの訪問と元将校たちを本当はどのように見ていたのだろうか．第2次訪中の前夜に政府によって準備された内部向けの指針は，極めて率直な見解を伝える．指針は次のように説明する．彼らの訪問の目的は，中国の防衛と経済について調べて，中国の将来的な対日政策に関するよりよい尺度を得ることにある．これらの日本人元将校は，中国の日本人（特に元日本軍人）に対する態度に注目しており，また中国国内で進められている整風粛正キャンペーンに関心がある．「彼らのうち何人かは，情報収集の機会を探しているかもしれない」．また，中国側は日本人訪問者の軍階級をかなり真剣に考慮していた．1つは元高級幹部将校が少なくなったこと，そして中国を知る人が減ったことがあった．それとは対照的に，日中貿易への関心はより高くなったようだった．その対応として，中国は「合意を求め，差異を許容」し，中国が本当に日本と友好的協力を得たいと願っており，一切日本を侵略するつもりはないことを努力して示すことを方針とした．ただし中国はいかなる海外からの侵略も許さない．そのため，中国側は第1次の時よりもより多くの軍事施設を案内し，中国人下級将校との多くの触れ合いを許可したのである[33]．

　元敵国軍人の訪問が，中国の雅量を示すために役立ったことは間違いない．中国政府の内部指針には，最高指導者との面会だけでなく到着や出発も新聞に載るという簡単な通知が明記されていて，会見の写真は海外視聴者を対象とした出版物に使われる予定だった．さらに特定の団員は日本語での対外ラジオ放送で話すよう招待してもよいと提示した[34]．新中国の平和外交をアピールする絶好のチャンスであったことは否定出来ないだろう．

　一方，訪中団の日本人元将校がどのような印象を持ったのか．彼らの帰国後の言論活動をみてみよう．

　遠藤は世話役として，団員に旅行についてのショート・エッセイを書くように依頼し，訪問にいたった背景とその旅程を加えて謄写版の小冊子を作製した．ある日本の出版社は第一次訪中団の全団員に対して彼らの印象を本にして発表するよう勧めた．15人中8名の団員がエッセイを提出し，『元軍人の見た中共』

という本を出版した[35]．幾人かの参加者は個人の活動としてエッセイを刊行したり，口頭で発表したりした．遠藤もまた幾つかのエッセイを書いたが，彼が偕行社の雑誌に提出した短い報告は刊行されることがなかった．逆に，第1次訪中団の堀毛一麿元陸軍中将による（「H. K. 生」というペンネームを使った）批判的なエッセイが掲載された[36]．

最も多くの観察を文章化したのはおそらく，土居明夫元陸軍中将であった．堀毛と同様に，土居は陸軍ではソ連専門家でありながら終戦時に上海の第13軍参謀長を務めており，終戦直後から国民党政府に顧問として2年間雇われた．日本に帰国したのちは，土居はソ連および中国情勢を専門とする大陸問題研究所を設立し，雑誌を刊行した．1956年末に土居明夫は人気のある月刊誌の文藝春秋にエッセイを発表した．文藝春秋の編集部はそのエッセイのタイトルとして「差し向かいの毛沢東」という目を引くタイトルを提案した．彼は翌年に同じ題名の本を刊行した．その本には中国の指導者達との広範囲な問題に対する長い会話記録が含まれている[37]．

元軍人の訪中記には様々なテーマが挙げられている．第1に，ほとんどの参加者が完全に中国政府が費用を負担した訪問について説明し，正当化することに痛みを覚えていた．それは完全に無料であったが，それでも赤い中国の現実を見出すために行く価値があったと強調していた．

第2に，訪中団団員は新中国とは何かという質問に答えることに多くを割いていた．団員たちは政治，経済，社会について掘り下げて論じ，新しい共産主義体制の安定性と将来予想を確認するための様々な努力をした．幾人もの日本人団員はこの新中国を旧来のものと対照させ，大方が共産党は新時代において最終的には先導役を務めると信頼を寄せた．ごく少数の元将校は日本軍の経理部署で働いたことがあり，担当した章のすべてを中国経済の分析に費やした．店でみた日用品の詳細な価格表を記載した者もいた．驚くべきことではないが，幾人かは新中国を日本と比較していた．例えば土居は，中国の総合的な国家統制を戦時中の日本を思い起こさせると批判した．他の団員は中国と対照しながら日本の荒れやすい国会を比較検討した．従来は中国の共産主義に批判的であった何人かの団員は，逆に評価すべき点を指摘した．彼らは中国の軍関係者が与えられた立場に最も印象付けられたが，それは戦後日本に嘆きを込めて比較

した点であった．中国では，日本とは対照的に，愛国主義が広く採用されていると記した者もあった．国旗は尊重されるべきだ！　このようにして，中国訪問は彼らの戦後日本に対する保守的な批判を強化した[38]．

　第3に，多くの注意が中国外交に振り向けられており，特に日本および共産主義の同盟国であるソ連との関係が，日本人訪問者の関心を自然と集めていた．もっともなことであるが，彼らはとりわけ，ソ連との同盟，米国と日米同盟，そして日本への見方にかかわる中国外交に関心があった．中国の指導者たちの，中国は日本が反米的になることを望まないという再保証の言葉を記録した者もいたが，両国の懸け橋の役割を担った多くの者が納得しなかった．彼らは，もし日本がその国土から米軍を追い払うことを北京が期待するのであれば，中国がソ連への信頼を減退する様を目にしたいと考えていた．土居は中国とその同盟国ソ連との間には摩擦が生じると予測していた．

　予想された通り，日本人団員の見方は鋭く分裂していた．遠藤にとっては，日本に対する友好こそが，中国は近隣国に侵略する意図を抱いていないことの証明であった．したがって，それは日本が中国を仮想敵国として再軍備を求めることに遠藤が反対するためのさらなる根拠となった．一方で，土居は中国の外交政策に批判的であった．彼は中国の侵略否定の態度は説得力が不十分と考え，読者に中国の日本に関する究極的な目的は日本を赤化することだと思い起こさせた[39]．

3. 歴史観をめぐって

3.1　過去の戦争と相互の配慮

　かつて軍隊に勤務していたという経歴以外に，これらの2つの訪中団が他の日本人訪問団と異なっていたのは，参加者のほとんどが以前に中国での軍隊任務に就いていたという点である．それらの任務とは，指揮官，下士官から特務機関の長まで様々である．彼らの過去の中国経験にはどのような意味があったのか．ある団員はかつての中国との出会いを次のように言及して懐かしがった．

私たち訪問団の多くの人が中国を知っていた．私もその一人です．容易に長く留守にしたあと近隣の村に行ったような感覚になりました．おそらくこのような感情が，我々の訪問団が他と最も異なる点だったでしょう[40]．

このようにして初めて，中国をよく知る人々による訪問団が新中国を訪れたのであった．

　こうした背景からすると，彼らの訪問記には日本と中国との過去の戦争ないし占領が頻繁に出てくると思われるかもしれない．確かに中国東北部の旧満州国であった場所への訪問に刺激を受けた数人は，過去の日本とこの地域の関係について幅広く論評していた．しかし，全般的にみて，日本人訪問団は戦争の歴史に染められた場所を訪れていたにも関わらず，その記述では過去の戦争についてほとんど取り上げなかった．いずれの訪問団も南京を訪れたが，市郊外の雨花台にある「中日両国建立にかかる殉国烈士の碑並びに忠霊塔」への敬意を表現したのは元陸軍中佐で敬虔な仏教徒である松谷磐のみであった．松谷は特に，陸軍中将であった谷寿夫と酒井隆―いずれも戦後，戦犯として国民政府に処刑された―が葬られている場所について調べていた．これら二人の「英霊」のために仏教の経を唱えながら，松永は涙をこらえることができなかった[41]．

　中国側は内部文書には彼らが「侵華戦争に関わった」と書き記したが，会見の時にはかつての中国での従軍経験について，肯定的な面をしばしば強調した．中国において，「旧中国（中華民国）」を熟知したことは，共産党統治のもとでの国家の改善を理解する下準備となった．また元軍人訪中団に面会した際に周恩来は，元軍人は戦争の苦難を知っており，その結果として中国の平和の希求を認められるのだ，と彼らの肯定的な側面を見ていた．国防部長であった彭徳懐も次のように述べた．「われわれは以前，互いに戦ったが，もう一度中国を訪問したいという元軍人がいれば誰でも歓迎する」．そして彼らが今も現役の将校であればと望んでいた[42]．

　中国側の対話者のなかでは，彭徳懐が歴史観について踏み込んだ議論を行った．歴史を掘り下げて論じた彭徳懐は，日中関係は「長い友好と短く悪い時期」に特徴づけられると表現した．すでに周恩来は1955年末に訪問中の日本

の国会議員に対し次のように述べていた

> 中国と日本は2000年以上という非常に長い平和共存の歴史を共有している．この友好的関係は日本軍国主義者の侵略によって傷ついたが，それは過去のものになった．未来ある全ての人が，不愉快な過去に溺れるのでなく希望に満ちた未来へと見方を定めるべきである[43]．

また彭徳懐によると，この短く悪い時期には西側の帝国主義に侵略の機会を与えてしまった．9月18日の後には，日本の人民は友人であったが日本は誤った政策に従っていた．今は全ての人が平和を望んでいる．中国は決して日本を侵略しない．中国は独立後の日本が中国を侵略すると恐れていない．彼は日本が米国に対抗していることに敬意を表した．彭徳懐の発言は，もしアジアの国々が連合しなければ西側帝国主義者たちに好都合になるはずだという汎アジア主義を想起させるものであった．また，日本と中国のいずれもが1955年のバンドンでのアジア・アフリカ会議に出席した当時の，1950年代半ばの時代の雰囲気を反映させたものであったろう．

東久邇宮は中国の指導者に宛てた私信で，「我々日本人が戦争に於いて貴国に犯した罪」を謝罪し，日本と中国が参加するアジア経済協力機構の提案を行った．東久邇宮の提案に応じて，毛沢東は次のような返事を渡すよう日本人訪問者に託した．戦争への謝罪という第1の問題に関して，東久邇宮はもう二度と述べる必要はない．第2の点として，中国は彼の提案を歓迎する．毛は，日本は今や戦争で敗れ去ったのだから，もはや「誰かに何かを負っている」ことはないと述べた[44]．毛は1954年に訪中したビルマ首相に対し，もし日本の軍国主義が再起したら中国は心配するが，当時の日本は「半被占領国であり，日本民族は圧迫されていた」ので，中国からの同情に値すると語っていた[45]．このような見方が中国の指導層に広く共有されていたのである．

注意しなければならないのは，こうした度量ある態度は日本人訪問者のみに向けられたのではなかったという点である．これら最高指導者の発言は中国人民には知らされていなかったが，中国政府は日本人元将校の訪問を様々な機会に『人民日報』に掲載した．記事はまた遠藤の発言から，最高位の軍関係者の

うちの2人，東久邇宮元陸軍大将と畑俊六元陸軍元帥が，訪問に対して大きな支持を寄せたことを引用した．畑は戦時中，中国における全日本軍の総司令官であった．こうした個人の名前は一般の中国人読者にとっておそらくなんの意味もなかったが，北京政府は戦争を後景に回し元軍人とでさえ友好関係を築こうと踏み出している，という印象を読者は受けただろう．これらの元将校たちの多くが，過去の日本の対中侵略に関わっていたという事実の重みは薄くなっていた．

　第一次訪中団の帰国の翌日には，『人民日報』が再びニュースにし，特に，中国赤十字が広州で，病没または国民党政府に処刑された10人の日本人戦犯の遺骨を移譲したことを記述した．遠藤の，これらの日本人の遺族が旅行の前から要請していたことに陳毅元帥が応じてくれた，という発言が引用された．「これは中国人民の友好の意思表示である」と遠藤は述べていた．これらの1年後に人民日報は再び，第2次訪問団の歓迎祝宴での遠藤の言葉を次のように引用した．「彼は，日本と中国の友好的で誠実な関係を強化するために，過去の特定の問題については度量が大きく寛大であることが重要で，中国はすでに我々に度量の大きさと寛大さを見せてくれたと述べた．それから遠藤は日本の戦犯に配慮した措置と遺骨の譲渡，日本人の送還について中国への感謝を述べた」．遠藤が強調した「過去の問題を考慮した度量の大きさと寛大さ」に対する暗黙の支持は，疑いもなく中国国内の大衆に対するメッセージであった[46]．

　このような報道からは日本と中国の友好的交流という印象を受けるが，全くリスクがなかったという訳ではない．戦争がまだ生々しい記憶であったために，日本の元軍人が中国に客人として戻るのを歓迎することで，民衆の憤りを招く恐れが全くなかったとはいえなかったのである．例えば，後の1956年に北京で日本展が開催され，日の丸が公にはためいた際には，政府は民衆からの不満に対応するはめになった[47]．実際に，訪中団との会談中に中国側も，日本人戦犯容疑者に対する政策について，中国民衆の対日感情を考えれば遅い方が良いのだと弁明していた．

3.2　元日本軍人の理解と感謝

　中国の対日関係を理解するという観点から，中国人の戦後日本への感情が，

日本人訪問者の手記における重要なテーマであった．彼らの中国での旅行中に，人民の間から日本に対する敵意が向けられなかったという事は驚きであり，遠藤を始め複数の日本人訪問者に強い印象を残していた．

　何人かは，日本人訪問者に対して友好を示すよう中国政府が人民に指導する徹底ぶりを強調していた．元陸軍少佐で第一次訪問団の１人である犬飼総一郎は次のように理解する．「我々日本人に対しても，すぐ親しみをもって応え，そこに何らのわけへだてがない．後日，毛，周等の要人の語ったところによれば，中共では日本に対する過去の恨みを忘れるような指導政策をとっているとのことであったが，この指導は，確かに末端までよく徹底し，成功を収めていると思われる．．．そこにすこしの作為的なもの，儀礼的なものも感ぜられず，人情に国境のないことを痛感させられる」[48]．犬飼の眼には，このような中国人の行動は一貫して日本人民との友好と前進を望んでいることを表していると映った．

　単なる対日政策への一環以上のものを見出した者もいた．元陸軍大尉で第２次訪問団のメンバーであった光橋英武はこの中国民衆のなかにある日本への友好をより深く分析した．

　　かつて国全体を飲み込んだ「抗日」の叫びはどうなったのか？両国間の基本的な問題は第２次世界大戦の終焉と同時に解決されたが，感情はいつまでも残っている．私はこのように見ている．まず，終戦から10年が過ぎた．さらに，彼らは２つの大きな戦争を経験した（朝鮮戦争は強い印象を残した）．日本との戦争は彼らの歴史の主たるページとして広く存在する．感情論からすれば，すでに過去の出来事なのである．さらに現在の中国は莫大な規模で過去からの再生をしており，新しい国家建設の大きな一歩を踏み出している．彼らが全力を注いでいるのは現在の再建設であり，未来をこそ楽しみにしているのだ．この自信と希望に満ちた前進においては，過去はおそらく内省のための題材でしかない．さらに，現在は全力で近代国家を作ることが最優先である．こうした中国の観点からすれば，平和が必要とされているのである．そして彼らが特に近隣諸国との友好を創出し，その再建設に適用したいと望むのは理解できることだ．実際に，指導者た

ちも頻繁に世界平和と異なる国々との直接的な友好関係について発言している．これが人民の感情に大きな影響を与えていると私は考えている[49]．

光橋はこのように，中国の対日感情が変化した原因として複数の要因を強調した．光橋はこれらの要因を完全に中国の指導層の操作に帰する代わりに－よい目的も－新中国の未来志向の再建設の重要性と周辺国との平和的かつ友好的な関係が必要であったことを強調したのであった．

他方で，土居明夫元中将は懐疑的で，全く反対の結論に到達した．土居は中国共産党が成功した第1の要因は「百年にわたる白人種（残念ながら日本人もこの中に含まれる）の中国圧迫侵略に対する反発を巧みに利用した」ことにあるとした[50]．換言するならば，中国ナショナリズムが共産党の正統性のために使われていたのである．

3.3　不調和と不適合

双方が問題に気づいていたことに鑑みれば，日本人も中国人も過去の戦争に拘ることがなかったのは注目すべきことだが，問題が完全になかった訳でもない．やはり，日中「非友好」の近代史について，議論が深まった時には，少なからぬ日本人訪問者が中国側面会者との不一致を感じていた．

中国人指導者と日本の退役軍人との面会は，近代日中関係史の評価の差異が鋭い焦点となった場面でもあった．第一次訪中団の岡崎文勲元陸軍大佐は中国の指導者達が過去60年以上にわたる日本の対中侵略，と言及するのを聞き，彭徳懐国防部長に対して反対意見を述べた．岡崎は日本が1894年に中国に対して宣戦布告したのは，清朝が日本に知らせることなく朝鮮に軍隊を派遣したからで，それは1885年の天津合意に反していたのだと論じた．同様に岡崎は，日本とロシアとの戦争はロシアの侵略に対する自衛であったと論じた．激しい論争に拡大する前に遠藤が岡崎を止め，「不愉快な場にする」ことを注意した[51]．

このような見方をしていた元日本軍人は確かに岡崎だけではなかった．当初から世話人会にいた遠藤に近い協力者である多田伊勢男（元陸軍少佐）は訪問団では中道派だった．第1次訪問団で中国に渡った旅仲間たちに比べ，多田は

明らかに日中関係における戦争関係問題に関心を寄せていた．多田は10人の処刑された日本人戦犯の遺骨送還について詳細に記録した．多田は，日本は中国を侵略したと認めながらも，中国側の面会者達が侵略の始まりの日を遠く19世紀末の日清戦争に遡ることに，岡崎と同じ不快感をもった[52]．加藤義清元陸軍少将は第2訪問団として中国を訪れた後，土居明夫の司会する議論においてこのような感情を表した．加藤は中国側の面会者から「（筆者注：中国側の面会者が）日本帝国主義者の侵略ということはよくいうね，われわれは非常に不愉快に感じた」と述べている．さらに彼の見解では，中国はモンゴルの時代に日本に侵攻していたのだから日本と中国は単に双方の侵略を中止すべきなのである[53]．このような反論は，大部分は元軍人たちの間の問題であった．後に遠藤は，名前は挙げなかったものの，何人かの日本側メンバーは個人的に遠藤が日本の侵略を謝罪したことに異議を唱え，それは「国家の恥」に匹敵するとしたと書いている．

このような歴史観の衝突は一部の団員にとって「不愉快」なものであったが，現在と将来の日中関係に比較して喫緊の問題ではなかった．例えば，多田は次のように記した．

> しかしこれらはもうすでに過去のことであるので，今から古創を探し出す事でなく，将来の事を語り合いたいと敢えてこの事象について触れようとしないが，日清，日露戦争について侵略戦であると云う事については更に相互に研究し理解しあうべきであると思う[54]．

中国側指導者との面会において岡崎が反論を述べた以外には，歴史をどう考えるかについて日中両側の直接の対立はなかった．また，未だに中国に拘留されている日本人戦犯についてなど，その他にある過去の戦争に関する目立った問題に比べれば，歴史観をめぐる問題は具体性を欠いていたかもしれない．この意味では，歴史観をめぐって日中の間には「求同存異」が実現していたのである．

3.4 堀田善衞の批判

1957年に別の元日本軍人が中国から帰国した際には小さなセンセーションが沸き起こった．彼らは『三光』と題した本を出版し，旧満洲と中国本土で日本軍が中国人民に行った残虐行為について詳しく述べたのである．作者は全て，中国保護下で再教育を受けた日本人であった[55]．一部から反論があったが，日本国内では，日本の対中侵略史観に関する目立った議論は起こらなかった．

長崎国旗事件を受けて中国政府がすべての日本との接触を断ち切ったしばらく後，堀田善衞という日本人作家が事態の深刻さに気付き，半年余り自らの執筆活動を止めた．堀田はその代わりに現在の日中関係に関する読書に時間を注いだ．堀田は慶應義塾大学でフランス文学を学んでいた時に中国人作家の魯迅の作品を学んだことがあった．戦争の最後の1年は中国に送られ，日本海軍付属の文化振興会に勤務していた．堀田は日本の降伏を中国国内で経験し，国民党政府に1年雇われたのち，1947年の初頭に帰国した．『広場の孤独』という朝鮮戦争の時代を描写した彼の小説は，1952年に芥川賞を受賞した．

堀田はこうした元軍人の中国訪問記を読み，驚き落胆した．特に彼は，土居明夫が中国共産主義者の成功を「中国を虐待した白人種に対する民衆の恨みを巧妙に利用したこと」に帰する問題を取り上げた．堀田は，日本人の白人種への包含が明らかであるという点だけでなく，土居やその他の戦時中は侵略軍の一員であった元軍人たちの側には，その自己認識が完全に抜け落ちていることに気が付いた．明らかに彼らは中国側の寛大な論理と意思表示を，彼ら自身の戦争責任を忘れてもいいのだとする単なる正当化として受け止めたのだ，と堀田は結論付けた．上海にいた堀田は日本降伏の知らせに狂喜する中国人を目撃していた．彼にとって，中国側の日本の侵略に対する怨恨は深く根を下ろしたものであり，拭き去ることはできないものであった．中国との外交関係正常化が最大のゴールだと考えられていたが，堀田は日中二国間関係においてもっとも困難な時期はおそらく国交正常化の後にくるという結論を持っていた[56]．

4. おわりに

4.1 日中関係にあたえた影響

　日中両国にとって，これらの訪問にはどのようなインパクトがあったのか．日本国内の出版物から見て取れるように，多くの日本人訪問者は，その眼で中国を観察し，中国の最高指導者たちと直接議論するという貴重な機会を高く評価していた．最初の訪問の後に遠藤は彼が「中国訪問運動」と呼ぶものの評価を行った．そこで遠藤は「他の退役軍人会と情報交換すること」を目的に設定し，第3次および第4次の訪問に対する中国の友好と支援を求めた．彼は継続的に訪問団を組織するという計画も述べていた．さらに「この中国訪問運動は日本にとって，完全な独立を獲得するためだけでなく，日中関係を改善しそれを前進させるために間違いなく極めて重要である」と遠藤は惜しみない賞賛を与えている[57]．

　しかし遠藤の役割に不満を抱くものもいた．堀毛元陸軍中将はペンネームを用いて偕行社の雑誌『偕行』に文章を寄せ，遠藤は2つの顔を演じ分けていると批判した．内向きには遠藤はまとめ役でしかないと公言していたが，外向きには全訪問団の代表としての印象を与えていたのである[58]．同様に遠藤もまた，中国の発言や行動を常に偏見をもって見る幾人かの「頑固な保守主義者」を不快に感じていた[59]．

　長崎国旗事件に対する北京政府の強硬な反応は，逆に日本国内に反発を生じた．例えば畑俊六は，「共産中国との暗黙の協調」に関心があると考えられており，その前月まで訪中の可能性を探っていたのだが，事件後すぐに中国は日本国内の社会主義者を支援していると公然と非難した．遠藤ですら，中国人との私的なやり取りにおいて貿易協定の破棄は中国に友好的な人々を傷つけることになると懸念を伝えていた．

　元軍人の中華人民共和国訪問は確かに完全には中止されなかったが，先の2つの元軍人訪中団と同じくらい多様な政治的，イデオロギー的背景を有する団員から構成されることは二度となかった．1960年に遠藤三郎は再び中国を訪問した．そして帰国後の1961年8月15日に，日中友好元軍人の会を設立した．

戦犯容疑者として中国に捉えられた元軍人から構成される組織である中国帰還者連絡会（中帰連）と同様に，遠藤の会は多くの中国訪問団を派遣した．中帰連が中国人民に対して犯した過去の罪を悔い改めることに重きをおいたのに対し，遠藤の会は日本と中国の現在の関係を改善することを目的としていた．組織された訪問団以外にも，1972年の国交正常化を前後して多くの元日本軍人が個人の資格で訪中した．遠藤はこのような日を生きて目にすることができて幸運であった．

4.2　元軍人と「浅い和解」

元軍人は，交戦相手国同士の戦争後の関係において独特の立場を占めている．一方において，彼らはお互いや市民に対する戦争時の残虐行為に加担しやすい．また軍隊の社会政治学的環境を考えると，ナショナリズムに染まりやすい傾向は否定できない．しかし他方で，交戦双方の一般的な元軍人は，戦後和解の先触れの役割を担うこともできる．彼らは命令に服従した戦争時の様々な苦難の経験を共有するからだ．中国の指導者と会談した時に遠藤は「武士はお互いに心情を理解出来る」という諺を紹介した．第2次世界大戦後に多くの国々の退役軍人をまとめた世界歴戦者連盟（World Veteran Federation）の共同設立者であるラルフ・バンチは「戦争で戦った者だけが，平和についてもっとも力強く語りうる」と述べていた．退役軍人はまた彼らの職業上の義務を「我々は為すべきことをし，彼らもまたそうした」のだと強調する．実際に日本の退役軍人たちは，こうした努力をして第2次世界大戦後すぐに世界歴戦者連盟に参加した[60]．このように戦争の性質と責任を問わずに実現した和解は「浅い和解」の一種と言えるだろう[61]．

1972年の国交正常化に至るまでの数年間に，多くの日本人訪問団や個人が中国を訪れたが，2つの元日本軍人訪中団は過去の戦争にもっとも関係の深い人間によって構成されていた．これまで検討してきた2度の訪問は中国と日本がある種の「浅い和解」に向かう道にあったことを示している．これらの退役将校たちが中国訪問に招待されたという事実は，中国指導者の側の和解の意思表示であった．彼らは過去の戦争を置き去りにして日本人と新しい関係を築き，前進する心づもりがあったようだ．このような姿勢は疑いもなくアジアにおけ

る中国の外交的位置を改善し，台湾と向かい合い，米国からの脅威を減少するという政治的利益に鑑みてもたらされていた．またこのような政策のシフトは中国の主たる同盟国であるソ連の影響も受けていた．それは，拘置された日本人の裁判と釈放という政策のタイミングから推し量ることができる．同時に，こうした寛大な政策は利益だけの問題ではなかった．それは過去を打ち砕くことを誇りに思う中国の革命指導者たちのイデオロギー的な見解があって可能になったものである．この過去とは，国民党政権とその遺産のことを意味しており，基本的に日本との戦争に関しても適用された．

　日本の元軍人への招待はこのような二元性の縮図だった．中国は過去の戦争から前進したい意思があることを示しながら，中国の指導者たちは日本社会の保守的な部分を転換させることを目指し，今の中国は日本に何の脅威ももたらさないことを示して，未来の新しい友好関係を獲得しようとしていた．遠藤を始め何人かの日本人元将校はこのような考え方に共鳴した．中国の指導者も一般の人々も日本に対して友好的な態度であることを認めながらも，懐疑的な人々もいた．彼らは，元軍人の招待は日本と米国にくさびを打ち，政府を内的に弱らせるための中国指導層の方策だとしかみなさなかった．しかしいずれにせよ，「浅い和解」に向かう道において過去の戦争をどのように認識するかという差異は，ほとんど道路脇に寄せられるか舗装されて覆い隠されていたのである．

4.3　戦争記憶の蘇生と将来予想

　遠藤は1970年代初期の日本と中国の国交正常化を目撃できて幸いであった．しかし，日本国内で戦争の記憶の枠組みはすでに変わってしまっていた．戦時中に日本軍が中国各地で行った残虐行為は，日中国交正常化に前後して日本国内で再浮上し，重要な論争点となったのである．そして10年後，1984年に遠藤が死去した時には，歴史問題は日中関係の主要な火種となっていた．このことから，元軍人と彼らの日中関係における役割について新しい疑問が挙がった．

　1980年代の観点からすれば，遠藤の訪問団は全く異なる意味合いを放っている．1つには，日本人訪問団のうち少なくとも2人が1937年の日本軍の南京攻略に加わっていた．第1次訪問団の犬飼元少佐は日本帝国陸軍の通信部で

小隊長であった．第2次訪問団の谷田元中将は当時は第10軍の上級将校であった．中国側はこのことを知らなかったが，それを気にした様子もなかった．いずれの訪問団も南京を訪れたが，1937年の攻撃とそれに伴った残虐行為については，案内者も訪問者も取り上げなかった．何を考えていたにせよ，訪問記に犬飼は中国の無邪気な子供たちへの慈しみを書き記した．1980年代以降には，犬飼も谷田も日本の南京で行われた大規模な残虐行為への非難を否定する発言をした．犬飼は偕行社のために証言を集めたキーパーソンの1人でもあった[62]．

　第2次世界大戦後の日中関係において，過去と現在の間の緊張は解消されずにきた．両国が国交正常化を果たした10年後，日本の中国での戦争に関わる問題が再び表面化し，二国間関係の主たる課題になった．1984年の遠藤の死去が象徴するように，日中関係の環境は変化していた．1950年代に遠藤の訪問団を招待した中国側指導者たちはすでにほとんど死去していた．新しい指導者たちはあまり許容しないようであった．鄧小平は日本の経済的成果を称賛していたが，日本からの訪問者に対して，世界でもっとも中国に借りがあるのは日本だと念を押していた．その後継者である江沢民は，1990年代に中国国内で愛国主義教育運動を開始した功績を広く評価されていた．このように中国の記憶の枠組みも変わったのである．また，中国一指導者だけでなくより活動的な民衆も一は自己アイデンティティーを，階級に基づいた革命的政治体制から国家の集合的記憶を育む「国民国家」へと再定義しようとしている．この再定義における歴史の役割は，全く異なるのである．

　なおいっそう興味深いことに，元軍人が訪問から提起した問題の多くは，今でも現実的な問題である．土居の指摘した中国ナショナリズム論には，今では多くの支持者がいるようだが，光橋の中国の全体としての指向に関する見解の方がより説得力がある．それどころか，多くの元軍人の側には内省を欠いているという堀田の批判的な指摘や，中国人の集合的記憶から戦争経験を消し去ることは簡単にはできないという認識は注目に値する．しかし幾人かの南京戦に関わった元軍人がいうように，彼らの戦争の記憶は再燃，拡大，再生産されうる根の深い抑圧された「記憶」を残した．これが1980年代以降の現実となったのである．

参考文献

遠藤三郎（1974），『日中十五年戦争と私——国賊・赤の将軍と人はいう』日中書林．
『偕行』
神吉晴夫編（1957），『三光：日本人の中国における戦争犯罪の告白』光文社．
高橋三郎編著（1983），『共同研究・戦友会』田畑書店．
田中明彦（1991），『日中関係 1945-1990』東京大学出版会．
土居明夫（1957），『旧軍人の見た中共の実相』中外産業調査会．
土居明夫（1957），『差し向かい毛沢東』文藝春秋社．
元軍人訪中団世話人会（1956），『元軍人の中国訪問記』．
元軍人訪中団世話人会（1956），『元軍人の見た中共』文理書院．
元軍人訪中団世話人会（1957），『第二次訪中元軍人団報告』
波多野澄雄編（2013），『日本の外交．第 2 巻外交史　戦後編』岩波書店．
東久邇稔彦（1947），『私の記録』東方書房．
東中野多聞（2003）「遠藤三郎と終戦——戦前から戦後へ」『東京大学日本史研究室紀要』第 77 号．
古川万太郎（1981），『日中戦後関係史』原書房．
堀田善衛（1994）「中国を見つめる二つの目：元軍人の報告から『現代中国論』まで」『堀田善衛全集』第 14 巻，筑摩書房．
『現代中国研究』（2009）『ワークショップ戦後の日中「民間外交」と日中関係』．
山口菊一郎（1955），『保守党から見た新中国』」読売新聞社．

中国語

劉建平 2010．『戦後中日関係："不正常"歴史的過程与結構』社会科学文献出版社．
『人民日報』
孫平化『中日友好随想録』
蕭向前「為中日世代友好努力奮闘」．
呉学文，王俊彦 2007．『廖承志与日本』中共党史出版社．
中国外交部档案．中国外交部档案館に所蔵
『毛沢東外交文選』

英語

Braddick, C. W. *Japan and the Sino-Soviet Alliance, 1950-1964: In the Shadow of the Monolith.* New York: Palgrave Macmillan, 2004.
David A. Crocker, "Reckoning with Past Wrongs: A Normative Framework," *Ethics and International Affairs* 13（1）: 43-64.
He, Yinan. *The Search for Reconciliation: Sino-Japanese and German-Polish Relations since World War II* (Cambridge: Cambridge university Press, 2009).
Iokibe, Makoto et. al. ed. *Japanese Diplomacy in the 1950s: From Isolation to Integration,* (New York: Routledge, 2008).
Ito, Mayumi. *Pioneers of Sino-Japanese Relations: Liao and Takasaki* (New York: Palgrave MacMillan, 2012).
Radtke, Kurt. *China's Relations with Japan, 1945-1983: The Role of Liao Chengzhi* (Man-

chester University Press, 1990).

馮全普, "Policy of Kuomintang Government's "Returning Good for Evil" —An Analysis of China's Japan Policy in the Immediate Aftermath of WW2,"『アジア太平洋研究科論集』10 (2005), 1-18.

---

1) 代表的な著作として古川万太郎『日中戦後関係史』原書房, 1981；田中明彦『日中関係 1945-1990』東京大学出版会, 1991.
2) 例えば, 日本の大澤武司の一連の研究を挙げられる. または劉建平『戦後中日関係："不正常"歴史的過程与結構』社会科学文献出版社, 2010. Yinan He, *The Search for Reconciliation: Sino-Japanese and German-Polish Relations since World War II* (Cambridge: Cambridge university Press, 2009).
3) 50年代の日本外交について, 以下の概説書がある. 五百旗頭真編『戦後日本外交史』有斐閣, 2010；波多野澄雄編『日本の外交. 第2巻外交史 戦後編』岩波書店, 2013. 英語圏には Iokibe Makoto et. al. ed. *Japanese Diplomacy in the 1950s: From Isolation to Integration,* New York: Routledge, 2008; C.W. Braddick. *Japan and the Sino-Soviet Alliance, 1950-1964: In the Shadow of the Monolith.* New York: Palgrave Macmillan, 2004.
4) 劉建平『戦後中日関係』54-80.
5) 「民間外交」を再検討したものとして『ワークショップ戦後の日中「民間外交」と日中関係)』『現代中国研究』(24) 2009-03；劉建平『戦後中日関係』第三章.
6) 遠藤三郎『日中十五年戦争と私―国賊・赤の将軍と人はいう』日中書林 1974. 遠藤について以下を参照, 宮武剛『将軍の遺言―遠藤三郎日記』, 毎日新聞社, 1986；東中野多聞「遠藤三郎と終戦―戦前から戦後へ」『東京大学日本史研究室紀要』第7号 (2003年3月) 95-114.
7) 遠藤三郎前掲書 355-356, 414.
8) 蕭向前「為中日世代友好努力奮闘」188.
9) 呉学文, 王俊彦『廖承志与日本』中共党史出版社, 2007. 本書の王雪萍論文も参照. なお英語圏には次のものがある. Kurt Radtke, *China's Relations with Japan, 1945-1983: The Role of Liao Chengzhi* (Manchester University Press, 1990), Ito Mayumi, Pioneers of Sino-Japanese Relations: Liao and Takasaki (New York: Palgrave MacMillan, 2012).
10) 訪中元軍人団世話人会編『元軍人の中国訪問記』, 2-5, 128. 団員より世話人会に事務費として一人約3万円を払った.
11) 高橋三郎編著『共同研究・戦友会』田畑書店, 1983.
12) 家近亮子「蔣介石の外交戦略と日本―「安内攘外」から「以徳報怨」まで」『近きに在りて』(33) 1998-05 p.5〜20；馮全普, "Policy of Kuomintang Government's" Returning Good for Evil" — An Analysis of China's Japan Policy in the Immediate Aftermath of WW2,"『アジア太平洋研究科論集』10 (2005), 1-18.
13)『元軍人の中国訪問記』2-9.
14)『国会議事録』(衆-予算委員会) (昭和30年12月10日).
15) 4月23日の次官会議の記録は未公開である. (2013年1月10日国立公文書館調査時)
16)『読売新聞』(1956年5月15日), (1956年6月4日).『元軍人の中国訪問記』, 11-12. 遠藤によると,「後になってこの妨害の元兇は辻政信であった」. 遠藤『日中十五年戦争と

私』，412.
17) 例えば，畑俊六が 1956 年 2 月の日誌に「山元桜月画伯世界平和の抱負を述ぶ」と書いていた．山元は富士を描き続けた著名な画家で，彼の作品は昭和天皇をはじめ，毛沢東，周恩来を含む外国の政治家にも収蔵されていた．なお，いつ毛沢東，周恩来に寄贈したのかは不明である．
18) 『元軍人の中国訪問記』13-18.
19) 『元軍人の中国訪問記』20-36.
20) 「廖承志請示」(1957 年 7 月) 中国外交部档案 (105-00504-03), 中国外交部档案館に所蔵．
21) 例えば遠藤三郎は，自身の所有する日本刀の 1 つを持参し，毛沢東に贈った．『日中十五年戦争と私』，357.
22) 日本前軍人訪華代表団籌備会「関于日本前軍人団的一些情况」(1956 年 12 月 7 日)．中国外交部档案 (105-00842-03). 広州地域で死亡した 16 名日本人の遺骨は翌年「興安丸」で日本に送還された．
23) 『第二次訪中元軍人団報告』2-11.
24) 「第二批日本前軍人訪華団接待計画」，「第二批日本前軍人訪華団赴各地参観」，中国外交部档案 (105-00842-03);『第二次訪中元軍人団報告』，11-30.
25) 東久邇稔彦『私の記録』東方書房，1947，205-208；
26) 遠藤から謝南光宛 (1957 年 4 月 8 日) (1957 年 11 月 17 日) 中国外交部档案 (105-00842-03).
27) 遠藤から廖承志宛 (1957 年 1 月 25 日) 中国外交部档案 (105-00842-03).
28) 辻政信から廖承志宛手紙に添付「訪中旅行団名簿」(1957 年 3 月 28 日) 中国外交部档案 (105-00842-03). 遠藤は 1955 年の最初の訪中から戻ると，服部が創設した史実研究所で講演をしていた．
29) 国務院外事弁公室電 (1957 年 7 月 31 日) 中国外交部档案 (105-00895-02).
30) 劉建平『戦後中日関係』148-154.
31) 『人民日報』1956 年 8 月 13 日.
32) 「第二批日本前軍人訪華団接待計画」中国外交部档案 (105-00842-03).
33) 「第二批日本前軍人訪華団接待計画」中国外交部档案 (105-00842-03). この史料には墨付き部分がある．
34) 中国外交部档案 (105-00842-03).
35) 『元軍人の見た中共』文理書院，1956.
36) KH 生「中共訪問団の一人として更に一言」『偕行』No. 64 (1956 年 12 月 15 日).
37) 土居明夫『差し向かい毛沢東』文藝春秋社，1957.
38) 『第二次訪中元軍人団報告』；土居『旧軍人の見た中共の実相』など．
39) 『第二次訪中元軍人団報告』；土居『旧軍人の見た中共の実相』．
40) 犬飼『元軍人の見た中共』132.
41) 『第二次訪中元軍人団報告』34-35.
42) 「彭徳懐部長接見第二批日本前軍人訪華団訪華団座談記録」中国外交部档案 (105-00542-02)；土居，『差し向かいの毛沢東』．
43) 『人民日報』社論 (1955 年 11 月 20 日)．山口菊一郎『保守党から見た新中国』読売新聞社，1955，130.

44) 土居『差し向かいの毛沢東』149-150.
45) 『毛沢東外交文選』184.
46) 『人民日報』（1956 年 9 月 13 日）.
47) 孫平化『中日友好随想録』36. 1950 年代中国民衆の対日感情については劉建平『戦後日中関係』162-64. を参照
48) 犬飼『元軍人の見た中共』131-132.
49) 『第二次訪中元軍人団報告』81-82.
50) 土居『元軍人の見た中共』57.
51) 土居明夫の記録による．『差し向かい毛沢東』．135-136. 実は岡崎は史実誤認したようである．清国は朝鮮出兵のことを日本に知らせたのであり，日本の開戦の理由は別にあった.
52) 『元軍人の見た中共』196.
53) 『大陸問題』（1957 年 10 月）.
54) 『元軍人の見た中共』196.
55) 神吉晴夫編『三光：日本人の中国における戦争犯罪の告白』光文社，1957.
56) 堀田「中国を見つめる二つの目：元軍人の報告から『現代中国論』まで」『堀田善衞全集』第 14 巻，筑摩書房，1994，466-468.
57) 「関于日本前軍人団的一些情況」中国外交部档案（105-00842-03）.
58) KH 生「中共訪問団の一人として更に一言」『偕行』No. 64（1956. 12. 15）.
59) 『日中十五年戦争と私』356.
60) こうして日米の海軍は，戦争時の憎悪を比較的早く乗り越えることができた．阿川尚之『海の友情―米国海軍と海上自衛隊』中央公論社，2001.
61) 「浅い和解」（thin reconciliation）という表現は哲学者のデーヴィド A. クロカー（David A. Crocker）が最初使った．具体的には，"Reckoning with Past Wrongs: A Normative Framework," *Ethics and International Affairs* 13（1）: 43-64.
62) 犬飼「証言による『南京戦史』」；阿羅健一『聞き書き南京事件』図書出版社，1987.

本章の執筆に関わる様々なご協力，ご尽力に対して，この場を借りて特に笹川平和財団の于展氏と小林義之氏，一橋大学の坂元ひろ子氏，広島市立大学広島平和研究所の田中利幸氏に厚く感謝いたします．また著者の勤務先であるジョージワシントン大学アジア研究センターから研究助成を受けたことを記して感謝いたします．

10章 中国の改革開放と大平正芳
——第1次円借款を中心として

王　新生

　中国が改革開放政策を実施してからすでに30年余りが経ち，この間の経済発展で得られた成果は人々の注目するところとなっている．それら成果の重要な要素の1つとして，日中間の経済協力，とくに改革開放初期における，日本政府の中国に対する政府開発援助（ODA，うち大部分が円借款）の供与決定が挙げられ，中国経済の急速な発展に重要な推進作用を発揮した．本章はこの認識を起点として，大平正芳内閣の時期における，第1次円借款をめぐる日中両国それぞれの政治過程と大平本人の中国観について，簡単に論述することとする．

1. 中国政府の外資政策の転換

　「文化大革命」終了後，中国政府は経済発展を強力に推進することを決定した．1977年8月に開催された中国共産党第11回全国代表大会では，今世紀内に，農業，工業，国防，科学技術の現代化の実現を目指すことが重ねて言明された．華国鋒をリーダーとする政府の意思決定層は1980年に，5つ目の5カ年計画終了時に，「大きな効果の発現」を実現するよう求め，1978年2月に『1976〜1985年国民経済10年発展綱要』を改めて提起した．その具体的な内容は次の通りである．10年以内に，年平均の工業・経済成長率10%以上を達

成する．主要工業製品，例えば鉄鋼について，1977年の2,374万tから6,000万tまで増やす．全国を6大経済地帯に区分し，内陸を後方の戦略拠点とする工業基地14カ所を新設する．大型鉄鋼基地10カ所，大型天然ガス田10カ所などを含む，大型プロジェクト120件を実施する．農業機械化率85%以上を達成する．年平均農業成長率を4-5%まで引き上げる．食糧生産量を1977年の2億8,000万tから4億tまで引き上げる，など[1]．同計画では，20世紀末には，中国の主要工業製品の生産量は最も先進的な資本主義国に近づき，追いつき，追い越し，各項目の経済技術指標も同様に世界の先進レベルに近づき，追いつき，追い越すことが目標として掲げられた．

　上述の目標を実現するため，中国にはプラントを含む技術導入が必要であった．1977年，中国共産党中央は国家計画委員会が提起した1978年から1985年までの技術導入計画を承認した．すなわち，この8年の間に，総額65億米ドルのプラントを導入するというものである．しかし，1978年だけですでに63億6,000万米ドルの技術導入契約が結ばれ，うちプラントが95%を占めた[2]．1978年5月17日，国務院は新技術導入指導グループを設立し，国外からの先進技術の導入に関する計画の研究・策定の責任を負わせるとともに，同グループに各部門と地方の責任者を組織させ，先進国・地域に派遣し，視察訪問を展開させた．5月には国家計画委員会などの部門が経済視察団を結成し，香港，マカオに赴き，1カ月余りの視察を行い，北京に戻った後，中国共産党中央に『香港・マカオ経済視察報告』を提出し，香港・マカオの資金，技術，設備を積極的に活用して，東南沿海地域の経済の急速な発展を図るよう建議した．中央の指導者は「全体的に同意」し，書面で明確な指示を与えるとともに，「やると言ったらすぐやるべきだ．すぐに実行に移すよう」指示した[3]．

　1978年5月，国務院の谷牧副総理は代表団を率いて，フランス，ドイツ連邦共和国（西ドイツ），スイス，ベルギー，デンマークの5カ国を歴訪し，1カ月余りの視察を行った．中国共産党中央はこの視察を非常に重視し，出発前には鄧小平が谷牧らを特別に招いて会談，代表団に「広範に接触し，詳細に調査し，問題を深く掘り下げて研究する」よう求めた．谷牧の視察団は帰国後，中央に対して「先進国は普遍的に生産過剰，資金過剰という状態だが，ほとんどが中国に対して友好的で，中国との経済・貿易取引の発展を重視しており，対

中投資を望んでいる．このような有利な条件を十分に活用し，国外資金を可能な限り吸収し，国外の先進的な技術・設備を大量に導入して，中国の現代化建設を加速すべきである」と建議した．そのすぐ後，鄧小平は谷牧と会って話をした際に，「導入はどのみちやらなければならない．重要な点は時間を有効に使うことだ．少しぐらい金を借り，利息を払っても構わない．早期に投入すれば，1年足らずで利益を上げ，返済することができる．一大決心をし，負債を恐れてはならない」[4]と明言した．

1978年，中国共産党中央は第11期中央委員会第3回全体会議（三中全会）を開き，全党の全国における活動の重点を社会主義現代化の経済建設に移し，改革開放政策を実行することを決定した．また，「国外の先進技術を積極的に導入し，国外の資金を活用し，国際市場に大胆に進出する」ことを提起し，「新たな歴史条件と実践経験に基づき，一連の新たな，かつ重大な経済措置を講じ，経済管理体制と経営管理方法に対する確実な改革に着手し，自力更生を踏まえて，世界各国と平等かつ双方利益となる経済協力を積極的に拡大させ，世界の先進技術と先進設備の採用に努める」とした[5]．しかし当時の中国の外貨準備高は十分ではなく，支払い能力の不足という問題に直面していた．1978年初めの中国の外貨準備高は約20億米ドルだったが，外国からのプラント輸入を現金で支払っていたため，当年の年末外貨準備高は12億米ドルしか残っていなかった[6]．1970年代末期には輸入需要の増加に伴い，資金需要，とりわけ外貨需要が急速に膨れ上がった．このような背景の下で，中国政府は民間の投資条件よりさらに有利な海外政府資金の受け入れを決めた．

実際には，外資政策と経済建設モデルの変更を最初に公に求めた文章が1977年7月に『北京週報』ですでに発表されていた．その文章のタイトルは「自力更生を前提とした外国物資の活用」というもので，外国の技術と資金を活用した中国経済の発展を主張している[7]．しかし，「1969年5月11日，『人民日報』は全世界に向けて，中国には内債もなく，外債もないというニュースを伝えた．当時，人々はこのことを非常に誇りに思い，社会主義の優位性を具体的に示すものだと考えていた．その後，国内外共に借金をしないという非常に保守的な財政政策が形成され，1969-78年に，中国には内債も外債もなかった」[8]．これがすなわち有名な金融三原則で，「中国は外国から貸し付けを受け

ない．中国は国外の援助を受けない．中国は合弁企業を受け入れず，海外で合弁企業に投資しない」というものである[9]．このような概念の影響の下，1978年6月14日に，中国の対外貿易部の李強部長は記者と会見した際に，社会主義である中国は依然として，主に自身で蓄積した建設資金を頼りとすることを強調した．これは，拒絶はしないが，外資を頼みの綱にするつもりはない，というものだった[10]．

しかし，国務院の李先念副総理は償還能力の具備を前提として，外資の導入は可能という認識を持っており，1978年7月13日に中国を訪問した日本の三井物産の池田芳蔵社長と会見した際に，次のように述べている．「「文化大革命」の時期に，外国から資金を受け入れるという政策は，「四人組」から「売国」と攻撃されたが，今では状況に変化が生じている．中国は間もなく経済建設の山場を迎えようとしており，日本を含む外国からの資金を必要としている．ただ，利率が高すぎる場合は受け入れ難い．中国は償還能力を備えたときに初めて外国からの貸し付けを受け入れることができる」[11]．実際のところ，外資をいかに導入すればさらに有利になるか，どこから外資を導入するか，どのようなタイプの外資を導入するかについて，鄧小平は早くから考えていた．1978年5月30日，鄧小平は胡喬木らと話をした際に，「現在の国際条件はわれわれにとって有利だ．西側の資本主義国は彼ら自身の利益を出発点として，われわれが少しばかり強くなるのを望んでいる．これら先進国は多くの困難を抱えており，資金の仕向け先を見つけられずにおり，資金をわれわれに貸したがっている．これに乗らないのは，非常に愚かなことだ」[12]と語った．

中国政府が外資政策を転換する過程で，日本の経済界（財界）は比較的大きな推進作用を発揮した．1978年7月にはすでに，日本国際貿易促進協会関西本部の専務理事で，対中友好人士の木村一三が中国政府に対して，日本政府には開発途上国向けの貸し付けを行う「海外経済協力基金」（すなわち，ODA）というものがあり，利率が比較的低く，貸付期間，元利償還期間も長く，中国はこの貸付を申請することができる．ただし貸付申請については中国政府が申請しなければならない，と紹介していた[13]．同年9月，日中経済協会の会長でもある新日鉄の稲山嘉寛会長が中国を訪問した際に，日本の海外経済協力基金の利用を再度提案[14]．経済団体連合会（経団連）の土光敏夫会長も訪中時に，鄧

小平にODAの基礎知識と円借款を使用する意義と効果について詳細に説明した．その後も日本の経済界の人々は自国政府に関連政策を講じるよう積極的に働きかけた．1979年3月，日中経済協会の諸口昭一常務理事は通産省通商政策局の宮本四朗局長に訪中報告を手渡し，「政府借款など，金融協力措置を講じる必要がある」と建議し，これによって中国の輸入設備に対する支払い能力の不足という問題の解決を図るべきだとした[15]．

もう一方で，中国と西側諸国との関係改善に伴い，鄧小平ら中国政府の指導者は，日本など西側諸国の政府からの資金援助の獲得は必要であり，実行可能性も非常に高いということを徐々に認識し始めていた．鄧小平は日本から中国を訪れた人々との会談の中でも，このような考え方をありのまま隠さずに語った．例えば1978年9月3日，鄧小平は日中友好議員連盟の浜野清吾会長，国際貿易促進委員会の藤山愛一郎会長，日中経済協会の岡崎嘉平太顧問に接見した際に，資金，技術，企業管理などの面における日本側との協力強化の意向を明らかにした[16]．

1978年10月，鄧小平は日本を訪問した．25日に開いた記者会見で，鄧小平は中国政府を代表して，現時点ではまだ考えていないが，中国側は今後日本政府による対中ODAに関する問題を「検討していきたい」と初めて宣言し[17]，日本側との資金協力を望むメッセージを明確に発した．同年11月23日，鄧小平は日本社会党の佐々木更三委員長と会見した際に，「日本経団連の土光会長は，円借款は政府間で行うべきだ．民間でどうすることもできないことは政府間で解決できると言った」と述べた．これに対して佐々木は「日中両国の政治体制は異なるため，中国政府は日本政府の貸付を受け入れられないのではないか？」と尋ねた．鄧小平はこのとき即座に，かつ明確に，きっぱりと「できる」と答えた[18]．1979年5月31日，鄧小平は日本の自民党の国会議員である鈴木善幸と会見した際に，中国側は日本政府が提供する融資の受け入れについて考慮している最中であり，日本側もこれを考慮，検討することを希望する，と述べている．これは中国の指導者が円借款問題について，日本側に初めて明確に示した願望，要求だった[19]．

1979年9月1日，中国政府は谷牧副総理率いる代表団を日本に派遣し，円借款の申請を正式に提出した．その内容は，石臼所港，兗州－石臼所間の鉄道，

竜灘水力発電所，北京－秦皇島間の鉄道拡張，衡陽－広州間の鉄道拡張，秦皇島港の拡張，五強渓発電所，水口水力発電所の8つの建設プロジェクトで，資金総額は55億4,000万米ドルに上った．うち，石臼所港，兗州－石臼所間の鉄道の拡張，北京－秦皇島間の鉄道の拡張，秦皇島港の拡張はいずれも日本への石炭，石油輸出にかかわるものだった．谷牧副総理はこれについて，「今回の協力の申し出は，日本にとっても長期的に巨大な利益をもたらすものだ．エネルギー問題は今後の国際的な政治・経済における重大な問題である．また，産油国にとって，（エネルギー問題は）民族主義，民族の独立の動向と互いに助け合い補い合って発展するものであり，石油が一種の武器となる趨勢は否定し難い．もう一方で，石油は今世紀末までに限られる．このような背景の下で，石炭貿易は日中間の重要な議題として，議事日程に上ることとなった」[20]と，解説した．

大平首相は代表団と会見した際に，日中両国の経済関係において，民間交流を引き続き維持し発展させると同時に，日本政府も全力を尽くしてこれに協力し，支持するという意向を示した．園田直外務大臣は代表団と会談した際に，第1次円借款の規模が500億円であることを明かし，年末に大平首相が訪中したときに正式に決定するとした．また代表団は，田中角栄前首相をわざわざ訪問している．このとき，田中は第2次世界大戦後の経済復興のために外資を利用した国はいくつもあり，当代の世界において外債は各国の建設の中であまねく活用されている方法の1つだ，と語った．代表団はさらに稲山嘉寛，岡崎嘉平太，荻原定司，木村一三ら企業界の著名人と会見するとともに，名古屋，京都，大阪に赴き，工場，港湾，都市施設などを見学した．見学・訪問過程で，中国側が謝意を表すべきだとした日本の関係者もいた．その後，東京で開かれた記者会見で，谷牧は「日中両国の各方面における友好協力の発展は，両国共に求めるところのものであり，両国国民にとって有益なものである．われわれは借款をしっかりと利用し，借款を利用したプロジェクトを高いクオリティで完成させる．私は会議でも，中国の建設に必要な資金はおもに自力更生を頼りにするが，外資の導入も必要であり，条件が適当でありさえすればわれわれはすべての友好国の借款を受け入れるほか，国連の金融組織に参加する備えもあり，世界銀行などの機関から融資を受ける準備もある，と宣言した」[21]と強調

した.

　当時の中国政府の「外国政府と国際金融機関からの融資受け入れの活動方針は以下の通りである. 1. 必ず交渉を成立させなければならないが焦ってはならず, 根気強く事に当たらなければならない. 2. たかぶらずへつらわず事に当たらなければならない. 借款条件がどんなに有利であっても借りたものは必ず返すのであって, こちらが一方的に頼んでいるわけではなく, 相手側も施主ではない. この場合双方にとっていずれも有益であり, 政治面, 経済面にかかわらず, 双方共にこれを必要としている. 3. 平等で, 双方共に利益を受けるという原則を堅持し, それを踏まえて具体的な事柄については適度に譲り合うことができる」[22] というものだった.

2. 日本政府による対中円借款の決定

　1978年2月, 日中間で『日中長期貿易取り決め書』が締結された. 同取り決めは, 双方が日中両国政府の共同声明と貿易協定の主旨に基づき, 平等互恵で, 互いに有無を通じ合い, 輸出入バランスをとることを踏まえて, それぞれの政府の支持の下で締結された. 具体的な内容には, 1978年から85年まで中国が日本に約100億米ドルの石油, 石炭を輸出し, 日本は中国に約100億米ドルの機械, プラントを輸出することなどが含まれた[23]. 当該取り決めでは, 決済方式は原則として延べ払いを採用すると規定されたが, 中国は依然として援助, 借款, 投資を受けないとする金融3原則を堅持していたため, 日本は中国側の支払い能力を懸念した. 同年9月, 河本敏夫通産大臣が訪中した際に, 石油, 石炭開発向けに, 中国に対して, 輸出入銀行から6.25%の年利で融資を提供するという提案を示した. これに対して中国側は為替リスクを避けるため, 米ドルでの決済を希望したが, 大蔵省はあくまで「政府系銀行は外国通貨で決済することはできない」と主張し, 交渉は膠着状態に陥った. こうしたなかで, 海外経済協力基金による円借款の供与が日本政府の選択案の1つになっていった. これは当該借款の年利が3%前後で, 償還期間が30年であるためであり, 日本円で決済したとしても, 借り手にとっては比較的有利な借款だった.

　一方, 日本政府の内部では中国にODAを供与すべきか否かをめぐり, 外交

政策を担当する外務省と通商産業政策を担当する通産省との間で異なる意見が存在していた．通産省の態度は比較的積極的だった．例えば，当時の通産省通商政策局の矢野俊比古局長は，「現在の日中関係または日本を取り巻く国際環境を考えた場合，（日中貿易の拡大によって）資源エネルギーの安定供給の確保が可能となるだけでなく，資源市場の多様化も実現することができ」，ひいては「ある程度のプラント輸出市場を確保」することもできると指摘した[24]．しかし，外務省は欧米，東南アジア諸国連合（ASEAN），ソ連との関係を考慮し，その態度は比較的消極的だった．当時，外務省内部における主流意見は，日中平和友好条約締結後は日ソ関係の改善度合いを拡大すると同時に，対外経済協力の重点を東南アジア各国に置くべきだというものだった．当時の外務省アジア局の中江要介局長は「日中関係の発展はその他のアジア各国との経済協力を犠牲にすることを前提にしてはならない」と強調し，日中の経済協力の過度な緊密化に対する懸念を表明した[25]．園田直外務大臣は1978年10月に開かれた衆議院外務委員会で，「日本は中国またはソ連に偏向することはない．中国の軍事現代化に協力することはない．対中関係の重点は経済ではなく，文化交流だ」と述べ，対中円借款について，慎重な姿勢を示した[26]．

さらに欧米諸国も日本の中国に対するODAの供与に懸念を抱き，日本は円借款を利用して，中国の潜在市場を独占しようとしているのではないかと考えた．1950年代から60年代にかけて，日本の東南アジアに対するODAのほとんどがひも付き（タイド）援助（※借款を供与する建設プロジェクトに必要な物資を日本から提供する）だったため，その結果として，日本企業が当該地域に大量に進出することとなった．欧米諸国も膨大な人口を擁する中国の潜在市場を重視していたため，日本に対して中国に借款を供与する際には，他の国の製品の購入も可能なアンタイド方式を採用するよう求めた．例えば1979年10月17日と18日に，ワシントンで開かれた日米の援助政策計画に関する会議で，米国側は「日本がアンタイド方式を採用しなければ，日米間の経済貿易摩擦が激化することになるだろう」[27]と述べた．

また，日本の主な援助対象である東南アジア諸国は，日本が中国に巨額のODAを供与することを突然決めたことで，もともとASEAN各国に供与されていたODAが減るのではないかと懸念した．このほか，ASEAN各国は中国

が日本の ODA を利用して現代化を加速し，東南アジア各国市場の強力な競争相手に成長することを心配した．これに対して，日本政府の代表は 1979 年 11 月 26 日に開かれた日本と ASEAN の経済閣僚会議で，ASEAN に対する ODA を重視する方針を引き続き維持することを強調した．こうした要因から，1979 年度の対中円借款はインドネシア向けの借款額と同額の 500 億円に設定された．

このほかソ連も日本による対中 ODA の実施に対して，強い懸念を示した．中ソ関係は 1960 年代前後から悪化し始め，中国は日中平和友好条約の中に，「反覇権条項」を組み込むことを提起していた．このことは日中双方が法的拘束力をもつ国際条約の中で，ソ連の「覇権主義」にともに反対する立場をとることを意味する．ソ連はこれに対して強い不満の意を示し，中国が日本の資金と技術を利用して自国の軍事力を強化することを懸念した．例えば，鉄道，港湾，空港の建造は平時の経済建設に有利なだけでなく，戦時においても，人員や物資の輸送機能を発揮することができるからである[28]．

しかしながら日中の経済協力に問題が生じたこと，米国が対中経済協力の歩みを加速したことにより，日本政府の姿勢が急速に変化した．1979 年 2 月 26 日，プラントの輸入を担当していた中国技術輸入公司が日本の大手商社に対して，2 国間で締結したプラント契約の一時停止を突然通知してきた．これには，1978 年 12 月 16 日以降に締結された契約が含まれ，上海宝山鉄鋼廠の 2,200 億円の関連設備，石油化学工業，セメントなどの各種プラントなどがあり，総額 4,200 億円超，約 20 億米ドル相当に上った．中国側はこれについて，「支払い準備不足による，純粋な経済的原因によるもの」と釈明した上で，「しかしながら，日本の非協力的な態度と直接的，間接的な関係があることも否定できない」[29]とした．これを日本政府は中国政府の現代化路線の転換，中国とベトナムの衝突などの政治的原因によるものと考え，大蔵省は依然としてもとの方針を堅持した．例えば金子一平大蔵大臣は衆議院予算委員会で，「日中貿易の資金決済問題の解決を後押しするが，米ドルでの決済方式をとることはできない．また国際協定を無視して中国に低利借款を供与することはできない」[30]とした．

日本の経済界は政府の消極的な姿勢を批判し，1979 年 2 月に訪中した日中経済協会の渡辺弥栄司理事長は，「契約の執行停止は支払い問題による純粋な

技術的事項であり，中国は現代化計画を変更しておらず，日中双方は可及的速やかに資金問題を解決すべきである」とする中国政府の意向をただちに日本政府に伝えた．この情報を知った稲山嘉寛会長も「一見すると，契約の執行停止は金融問題のようだが，実際には政治問題だ．よく考えると，首相が判断すべき問題である．ほかの国は日本の利息は低いと批判しているが，そうした意見にしたがうべきではない．日本は自ら判断すべきだ」[31)]と述べ，政府を厳しく批判した．

さらにもう一方で，米中の経済関係が急速に発展した．農産物の輸出の急増によって，1978年に，米中の貿易額は11億米ドルに上り，前年比3倍増を達成した．このほか，さまざまな経済交流も頻繁に行われた．同年6月，フォード自動車の会長が中国を訪問し，鄧小平と技術協力問題について話し合った．7月には，米国の技術代表団が訪中し，原子力，水力発電をめぐる協力問題について協議した．同年末に，米中関係は正常化を実現．その後，米国の大型鉱業企業が中国と投資総額8億米ドルの銅鉱の開発および精錬に関する協定について合意に達した．また，米国の金融機関も中国の銀行と取引関係を続々と構築していった．1979年8月，米国のモンデール副大統領が訪中するとともに，中国と首脳の相互訪問について合意に達し，カーター大統領の1980年1月の訪中を約束したほか，「向こう5年間に，中国に対し20億米ドルの借款を供与する用意がある」ことを表明し，対中経済協力の強化を図った[32)]．この影響を受けて，日本政府の内部では，中国への円借款供与を主張する声が高まり，それによって対中経済協力で米国に後れをとってはならず，首相はカーター訪中前に中国を訪問し，日中経済協力の緊密化を推進すべきである，という意識が引き出された．

中国から円借款の申請が提出されると，外務省が中心となって具体的な準備作業が始まった．1980年9月末，政府調査団は訪中前に『日中経済関係長期展望報告書』を起草し，日本は産業構造の変化によって，中国への機械，プラントの輸出と同時に，中国からの石油，石炭，金属などの資源エネルギーの輸入を必要としているため，全体として見た場合，日中貿易関係は一種の相互補完関係をもつことを強調した．同時に，欧米先進国との関係を考慮し，外務省は円借款を「アンタイド方式」にすることを主張した．これは1978年1月の

日米会談の際に,「貿易黒字削減」のために「アンタイド方式」を採用することを取り決めていたことによる.実際には政府調査団を派遣して以降,米国はさまざまな方法によって,日本に対してアンタイド方式の採用を要求,採用しなければ米国の企業界と議会の態度を考慮して中国への円借款供与に反対する,と主張していた.

しかし,通産省はこれに力の限り反対した.それは中国に対するプラント輸出にかかわる問題であり,「ひも付き(タイド)援助」の採用は企業界の要求を満たすことができるだけでなく,将来の対中貿易の方向性という問題にもかかわってくるためだった.日本貿易会,日本機械輸出協会,日本設備協会などの経済界の団体が続々と「アンタイド方式」への反対意見を表明するとともに,大蔵省の支持を獲得した.これらの団体と大蔵省は,日本から材料,設備,技術を輸入する建設融資プロジェクトは2国間の経済協力の強化という意義があると考えた[33].また借款総額の問題について,通産省は6年間の援助総額を15億米ドルとすることを主張したが,外務省は総額を示さず,毎年会議を開いて次の年の金額を決定する「単年度主義」を主張した.この主張は財政面の原因のほか,東南アジア各国の反応を考慮したものでもあり,1977年に福田赳夫首相が東南アジアを訪問した際に示した援助総額が10億米ドルに過ぎなかったことによる.

与党・自民党内部にも異なる主張が存在していた.自民党議員の多数が対中円借款を支持していたものの,政務調査会の河本敏夫会長は1979年9月4日に日本を訪問した中国の谷牧副総理に,自民党は対中円借款の実現に向けて努力しているが[34],慎重な姿勢をとるよう主張する議員も少なくない,と述べた.

大平首相は中国に対する政府開発援助の供与について,積極的な姿勢をとり,1979年1月23日にはすでに日本政府は日中経済協力を大規模に推進する用意があることを公に発表していた.3月のある談話では,中国が政府借款の利用を望むならば,日本政府は海外経済協力基金の融資を認可する意向である[35]ことをほのめかした.同年9月,大平首相は日中双方の話し合いが順調に進めば,年内にも対中円借款の草案を携えて訪中する意向であることを明らかにした.当然のことながら,大平を首相とする日本政府による政府開発援助の供与には,エネルギー供給の確保,日中間の経済・貿易の発展促進,中国市場の開

拓という経済的要素のほか，日中の2国間関係の全面的な発展推進，国際影響力の拡大，歴史問題の両国関係に対するマイナス影響の緩和といった政治的要素も含まれていた．

　具体的に言うならば，第1次政府開発援助による円借款はおもに日本向けの石炭輸出に関連する開発および輸送施設プロジェクトに充てられた．これは中国側のエネルギー開発と輸出拡大という需要と一致するものである．日本にとって，対中円借款は中国の石炭の開発・輸入に有利なだけでなく，日中間の経済・貿易関係全体のさらなる強化という利点もある[36]．次に，経済力の急速な増大に伴い，日本はそれに見合った国際社会における政治的地位を追求し始めていた．とくに日米貿易摩擦が激化し続ける中で，外交空間の拡大を図る必要があったことから，「中国がよりいっそう開放されれば社会の安定化が実現し，国際社会の一員としての責任を尽くすようになる」という考え方と「日中両国の友好関係の構築は，アジア・太平洋地域の平和と繁栄にとって極めて重要である」という一貫した立場に基づき，中国に対するODAを実施しようとした[37]．かつて大平内閣で官房副長官を務めた自民党の加藤紘一は2000年に次のように回想している．「大平首相は大戦略の立場に立って，中国に円借款を供与した．……この戦略は，20年前，社会主義をより強く強調していた中国を，日本が経済協力を通じて，よりいっそう市場経済を重視し，国際社会および日本と相互に協調する国へと変えるものだった」[38]．このほか，日本の中国に対する政府開発援助の供与には，過去に中国を侵略したという歴史的な重荷と，中国が戦争賠償の請求を放棄したことに対する埋め合わせといった心理も含まれていた[39]．さらには人道主義的立場からの，人口が多い中国に対する特別な配慮という要素もあった[40]．

　対中円借款に関する省庁の合同会議が11月30日に開かれ，外務省が臨時の政府案を起草した．これには初年度の円借款は500億円，年利率3％，償還期間30年とすること，すべてのプロジェクトの借款総額について明確な誓約は示さないこと，アンタイド方式の問題に言及しないこと，などの内容が含まれていた．大平首相は当該案に対して，まず，よりいっそう適切な言葉遣いと方式を使用し，日本の持続的な協力を求める意志と借款総額に対する誓約について明確に伝えることができるようにすること，次に対中円借款はアンタイド方

式の原則を採用すべきであることという2つの修正意見を提起した[41]．外務省は案を修正した後，大平首相に再度説明，最終的に以下の内容で政府案が確定した．対中政府借款はアンタイドの原則を採用する．借款プロジェクトは6件とし，総合病院は無償援助プロジェクトを行う．1年目は500億円，利率3%，償還期間30年（10年の据置期間を含む）とする．借款総額について誓約しないが，非公式な方法で15億米ドルという全体規模を伝える．1年目以降の年度の借款額については，毎年会議を開催して決定する，など[42]．

　1979年12月5日，大平首相は中国を公式訪問した．12月7日，日中両国政府は共同コミュニケを発表，日本政府は中国に対して，6つの建設プロジェクトを対象とする円借款を供与することを約束した．欧米諸国の日本が中国市場を独占するのではないかという懸念，およびその他のアジア各国，とくに東南アジア諸国の日本からの援助が減少するのではないかという懸念を解消するため，大平首相は政協礼堂（全国政治協商会議ホール）で行った，「新世紀を目指す日中関係－深さと広がりを求めて」と題する演説の中で，対中円借款の3原則，すなわち中国の現代化事業に対する経済協力と欧米各国との協調，ASEAN各国とのバランスに対する配慮，軍事協力を行わないことを詳しく説明すると同時に，「双方は日中両国が両国間の共同声明と平和友好条約という2つの文書に盛られた原則と精神に則り，善き隣邦として将来長きにわたって平和的かつ友好的関係を維持発展させていくことを誓い合った．われわれはまた，1980年代のみならず21世紀へ向けて両国間の良好にして安定した関係をあらゆる分野において発展させ，さらに深さと広がりを求めていかなければならない」と強調した．

　第1次円借款は中国のインフラ建設の分野で比較的大きな役割を発揮した．李嵐清はその回想録の中で次のように指摘している．「第1次円借款プロジェクトはいずれも借款協議に定めた期日とおりに完了し，顕著な成果を獲得した．例えば，秦皇島港第2期石炭埠頭事業は1984年に完了し，年間貨物取扱能力は2,000万t．石臼所港湾は1985年に完了し，年貨物取扱能力は1,500万tに上った．京秦（北京－秦皇島）鉄道は1984年に完了し，1985年に石炭輸送を開始．1986年には路線の電化が実現し，複線で300kmに及び，輸送能力が新たに5,000万t増えた．兗石鉄道は1985年に完了し，単線で300kmに及び，輸

送能力が新たに1,200万t増えた.上述の2つの路線,2つの港湾が完成したことで,山東,山西の総合的な輸送能力が増し,当時の交通輸送の逼迫という局面が緩和された.協力基金の融資を利用したプロジェクトの物資調達については,6期の国際入札において,中国企業の落札金額が約46%を占め,入札に参加した国と地域のうち,日本に次いで2位となった.当時の中国の経済建設における突出した問題はエネルギー,交通問題で,とくに石炭輸送問題が際立っていたため,エネルギー不足の影響で,生産能力の30%を発揮できないという状態に陥っていたことから,初期の円借款はおもにこれらの分野に使われた」[43].

1979～84年における,経済協力開発機構(OECD)傘下の開発援助委員会(DAC)のすべての加盟国および国際組織による対中経済援助総額のうち,日本の対中ODAの金額は45%を占め,第1位となった.国際通貨基金(IMF)は14%で,第2位.国連の各機関は12%で,第3位だった.中国は1979年に日本から第1次円借款を受け入れた後,1981～83年の間に,オーストラリア,カナダ,ドイツ,ベルギーなどの国と開発をめぐる2国間の協力協定または議定書を相次いで締結,オランダ,ノルウェー,ニュージーランドとは無償援助をめぐる2国間の枠組み協定を結び,スウェーデン,フィンランド,ルクセンブルクなどの国と,不定期に開発協力関係を構築した.このほか,英国,フランス,スペインなどの国も中国にさまざまな援助を提供した.これらの国の援助方式と比べ,日本の円借款は中国が改革開放後に受け入れた初めての2国間の政府援助による借款であり,効率が高く,期間が長く,利率が低く,金額が大きく,付加条件がないなどの特徴をもつことから,中国が改革開放初期における資金不足を補う上で,極めて重要な援助だった.

3. 大平正芳の中国観

大平が中国に対するODAの供与において,積極的な姿勢をとったその理由は,大平の「楕円の哲学」と,それを踏まえた総合安全保障戦略という思想にある.大平は,いかなる事物にも2つの中心があり,両者が均衡状態にあって初めて事は円滑に運ぶと考えた.このため事物の発展方向を把握しようとする

際には，この点に注意して両者が均衡を維持できるようにし，いずれか一方に過度に偏らないよう留意しなければならない．重要な点は，大平の「楕円の哲学」には日本人が最も尊ぶ政治理念である調和が体現されているということにある．ゆえに大平は内政・外交において，調和という理念を最も強調した．大平はかつて，「日本文化は『調和』──すなわち，人と自然，都市と農村，精神と物質，自由と責任など，相互に対立する事物の間の『均衡』を保つとともに，両者の間の『中間地帯』を尊重することを重視する」[44]と強調，指摘している．

「楕円の哲学」の思想に基づき，大平の外交政策およびその行動の特徴も協調性を強調しており，関連外交政策の中で協調性を表す言葉がたびたび使われている．例えば「共同体」，「相互依存」，「理解と協力」，「友好関係」，「友好協力」，「国際協調」，「多様性の中の調和」，「協調行動」，「責任と役割分担」，「安定」，「平和友好」，「緊張緩和」，「協力強化」，「相互信頼」，「多重的な交流」，「良き隣人」，「多方面の協力関係」などが挙げられ，そのうち「相互依存」と「国際協調」は，大平の外交および安全保障政策に欠くことのできない基本条件だった．首相就任後の初めての施政方針演説の中で，大平は「今日われわれが住む地球は，共同体としていよいよその相互依存の度を高め，ますます敏感に反応し合うようになってきた．この地球上に生起するどのような事件や問題も，またたく間に地球全体に鋭敏に影響し，地球全体を前提に考えなければ，その有効な対応が期待できなくなってきている．対立と抗争を戒め，相互の理解と協力に努めなければ，人類の生存は困難となる」[45]と強調した．大平はどうやら，米国と中国はまさに1つの楕円の2つの中心点であり，日本は両者のバランスを保って初めて自らの国際社会における地位と安全を維持できると考えたようだ．

1971年9月，大平は自民党内派閥「宏池会」の会長として発表した「日本の新世紀の開幕」という一文の中で，転換期の日本について次のような見解を示している．「わが国はすでに戦後に対する総決算を行うべき転換期を迎えている．われわれはかつて基本方針を米国との協調の上に置き，国際政治活動への参加を極力避けてきたが，米ドルの地位が下がったために，自主外交という苦難に満ちた道を歩まなければならなくなった．われわれはこれまで国を挙げ

て経済振興に努めてきたが，まさに経済大国となったために，国際社会の一員として，経済の国際化という義務を履行しないわけにはいかなくなった」[46]．大平は日本がそれまで実行してきた経済成長優先主義と米国への従属，協調主義，自国中心主義はまさに楕円の2つの焦点のうちの1つへの偏りであり，戦後日本はその他の焦点を忘れて盲進し，すでにバランスを失っており，是正する必要があると考えた．大平はそれを1つの「重大な転換」とするとともに，「政策の大胆な修正」を行うよう呼びかけた．大平はこのために具体的な外交政策として，対米関係の修正，中国との国交正常化の実現，南側の各国との経済・文化交流の推進を挙げ，それによる「自主的な平和外交の展開」を説いた．

上述の哲学思想を踏まえ，1973年の第1次石油危機による日本の経済・安全に対する衝撃と国際情勢の深刻な変化を結びつけ，大平は「総合安全保障戦略」という概念を提起した．大平は日本の首相に就任した後，首相の私的諮問機関として，9つの政策研究グループを直ちに立ち上げた．これら9つのグループは，梅棹忠夫を議長とする「田園都市構想研究グループ」，内田忠夫を議長とする「対外経済政策研究グループ」，林知己夫を議長とする「多元化社会の生活関心研究グループ」，大来佐武郎を議長とする「環太平洋連帯研究グループ」，伊藤善市を議長とする「家庭基盤充実研究グループ」，猪木正道を議長とする「総合安全保障研究グループ」，山本七平を議長とする「文化の時代研究グループ」，館竜一郎を議長とする「文化の時代の経済運営政策研究グループ」，佐々学を議長とする「科学技術の史的展開研究グループ」で，徹底的な政策研究が行われた[47]．

大平本人は，かつて総合安全保障戦略について次のように説明したことがある．「わが国の資源と市場はほとんど海外に依存しているため，世界でなんらかの紛争が起きると，いずれもわれわれにとって脅威となる．さらに深刻なことに現在さまざまな武器の開発がすさまじい勢いで進んでおり，わが国は直接攻撃を受けた場合，単独で抵抗することは不可能であり，現在の集団安全保障体制でも不十分である．このためわが国は平和戦略を基本とする総合安全保障体制を構築して初めて国の安全を確保することができる．このことはわれわれが現在の集団安全保障体制——日米安全保障条約と，節度を備えた，質の高い自衛力を引き続き堅持すると同時に，その補足として，経済，教育，文化など

内政の各方面の充実を図るとともに，経済協力，文化外交など，必要とされる外交努力を強化し，わが国の安全を総合的に保障していかねばならないことを意味する」[48]．

このほか，大平首相は1979年1月の施政方針演説の中でも，「総合安全保障戦略」について，詳細な説明を行っている．「日本の平和と安全を確保することは，政治の最大の責務であり，そのためには節度ある自衛力とこれを補完する日米安全保障条約とからなる安全保障体制を堅持することが必要である．しかし真の安全保障は，防衛力だけで足れりとするものではない．世界の現実に対する冷厳な認識に立って，内政全般の秩序正しい活力ある展開を図る一方，平和的な国際環境を造り上げるための積極的な外交努力が不可欠であることはいうまでもない」[49]．

当然のことながら，大平の総合安全保障戦略において，日米関係を基軸とする政策は依然として日本の安全政策の基礎であった．大平が強調したのは，新たな情勢下における日米関係に対する補足と強化である．大平が米国との「集団安全保障体制では不十分」で日本の外交を積極的に展開する必要があると考えたそのわけは，米国の力が相対的に低下しているという事実を彼が目にしたことにある．それゆえに大平はさまざまな場面で，日米関係は日本の対外政策の礎であり，客観的な情勢の発展に伴って，日米関係のさらなる緊密化を図る必要があると強調した．1979年5月，大平は首相就任後，初の訪米の際に「同盟」という言葉を公に初めて使用して，日米関係を形容し，日本は米国を全面的に支持するという決意を表明した．「アジア，太平洋地域，ひいては全世界が勢力の均衡によって，平和を保障されており，依然として強大な米国を頼りにしている．これは厳然たる事実である．米国の強大さは軍事力のみにとどまらず，強大であるがゆえの活力ある経済，強靭な行動力も含まれる．全世界はいずれも米国がこの種の力を背景として積極的なリーダーシップを発揮することを期待している．……米国のこの種の努力に呼応するため，米国の良きパートナーとして，わが国もわれわれの共通の目標のために貢献しなければならない」[50]とした．

これと同時に，日本は然るべき独特の役割を発揮した．まさに総合安全保障研究グループが大平の逝去後に提起した日本の総合安全保障報告にあるように，

「60年代中期以降のソ連の軍事拡張に伴い，米国は70年代に軍事面，経済面での優位性を失い，米国の軍事力はすでに同盟国に十分な安全保障を提供できなくなっていた．このため同盟国は通常兵力の面で，自らの力を強化すると同時に，米国を助け，米国の核のカサの信頼性を維持しなければならなかった．このほか米国の経済力が弱まり続けるのに伴い，おもに米国に依存して，国際通貨体制と自由貿易体制を維持していくことはできなくなっていった」[51]．つまり米国の勢力の低下による力の穴を埋めるため，日本は積極的な姿勢を示して，米国による力の増強を支持する必要があった．「総合安全保障戦略は『吉田路線』の日米同盟を堅持し，『自主防衛』を否定し，軍事を安全保障の主たる手段としないという戦略思想を継承したものだが，多くの新たな内容も追加され，『吉田路線』下の日本の国際政治における受動的，消極的，『低姿勢』という状況に一定の変化をもたらした．それは，日本は欧米諸国と連合すると同時に，『自助努力』を強化すべきであることを強調し，日本は西側諸国と安全責任を分担し，世界の平和と安定に向けて，その経済力にふさわしい貢献をすべきであると主張しており，日本が西側の『共通の安全』の防衛，国際実務への参加という面において示す積極的な傾向を具現化していた」[52]．もう一方で，それは日本とその他の国との非軍事面における協力を強化し，世界各国と経済，文化，技術，教育などの分野における協力を積極的に発展させ，世界平和に貢献することで，日本の総合的な意義での安全を保障するとした．換言すれば，「南北関係の安定は日本にとって非常に重要である．総合安全保障の一環として，日本は開発途上国の経済発展と南北間の秩序形成に大きな役割を果たさなければならない」[53]というものだった．

　まさに上述のような背景の下で，「総合安全保障戦略」の重要な一環として，日中の友好協力の局面を維持するということは，日本にとって格別な意義をもつ．大平は日中友好協力に力を尽くしたが，その基本的な着眼点は日本の国益にあった．多くの人口を有し，広い国土をもつ隣国として，中国によるエネルギー資源供給は，日本の経済・安全およびエネルギー供給源の多様化にとって非常に重要である．もう一方で，中国は日本の経済発展を推し進める潜在的な巨大新興市場であり，円借款は中国のインフラ投資を促進し得ると同時に，日中貿易の急速な発展も支えることができる．つまりプラント契約が中止された

り，日中貿易の枠組みが危機に陥ったりしたときは，商品借款の供与を通じて問題の解決の一助とすることができる[54]．

さらに重要な点は，大平は中国にたいへん興味をもっているということである．とりわけ中国の古典が好きで，その中から多くの政治の知恵を汲み取った．大平の中国の古典作品に対する評価は非常に高く，「中国の古典作品は本質的に欧米の作品とはまったく異なるが，それは人の心に深い感動を与える力をもっている．それは中国人特有の思想を大胆に吐露しており，一種の真に迫る魅力を人々に感じさせる」[55]と語った．また，大平は古代の日中の文化交流も非常に高く評価しており，ある学者は次のように指摘している．「広く深い中国の古代文化と日中両国の2000年に及ぶ友好往来の歴史に，大平は無限の魅力を感じ，その中から多くの知恵と力を汲み取っていった．これによって彼の中国観の堅固な歴史的基礎が形成されていったことがわかる．同時に，それは彼が日中友好に力を尽くすとともに，生命の危険を冒して日中国交正常化に向けて必死に努力するというように，偉大な事業の原点となった」[56]．大平は近代日本の侵略戦争に対して，はっきりとした認識をもっていた．1978年8月，福田赳夫政権期の自民党幹事長として，田中洋之助との会談の中で大平は次のように明確に語っている．「最近の日本の風潮はそうではなく，加害者である立場と被害者である中国，わが国が中国に害を加え，中国が被害を受けたという，そういう日中関係をあまりフェアに見ていないと思う．……加害者としての反省がむしろ足りない面がある．卑屈どころか，私としては逆な感じがしないわけでもない」[57]．

目下のところ，大平首相がODAを戦争賠償の代替物として見ていたか否かについて，それを証明する資料はまだない．しかし，それは大平が戦争期に興亜院の役人として中国・張家口で職に就くとともに，アヘンの生産，販売事務を管理していたことと無関係ではない．1963年2月12日，池田勇人内閣の外務大臣として，大平は参議院外務委員会における答弁の中で，日中戦争の中で形成された罪の意識があり，日中関係を考えるときには，米国の立場と日本の立場は明らかに別物であることを明確にしなければならない，とはっきり答えている．大平派のメンバーで，かつて自民党幹事長を務めた加藤紘一も「大平は若い時に興亜院で仕事をしており，その経験が後に良好な日中関係を築く基

礎となった」[58)]と指摘している．

　大平は長期にわたる政治生涯の中で，非常に早期に日中友好活動に尽力し始めた．池田勇人内閣で官房長官と外務大臣を務めた時期に，両国間の半官半民による「日中貿易に関する高碕達之助・廖承志の覚書（「LT貿易覚書」）」の展開を積極的に支持し，日中双方による交渉成立を推進した．このために，大平外務大臣は台湾当局に対して必死の説得工作を行い，「日本が中国共産党と西欧レベルに相当する貿易を行わなければ，国民の理解を得られない」とした．佐藤栄作は政権を握った後，「2つの中国」という政策を推し進め，すでに存在している日中両国間の人員往来および貿易，文化などの交流活動を制限しただけでなく，米国に追随し，中国が国連において合法的な地位を回復しようとするのを，あらゆる方法を講じて阻もうとした．大平はその政策を厳しく批判し，「宏池会」の政策委員会で「潮の流れを変えよう」と題する演説を行い，「政府は日中友好の精神と原則に基づいて，北京との間，政府との間の接触をできるだけ早く始めなければならず，これは国際および国内世論に合致するものである」[59)]と強調した．

　田中角栄内閣成立後，大平正芳は外務大臣として，田中首相の後押しの下自身の主張を実行に移し始め，幾重にも重なり合う妨害を突破し，最終的に日中関係の正常化を実現した．日中国交正常化後に日中関係に影響を及ぼし，妨げとなった問題がおもに2つあった．1つは，日台の航路の処理に関する問題，もう1つは日中双方がまだ日中平和友好条約を締結していないという問題だった．日中が国交正常化を実現した後も，日台の航路はそれまで通り維持されており，日中共同声明の中の関連原則に違背していた．中国側は「日中航空協定」の締結という理に適った要求が日本の右翼勢力と「親台派」から強烈な妨害を受けていると主張したが，大平外務大臣は「たとえ骨を粉にして身を砕いても日中航空協定を締結する」という意志を示し，1974年1月に再度訪中して，中国と「日中航空協定」を締結した．続いて足踏み状態にあった「日中平和友好条約」の交渉に直面すると，福田赳夫内閣期の自民党幹事長として，大平はまた積極的に推進役としての役割を発揮，最終的に日中双方は1978年8月に，北京で「日中平和友好条約」を締結した．同年12月，大平は首相となり，日中関係は新たな発展期を迎えた．

上述した内容をまとめると，哲学的頭脳をもつ政治家として，大平首相は時代の変化を鋭敏に捉え，総合安全保障戦略を提起し，それによって日中関係を戦略レベルまで引き上げて認識しようとするとともに，その実現のため中国に対してODAを積極的に供与，日中間の経済・貿易協力の急速な発展を推進して中国の改革開放を支えた．ある意味において，中国の今日における経済成果の獲得は，大平正芳と一定の相関関係があるといえる．

---

1) 河地重蔵ほか『現代の中国経済とアジア――市場化と国際化』（世界思想社 1996 年），40 頁．
2) 梶村秀樹・金泰相主編『中日経済交流の現状と展望』，白桃書房，1989 年版，10 頁．
3) 曹普「特区設立・対外開放」，『学習時報』2001 年 6 月 25 日．
4) 谷牧『谷牧回想録』中央文献出版社，2009 年，310 頁．
5) 中国共産党中央文献研究室編：『第 17 期中央委員会第 3 回全体会議（三中全会）以降の重要文献集上』，人民出版社，1982 年，4 頁．
6) 『日本経済新聞』1979 年 12 月 5 日．
7) 『北京週報』1977 年 7 月 12 日．
8) 李嵐清『包囲突破――国の門戸が初めて開かれた頃の歳月（中国語名：突囲――国門初開的歳月）』，中央文献出版社，2008 年，277 頁．
9) 『北京週報』1977 年 7 月 12 日．
10) 『人民日報』1978 年 6 月 14 日．
11) 『朝日新聞』1978 年 7 月 14 日．
12) 李嵐清『包囲突破――国の門戸が初めて開かれた頃の歳月（中国語名：突囲――国門初開的歳月）』，中央文献出版社，2008 年，277 頁．
13) 谷牧『谷牧回想録』，中央文献出版社，2009 年，310-311 頁．
14) 『日本経済新聞』1978 年 9 月 29 日-31 日．
15) 『日本経済新聞』1979 年 3 月 4 日．
16) 『朝日新聞』1978 年 9 月 4 日．
17) 『日本経済新聞』1975 年 10 月 26 日．
18) 『日本経済新聞』1978 年 11 月 27 日．
19) 武吉次郎「中国の改革開放をめぐる歴史的回顧」，『中国年鑑（1992）』掲載，大修館書店，1993 年．
20) 外務省行政文書『対中資金協力政府調査団（谷牧副総理訪問）』，1979 年 10 月 9 日，林載恒「第 1 次対中日借款の決定に関する分析――70 年代の日中経済関係の視点」，東京大学大学院法学政治学研究科編『本郷法政紀要』掲載，No.14，2005．
21) 谷牧『谷牧回想録』，中央文献出版社，2009 年，311-312 頁．
22) 李嵐清『包囲突破――国の門戸が初めて開かれた頃の歳月（中国語名：突囲――国門初開的歳月）』，中央文献出版社，2008 年，284 頁．
23) 田桓主編『戦後中日関係文献集　1971～1995』，中国社会科学出版社，1997 年，220-

221 頁.
24) 矢野俊比古『日中長期貿易取決めの意義と問題点』,『世界経済評論』1978 年 5 月号.
25) 中江要介・河合良一『日中経済交流に新時代』,『経済人』1978 年 10 月 3 日, 83 頁.
26) 『朝日新聞』1978 年 10 月 13 日.
27) 『日本経済新聞』1979 年 10 月 25 日.
28) 関山健『日中の経済関係はこう変わった――対中国円借款 30 年の軌跡』, 高文研, 2008 年, 52 頁.
29) 『日本経済新聞』1979 年 3 月 1 日.
30) 『朝日新聞』1979 年 3 月 3 日.
31) 『日本経済新聞』1979 年 3 月 15 日.
32) 『日本経済新聞』1979 年 8 月 28 日.
33) 『朝日新聞』1979 年 11 月 11 日.
34) 『人民日報』1979 年 9 月 7 日.
35) 『日本経済新聞』1979 年 3 月 16 日.
36) 金熙徳『日本政府開発援助』, 社会科学文献出版社, 2000 年, 196 頁.
37) 外務省『政府開発援助白書』2005 年版, 63 頁.
38) 倪志敏「大平内閣における第一次対中政府借款」,『龍谷大学経済学論集』第 42 巻第 5 号, 2003 年 3 月.
39) 森田一『心の一灯回想の大平正芳――その人と外交』, 第一法規株式会社, 2010 年, 204-205 頁.
40) 通産省『経済協力の現状と問題』1989 年版, 総論, 74 頁.
41) 『朝日新聞』1979 年 12 月 1 日.
42) 『毎日新聞』1979 年 12 月 2 日.
43) 李嵐清『包囲突破――国の門戸が初めて開かれた頃の歳月（中国語名：突囲――国門初開的歳月)』, 中央文献出版社, 2008 年, 283 頁.
44) 長富祐一郎『近代を越えて』下巻, 大蔵財務協会, 1983 年, 321 頁.
45) 大平正芳回想録刊行会編『大平正芳回想録・資料編』, 鹿島出版会, 1982 年, 285 頁.
46) 日本大平正芳記念財団編『大平正芳』, 中国青年出版社, 1991 年, 756 頁.
47) 歴史学研究会編『日本同時代史 5 転換期の世界と日本』, 青木書店, 1991 年 1 月, 144 頁.
48) 大川公一「転換期の安全保障論」,『国際教養学部紀要』2005 年第 3 期.
49) 日本大平正芳財団編著『大平正芳』, 中国青年出版社, 1991 年版, 592 頁.
50) 川内一誠『大平政権 554 日』, 行政問題研究所出版局, 1982 年版, 135 頁.
51) 総合安全保障研究グループ『総合安全保障戦略』, 大蔵省印刷局, 1980 年, 7 頁.
52) 宋成有他著『戦後日本外交史』, 世界知識出版社, 1995 年版, 511 頁.
53) 総合安全保障研究グループ『総合安全保障戦略』, 大蔵省印刷局, 1980 年, 8 頁.
54) 岡田実『日中関係と ODA――対中 ODA をめぐる政治外交史入門』, 日本僑報社, 2008 年, 145 頁.
55) 大平正芳・田中洋之助『複合力の時代』, 商務印書館, 1980 年, 83 頁.
56) 劉栄「近くて遠く, 遠くて近いような日中関係――大平正芳の中国観」,『外国問題研究』1993 年第 1 期.
57) 大平正芳・田中洋之助『複合力の時代』, 商務印書館, 1980 年, 32 頁.

58) 倪志敏『大平正芳とアヘン問題』,『龍谷大学経済学論集』第 49 巻第 1 号掲載,2009 年 9 月.
59) 大平正芳回想録刊行会編『大平正芳回想録・資料編』,鹿島出版会,1982 年,210 頁.

第3部 構想と交渉

第3部　構想と交渉

劉　傑

　20世紀の日中関係は，極めて複雑な様相を呈していた．たとえば日露戦争後の日中関係．中国のエリート層は1904年に勃発した日露戦争を複雑な思いで受け止めた．日本に来ていた多くの留学生にとって，日露戦争は黄色人種対白色人種，立憲国家対専制国家の戦争であり，東洋人としての自信の回復につながるものであった．日露戦争後，中国では立憲の動きが加速し，体制変革が静かに始まっていた．1907年には，清朝が東三省総督を設置し，満洲に対する実質的支配を確立した．清朝はさらに満洲の列国による共同管理の方針を打ち出し，日本による独占を防いだ．

　ところが，第一次世界大戦とロシア革命は，アジア史の流れを一変させた．日本は大戦中に対華21カ条要求を突きつけ，その結果，日中関係は対立へと急展開した．一方，北京政府統治下の中国に比較的自由な学問と言論の空間が現れたため，新文化運動の勃興とナショナリズムの台頭をもたらした．日本でもいわゆる「大正デモクラシー」の社会風潮のなかで，権益の伸張を主張する世論が強くなっていった．両国のナショナリズムが激しく衝突することが日中関係の主たるテーマとなったため，対立と同時進行した交渉，交流の実態は人びとの関心を引かなくなった．あるいは，交渉と交流は自国の権益維持の側面が強かったため，後世の人びとは権益への追求という点に目を奪われ，交渉を担当した「個人」の思想と行動に対する研究は極めて空疎なものになった．

　日清戦争以降，日本の軍人，外交官，ジャーナリスト，経済人のなかで中国問題に精通するエリートが確実に育っていった．中国問題のエキスパートを育成するための教育機関，上海東亜同文書院が設立されたのも1901年のことであった．「支那通」と呼ばれたエリートは，中国語能力だけではなく，中国に関する知識を有し，中国大陸で幅広い人的ネットワークを作り上げていった．官僚になった人びとは国家組織を構成するアクターとして活動したことはいうまでもない．しかし，「支那通」ならではの行動パターンはどのように理解されるのだろうか．とくに，彼らの個人的な経験や，中国との間で構築された人脈は，彼らの思考と行動にどのような影響を及ぼしたのだろうか．

　戦後の「中国通」は，多くの場合，「民間人」として活躍した．戦前の中国侵略への反省に立った彼らは，戦前と違う日中関係観を持つにいたるが，必ずしも組織に属さない「中国通」を日中関係史のなかでどのように位置づけるのか．検討が待たれる問題はまだまだたくさんある．

　一方，中国では主に「留学」を通じて「日本通」が形成されていった．清末期から大量の留学生が中国大陸から日本に上陸し，日本人と日本社会に対する理解を深めるとともに，日本を経由して西洋の思想と学問も修得した．「日本派」といわれた彼らは，欧米留学から帰国した「欧米派」との緊張関係を維持しながら，留学時代に培わされた人脈を生かして，日中関係の現場で活躍した．

　中国大陸では太平洋戦争後の国共内戦を経て，1949年に中華民国に代わる中華人民共和国が成立した．「日本通」のネットワークは国民政府の撤退とともに台湾にも拡大したが，大陸に残されたものは共産党政府によって継承され，1972年の日中国交正常化までのあいだ，日中関係を繋ぎ止める決定的な力となった．

　「中国通」と「日本通」は，1972年の日中国交正常化にいたる日中対立と断絶の時代において，どのように日中関係を構想し，交渉の現場で活躍したのか．彼らの思想と行動は，どのような歴史と現状認識基づいていたのか．また，彼らの遺産は今日の日中関係にどのような問題を投げかけているのか．第3部では，これらの問題に注目したい．

11章 日中関係のなかの「中国通」外交官
―― 芳沢謙吉・有吉明の時代

劉　傑

はじめに

　近代日中関係のなかで，決定的な役割を果たした集団がある．「老日本」（日本通）と「老中国」（中国通）と言われる人々である．この集団の中心を担ったのは，外交部と外務省で主として日中関係を担当する外交官たちである．現在，「日本通」「チャイナ・スクール」と言われる人たちがこの流れを汲む．

　この集団は自国の権益を主張する外交の第一線で，自国政府の指示を仰ぎながら，相手国の政治家や官僚，マスコミなどを相手に交渉を重ねる．彼らは常に二つの困難に直面していた．自国の外交指導者の「判断ミス」と，相手国の外交指導者の自国への「誤解」である．両国の間に立って，二つの国の状況を把握しながら行動する彼らは，両国関係のあり方に影響を与えつづけてきた．

　近代日本において，軍部や民間勢力の外交への介入が繰り返され，外務省を悩ます問題の一つに「外交一元化」がある．中国通外交官たちが対中国外交を主導できる前提は，この外交の一元化を確保することである．

　第一次世界大戦後の日本外交は，「一元化」を徐々に失っていく時代であった．しかし，少なくとも第一次幣原外交の時代において，中国に駐在する外交官たちの情報や報告は日本外交を動かした．すなわち，幣原喜重郎外相の中国

政策を左右したのは現地の外交官たちであった．

　また，満洲事変への対応をめぐって，日本外交の無力さが露呈した．しかし，塘沽停戦協定締結後の1934年，広田弘毅外相のもとで，短期間ながら中国通外交官が対中外交を主導する時代を迎えた．この二つの時期に中国に駐在した外務官僚の人脈，外交政策論，中国との交渉の様子を通して，中国通外交官が日中関係にはたした役割を明らかにするのが，本章の目的である．

　第一次幣原外相の時代において，中国で日本外交を支えたのは芳沢謙吉北京駐在公使である．芳沢のもとで働く外交官は多数いたが，満蒙権益が日中関係の最重要課題だったことを考えれば，船津辰一郎奉天総領事の存在も極めて重要である．

　一方，塘沽停戦協定締結後の1934年から36年までの間，広田外相を支えたのは有吉明公使（後大使）と須磨弥吉郎南京総領事であった．彼らは対立する日中関係を調整するために中国の各方面と交渉を繰り広げ，日本の対中国外交の方向転換を図ろうと外務省に働きかけ続けた．中国通外交官の外交構想と行動を通して，日中関係の複雑な多面性を浮き彫りにすることは本章のもう一つの目的である．

1.「中国通」外交官の人脈

1.1　芳沢謙吉と顧維鈞

　芳沢謙吉は，1874年新潟県諏訪村に生まれた．当時の日本では，漢学がもっとも重要な学科であり，芳沢は幼少時に親から四書など漢学の素読みをさせられた．二高を経て1899年7月，東京帝国大学文科大学英文科を卒業し，同年外交官及領事官試験に合格した．約40人の受験者のうち，8人が合格し，同年採用されたのは芳沢を含む3人であった．

　芳沢が任命された赴任先は朝鮮の公使館であった．しかし，朝鮮に日本の徴兵令が適用されるので，徴兵を回避したかった芳沢は自ら人事課長加藤恒忠に嘆願し，赴任地の変更を求めた．この要望はすんなりと応じられ，芳沢は厦門に派遣されることになった．1900年2月芳沢は厦門に着任し，中国との長い

付き合いを始めた[1]．

　芳沢が外交の現場で対中国交渉にもっとも直接関わったのは，1923年7月の着任から29年9月の帰朝まで，北京駐在特命全権公使として活躍した時代であった．それまで，青年外交官時代に厦門に2年，上海に2年4カ月，牛荘（営口）に2カ月半，漢口に1年駐在したほか，大使館参事官として北京公使館に2年半勤務した．公使就任前の4年間は外務本省で政務局長，アジア局長を務めた．すなわち，「多年に亘る在職中，取り扱った事務の過半は支那問題であった」[2]．

　本章が対象としている北京公使時代は，軍閥の内戦への対応に明け暮れた．主たる交渉相手は北京政府外交総長顧維鈞であった．1888年生まれの顧は芳沢より14歳年下であった．アメリカのエール大学卒業後，コロンビア大学で博士号を取得した顧は，中国を代表する親欧米派外交官として活躍した．顧は直隷派軍閥が作る内閣に入ったが，列強に強いられた不平等条約の撤廃を使命とし，日本をはじめ，諸外国との交渉のなかで一貫して強硬な姿勢を貫いた．満洲事変後の1932年，顧はリットン調査団中国側委員として中国の立場を世界に向けて発信し，33年には国際連盟中国代表として日本代表と正面対決した．その後，駐仏大使，駐英大使として日中戦争中の中国に対する国際社会の支持を獲得するために活発な外交活動を展開した．日本の外交官や政治家の間ではこのような満洲事変，日中戦争期の顧の活躍ぶりを警戒する意見が多く，顧には「反日外交官」のイメージが付きまとう．しかし，そのような顧に対して芳沢は意外と好印象を持っていた．顧維鈞との関係について芳沢は次のように述べている．

　　大正12年6月全権公使に任命されて北京に赴任した．当時中国は北洋軍閥の政府で，その頭であり直隷派の大御所である曹錕が保定に本拠を置き北京の政府を動かしていた．北京政府の総理は高凌蔚，外交総長は顧維鈞である．私は顧維鈞氏とは今日でも親しい仲だ．そのころはいろいろ交渉で争ったがまた非常に親密でもあった．そしてて交渉は以来三十数年にわたっているわけだ．

芳沢は公使時代のことを回想して，次のようなエピソードを書き残している．

　私が北京に着任した直後，顧は総長に就任し，各国公使を訪問した．しかし，日本の公使館には来訪しなかった．私は総長のこの態度を不愉快に思い，日本居留民会が私のために歓迎会を催した時に「顧総長が私を日本公使として認めないからといって，私は不自由を感じない．私は外交総長を無視し国務総理と直接交渉する」という演説を行った．そこで顧総長は人事局長を私のところへよこして和睦を申し入れてきた．私は人事局長と談判して，たしか三ヵ条の条件を持出した．その一つは「和解した以上は顧総長が私を来訪して公使館の玄関でなく，上がって私と手をにぎること」ということだった．ところが人事局長は「総長は他の公使館を訪問しても上がったのではない．あれは玄関に名刺を置いてきただけである．だから今度日本公使館にきてもその通り玄関で名刺を置くだけにしたい」という．けれど私は「各国公使館に対してはそれだけだったろうが，また日本公使にも同じ日ならそれだけでよかったが，同じ日にやらなかったので軽蔑したこととなるから，それを直すためにはどうしても日本公使館に来たときは上がらなければならぬ」と主張した．人事局長は「自分の一存ではこの条件だけは承諾できないから帰って総長に伺って，そのうえで返事をする」といって帰っていった．間もなく彼は再び私のところに来て『あした総長は日本公使館に来て上がることになった』と返事をした．これで話はまとまったわけだ．翌日顧総長は私のところに来て上がって手をにぎり，私はシャンペンを抜いて今後親しくつきあいをしようということになった．もちろん外交総長を彼がやっている間しばしば激烈な議論を戦わしたこともある．しかし，その後，パリに私が在勤中も，顧維鈞氏および夫人とは親しくしたし，四年前も彼が台湾に帰ってきたとき，私は特に中国政府総理以下要人をも招いて一席歓迎の宴を催したほど，その仲は今日まで親密である[3]．

1.2　船津辰一郎と張作霖

　日中関係史関連の著作のなかで，船津辰一郎が多く登場するのは日中戦争期の和平工作である．1937年7月の盧溝橋事件勃発後，船津は政府の密使として上海に派遣され，中国国民政府の対日外交担当者と秘密裏に接触し，事変の解決と日中国交調整の可能性を探った．いわゆる「船津工作」である．外交官だった船津は1926年に大使館参事官としてドイツでの在勤を終えたあと，外務省を退官し，同年8月に在華日本紡績同業会総務理事に就任して，民間人の立場から日中関係に関わっていた．

　船津の中国との出会いは極めて興味深いものである．1873年佐賀県の大工棟梁の子として生まれた船津は，松陰学舎で学んだ後，1889年，16歳の若さで大鳥圭介公使の書生として北京に赴いた．中国との関わりの始まりである．北京で中国語を覚えた船津は，日清戦争が勃発した1894年に外務省留学生試験に合格した．陸軍省雇員を経て，1869年芝罘領事館の書記生になった．1899年から1904年まではシカゴやニューヨークなどに在勤したが，1904年からの牛荘駐在を皮切りに，書記官として南京，香港，北京，上海などに勤務し，1919年総領事に昇格した．外交官として中国在勤の最後を飾ったのは，1923年8月からの奉天総領事である．本章はこの時期の船津に焦点を当てる．

　船津は，昭和に入ってから経済人の立場から対中国外交に関わるようになったが，官民を通じて，日本屈指の「中国通」であり，両国の「親善」に多大な貢献をした．船津の伝記には次のような記述がある．

　　およそ老中国とか，支那通とかいわれる日本人のなかで，船津辰一郎翁ほど中国朝野の人々によく知られ，且つ敬愛せられた人は恐らくその類例が少ないであろう．翁は中国に在ること実に五十有余年，その間香港とアメリカの領事館に五六年在勤された以外は，概ね中国要地の領事，公使館書記官，総領事等を歴任せられ，終始一貫，日華親善と国交調整のためにその生涯を傾尽された[4]．

　しかし，日本の外交官として，中国における日本の権益を守る最前線にいた

11章　日中関係のなかの「中国通」外交官　　253

船津はどのように行動したのだろうか．

　日本外交における満洲の重要性を考えれば，奉天総領事というポストの重みは一目瞭然である．公使のポストと同じように，長老格の人が就任するのが一般的であった．それは，この地は日本の対満蒙政策を推進する上でもっとも重要な都市であったからにほかならない．そういう意味で船津が奉天総領事に任命されたのは，その経歴からいっても，あるいはその外交能力からいっても当然なことと思われた[5]．

　奉天に赴任した船津の主要な交渉相手は張作霖であった．張は1928年関東軍に殺害された奉天軍閥のリーダーであり，満蒙権益を守る日本外交にとって手強い相手であった．そのため，船津の就任に一部から不安の声も上がっていた．すなわち，船津は「あまりに支那語が上手過ぎ支那事情が判り過ぎているので，張作霖を操縦するには却って不適任ではなかろうかと批判する者もあった．その意味は張作霖が船津に訴えることが充分に理解出来るものだから，情誼に篤い船津は結局これに同感し，頭から無下に断りきれず，却って躊躇逡巡しわが満蒙政策の推行を阻碍するような結果に陥りはしないだろうか」というのである．

　しかし，一部の人の不安をよそに奉天の船津は独自の判断に基づいて積極的な対張作霖外交を展開した．その行動は時には幣原外相の意思にも反するものであった．

　船津の伝記には次の一節がある．

　　その時は奉直戦争のため張作霖が奉天軍総司令として関内に出陣し，各国領事もこれに従い前線視察に赴いたが，各国領事は何れも秦皇島から引返えしたに不拘，船津だけは自動車で戦線を突破してその儘天津を経て北京に赴き，九月十四日には天津に於て張作霖と面会し，翌十五日には天津の日本租界にある料亭「敷島」で張の総参謀揚宇霆の招宴に列している．同席したのは吉田茂（後の外相，内閣総理大臣）総領事，松井石根大佐（後の大将）儀我大尉，阪東，町野両顧問等であったが，恐らく対支不干渉政策を信奉していた幣原外相からいえば船津の態度は余り張作霖側に深入りし過ぎていると考えていたのではなかろうか．兎も角，幣原と船津の対満

政策は同じ対支同情論者ではあったが，必ずしも全然一致するものではなかったようだ[6]．

1924年に勃発した第二次奉直戦争のさなか，船津総領事と芳沢公使は連携をとりながら，日本の対中国外交をリードした．その実態を本章で明らかにしたい．

1.3　有吉明と汪兆銘

有吉明は1935年に日本と中国の外交関係が大使に昇格したあと，初代特命全権大使に就任した「老中国」外交官である．1876年京都に生まれた有吉は，東京高等商業学校専攻部を卒業後，98年外交官及領事官試験に合格して外務省に入り，同年領事官補として漢口に赴任した．その後，ロンドン，釜山，パリにも在勤したが，辛亥革命前の1909年から第一次世界大戦終了後の19年までの10年間，上海総領事として中国に長期在勤した．中国や世界が激しく揺れ動いたこの時代に中国に駐在したことで，中国の革命運動や，台頭するナショナリズムに理解を深めていたと容易に想像される．スイスとブラジルで公使と大使を務めたあと，再び特命全権公使として中国に赴任したのは，満洲国が建国されて4カ月後の1932年7月であった．

前年の12月，国民党第四期一中全会が蔣介石，汪兆銘，胡漢民を中央政治委員会常務委員に選出し，それまで対立していた蔣と汪は合作政権を成立させた．1932年1月，行政院長に選ばれた汪は蔣とともに「一面抵抗，一面交渉」の対日政策を打ち出し，「長期抵抗」の準備を進めながら，外交ルートで日中関係の打開策を探り始めた．

満洲事変以降，中国国内では対日「絶交」の主張が台頭した．反日の雰囲気が強くなるなかで，2月7日，汪兆銘は「対日問題の談話」を発表し，「一面抵抗，一面交渉」の外交方針について，「軍事的に積極的に抵抗しなければ，外交もあり得ない．一方，外交を有利に展開することによって，軍事的勝利の可能性も高くなる」と説明し，外交を維持することの重要性を強調した[7]．

対外的には，日本に関係改善のメッセージを発し続けた．7月27日，汪兆銘は大阪朝日新聞の神尾茂と会談し，「満洲と中国本部は一体であり，満洲問

題を放棄することは領土の分割を容認することだ」と述べ，対満洲問題の原則を表明した．一方，「中日関係の改善は信から出発しなければならない．余は今後誠意をもって中日関係の改善に努める」ことも伝えた[8]．

有吉が赴任した直後，汪兆銘は宋子文の財政政策に不満を表明し，病気静養を理由に短期間外遊したが，1933年3月に帰国し，行政院長に復職するとともに，外交部長も兼任して対日外交の可能性を探り続けた．

公使として赴任した有吉は対日外交に柔軟な姿勢をみせる汪との信頼関係を築き上げていった．34年4月の「天羽声明」をめぐって汪と交渉した有吉は次の内容の談話を発表した．

> 中国側の態度につき，とかくの説をなすものがあるが，私は汪兆銘氏の誠意は充分認むべきものがあると思う．漸次日中関係をよくしようと努力している．……空気がここまで緩和したのは，相当の努力の賜だ[9]．

また，極度に悪化した日中関係を修復する役目を担った有吉は，外交官としての信条として次のように述べたこともある．

> 外交官というものは自国の大衆を喜ばせ賞賛を得ようなどと考えることは，絶対に禁物である．まあ縁の下の力持と覚悟しておればよい．外交官が自国から賞賛を博すようでは，その交渉の結果に対して，相手国の国民に不満を抱かせることになり，相手方が不満を抱けば，折角の交渉の結果はうまく実行され難い．それでは外交はうまく行かない．だから外交官はかえって自国民から非難され，非難されつつ自己の使命を果たさねばならない割の悪い役を引き受けているのだ．（君たちも）この辺をよく自覚しておらなければならない．これは私の信条である．
>
> 今日のように交通，通信機関の発達している時代では，各国の情報はだいたい正確に不断にかつ迅速に相手国に伝わるのである．このような時代にビスマルク外交の時代における駆引，術策は効果なく却って害がある．それよりも我が国の要求を認めることが結局相手国の利益を齎す所以を，充分な資料によって，相手国の各方面に理解せしめることに努力すべきで

ある．すなわち素直に熱心に，この正しい方針を理解せしめるということが最上の方法である．この場合，我方の目的の全部を認めさせることができなくても，相当な部分が認められればある程度の満足をしなければならない．そして，残りは，さらに他の機会を得て根強く努力すべきである[10]．

　有吉は日本と中国の政治的対立を克服する鍵は，「経済外交」を強化することにあると信じて疑わなかった．1936年大使の任を終えて東京に戻った有吉は，東京商工会議所で「日支間の諸問題」[11]と題する講演を行った．アジアにおける日中の相互関係について有吉は「吾人は過去に於て文化的其他に於て此の支那に対して負う所が尠くなかつた．是が御維新後になりますと，我が国が泰西の文明を入れまして，長足の進歩を為し，爾来，我々は東洋の盟主として，世界強国の一に列しまして，今日の盛況を為したのであります」と述べた．その上で，アジアにおける日本の優位は明治維新以降実現されたものと強調し，満洲事変の原因について次の見解を示した．

　　満洲国は我々の同胞が幾多の血を流し，巨億の国帑を之に費やしまして，之を露西亜の手より救ひ上げて支那に還付して，露西亜の持つて居ります権益の譲渡を受けたのであります．……（日本は）主として経済上の発展を図りつつあつたのであります．これが漸次両国の誤解，主として支那側の誤解の結果，此の我国の有している権益を漸次侵害しやうとする各種の施設を採つたことが，其の主因である．

　有吉によれば，日本は日清戦争前後から，日中関係中の諸問題に対応するにあたって主として「政治」の視点から政策を考案してきた．しかし，第1次世界大戦後，日中関係は政治中心の関係から経済中心の関係に転化したにもかかわらず，両国の交渉は依然「政治的」である．彼によれば，日中間に問題が発生すると，「必ず政治的交渉となり，一層面倒になつて来る場合が起り得るのであります．即ち，何か親切心に，単なる経済上の発展の為めに我が方から或種の提議を為す場合にも，之は何か腹に野心があつて，夫れを種にして，領土的の野心でも実行するのではないかと云ふように考へる場合も尠くないのであ

ります」.

　日中両国の猜疑心や不信について，有吉は，日本は中華民国が夷をもって夷を制する策を採り，排日，排日貨の政策を奨励していると思い込み，中国は，日本が満洲国を拵え，益々権益を増進し，領土を拡張しようとしていると思い込んでいる，と分析した．

　近代の日中関係を回顧した有吉は，日中関係の打開策として「差当つて此の日華関係の調節はどうしても経済問題を基調にしなければならない．……地理的，人種的，文化的に密接なる関係を持つて居る此の日華関係は飽く迄永遠の提携を図らねばならぬ」と結論づけた．

　しかし，有吉による外交努力の甲斐もなく，彼が大使を辞任して中国を離れた翌年，日本と中国は全面戦争に突入した．

1.4　須磨弥吉郎と唐有壬

　須磨弥吉郎は1927年から37年まで中国に駐在し，中国に関する情報を大量に外務本省に送り続けた外交官であった．外務省内に「須磨情報」という言い方があるくらい，彼は交渉能力と情報収集能力に長けていた．公使館二等書記官，広東領事，公使館一等書記官などを経て，1933年から南京総領事として対中国外交の最前線から日本外交に影響を与え続けた．

　須磨が対中国外交に関わるようになったのは，外務省に入省してしばらく経ってからのことである．1919年中央大学法学部を卒業した須磨は，同じ年に高等試験外交科試験をパスし，外務省事務官としてまず条約局に勤めた．その後，1921年から4年近くイギリスとドイツに駐在し，対ヨーロッパ外交を担っていた．中国での勤務が始まったのは，北伐という混乱期を迎えた頃のことである．1930年1月から約2年半広東領事に在任したことは，彼の中国認識に大きな影響を与えた．1928年以降，国民党内部では蔣介石と汪兆銘との対立が先鋭化し，広東は反蔣の改組派の中心であった．反蔣の軍閥と蔣の政府軍との中原大戦を経て，1931年汪らは広州国民政府を組織し，公然と蔣と敵対した．須磨は孫文の流れを汲む広東派に強い関心を示す反面，中国全土を統一した蔣政権を否定した．彼によれば，「帝国ノ政策トシテハ理不尽ナル蔣，張（学良）ヲ除キ，我方ニ理解アル者ニ宰配セシムルノ措置ヲ執」[12]るべきである．

そして，日本が執るべき唯一の国策は，「新タナル勢ヲ以テ反蔣，否，寧ロ討蔣ニ趨カムトスル政府ニ，事実上ノ声援ヲ与フルコト」というのである．もちろん，彼のいう反蔣政府とは，汪兆銘をはじめとする広東政府のことにほかならない．

須磨によれば，「広東政府ト雖モ，謂ハバ一個ノ支那政府ナリ，国民党ヲ根基トスル政府ナリ」「成立以来先ヅ故孫文ノ遺訓ニ基キ特ニ日本トノ提携ヲ高潮シ，……満洲事件ナル絶大ノショックニ遭フモ，依然其ノ日華提携論ヲ以テ終始シ居リ，現ニ一層強ク之ヲ高潮セン為改メテ反蔣ノ気勢ヲ挙ゲントシツツアルノ真摯ナル態度ハ之ヲ認メザルベカラズ」[13]．

しかし，もし広東政府も蔣介石政府同様，日本に協力しない姿勢をとった場合，「帝国ノ執ルベキ政策ハ唯一アルノミ．即チ中国全土ニ信頼スベキ政権ナキノ事実ヲ天下ニ愬ヘ，必要アラバ全中国ニ対シテ断然タル措置ヲ執ルベキ而已．列国モ亦終ニ帝国ノ措置ノ妥当ナルヲ認ムベキヲ信ズ」[14]．

このように，須磨にとって，日中関係が改善される前提条件は，反蔣介石，親日本の新興勢力が中国に出現することである．

一方，須磨は政権や統治者と無関係なところに存在する「四億民生ノ意思」に注目し，孫文の革命以来台頭してきた「国民的意識」への配慮を呼び掛ける．この問題について須磨は次のように述べている．

> 吾人ハ之ヲ国民革命ノ精神タル興漢排外ノ思想是ナリト観ントス．吾人ハ国民政府国民党又ハ三民主義ヲ或一部ノ論者ノ如ク，新中国ノ「マグナ・カルタ」又ハ「バイブル」ナリト過信セムトスルモノニアラズ．然レドモ六合会，同盟会以来浸潤シ来リタル排満興漢ノ気運ト共ニ，国民革命ノ自覚ト認識トハ中国全土ニ澎湃セルノ事実ハ之ヲ否ムベカラズ．今吾人ハ孫文ノ唱道セル所謂三民主義ノミヲ云為セントスルモノニアラズ．寧ロ孫文トハ離レテ培養セラレ来レル国民トシテノ自覚ヲ重要視セムトス．不平等条約ノ撤廃，関税自由権ノ恢復，領事裁判ノ排除，租界ノ回収等ニ所謂国民的運動ハ何レモ茲ニ萌芽シ，何レ一定ノ形式ニ於テ名実共ニ純然タル独立国ヲ形成スル迄ハ恐ラク消エザルベキ底ノ国民ノ意識ヲ無視スルトキハ殆ド予想シ得ザル結果ヲ招来スルコトアルベキヲ虞ル[15]．

中国のナショナリズムに深い理解を示した須磨にとって，満洲に「帝国政府ノ息ノカカリタル政権ヲ樹立」しようとする陸軍の計画はまだ許されるも，「満洲ヲ独立セシメ，中央支那トハ全然隔離セシメムトスルノ思想ハ断ジテ之ヲ矯正」しなければならない時代錯誤である．すなわち，「仮ニ満州ノ地域ニ『イラク』，巴奈馬ニ酷似スル政権ヲ樹立セシメ得タリトスルモ，之ガ為十年五年否ナ永久ニ支那本部ニ於ケル国民運動ト相争闘スルコトトナリニ於テハ，帝国ハ自ラ窒息スルノ政策ヲ遂フモノト云フベシ．仮ニ満蒙ナル新領域ヲ加フトスルモ，是ガ為年々七億円ニ上ル中国全体トノ貿易ヲ失フモノトセンカ，自ラ墓穴ヲ掘ルノ愚策ニ似タラズヤ」[16]というのである．

　親日勢力の育成の重要性を強調した須磨は，国民政府内の親日派に積極的に働きかけた．汪兆銘と頻繁に接触した彼の交渉相手は実に広範囲にわたる．そのなかでも親日家と言われた唐有壬との信頼関係は篤かった．

　湖南省生まれの唐有壬は1912年に来日し，慶應義塾大学を卒業した．北京大学教授を経て上海の中国銀行に入ったが，汪兆銘との緊密な関係を背景に南京国民政府交通部次長，外交部常務次長に抜擢され，日本との交渉を担当した．外交部常務次長に就任したのは1934年2月のことであったが，その2カ月前の33年12月，須磨は南京総領事に就任している．すなわち，34～35年の日中間の実務交渉のかなりの部分は須磨と唐が担当した．1935年，日本の出先軍当局の強い圧力のもと，国民政府は日本と「梅津何応欽協定」「土肥原秦徳純協定」を結び，河北省やチャハル省の国民党部や国民政府軍を後退させた．国民政府の対日政策は売国行為と批判され，親日派と目された唐有壬は35年12月に41歳の若さで暗殺された．

　須磨にとって，唐有壬はたくさんある人脈のなかで，もっとも信頼できる人間であった．彼曰く，「在支十年で支那人の友人は数多く出来たが彼程の親しみを覚える者はない．人間としての情味に溢れてゐた」．唐の死を知った須磨は，唐の印象について次のように述べている．

　　日支懸案が一つ々々片付いて行く毎に彼は自分の家でも出来たやうに喜んでいた，彼は日支問題を片付ける以外に支那の生きる路のない事を信じてゐた．自分が殆ど毎日のやうに抗議か注文を持つて行くに拘わらず遂ぞ

嫌な顔をしたこともなく，毎度のやうに懐中から小さな日記帳を出しては丹念に書き取つて夫れ々々処分して行くのであった．四十二歳の若さには見えぬ程沈着と度胸とを持つて居た．それだから何時でも大局上の考慮は失はなかつた．彼と会つた後は自分は常に思つた[17]．

また，日中関係の改善に貢献したとして，須磨は唐有壬を次のように賞賛した．

　　唐君の使命は汪兆銘の夫れであり，結局日支は提携して東亜人の東亜を現出させるにあるのだ．是が為には日本との間に持つてゐる雑多な問題を出来得る限り解決して行かねばならない．その信念と勇気に彼は燃えてゐた．今の時節柄支那には全然受けの悪い態度であり，方針でなければならぬ．是が達成に勇敢に乗り出すものは確かに勇者でなければならぬのだ[18]．

須磨にとって，「日本に対して未だ敵愾心に燃えてる」中国に対処し，日中関係の安定を図るには，唐有壬の存在は極めて重要である．すなわち，「唐有壬の死は決して一個人の死ではない．否これを精神的にも死なしたら，日支関係は勿論，支那自体の破滅であらねばならぬ．即ち支那は滔々たる欧米熱に浮かされ，日本との隔隙を益々大きくして怖るべき危機に立つことであらう」[19]．

満洲事変が一段落した 1934 年，中国の欧米派が政治への発言力を強めていた．日本の外交官の目には，中国外交は，欧米の力を借りて日本を牽制しているように映っていた．広田外相のもとで，「老中国」有吉公使と須磨総領事がどのような外交交渉を展開したのか．これは第 3 節の課題である．

2．中国通外交官の「外交力」で動かした日中関係——芳沢謙吉と幣原外交

1924 年 6 月に誕生した加藤高明を首班とする護憲三派内閣の外務大臣に幣原喜重郎が就任した．幣原外交の特徴としては，英米協調，経済主義，対中国不干渉政策や秩序形成などが挙げられる[20]．しかし，1924 年当時の中国では軍閥の抗争が激しさを増していた．ナショナリズムが台頭するなか，外国人の

被害事件が多発していた[21]．ワシントン会議の精神を遵守する幣原にとって自らの外交方針を貫くことは容易なことではなかった．それでも幣原は，中国人には自治の能力に欠けているとは判断せず，「近年支那ノ国民ガ政治的ニ覚醒セントスル所ノ徴候ガ追々現ハレ来レルコトヲ認メザルヲ得ナイト考ヘマス，古イ支那ハ去ッテ，新シイ支那ガ之ニ代ラントシツツアル」と指摘した．さらに，「国民的自覚ハ一度発生スレバ，決シテ消滅スルモノデハアリマセヌ，外部ヨリ圧迫ヲ受クレバ，却テ益々深刻ヲ加フル」とも述べている[22]．

就任直後の幣原外相が直面した外交課題は，第二次奉直戦争への対応であった．1924年9月，江浙戦争が勃発した．江蘇軍閥斉燮元の背後に直隷派の大頭目呉佩孚が，浙江軍閥盧永祥の背後に奉天派のリーダー張作霖がそれぞれ控えていた関係で，斉と盧の対立が直隷派と奉天派の大衝突に発展する恐れを孕んでいた．日本の国内では，衝突の結果，直隷派の呉佩孚が満洲に軍を進めたら，満洲における日本の権益が脅かされるのではないかという危機意識が高まっていた．

満洲における日本の権益は多岐にわたっていた．日露戦後の日露講和条約と日清条約によって日本は関東州租借権及び租借地行政権，南満洲鉄道の経営権，鉄道守備兵の駐屯権などを手に入れた．さらに1915年の対華二十一箇条要求によって関東州租借地と満鉄，安奉線経営の期限延長など権益の拡大を実現した．原敬内閣は，日米提携と日支親善を外交政策の基本に据え，張作霖援助策を実施しても，日米協調は損なわないと判断し，中国本部と違う外交政策を満洲に推し進めた．

これに対して幣原は満洲に対する中国の主権を認め，中国本土と同一の外交政策を展開した．内政不干渉主義を満蒙へも適用することによって，日本がワシントン会議の精神に基づいて，国際協調の路線を貫く姿勢を世界に示した[23]．

しかし，幣原外相の外交方針は，民間右翼はもちろんのこと，政権与党の政友会からの激しい抵抗に遭遇したことは容易に想像できる．それでは幣原の対中国外交を現地で支えた中国通外交官たちはこの局面にどのように対応したのだろうか．

外交文書などで確認する限り，現地と日本国内の温度差は大きかった．江浙戦争直前の8月29日，芳沢公使は開戦の場合，日本が取るべき対策について

次のように意見具申した．

　江浙が開戦した場合には，張作霖が何らかの行動をとることは避けられない．しかし，日本が中国側の要請に応じて，張の南下を阻止するため，世論を喚起するような行動をとったら，反直隷派の不満を買うことは必至である．そのため，「我ハ寧ロ不偏不党ヲ宣言シテ，成行ヲ観望スルコト適当」である．しかし，もし張が敗北した場合，「東三省ハ一大紛乱ヲ来スコト火ヲ睹ルヨリ明」である．日本政府としては，戦争の結果，張が現在の地位を失わないように，「内密彼ニ便宜ヲ与ヘ」ることを決定し，予防策を講じるようにしなければならないというのである[24]．

　同じ頃，在天津船津総領事も意見を上申し，「我方トシテハ飽迄不偏不党ヲ装ヒ開戦ヲ阻止セス，寧ロ傍観的態度ヲ持スルコト有利」である[25]と主張しながらも，芳沢の奉天援助の主張と違って，直隷派の温存策を提案している．すなわち，日本が英米よりも率先して直隷派と奉天派との調停を行い，「直隷派ノ滅亡ヲ防止シ，以テ我方カ将来ニ亘リ段派乃至奉天派ヲ牽制シ得ルノ余地ヲ残シ置クコトハ或ハ一策ナラン」というのである．要するに，奉天派を牽制する勢力として直隷派を温存させる案である．

　船津にとって，奉天派の敗北は決して悪いことばかりではない．彼によれば，万が一張作霖が負け，直隷軍が遼河以東に侵入するような状況が生じた場合でも，「帝国トシテハ満蒙ニ於ケル我利害関係ノ極メテ甚大且緊密ナルモノアルヲ中外ニ闡明シ，苟モ当方面ニ於ケル秩序ヲ紊乱シ，我経済上ノ発展ニ対シ何等カノ妨害ヲ来スカ如キ行為ハ，到底黙視シ得ヘカラストノ口実ノ下ニ，直隷派ノ侵入ヲ阻止スルニ適当ナリト思考セラルル措置ヲ執ルヘキハ勿論，場合ニ依リテハ帝国ノ利益ヲ保護スルノ必要上ヨリ，自ラ実力ヲ充用スルコト亦已ムヲ得」ない．つまり，直隷派が勝利に乗じて，日本の満洲権益を妨害する行動をとったら，日本は逆に「実力を充用」する正当性を手にすることができるという見解である．さらに，船津は，直隷派を温存することによって，「最近著シク濃厚トナリ来レル当方面ノ利権回収運動ヲ制御シ，之ヲ操縦スル上ニ於テ却テ便宜ナル事態ヲ現出」できるという構想も持っていた．

　児玉秀雄関東長官も幣原外相宛「私見」を送り，日本政府は，江蘇，浙江両軍の衝突にあたって，張作霖に対し，参戦しないように「自制自重の勧告」を

行うべきであり，かりに張が日本の勧告を聞かない場合，政府が「大体方針」
を確定するように促した[26]．

　現地からの積極的な提案にもかかわらず，幣原外相は次のように不偏不党の
方針の徹底を現地に強く求めた．

　　　満蒙地方ニ於ケル我特殊ノ利益ノミナラス，其他支那各方面ニ於ケル我
　　各般ノ利益並国際政局ノ大勢ヲモ考慮スルニ，帝国政府トシテハ，差当リ
　　不干渉ノ方針ヲ以テ進ム．
　　　万一我官憲ニ於テ，支那政界ノ一派ニ偏シ，何等恩讐ノ関係ヲ作ルトキ
　　ハ，日支国交ノ将来ハ極メテ危険ナル地位ニ置カレ，延テ帝国ノ威信ヲ世
　　界ニ失スルニ至ルコトアルヘシ[27]．

　幣原外相の意思にもかかわらず，9月23日現地の芳沢公使と船津総領事は
相次いで本省に打電し，この際，中国に対して日本の断固たる決意を表明し，
強硬な警告を発すべきだと強く求めた[28]．
　芳沢の外交構想は，奉直戦争の結果はどうであれ，日本は張作霖と呉佩孚の
両者を自由自在に操縦できるような地位を確保することであった．戦争が始ま
った直後，芳沢は厳寒に弱い直隷軍の弱点に注目し，直隷派が敗北した後の対
策を準備するように求めた．彼によれば，仮に直隷派が負けた場合，「呉佩孚
カ将来我方ニ対シ不快ノ感ヲ抱キ，其結果支那ノ中央ニ於ケル帝国ノ立場ヲシ
テ再ヒ不利ナラシムル虞」[29]がある．
　この頃の芳沢は，幣原外相の対中国政策をはじめ，日本の外交政策全般に強
い不満を抱いていた．幣原への電報のなかで彼は自らの不満を率直に述べた．
まず，幣原の不干渉政策について，芳沢は「余リニ不偏不党ノ主義ニ捉ヘラレ
過キタルヤノ感無キシモアラス」と一刀両断．続いて，辛亥革命以降の日本外
交について，「第一革命後既ニ十数年ヲ経過シタル今日，満洲ヲ除キタル他ノ
部分ニ於テハ殆ト見ルニ足ルヘキ勢力利権ノ発展無キノミナラス，中央支那ニ
於ケル我経済的地盤ハ極メテ危殆ニ瀕スト云フヘク」状況にあると否定的に評
価した．
　芳沢は満蒙権益のことだけではなく，中国全土での利益の拡大を念頭に幣原

外相に積極外交を勧めたのである．では，芳沢の積極外交の具体的内容は何か．

芳沢の認識では，呉佩孚が中央での勢力を保っている以上，「不偏不党ハ後日彼ノ報復材料トナルカ，少ク共軽蔑ノ理由」となるに違いない．いまこそ，呉に対する支持策を打ち出さなければならない．

呉佩孚が求めているのは「日本の好意」と「軍資」であり，彼は日本の資本と技能を導入して鉄道鉱山の開発をしようとしている．芳沢が把握している情報によれば，三井，三菱，及び大倉などの財閥は内密に呉に相当の資材を提供し，暗に彼に日本の好意を感じさせている．

呉佩孚支援に踏み出せない人々を説得するために，芳沢は支援の必要性について二つの理由を挙げた．第一に「呉佩孚ノ政治的生命力比較的健実」であり，その地盤が拡大しつつあること，第二に，彼に対する援助の金額はさほど大きなものではない．したがって，「此際，一種ノ捨石トシテ之ヲ試ムルニ躊躇スヘキ理由ナキノミナラス，若シ，逡巡此機会ヲ逸センカ，利権ハ遂ニ他国ノ掌里ニ帰スヘキ虞アリ」である．

そこで，日本としては，静観の姿勢を放棄し，「自ラ進ンテ機先ヲ制シ，先ツ一石ヲ置キテ将来ノ足場ヲ作」らなければならないと彼は強く求めた．

ただし，このような呉佩孚援助政策は，張作霖排斥を意味するものではない．「彼ニ対シテモ其ノ現ニ最モ欲スル処ノモノヲ選ンテ内密之ヲ与へ，以テ徐々ニ後日ノ利用ニ備フルハ甚タ策ノ得タルモノト信スル」「要ハ此際，張呉両者ヲシテ相互ニ我利権ノ伸張ヲ保険セシメントスルニ在リ，或ハ説ヲナスモノ，擾乱ノ永続ヲ助成スル」．

そして，芳沢は次のような結論を導き出す．いわゆる不偏不党を金科玉条とする政策を放棄し，「直隷反直隷両派ニ対シ変通自在ノ立場ヲ維持シテ，張呉両者ヲ操縦スルコト最必要」である．

しかし，芳沢，船津をはじめ，現地の外交官からの一連の対中積極外交の提案に対する幣原外相の反応は極めて冷淡であった．芳沢は 10 月 8 日に電報を送り，大臣の対応を激しく批判した．

　　時局ニ関スル案件ハ出来得ルタケ迅速ニ処理スルヲ要スルコト云フ迄モナク，其後数次ノ稟請ニ拘ラス今ニ何等ノ御回訓ニ接セス為ニ折角ノ機会

ヲ逸スル虞アル次第ナルカ，之程重大ナラサル性質ノ事件ニシテモ御回訓ノ遅ルルカ，又ハ時局ニ関スル館長ノ心得方徹底ヲ欠ケル為，手違ヲ生シタルモノアリ．（中略）今後，斯ノ如キ事度々発生スル様ニテハ唯ニ本使カ職務執行上困惑スルノミナラス大ニ国家ノ利益ヲ傷ツクル虞アル．

　現地外交官との激しいやり取りを経て，幣原外相は国内の政治状況も勘案して，10月11日に「満蒙特別利権保全ニ関スル覚書」[30]を呉佩孚と張作霖に渡すように芳沢と船津にそれぞれ打電した．すなわち，「帝国政府ハ今回不幸ニシテ勃発セル支那国内ノ争乱ニ対シテハ絶ヘス厳正不干渉ノ態度ヲ執リ来レリ」「満蒙地方ニ於テハ，帝国臣民ノ居住スルモノ実ニ数十万ニ上リ，日本ノ投資及企業極メテ莫大ナルモノアリ，殊ニ帝国自身ノ康寧懸リテ同地方ノ治安秩序ニ存スル所亦頗ル多シ，帝国政府ハ毫モ支那ノ内争ニ干渉セントスルカ如キ趣旨ニ基カスシテ，茲ニ両軍ニ対シ，以上ノ明瞭ナル事実ニ付厳粛ナル注意ヲ喚起シ，且斯ノ如ク緊切ナル日本ノ権利利益ハ十分尊重保全セラルヘキコトヲ最重要視スルノ意ヲ表明ス」と直隷派と奉天派の行動を牽制した．

　しかし，この趣旨の電報を受け取った芳沢は，10月13日に警告文を呉佩孚に渡すことを控えるようにと幣原外相に提案する．その理由について芳沢は次のように説明した．

　「前記電稟当時ノ主旨は，実ハ，呉佩孚ニ於テ意気沖天ノ勢ニ駆ラレ，直ニ満洲ヲ席巻スルカ如キ気勢ヲ示シタル為，其機ヲ逸セス，進テ警告的声明ヲ発シテ，彼ニ一撃ヲ加ヘ，以テ我声価ノ発揚ニ資セム」としたかったが，しかし，「昨今ノ形勢ハ寧ロ甚夕直軍ニ不利ニシテ，……刻下ノ形勢ニ於テハ，満蒙利権保全ニ関スル我方警告モ，少クトモ今日トシテハ，北京政府乃至直隷軍ニ対シテハ本使ノ予期セルカ如キ実効ナキノミナラス，寧ロ或ハ却テ先方ヲシテ我方ノ真意ヲ曲解セシメ，累ヲ我立場ニ及ホスノ虞ナシトセス」[31]

　芳沢の対応と対照的に奉天の船津総領事は12日午後張作霖を往訪し，警告文を張に手渡し，張は「悦テ之ヲ受理」[32]した．

　しかし，10月13日事態が急展開した．船津総領事より直隷軍第十一師長馮玉祥が呉佩孚に反旗を翻し，クーデターを起こす計画を進めているとの情報が外務省に報告された．船津は，張作霖から馮玉祥に150万円の軍費が渡された

ことも把握していた．芳沢に呉佩孚への警告文の送付を躊躇させたのもこのような動きと無関係ではなかった．池井優によれば，クーデターの裏には，中央と連絡をとった日本出先軍機関の暗躍があり，外務省機関もこの工作を暗黙のうちに諒解していたのであった[33]．芳沢と船津はこの情報を知っていたのだろうか．あるいは，知っていて幣原外相に報告しなかったのだろうか．事実関係は定かではないが，2人の外交官が北京と奉天で，この時期の日本外交を動かしていたのは間違いない．

クーデターの結果，直隷派が敗北し，呉佩孚の満洲侵入の恐れはなくなり[34]，満蒙権益は奉直戦争による侵害を免れた．

幣原外交の問題点として，しばしば次の2点が指摘される．第一に，信頼できる部下との連携によって政策を進めたが，出先の具申をあまり取り入れなかった．第二に，幣原は朝鮮やアメリカ，イギリスなどでの滞在が長く，直接中国を体験したことはなかった．以上見てきたように，第二次奉直戦争中も幣原は現場との意思疎通を十分に行えなかったように思われる．幣原の外交姿勢は現地の外交官から「袖手傍観」「不作為」と見られ，彼らは自らの信念で積極的な対中国政策を展開した．軍部による外交干渉に現地外交官がどの程度関与したのか不明であるが，政府が直隷派と奉天派に警告文を出したのは，現地外交官の要請に応えたものであった．中国通外交官の中国内政への介入が幣原外交に大きな影響を及ぼしたと言えるのである．

3.「外交」主導権の奪回を目指して――有吉明と広田外交

1933年5月の塘沽停戦協定により満洲事変以来の日中軍事衝突は一段落した．日本は長城以南に広大な非武装地帯を設定することによって，満洲国を事実上中国本土から分離させた．停戦協定はその後の日中関係を決定づける重要なものであったが，外交を担当する外務省は締結に関与することなく，関東軍と華北の中国代表との間で調印された．協定締結までの対中関係は大陸進出を策略する軍部の強硬姿勢に導かれたものであり，このような事態は，軍の外交干与が一段と明確になったことを示唆している．

満洲事変は日中関係に日清戦争以来の危機をもたらした．日中の対立は軍事

と政治のレベルに止まらず，国民感情のレベルにまで急速に拡大した．「嫌中」と「反日」の悪循環が両国関係に暗い影を落とし，両国関係を修復不可能な局面に追いやったと思われた．ところが，軍事衝突が一段落すると，両国の外交担当者はさらなる危機の回避に動き出し，ついには両国の外交関係を「公使」から「大使」に格上げしたのである．この時期の日本の外交記録を紐解いてみると，両国の外交担当者による頻繁な接触や，中国各地に駐在する外交官の活発な外交活動と本国あての充実な報告が日中関係のあり方に直接的な影響を及ぼしたことに気づく．軍の外交干与が強くなったなかで，この2年間は外務官僚の主体性が発揮され，外務省の「外交」が機能した時期であった．軍部が外交に対する発言権を拡大する昭和戦前期としては異例な現象と言わなければならない．

　この2年間の日中外交をもたらした要因は複雑である．まず挙げるべきは，満洲事変と満洲国の建国などで大きな戦果を挙げた関東軍は相対的な静穏を保ったことである．しかし，外交問題に限っていうならば，両国の外交における人的布陣は無視できない．

　内田康哉外相時代の外交政策はその強硬さで知られている．1932年8月27日の閣議決定「国際関係より見たる時局処理方針案」では，「満蒙経略ノ実行ニ邁進スル」ことを「帝国外交ノ枢軸」と規定した[35]．この基本方針のもと，内田外相は自らの存在を関東軍の意向を中央政界に反映させる媒介と自認し，列国や中国の意向にかかわらず，国を焦土にしても，満洲国承認の方針を貫いた[36]．9月11日，満洲国承認の問題が枢密院に諮詢され，満場一致で可決された．同15日日満議定書が調印され，日本は満洲国を正式承認した．議定書にしたがって，駐屯する日本軍の必要とする軍事施設に関わる経費は満洲国が負担すること，満洲国政府の全部門に任用される日本人参議の任免権は，関東軍司令官に属することになった[37]．満洲国承認問題で国際社会との対決姿勢を鮮明にした日本は，翌33年2月24日に開催された連盟総会から全権団を退場させ，翌月連盟からの脱退を決定した．日本政府による一連の強硬姿勢の裏には内田外相の強い決意があったことは言うまでもない．

　ところが，1933年9月，広田弘毅が内田康哉に代わって斎藤実内閣の外相に就任すると，日本の対外姿勢に俄な変化が生じた．外相就任にあたって広田

が斎藤首相に2つの条件を提示し，これを受け入れさせたことはよく知られている事実である．第一に，日本の外交は連盟脱退の詔書に即すること，第二に，日本の外交政策は，外務大臣を主動者とし，首相は極力これを支持すること[38]である．連盟脱退の詔書は，1933年3月27日に発布したものであり，その内容は「今や聯盟と手を分ち帝国の所信に遽ひ従うと雖固より東亜に偏して友邦の誼を疎かにするものにあらず愈信を国際に篤くし大義を宇内に顕揚するは夙夜朕が念とする所なり」[39]というものである．これに従うというのは，連盟脱退後も国際的な孤立をできるだけ回避し，諸外国との信頼関係を大切にするという外交姿勢を示したものである．また，広田が外務大臣主導の外交を強調したのは，軍による外交干与の弊害を取り除き，外交の一元化を強く求めたものに他ならない[40]．

満洲事変以来，軍部による外交干与に強い危機感を抱いた外務省は外交指導の強化策を模索していた．しかし，その具体的な方策をめぐっては意見が分かれていた．代表的な意見の一つは「考査部構想」であった．すなわち，「満洲事変が始まって軍部が着々計画的に前進をしていたのに対して，外務省はその主管官庁であるにもかかわらず，その後始末に日もこれ足らざる有様で，しかも外務省の希望するほとんど行われない」状態への反省から，外務省内部に外交参謀本部を設置して，ここで各方面に対する外交政策を審議立案するという計画が浮上した[41]．しかし，この案は枢密院の金子堅太郎顧問官の強い反対によって実現されず，調査部を設置することになった．

組織面の強化と並んで，もう一つの強化策は人的布陣であった．広田外交の出発にあたり，外務省は次官重光葵，欧米局長東郷茂徳，亜細亜局長桑島主計という陣営を敷き，穏健な対外政策を展開しようと図った[42]．一方，中国大陸では，有吉公使のもと，交渉能力の強い須磨弥吉郎を南京総領事に据え，外務省がリーダーシップをとれるような外交を進めた．

広田外相が中国問題でもっとも警戒したのは，中国と英米との連携強化であった．広田は，英米が単独，共同，あるいは国際連盟の名によって，中国に対して経済援助，技術援助を提供し，日本を排除した国際的協力のもとに，中国の経済建設が進められることを憂慮した[43]．そのため，日本外交の重要課題は，国民政府内の欧米派を押さえ，親日派を育成することであった．

広田が外務大臣に就任した直後の1933年9月28日，有吉公使は長文の意見書[44]を提出し，対日関係をめぐる中国の国内状況，中国政府の対日政策の実態，日本の採るべき外交方針などを報告している．

報告において，有吉はまず，中国政治の現状や，各派勢力の動向を分析した．彼によれば，国民政府は対日交渉に黄郛を起用し，汪兆銘と黄郛の努力により，「漸次親日的傾向」に転じたが，「排日風潮ノ継続及之ヲ利用スル各地方勢力ノ反蔣運動ノ外，欧米ニ於ケル宋子文ノ活動及政府部内ニ於ケル黄，汪反対派ノ策動等」のため，親日的傾向の発展は極めて遅い．

しかし，それでも第三次廬山会議において，蔣介石の意思が反映される形で，一応の対日方針が決定された．有吉の判断によれば，「日本ニ対シテハ満州国ノ承認ハ為ササルモ，其ノ他ノ問題ニ付新ニ日本ヲ刺戟スルカ如キ事ヲ避クルト共ニ，日本ヲ刺戟スルカ如キ既存ノ事項ハ漸次之ヲ改善スルノ方針」が確立した．

一方，黄郛と汪兆銘は対日接近策を採っているが，宋子文や孫科ら欧米派の動静は定かではない．彼らは，「消極的ニ日本ヲ刺戟スルカ如キ事ヲ避クルニ止」まるのかも知れないと，有吉は見ていた．

次に，有吉は中国における「排日」の実態を冷静に分析した．彼によれば，「支那側一般的ノ対日感情ハ其ノ後幾分緩和ノ傾向ニ在ル」．具体的には，「北方及長江沿岸ニ於ケル排日ノ奇声幾分緩和シ」ており，満洲事変記念日の反日行動も落ち着いてきている．しかし，「潜行的ノ排日運動ハ依然継続シ，殊ニ南京ニ於テハ却テハ其ノ甚シキモノアルヲ見ル，右ハ職業的排日者流カ排日緩和ノ傾向ヲ阻止スル為，取締ノ不備ニ乗シ活動ヲ逞フスルニ依ル外，南京政府部内カ不統一ニシテ，各派相牽制ノ策ニ出テ居ル過渡的ノ現象ナルヘシトモ思考セラルル」と反日運動は完全に収まった訳ではない．つまり，南京政府内の意見の不統一により，反日の拡大も予想されるというのである．

有吉が特に強調したのは「ヤング・チャイナ」の台頭である．この勢力は欧米で教育を受けた人が多く，中国の国権回復を強く求める集団である．しかも，彼らは「日本ニ対シ深酷ナル怨恨ヲ有」し，「彼等ノ中責任ノ地位ニ在ル者ハ其ノ感情ノ発露ヲ適宜抑制シ得ルモ，然ラサル者ハ即チ常ニ対日感情激発ノ原動力タルモノナリ」と有吉は警戒している．

有吉は対中関係の打開策とその政策を実施する際の留意点についても述べている．有吉によれば，打開策の核心は，「支那側ヲシテ東洋ニ於ケル日本ノ地位ヲ承認セシメ，此ノ基礎ニ於テ我方ト協調セシムル」ことである．具体的には，
「支那カ建設事業ノ為外国ノ援助ヲ求ムルニ當リテハ必ス日本ヲ参加セシムル」ことや，「政府自ラノ排日行為ヲ是正」することが必要だということである．
　しかし，これらの対策を実行するにあたって，「支那ノ一般的情勢及政府内外各派ノ対立関係ヲ考慮ニ入ルルハ勿論，帝国ノ対外関係ニ対米対露関係ノ調整ト相俟ツテ慎重ナル態度ニ出ツルコト肝要」であると，有吉は強く主張している．今後の対中国外交において特に留意すべき点として，①日本には「大亜細亜主義ヲ強行スル意図ヲ有スルカ如キ印象」を与えないこと，②「日本カ恰モ外国ノ対支援助ヲ排斥スルカ如キ観ヲ」諸外国に与えないこと，③黄郛や汪兆銘等親日派の努力を尊重すること，④中国の排日の動きを沈静化させるために，「彼我官民接触ノ機会ヲ頻繁ニスル外，支那側輿論ニ対シ新ナル刺戟ヲ與フルカ如キ事態ノ発生ヲ厳重ニ防止スル」ことが強調された．
　さらに，「支那政府内部ニ於ケル黄汪等親日的傾向ヲ有スル者ノ勢力増大ヲ援助シ，之ヲ中心トシテ一般的親日傾向ヲ有スル者ノ勢力増大ヲ計リ，進ンテ政府ノ親日政策ノ実行ヲ促進スル」とともに，「治外法権ノ撤廃問題等ニ付テモ之カ促進方ニ付，相当ニ準備シ置クノ必要アリ」と柔軟な対中国政策を主張している．また，「我国論ハ極メテ沈着ノ態度ヲ採ルノ必要ナルハ勿論，其他ノ場合ニ於テモ支那側ノ一挙手一投足ニ影響セラレサル様，我国論ノ統制ヲ計ルコト」を求めた．
　もちろん，このような柔軟な政策は無条件なものではない．それはすなわち，「支那側ニ於テ日本ノ地位ヲ承認シテ，我ト接近スルノ意向ヲ示ササル限り，之ト協調シ得サル」ことであった．
　このような方針に基づいて，現地の外交官は中国の親日派との交渉を重ねた．しかし，塘沽停戦協定締結後の中国国内状況は，親日派が対日政策を展開するのに有利な環境ではなかった．最大なネックは満洲問題であった．1934年に入り，満洲国の帝制実施が具体化すると，日本との関係改善をもくろむ親日派は追い詰められた．1月17日南京の日高総領事が唐有壬と会談した際，唐は，

11章　日中関係のなかの「中国通」外交官　　271

「本件カ諸方面ニ刺戟ヲ与ヘ居ル事ハ事実ナリ，殊ニ黄郛ハ各方面ニ対シ日本側ノ誠意ヲ説明スルニ当リ，日本ハ満洲問題等ニ関シ今日以上事態ヲ悪化セシムル事無カル可キ旨ヲ述ヘ居タル関係上，是等方面ニ対シ困難ナル地位ニ立」[45]たされていることを告白している．

2月6日，須磨弥吉郎南京総領事との会談のなかで，行政院長汪兆銘からも同様な懸念が表明された[46]．汪は「日支問題ノ如何ナル解決モ日本ノ利益ヲ害セサルト共ニ支那ノ利益トモナルヘキコト必要ニシテ，吾人ノ孫総理ヨリ受ケ居ル国民党外交ノ基調モ茲ニ存スル次第ナリ」，満洲事変後も，「依然日支共存カ東亜ニ於ケル根本義ナルコトハ不変ニシテ此ノ点ハ単ニ自分カ信シ居ルニ止マラス，蔣介石モ亦然リト確信スル」と述べたあと，満洲問題は中国にとって「身体要部ノ大傷」であり，「今ノ処，之ヲ医スヘキ療法ヲ見出スニ苦ム状態」にあると日本側に伝えた．

しかし，満洲事変後の国民政府にとって，満洲問題より「十倍モ重要ナル問題」は「共匪問題」であった．汪兆銘によれば，「共匪」は「第三国際ノ便衣隊」であるため，日本が大きな犠牲を払ってロシアの南下を防いだという歴史を踏まえて，日中両国が共同でこの問題に対処しなければならない．この問題の解決は満洲問題の「セット・アサイド」につながる．

塘沽停戦協定後の国民政府は，満洲問題の棚上げと，対日関係の改善に踏み切った理由は，共産党の勢力拡大を抑え，中国の統一と安定を図ることであった．一方，有吉をはじめ，中国駐在外交官たちは，満洲問題の克服と日中関係の改善の近道は経済協力にあると判断し，宋子文をはじめとする欧米派に対する働きかけを強め，経済外交を積極的に推進した．

2月18日，日高が宋子文と会談し，宋から次の見解を引き出した．宋によれば，「満洲問題ノ現状ニ於テハ支那カ形式的抗議ヲ繰返スノミニテ正直ノ処両国間ノ融和ハ到底望ミ得ヘカラス」「自分ハ将来両国ニ於テ経済問題ノ研究ヲ行ヒ，経済上ノ提携ノ見当ヲ着ケ，其ノ後実現ヲ計ルコトカ五年十年後ノ将来ニ於ケル日支親善ノ捷径ナリト思考ス，政治的理解ハ仲々困難ニシテ，一般人民ニハ到底望ミヘカラス，両国間二十人位ノ要人カ此ノ経済上ノ基盤ノ上ニ腹ヲ定メテ手ヲ握レハ，提携必スシモ不可能ナラサルヘシ」[47]というのである．

宋はさらに，「自分ハ日本ノ工業発展及其ノ統制振ニハ大ニ感服シ居リ，研

究シ度ク思ヒ居レルカ，何カ有益ナル資料アラハ入手シ度シ」とも述べ，日本との具体的な経済協力の可能性を探る姿勢を見せていた．

　10日後の2月28日，須磨弥吉郎も宋子文と会談し，満洲問題や経済協力について意見交換を行った[48]．対中交渉の現場で常に高姿勢の須磨は今度も強い態度で臨んだ．須磨の報告書に基づいて，中国の欧米依存政策や，日中経済協力問題についての両者のやり取りの概要を再構成してみると，次の通りになる．

宋：「貴官ハ支那ニ対スル国際協力ニ付テ迄随分考慮ヲ払ハレ居ル様子ナルカ，元来貴国ノ『シークレットサービス』ハ棉麦借款其ノ他米国等ノ対支投資ニ関シ途方モ無キ憶測ヲ流布シ居リ，驚キ入ル次第ナリ」
須磨：「支那ニ最モ関係アル日本カ列国ノ対支政策ニ絶対ナル関心ヲ有スルハ当然ノコトナリ」
宋：「夫レトシテモ外国ヲ排除スルノ必要ハ認メラレス」
須磨：「然ラハ此ノ機会ニ忌憚無ク申上ケンカ，支那ノ国際合作ニ関シ，日本カ徒ニ他国ヲ排除スル等トハ全然誤解ニテ，元来支那ノ開発ハ何事ニマレ，日本ヲ除ケ者ニシテハ成立シ得サルヘキハ過去ノ事実モ之ヲ証明シ居リ，右ハ日夜東亜ノ和平ヲ顧念スル日本ノ動カス可カラサル信念ナリ」
宋：「貴見ハ政治論ヲ其ノ儘経済問題ニ移シタルヤノ感アリ」
須磨：「支那ノ如キ無組織ノ国ニ西洋諸国カ矢鱈ニ投資センカ，遂ニハ東洋ニ則セサル事態ヲ生スルコト必定ナレハ，此ノ点ヨリスルモ，日本ヲ排除スル国際協力ハ遺憾乍ラ認メ難シ」
宋：「斯ル支那観カ困リモノナリ，何カ無組織ナリヤ」
須磨：「何所ニ組織アリヤ，欧米ヲ其ノ儘生写ニセントスルコトカ無理ナリ」
宋：「之ハ大問題ナレハ，他日ニ譲ル可シ」
須磨：「貴兄ハ失礼乍ラ支那ヲ知ラス，又日本ヲ尚更知ラサル事ヨリ来ル理想論ヲ多分ニ包容ス」
宋：「日本工業ノ最近ニ於ケル飛躍ニ付テハ，重大関心ヲ有スル処，貴方ニハ何カ日支経済合作ノ具体案テモアル次第ナリヤ」

さて，須磨は日中経済協力の具体的な分野として，日本の機械設備の利用，農業技師の招聘と農耕具の輸入，海南島に台湾の開発方策を応用すること，棉種の改良と綿業の統制，発達した中国の道路に対応する自動車（モーターライゼーション），航空事業，武器製造業などを挙げて説明したが，宋は特に須磨が言うモーターライゼーションに強い関心を示し，「今後共頻繁ニ会見意見ヲ交換スルト同時ニ参考トナルヘキ材料ハ大ニ頂戴シ度シ」と述べた.

宋子文の日中経済協力に関する意思表示は，外務本省にとっても注目すべき動向であった．恐らく外務省の関係局課が作成したであろう，「日支経済提携ニ関スル件」[49]という文書がある.

意見書によれば，日本の紡績業の存続，化学工業と機械工業の振興のために，安定した市場と原料供給源は不可欠である．そのため，中国及び満洲国と「緊密不可離ノ提携関係」を確立しなければならない．しかし，現状は，満洲国との提携は着々と進んでいるが，「支那国ニ関シテハ現在，端的ニ云ハハ，日支両国必需品ノ最少限度ノ交易アルノミニシテ，往昔ノ親善ナク，況ヤ提携関係ハ存在セス，所謂行詰ノ状態ナリ」．

そして，現在の日中の行詰状態を引き起こした原因は，中国の国権回復運動（その実行方法は排日，排日貨）と満洲国の成立である．いわゆる国権回復運動は不平等条約の撤廃を目的としているが，日本としては「支那ノ実情及邦人発展ノ為ニハ軽々ニ之ヲ容認スルコト困難ナル事情アル」．また，満洲国の問題も「如何トモ為シ難」い.

この現状を踏まえて考えた場合，日中提携に残された道は，政治工作と経済工作である．いわゆる政治工作とは，「親日政権ノ確立」「欧米派打倒」「国民党過激分子ノ排除」「排日言論ノ禁遏」などであるが，しかし，政治工作が失敗した場合の損失も大きい．それに比べて，経済工作は，利害の一致が達成しやすいこと，第三国の干与や，反政府勢力の反対を招き難いこと，相互依存が深まれば，離れにくくなることなどの利点があるため，比較的に成功しやすい.

そこで意見書は「日支関係ハ当然新事態ニ入リ，所謂日支提携ハ必然的ニ又自然的ニ造成セラルヘキ等経済問題ヲ中心トセハ，提携ニ入ルニ易ク，又強固ナル提携ノ成立ヲ見ルヘシ」と結論づけた.

意見書は経済提携の分野として，「イ，北支及中支等ニ於ケル棉花ノ栽培事

業援助　ロ，日清汽船ト招商局トノ提携又ハ合同　ハ，支那紡ノ救済（支那紡ノ日本紡化）　ニ，日支金融連絡又ハ施設」を列挙している．

　また，外務省が進めるべき作業として，「イ，宋子文ノ意向ヲ支那関係事業家銀行家ニ伝ヘ，同時ニ之等関係者ヨリ情報ヲ聴取シ，意見ヲ交換スルコト．右ノ結果如何ニ依リ，在支公使館ヲ通シ，必要ナル工作ヲナスコト．ロ，在支主要領事ニ日支経済提携ニ関シ意見ヲ徴スルコト．ハ，出先ヲシテ（可成商務官カヨロシ）支那側有力筋ト接近セシメ，経済提携ノ機運ヲ醸成セシムルコト．」などを具体的に規定し，現実的な対中国政策を打ち出している．第1節でも述べたように，経済外交を推進するなかで，政治問題解決の糸口を探ることは，有吉の外交理念であった．1934年は，中国通外交官のリーダーシップでこのような対中国外交の可能性を探った年であった．しかし，1934年4月の「天羽声明」の影響もあり，日中経済協力に大きな進展は見られず，35年に入ると，陸軍の華北自治工作が日中関係を悪化させ，有吉外交の可能性が極めて制限される結果になった．

結びに代えて

　「中国通」外交官のイメージは複雑である．中国での滞在経歴や幅広い人脈に影響され，彼らは中国に対する深い理解を育んでいった．彼らが外交の主導権を握り，日本の対中国政策の策定と実行に影響力を行使できる満洲事変後の短い間，日中関係は比較的に平穏に推移した．しかし，昭和戦前期の日中関係のなかで，彼らに与えたこのような機会は極めて短期間であった．多くの場合，彼らは国益を守る先兵として中国との直接交渉に当たった．彼らの行動は「国家の論理」に規定されていたことは言うまでもない．公的な外交記録に残されているのは，中国と「対決する」彼らの姿である．

　しかし，外交交渉の裏では，彼らは講演や，日記などで，自分のなかのもう一つの中国を語っている．須磨弥吉郎は中国の要人や外交官との交渉のなかの強硬姿勢で名を馳せた．しかし，南京総領事時代の思い出話として，「日本が駐支公使の資格を大使に昇格させたのは，大いに中国の立場を尊重した意味なので，汪兆銘は泣いて喜び，私が帰るとき，私に一礼した上，わざわざ自動車

まで唐有壬外交部次長を伴って送り，自らドアを閉めてくれるという歓待ぶりに，同行の清水董三通訳官とも，こちらもすこぶる恐縮した」[50]と記録した須磨の心のなかには，もう一つの中国があった模様である．

戦後，多くの外交官が外交官生活を回想録の形で残している．たとえば，須磨は中国の外交姿勢について，「汪精衛，蒋介石はこの難局を切り抜ける為には，中国側が出来得る限り我慢した．日本軍部が，自から悟る時期まで耐えねばならぬと覚悟した．それは日支両国は共存せねばならぬのだから，この際は先ず中国側が耐え得る所まで忍んで，そのうちに日本軍部に反省を求めるという立派な態度であった」[51]と述べたこともある．

また，芳沢はその回想録のなかで，中国と中国人について次のように述べている．

> 要するに中国人は呑気であって，歴朝の興亡，即ち治者の更迭には大体平気で大勢順応主義である．しかし民族という点になると非常に強靭であって，シベリアの如き酷寒の地，南洋灼熱の地に於ても，いささかも辟易せず非常に勤勉である．これが即ち民族としては優秀であり，世界至る所で経済的に成功している原因である．
>
> 政権が何回変わっても中国は変わらないのである．政変は頻繁であるから一つの政権を助けて，他の政権を顧みざるが如きは頗る危険である．私は常に中国四億の民族を目標とすることに努めていた．それがために一般の国民に，それほど憎まれずに済んだのである[52]．

中国通外交官の行動は，前述の「国家の論理」に規定されると同時に，軍部などの干与に対し外交の主導権を確保しようとする「組織の論理」と，自らの経験と人脈に由来する「個人の論理」にも規定された．彼らの思想と行動を考える場合，この3つの論理の関係を整理していく必要があるが，今後の課題としたい．また，中国通外交官には三つの顔もあった．外交交渉の表の顔，外交交渉の裏の顔，戦後の「回想録」のなかの顔．中国通外交官を一つの人間集団として研究し，描き上げることは難儀な作業ではあるが，近代日中関係の多面性を理解するための不可欠なことである．

1) 日本経済新聞社編『私の履歴書』第五集（日本経済新聞社，1958 年）326 頁．
2) 芳沢謙吉『外交六十年』（中公文庫，1990 年）92 頁．
3) 前掲『私の履歴書』第五集，327 頁．
4) 在華日本紡績同業会編『船津辰一郎』（東邦研究会，1958 年）1 頁．
5) 同前，157〜158 頁．
6) 同前，158〜159 頁．
7) 『中央日報』1932 年 2 月 8 日．
8) 『大公報』1932 年 8 月 3 日．
9) 松本重治『上海時代』（中央公論社，1977 年）184 頁．
10) 同前，182 頁．
11) 東京商工会議所編輯『支那経済事情講話』（森山書店，1936 年）2〜28 頁．
12) 須磨未千秋編『須磨弥吉郎外交秘録』（創元社，1988 年）147 頁．
13) 同前，145 頁．
14) 同前，147 頁．
15) 同前，139〜140 頁．
16) 同前，140 頁．
17) 須磨弥吉郎「唐有壬の死」『現代史資料 8 日中戦争 1』（みすず書房，1964 年）110 頁．
18) 同前，113 頁．
19) 同前，115 頁．
20) 服部龍二『幣原喜重郎と二十世紀の日本 外交と民主主義』（有斐閣，2006 年）84 頁．
21) 関静雄『大正外交 人物に見る外交戦略論』（ミネルヴァ書房，2001 年）219 頁．
22) 同前，219〜220 頁．
23) 同前，223 頁．
24) 『日本外交文書』大正 13 年第二冊，339〜340 頁．
25) 同前，340〜342 頁．
26) 同前，342 頁．
27) 同前，357 頁．
28) 前掲『大正外交』，228 頁．
29) 同前，382 頁．
30) 同前，391 頁．
31) 同前，394〜395 頁．
32) 同前，399 頁．
33) 栗原健編『対満蒙政策史の一面』（原書房，1966 年）217 頁．
34) 前掲『大正外交』，229 頁．
35) 外務省編『日本外交年表並主要文書』下巻（1966 年）206 頁．
36) 林茂・辻清明『日本内閣史録 3』（第一法規出版株式会社，1981 年）313 頁．
37) 同前，315 頁．
38) 外務省百年史編纂委員会『外務省の百年』下巻（原書房，1969 年）267 頁．
39) 服部龍二『広田弘毅』（中公新書，2008 年）66 頁．
40) 前掲『外務省の百年』下巻，267 頁．
41) 重光葵『外交回想録』（毎日新聞社，1953 年）169 頁．

42) 前掲『外務省の百年』下巻, 268 頁.
43) 同前, 269 頁.
44) 外務省編『日本外交文書』昭和期Ⅱ, 第一部, 第二巻（昭和八年対中国政策), 60～64 頁.
45) 外務省編『日本外交文書』昭和期Ⅱ, 第一部, 第三巻（昭和九年対中国関係), 3 頁.
46) 同前, 4～6 頁.
47) 同前, 7 頁.
48) 同前, 14～16 頁.
49) 同前, 8～12 頁.
50) 前掲『須磨弥吉郎外交秘録』, 237 頁.
51) 須磨弥吉郎『日本民族の進路』（妙義出版社, 1952 年）53～54 頁.
52) 前掲『外交六十年』, 94～96 頁.

12章 日中戦争初期における中国の対日方針
―― トラウトマン工作をめぐる孔祥熙の活動を中心として

岩谷　將

はじめに

　1937年から8年間に及んだ日中間の武力衝突は，軍事作戦よりは公式あるいは非公式に模索された和平交渉の多さにその特異性を見いだすことができる．日本は華北から華中，華南へ，また沿海から奥地へと侵攻を試みたが，その節目ごとに中国側に和平を働きかけた．他方，中国側も時には日本との直接和平交渉を，また時には第三国を通した間接和平交渉を試みた．それらは，和平交渉というには一方的に過ぎたものもあったが，両国の戦争状態を停止させることを目的としている点において変わりはなかった．

　戦争状態を停止させるという最終目的から見るならば，和平交渉も抗戦による勝利も目的達成の手段であり，そこに倫理的な優劣の差はない．無論，その手段を採用するに至る動機，またそれらを達成する場合の条件は様々であり，場合によってはある選択が売国的であるとの非難を受けることもありうる．たしかに，連合国に対する日本の敗北によって日中戦争は終結し，結果的に蒋介石の抗戦継続は政戦略的にも倫理的にも「正しい」選択であった．

　しかし，抗戦という選択は常に失敗する可能性を伴っていたわけであり，同様に交渉による和平によって停戦を実現することに政戦略的に「成功」する可

能性があったことにも留意する必要がある．本来的には戦争の帰結と当該時点での和平，あるいは停戦に向けた活動とは別個に検討されなければならない．そうでなければすべての交渉は妥協ひいては売国思想の具現化となり，和平に向けた動きそのものが検討するに値しない事象となってしまう．問われるべきは，日中間の武力衝突の初期において中国首脳層が和戦を実際どのように捉えていたのか，また各指導者の考えがいかなる政策結果をもたらしたのかにある．

蔣介石日記の公開は蔣介石の対日認識や和戦に関する考えを再検討する契機となり，目下日中戦争における中国側の和平への取り組みに関する研究が進められつつある[1]．しかし，蔣介石日記を用いた研究はあわせていくつか検討されるべき問題を提起している．第一に，蔣介石日記に記された認識は蔣介石個人の認識であって，中国の対日方針全般を包括しうるものではないということである．昨今の研究では中国の対日政戦略が蔣介石の対日政戦略とほぼ同義のように語られる傾向にあり，その意味において，日記に基づく蔣介石の認識を他の指導者の認識との関係において相対化する作業が必要とされている[2]．第二に日記における蔣介石の認識が必ずしも最終的な政策に結実したわけではないことである．したがって，一枚岩ではない各指導者の認識が政策決定過程においていかなる議論を惹起し，いかなる政策結果をもたらしたのかが，政策文書の裏づけとともに改めて検討される必要がある．

本章では，太平洋戦争勃発までの日中関係において，蔣介石，汪精衛と並んで国民政府内で高い地位を占め，また日本との関係において重要な役割を担っていた孔祥熙に焦点を当て，蔣介石，汪精衛を相対化しつつ当時の最高指導層の対日和戦に関する認識を検討する[3]．

最終的な政策決定権が蔣介石にあったことは疑いようのない事実であるが，抗戦初期における蔣介石の地位は絶対的なものではなかった[4]．とりわけ外交についていえば，孔祥熙の活動もまた見逃すことのできない大きな比重を占めていた．孔祥熙はドイツの調停と同時に進められた米英に対する対華援助・調停の働きかけなど，従来論じられてこなかった重要な活動を行っており，これらの活動と蔣介石との関係もまた検討される必要がある．本章では先行研究の成果を踏まえたうえで，中国側指導者層の日記，中国・ドイツ双方の外交文書に加え，従来用いられていなかった日本側史料[5]，ソ連側史料などを用いて抗

戦初期中国の対日交渉の全体像を検討する[6]．

1. 盧溝橋事件の勃発

1937年7月7日に永定河畔で起きた日中間の衝突は一時小康状態にまで回復するものの，28日の北平（北京）・天津への日本軍の総攻撃，また8月13日より始まった上海での戦闘により本格的な武力紛争へと転じた．この間，衝突は現地交渉により一時は収束に向かうかと思われたが，陸軍省部内で拡大派と不拡大派の意見対立が生じ，出先軍に引きずられる形で戦線は拡大した[7]．

他方，中国側では盧溝橋事件の一報がもたらされて以降，中央ではかなり長い期間にわたって和戦両意見の対立が続き，中央と現地の対応も足並みが揃わなかった．現地では7月9日に停戦に関する合意が得られ，11日には撤退に関する協議が成立した[8]．しかしながら廊坊，広安門事件を機に緊張が高まり，現地の責任者であった宋哲元は26日に至って，「情勢から見れば敵は計画を予定しており，大戦は避けられない」と悟る[9]．同日には支那駐屯軍司令官香月清司中将より最後通牒が発せられ，翌々日に総攻撃が開始されたため，盧溝橋事件の局地的解決は絶望的となった[10]．事態の推移は全面戦争へと突入する瀬戸際へと進んだが，その判断は蔣介石を中心とする党・軍中央に委ねられた．

蔣介石は盧溝橋事件発生後の8日，「倭寇は盧溝橋で挑発している．われわれの準備がまだ整っていないこの機に乗じてわれわれを屈服させようとしているのか．宋哲元を困らせようとしているのか．華北を独立させようとしているのか．今応戦を決心する時か．今倭は我と開戦するに利あらず」と自問し，錯綜する情報に事態が日本軍による計画に基づくものであるのか，局地的，偶発的なものなのか判断しかねていた[11]．しかし，翌日には4個師団を北上させて華北の防衛に当たらせることを決意する．それは「積極的に準備をして決心を示さなければ，平和的に解決することは不可能である」との考えから出たものであった[12]．当時，中国側の見積りでは応戦準備になお2カ月程度の時間が必要であり，7月中旬までは，一面で断固とした対日応戦の態度を示し，一面では交渉による事態解決を目指していた[13]．

7月28日に開始された日本軍の華北総攻撃によって，蔣介石が「万一北平

が陥落したならば，戦うか和すか，不戦か不和（議）か，また一面交渉一面抵抗の国策について慎重に考慮しなければならない」と考えていた北平が陥落したことを受け[14]，8月7日夜の国防聯席会議において抗戦と積極戦備が決定された[15]．14日には国防最高会議において「このたびの対日抗戦は宣戦絶交の方式を採らず，外交部が状況を斟酌し，侵略者に対して経済制裁を加えるよう国際聯盟に提起する」と決議し，積極抗戦をしつつ国際聯盟を通じた解決を目指したが[16]，その後，上海でも戦端が開かれ，盧溝橋における武力衝突は全面的な戦争へと発展した．

2. 上海戦と第三国調停

　中国の抗戦は思いのほか頑強で，上海における抵抗は3カ月に及んだ．日本側ではこの間，駐日イギリス大使クレーギーによる和平斡旋が行われたが，不調に終わったため1937年10月頃から第三国による新たな調停を模索し始める[17]．陸軍はドイツを介した調停に積極的に動き，かなり早い段階から和平調停仲介の可能性をベルリンに打診した[18]．また，日本国内においても駐日ドイツ大使館付武官のオット少将に対し馬奈木中佐が接触を図った．この馬奈木中佐とオット少将が上海において駐華ドイツ大使のオスカー・トラウトマンと会見したことを端緒としてトラウトマン工作が開始される[19]．

　盧溝橋事件と前後して，中国側でもドイツとの関係強化に向けて接触を図った．ジョージ6世の戴冠式に参列するため外遊に出ていた孔祥熙はオーバーザルツベルクでヒトラーと会談を行っている．会談ではヒトラーから日中間の和解について，ドイツの仲介も可能である旨伝えられたが，孔祥熙は「適切な時期であればドイツからの仲介を排除するものではない」と述べるにとどまっていた[20]．当時はまだ盧溝橋事件勃発前であり，会談時における孔祥熙の具体的な懸念は中独関係，とくに中独間の貿易に対する日独防共協定締結の影響であった[21]．その後，孔は8月中旬に再度訪独したものの，盧溝橋事件の発生によって中国に対するドイツの対応は非常に冷淡になってい．孔はドイツに対し戦争を阻止するため日本に働きかけ，あわせて中国に精神的，物理的援助を行うよう希望したが，ドイツ側からは極東に政治的勢力を保持していないため第三

者による調停は英米が適当であり，正式に開戦した場合はソ連の参戦が濃厚であることから援助は困難であるとの見通しを得ただけに終った[22]。

　10月に入ると日本側からドイツを介した和平調停が進められたことにより，中国に対するドイツの対応にも変化が現れた。10月21日，広田外相が駐日ドイツ大使ディルクセンに対し，日本は常に中国と直接交渉する用意があり，中国と友好関係にある独伊が直接交渉による和平締結を求めるよう中国政府を説得してくれることを歓迎すると語り，婉曲的に和平仲介を依頼した[23]。これを受けてドイツ外務省は駐華大使トラウトマンに対し，直接交渉は適当の時期に至ればより有効な方法であることから日中間の交渉仲介も可能である旨伝えた[24]。その後，トラウトマンは陳介外交部次長と会談し，ドイツが日中和平の仲介を行う用意があると伝えたところ，陳介は蒋介石が日本の和平条件を知りたがっていると返答したため，トラウトマンは数日中に蒋介石に伝達したいと答えた[25]。

　11月5日，トラウトマンは蒋介石と会談を行い，日本の和平条件として以下の具体的事項を伝達した[26]。（［　］内は中国語に翻訳された際に追加された箇所）

1. 内蒙古は自治政府をおき，外蒙古が国際法上の地位を得ている状況と同様にすること。［こうした方法はすでに先例があり］これに対して中国は異議を唱えることはできない。
2. 華北：非武装地帯を満洲国の国境から北平と天津の南までとする。中国人の官憲が指揮する警察隊がこの地域の秩序を維持する。早急に和平条約締結が行われた場合，華北全体の行政権は親日の行政官を最高行政職に任命することを条件として南京政府が行う。和平条約締結が行われない場合，そしてその結果華北に新しい行政機関を設置する必要が生じた場合，この新体制は後の和平条約締結以降も存続する。これまで日本政府は華北に自治政府を打ち立てようと策動したことはない。経済については，紛争が発生する以前に始められた鉱物資源採取権の交渉は満足のいく結果に至らしめること。
3. 上海：これまでより大規模な非武装区域を設立し，国際警察によりこれを管理する。そのほかは従来と同じ。

4. 反日政策の停止：これは1935年［1936年の誤り］の南京交渉における要求（教科書の修正など）に応じる必要がある．
5. 共同反共：東京の中国大使の情報によれば，中ソ不可侵条約に秘密条項がなければ，本件は中ソ不可侵条約と矛盾しない．
6. 日本製品に対する関税の引き下げ．
7. 中国における外国人の権利を尊重．
（条件は日本が戦争を継続した場合，さらに過酷なものになると考えられる）

　以上の具体的条件を知るに及んで，蔣介石は「もし日本に（盧溝橋）事件前の状態に回復する意志がなければ，日本からのいかなる要求をも受諾できない．一部分の条件については当然討議することができるし，友好なる了解を求めることもできるが，以上はこの点（盧溝橋事件前の状態に回復すること）を前提としなければならない．仮にこれらの要求に同意したならば中国政府は世論に飲み込まれ，革命が生じるだろう」[27]と厳しい言葉で拒絶した[28]．
　無論，蔣介石が日本側条件を峻拒した理由は，条件の齟齬にのみあったのではない．和平条件が伝えられる前の1937年10月末の段階で，蔣介石は和戦について以下のように考えていた．
　甲．我が仮にこれ（日本）と妥協したとして，その程度がどうであれ，少壮派（軍人）の侵略の根本理念は必ず得寸進尺（寸を得て尺を進む；際限なく拡大すること）することにあり，止まるところを知らない．機会があれば，彼らは一切の信義を顧みず，継続して止まることなく侵略する．乙．たとえ東北問題を解決し，さらには（満洲国を）承認するとしても，彼らは必ず中国侵略を継続し，止まる保証は何もない．一時の妥協は奏功しないのみならず，いたずらに自ら人格と国格を破壊するだけである．丙．倭が我と妥協しようと望むその唯一の目的は我の人格を破壊し，中国を導く中心なきものとすることにある．丁．このたびの抗戦はその結果と成敗のいかんにかかわらず，抗戦を行わずに倭と妥協したならば，今日の国乱の形勢は想像を絶するものとなっていた．戊．倭寇は我が革命軍を先に撃退し，中国を確実に処置した後でなければ，ロシアに対してけっして開戦しない．ゆえに我国は倭と妥協して機が熟すのを待つことは不可能である．己．総じて倭寇は我に対しては，国際的な動揺の機会を得た

ならば，必ず我に向かって攻めてくる．これでは挽回不可能であり，あらゆる策略をもってしても変化させることはできない．庚．このたびの抗戦はここまで追いつめられ，幸いにして逃れることができない．座して滅びるのを待ち，辱めを受け侮られるとしても，死中に生を求め，国格を保ち，後人が起って復興することを待つ．さらに我自身が犠牲とならなければ，国際的な同情と干渉はけっして得られない．辛．中倭問題の解決は，ただ国際的な注意と各国の干渉を引き起こしてのみ可能である．現在，九カ国条約会議が開かれることも決定し，国際聯盟もまた比較的有利な決議を行った．これは抗戦による犠牲の効果である．

　以上からうかがえるように，蔣介石は日本，とくに少壮派軍人を非常に警戒しており，仮に妥協のうえ和平を達成したとしても，その保証は得られないと考えていた．そのため，調停には第三国の参加と保証が必要であり，仮に日中が直接交渉するならばいかなる条件も問題にすることはできず，反対に第三国の参加と保証が得られ，停戦に際して撤兵の期日が保証されれば調停も可能と考えた[29]．したがって，11月5日の拒絶は，第一に第三国の参加と保証が得られていないこと，第二にブリュッセルで開かれている九カ国条約会議に期待をかけていたこと，第三にソ連の対日参戦を期待していたこと，第四に軍事情勢がなお危機的な状況にはなく，「城下の盟」を結ぶことを嫌った結果であったといえる[30]．孔祥熙もこの時期，対日和平よりは一致抗戦すべきであるとの考えを持っていた[31]．

　しかしながら，その後の経過は中国にとって不利なものとなった．蔣介石が日本の和平条件を拒絶した11月5日，日本の第10軍は杭州湾金山衛に上陸した．これにより上海戦場の中国軍は挟み撃ちとなり，以後南京へ向けて退却を重ねる．蔣介石，宋美齢，孔祥熙，白崇禧との会談において軍事顧問のファルケンハウゼンが指摘したように軍事情勢は中国にとって不利になっており[32]，ファルケンハウゼンは戦争がさらに長期化し中国経済が破綻すれば共産主義の浸透を招くと孔祥熙に警告した[33]．しかし，蔣介石は国防最高会議において「こうした失敗の形勢は早くからわかっていたことであり意外ではない．われわれはなお主導の立場にあり，将来の勝利についてもまた主導的地位にある」と発言し，全般情勢はなお中国が主導的立場にあると認識していた[34]．蔣に代

表される勢力のドイツの和平仲介に対する態度は,「友邦(ドイツ)からの好意があるものの,わが方は門をきっちりと閉め実に話にならない」と汪精衛が嘆いていたほどであった[35]。

3. 九カ国条約会議

　情勢の変化にもかかわらず蔣介石が退却命令を躊躇ったのは,九カ国条約会議への影響を考えてのことであった。1937年10月26日の大場鎮陥落以降,戦局の不利は明らかであったが,蔣介石は九カ国条約会議において国際的な同情が得られるとの楽観的な見通しを持っていたため上海からの撤退を行わなかった[36]。何応欽らの撤退要請により,蔣介石は11月7日にようやく上海蘇州河南岸からの撤退を命じたが[37],九カ国条約会議に対し撤退が負の影響を与えることを依然として憂慮していた。7日の退却命令について,蔣介石は「これは戦略関係を考慮した撤退であり,われわれが力を使い切ったために退却するのではないことを敵に知らせ,彼らの追撃と再攻撃の企図を挫く。これは将来の戦局にとっては有利だが,九カ国条約会議に与える影響は甚大である」と記している[38]。

　期待をかけていた九カ国条約会議は11月24日に最終声明書を採択して閉幕することとなったが,はかばかしい成果を期待することは困難となった[39]。蔣介石は「会議はすでに消極的となり,恐らく何ら成果を生まないだろう」と記し,失望を隠すことができなかった[40]。孔祥熙もまた,九カ国条約会議の見通しが極めて厳しい状況を受け,徐々に対日和平へと傾き,ドイツからの調停に積極的に関与していく。このころ孔祥熙は蔣介石宛電報において,「今こちらから日本に対して停戦の意志を示さなければ和平に望みはない」との認識を伝えている[41]。対日参戦に対するソ連からの回答は寄せられていなかったが,中国側の劣勢は明らかであった。このころになると,党内では居正のように誰も(和平の)署名をしたくないのであれば,私が署名すると日本との和平に積極的な言動を行うものも現れ[42],動揺の空気が広がりつつあった。

　ちょうど時を同じくして漢口にトラウトマンが到着し,それぞれ王寵恵外交部長,孔祥熙財政部長(兼行政院副院長;1938年より院長)に対し,日本が軍事

的に多大な成果をあげたにもかかわらず以前に南京で提示した条件がまだ有効であることを伝えた[43]．孔祥熙は本件について蔣に報告し，あわせて「重要な同志と会談を重ねたが，このままの状態を長引かせるのは良策ではなく，すでに調停を申し出る人物が現れ，時期もまた悪くない．党政軍および民間世論を調査したところ徐々に厭戦気分が現れている．私の見るところ，すでにわれわれの犠牲は甚大で，軍事的に確実に勝利を得られるのでない限り，ここで一度停戦し，国力の保全を図って捲土重来を期すべきだ」との意見を述べた[44]．

　蔣介石は 11 月 25 日に外国記者に対して「正しき道理は必ず最後に強権に打ち勝つと固く信じている．最後の一寸の土地，最後の一人まで徹底的に抗戦する」と表明し[45]，対外的にはあくまで抗戦の姿勢を崩さなかったが，内心では「ドイツ大使が敵国から和議の要求を伝えてきたとの報告を得たので，わざわざ南京に招いて面談した．時間稼ぎのためにはやむを得ない」と記し，再度ドイツを通じた交渉に応じるようになった[46]．

　この時間稼ぎは，兵略上の問題もさることながら，ソ連の対日参戦に関する回答待ちに含みを残したものであった．蔣がモスクワに派遣していた楊杰・張冲との会談において，スターリンが「仮に中国が日本の攻撃を首尾よく撃退できたならば，ソ連は参戦しない．同様に日本が（中国を）打ち負かし始めたならば，その時ソ連は参戦する」[47]と述べ，また張冲も国防人民委員ヴォロシーロフより「中国の抗戦が生死関頭の時に至ったならばロシアは出兵し，けっして座視しない」と回答したことが報告されていたことから，蔣介石の対ソ依頼心が高まっていた[48]．蔣介石は 25 日にスターリンに対して「中国は武器を手に取り，最大の障碍を取り除くことを決意した．……実のところ中国人民は数カ月間ソ連がもたらした精神的支持と物質的援助に対し衷心より感謝する」との書簡を送り[49]，続けて 26 日に「中ソ両大民族はもともと東亜平和の両大柱石であり，利害をともにするのみならず禍福が一致し，そのうえ暴虐なる日本が唯一かつ共同の敵だ．……友邦であるソビエトロシアが実力で応援してくれることを切に願う．先生（スターリン）がたちどころに決断し，義を以て出兵し東亜の危局を救い，中ソ永久の合作精神を鞏固にすることを望む．みな先生だけが頼りだ」との電報を送っている[50]．

　他方，汪精衛は「二つの害があるなら必ず軽いほうを選ばなければならな

い」と語り,蔣とは対照的に和平に前向きであった[51]. 孔祥熙も対日和平に積極的となっており,「このたびドイツ大使が政府の命令によって調停を申し出たのは天から授けられた好機であって逃すべきではない」として自らの情勢観を以下のように述べている.「以前,われわれの希望は九カ国条約会議の成功であったが,すでに終わりを告げた. 参加国は調停する方法がなく,現在日本との対話はまた少なくなった. アメリカは単独で事を行うことを肯んじず,イギリスは(調停に)役立たず,イタリアの態度もまた極めてよくない. ……前線の戦いはこのようなありさまで,後方の備えもまだ十分ではなく,国際情勢はまさに遠方の水では近くの渇きをいやすことができない状態である. 財政も困難な状況に達し,各方面もまだ完全に覚悟をしておらず,なお力を温存しようとしており他人に身を寄せれば将来四五分裂する. もし,今風に乗って舵を切らなければ,このままの状態が長く続くことになり,仮に後方に変化が生じれば必ず国内は大乱となり収拾がつかなくなる. 前線がなお崩壊していない今ならばなお収拾する方法があり,抗戦もここに至って相当の成果を得ており,これは不抵抗には該当しない. 将来において臥薪嘗胆すれば,報復できる日が来る」と[52].

　以上のように汪・孔はドイツの調停をより現実的な問題として捉え始めていた. 対して蔣は対外的には依然として強い姿勢を示していたが,情勢は蔣をしてドイツ調停案について真剣に検討せざるを得ない状況に陥りつつあった.

4. ドイツ調停案の再検討

　ドイツによる調停案を検討するため,蔣介石は1937年12月2日に在京の各将領を集めて討論を行った. 11月以来の情勢変化もあり,中国側の和平交渉に対する姿勢は以前に比べて緩和された. 第一戦区を指揮していた徐永昌(翌月から軍令部長)は,「以前は直接交渉に反対であったが,それは第三国による仲介がなかったからだ. 現在は第三国(ドイツ)がわれわれの仲介をして話をしてくれるのだから調停してもらってよい」と述べ,また首都衛戌司令長官唐生智は「現在停戦できるならば我に有利であるように思う」と意見を述べ,命令には絶対に服従するとして対応を蔣介石に一任した. 副参謀総長兼軍訓部長

の白崇禧は防共協定について反対したものの，友好国（ドイツ）を失い国際的に孤立するのを恐れ，この条件であれば委員長（蔣介石）が決定すればよいと発言し，第三戦区副司令長官顧祝同も同様の考えであった．蔣介石は，「ドイツによる調停は拒絶してはならない．これらはまだ亡国的な条件ではない」と述べ，交渉を継続していく方針を固めた[53]．

討論の後，蔣介石はトラウトマンと会見し，日本の要求は以前と同様か否かと尋ねたところ，トラウトマンは主要条項に変化はないと回答した[54]．この時点では，1. 蔣介石は改組後の政府と妥協し，2. 日本の駐兵を引き延ばすことを認める，という２点がさらに想定されていたが，会談時には伝達されなかった[55]．そのため，７つの条件は盧溝橋事件以前の状況への回復を条件とする蔣介石の要求に比較的近いものであった．

会見では，まず蔣介石がドイツの平和への努力に対して衷心からの感謝を述べ，トラウトマンに対し中国はドイツを友邦と考えるがためドイツによる仲介を受け入れる用意があるが，日本が勝者として立ち現れることは受け入れられないと伝えた．続けて，蔣介石は中国の立場を以下のように表明している．

1. 中国は（日本側）諸条件を和平討議の基礎として受け入れる．
2. 華北の主権と領土完整および行政権は侵してはならない．
3. ドイツは初めから和平交渉の仲介者として活動すること．
4. 中国と第三国の合意は和平交渉では触れない．

１について，トラウトマンが譲歩の態度を示すべきだと提案したのに対し，蔣は「そのようにするつもりであるが，日本もそのようにするよう期待する」と表明した．２について，トラウトマンは華北の最高長官は日本に友好的である必要があるとの日本側条件に注意を促したところ，「仮にそのようなポストに選ばれるのであれば，その人物は反日的ではない」と応じた．３については，蔣介石はドイツが最後まで仲介を続けてくれるよう希望した．４については，トラウトマンが日本の共同防共について注意を促し，これは中ソ不可侵条約に抵触しないと述べたが，蔣介石は反対しなかった[56]．蔣介石は会見翌日に「対倭徹底抗戦の利害は，すべて国際情勢をみて定める」と記している[57]．

このころ汪精衛は「もしも日本が和平要求を真に願い，受け入れ可能な条件を提起するならば，中国もまた停戦を考慮することができる」と述べ[58]．また，孔祥熙も蔣介石に対し，「すでに日本が二度もドイツに調停を依頼したのであるから，われわれも検討してよい．これが至誠から出たものであれば，自ら進攻を停止して誠意を示すであろうから，われわれは死守して静かに解決を待てばよい．……ドイツが再度斡旋してくれるならばわれわれは暫く停戦することができ，息をつく暇ができる．部隊と陣地を整えながら日本と談判し，条件が相応しければ誠実に対応すればよいし，そうでなくても対応は可能だ．われわれに相当の時間さえあれば，国外との連絡はさらに進み，国内においては補充整頓を充実させることができる．すべてがうまく行けば進退は自ら決することができ，勝算もまた生まれる」[59]と伝えるなど，ドイツ調停による和平，少なくとも体勢立て直しのための一時停戦にかなり傾いていた[60]．それは「『ブラッセル』会議失敗ニ帰シ軍事亦利アラズ，国聯ハ切実ニ我ヲ援助スルノ辦法ヲ講ゼザル以上国手ト雖モ起死回生ノ道ナシ」と考えていたからであった．そのため，孔は12月頃より「近来欧米ノ日支問題ニ対スル趨勢如何，……停戦交渉提議ニ対シ我ハ之ヲ接受スベキヤ否ヤ」と駐アメリカ中国大使王正廷に意見照会を始めていた[61]．孔はドイツによる調停を受けるべきか否かについて，米英の見解を把握したいと考えていたが，実のところそれは蔣が「頗リニ尋ヌル」ためであり，駐外大使から返電を得ようと焦慮していた[62]．

5．ソ連の動向

12月5日，スターリンより対日参戦に関する回答が寄せられた[63]．それは国際協調を旨とするソ連としては日本が挑発しない限り，単独で対日参戦を行うことは日本への侵略行動となるため不可能であることを伝えるものであった[64]．また，孔祥熙が打診していたドイツ調停による日中和平に対するソ連の動向について，同日蔣廷黻駐ソ連大使の回答が寄せられた．それによれば，アメリカが動かない限り，ソ連は中国援助の対日積極策に慎重であり，こうした傾向は近い将来においても変化する可能性が低いというものであった[65]．

これを受けて蔣介石は「国際情勢は徐々に不利な状態に陥りつつある」と

の認識を持つに至り[66]．ソ連の態度に徴して国際的な調停や介入が容易ではないことを悟ったのか，「ドイツ調停もまた望みがないようだ」と記している[67]．翌日には「倭に対する政策はただ徹底抗戦あるのみ，これ以外に方法はない」と，その考えを再確認している[68]．ソ連からの回答後，蔣介石はドイツ調停にも否定的になり，蔣の考えの変化に伴い党内の指導者たちの一部もドイツ調停の可能性は低くなったと考えるようになった[69]．蔣の顧問を務めていたドナルドによれば，当時蔣はロシアおよび国内の共産主義者の両方に裏切られたと述べていたという[70]．

これに追い討ちをかけるように，先般孔がアメリカに照会した援助の件も確答が得られなかった．中国は「已ニ其ノ全力ヲ盡セリ．列強ニ於テ確実ナル万法ナシトスレハ実ニ憂慮ニタヘス」と孔は失望を隠せず[71]，アメリカのみならずイギリスにも働きかけるため駐イギリス大使に電報を送ったが，中国をめぐる情勢は日ごとに厳しさを増していった[72]．

ただ，スターリンより回答を得た後もなお，蔣介石はソ連に対して一縷の望みを持っており，新着任のオレルスキー駐華ソ連大使に対し，日本の和平提案について「中国は提案に回答せず，最後まで抗戦を続ける」と述べ，ソ連政府に対して，「現状のままでは，ソ連が中国への軍事援助を公にしなければ，中国の敗北は不可避である」との伝言とともに新師団の編制に必要な武器供与や参謀の派遣を3カ月以内に行うよう依頼している[73]．蔣廷黻駐ソ連大使が駐ソ連アメリカ臨時代理大使に語ったところによれば，中国国内でソ連が対日武力出動に積極的であると報告する勢力があり，またソ連側でもそれらの言動について積極的な取締りを行わなかった[74]．ソ連の対日態度について楽観的な報告を行う勢力の存在とソ連の対応が，蔣介石の政策判断に影響を与え，対ソ期待感を過度に高める結果となったことは指摘しておく必要がある．

・南京陥落とパナイ号事件

トラウトマンとの会談から1週間後の13日，首都南京が陥落した．南京陥落は「戦勝」によって和平条件を加重しようとする日本側と，「城下の盟」を忌避する中国側との間の隔絶を一層拡げた．このころには，日本側の和平条件

が増加されていることが伝わりつつあり,従来和議を唱えた者も,その主張が蔣介石の下野を迫るものとの嫌疑をかけられるために慎重になり,軽々しく和議を主張するものはいなくなった[75]. しかし,軍事的な失敗は続き,依然として党・政府内で和平を求める声は絶えなかった[76]. ただ,蔣介石は軍事的な失敗ゆえに「もし今和平を唱えるならばそれは滅亡と変らない. 外からの侮りが止まないばかりか,内乱はますますひどくなる」と認識していた[77]. それゆえ蔣介石は16日に徹底抗戦の継続を宣言する[78]. 2日後に蔣介石と面談した陳銘枢によれば,蔣は「すでに政策を定めたからには各国が信頼しないわけがない」と自信を示していたという[79].

蔣の徹底抗戦宣言と前後して,孔祥熙は日本によるパナイ号撃沈を機に米英を対日強硬路線に導き,また中国に対する同情,援助を引き出そうと試みる. 孔はパナイ号事件を機に英米が「実力発動ノ主張ヲナシ以テ彼レ(日本)ノ凶頑ヲ懲サバ寧ニ我レニ有利」であることから,ワシントンの王正廷大使とロンドンの郭泰祺大使に対し,「英米ガ此機ニ乗ジテ強硬ノ態度ヲ以テ日本ニ迫リ彼ヲシテ対支軍事侵略ヲ停止セシムベキヲ希望ス」,「将来ノ危機想像ニ堪ヘザルナリ,速カニ此意ヲ英米当局ニ密告シ且又此機ヲ利用シテ其ノ朝野ヲシテ一致ノ主張ヲナスベク促進セラレンコトヲ切望ス」と命じた[80]. また,「米国ノ態度ハ日ニ強硬ニ赴キツツアリ,機会ハ極メテ好シ,速ニ連用シ列強聯合一致ノ協力戦線ヲ獲得シ以テ我危急ヲ挽回センコトヲ望ム. 前途有利ナル進展ノ情況ヲ密報相成度シ[81]」とパリに打電し,顧維鈞に対してもフランスを英米との協力に向かわせるよう指示した.

・ドイツの再調停

ドイツによる和平仲介は南京陥落以降,困難に陥りつつあったが,ドイツは依然としてその仲介を続けていた. 12月23日にはディルクセン駐日大使がドイツ本国に対して新たな日本側条件を伝達し,ノイラート外相はトラウトマンに対し,以前と同じように純粋に郵便配達夫としての役割から中立な立場で日本側覚書を中国に伝達するよう訓令した[82]. これを受けてトラウトマンは12月26日,蔣介石が病に臥せっていたことから孔祥熙,宋美齢と面会し,日本

側の覚書を手渡した（下線部は手書きによる加筆修正）．それは，1. 中国は親共産主義政策ならびに反日反満政策を放棄し，日本ならびに満洲国と反共政策を共同で行わなければならない．2. 非武装区域を設定し，必要とされる諸地域に特殊政権を設立する．3. 日満中は緊密な経済協力の協定を締結する．4. 中国は日本に対し所要の賠償を支払うの4つを基本条件とするものであった．さらに補足として，1. もし中国が基本条件を受諾するのであれば，その誠実さ［意志］を実際に共産主義との闘争という行為によって証明しなければならない．蔣介石元帥は和平交渉のための代表を日本側の指示する期限内に，指定した場所へ派遣しなければならない．日本側は年内を目途に回答を待つ．2. 蔣介石元帥が和平条件を受諾する用意があると言明したならば，ドイツが日本と中国に対して停戦を提起するのではなく，日本政府は日中が直接交渉を開始することを希望する．以上2点の補足の外，和平交渉中，軍事行動は継続されなければならず，戦闘行為の停止は交渉の締結後にはじめて行われると伝えた[83]．孔祥熙と宋美齢は条件内容を知るに及んで「極度の狼狽」に見舞われたという[84]．

夜半に条件を知った蔣介石は，「倭はあるいは条件緩和によって我政府を惑わし，政府内部で対立，動揺を起こそうとしているのではないかと思っていた」，「しかし（条件）を見て，大いに安堵した．条件とその方式がこれほど過酷であれば，我国は考慮する余地がなく受諾の余地もない．相手にしないことに決めた」と記し，和平を考慮しないことに決した[85]．

蔣介石は和平を拒否する方針に傾きつつあったが，党・政府内部では意見が統一しておらず，なお検討が続けられた．27日の国防会議では和平条件について討論が行われたが，和議を主とするものが多く，于右任らは病に臥して欠席していた蔣介石を優柔であり英明でないと批判した[86]．会議では駐米英仏大使に対し，日本側条件に対する反応をさぐるよう命ずることが決定された．また，和戦については汪精衛・孔祥熙が蔣介石に諮って決定することとされ，翌日会談が行われた[87]．

孔は「中国にはすでに抗戦する力はな」く[88]，「和平交渉達成への努力が成功しなかった場合，中国の経済が崩壊し，中国人民をソ連の手中へと駆り立てるリスクを負ってでも最後まで抗戦を続けるつもりである」との不退転の決意

で和議に向けて力を注いでいた[89]．しかし会談において，蔣は「国民党の革命精神と三民主義はただ中国が自由と平等を求めるためにのみあり，敵に降伏することはできず，各種の堪え難い条件を取り決め，我国家と民族の永遠の束縛を増やすことはできない．もし，不幸にしてすべてが失敗に帰し，革命が失敗したとしても大いなる恥辱とはならない」と率直に伝え，会議の結果暫時正式な回答を行わないことが決定された[90]．29 日には，蔣は自身を英明ならずと批評した于右任，居正と会談し，今は屈服の条件を受け入れることはできず，さもなければ精神を喪失し永久に滅んでしまうと諭し，抗戦方針は変えないことを決定した[91]．

・アメリカ仲介への期待

その後，孔祥熙は「パネー号事件解決シテヨリ米国ハ已ニ積極的態度ナキヲ表明シ，英，仏，蘇ハ米ノ率先センコトヲノミ膽望シ居ル状況ニツキ国際的ニ我ニ実力援助ヲ希望スルハ此レ毒ヲ望ンデ渇ヲ止ムルノ類ニ等シ」[92]として，アメリカに対する要求（対日制裁）を下げ，新たに日中調停の労をとらせることを企図する．孔は王正廷駐米大使に対し，「日本ニモ亦和平ノ表示アリト聞ク，然レドモ条件ハ以前ニ比シ更ニ過酷ナラン．……米国方面ガ日本ト談判商議ノ機会ニ乗ジテ出デ，調停ノ労ヲ取リ，日支戦争ヲシテ終熄ニ至ラシメンコトヲ深ク切望ス．此レ実ニ我ガ米国ニ対スル最低ノ希望ナリ」との依頼を託した[93]．

12 月 31 日には山西の閻錫山が漢口に到着し，和戦をめぐる議論に加わった[94]．閻錫山は孔祥熙，白崇禧とともに和平に関する協議を行っていたが[95]，トラウトマンに対して「条件は全国民を納得させられるようなものでなければならず，そうでない場合は現在政府を形成している保守的な上層部が進歩派の若手によって除かれる危険がある」との見解を示し，これは蔣も同じだと述べた[96]．当日の国防最高会議では 28 日の蔣，汪，孔の検討経過が報告され，「国家主権を考慮しなければならず，外交・政治・財政に自由がなければ国家の生存を妨害するため論じることもできない．現在，1．革命の立場を放棄することはできず，2．外交の途はまだ絶望的ではなく，3．財政は困難ではあるが，

軍事上は整頓に時間が必要であり役に立つ」ことから，暫時正式に回答しないと報告された．これは，日本側の条件を英米仏ソ各国に通知して各国の態度を探ったものの，各国が積極的態度を示さなかったこととも関係している[97]．孔祥熙はすでに日本の要求を頭から拒絶しない方向に傾いており，トラウトマンに対して，日本の行動が東亜全体の赤化を惹き起すのを防ぐために，ヒトラー総統が非公式に——かつて孔に語った意味で——日本に対して軟化を促すことを要望した[98]．

1938年に入ると，王大使から返電があり，ルーズベルト大統領が対中施策に対して積極的であるとの感触が伝えられた．蔣介石は依然として抗戦を選ぶ方針を堅持し動揺していなかったが[99]，アメリカの対中積極態度の報に接し改めて意を強くした[100]．1月2日には「倭寇が提示した条件は滅亡と征服に等しく，厳しく拒絶すべきだ」と和平斡旋に対する方針を記している[101]．

アメリカの反応が蔣介石のドイツ仲介に対する方針をより強硬にさせたことから，また「独ハ日ト興国ニシテ其ノ間幾多ノ障礙」があることから，孔は「若シ米国大統領ガ出デテ調停ニ任ゼバ条件モ或ハ苛酷ニ過グル如キ事ナカルベシ」と考え，駐アメリカ大使王正廷に対し大統領が直接日中間の和平を調停してくれるよう依頼する[102]．孔からすれば中国はすでに「甚だ悲観」せざるを得ない情況に陥っていた[103]．蔣・孔ともに対日関係を変化させるためにアメリカの対応に期待したが，一方で蔣介石は対日積極抗戦の後ろ盾としてアメリカに期待し，孔はドイツ仲介の不調から新たな仲介者としてのアメリカに期待していた．その意味でアメリカに対する両者の期待は積極・消極の両極端から発しており，その根底に横たわる情勢認識には大きな差があった．

・中国側回答案

1938年1月6日，党・政・軍の要員を集めて再度検討が行われた．汪より現状が報告されたが，蔣の語気は強硬で動揺しておらず，「これまで対日問題は世論のために完全に誤ってしまった．今後は世論を構わない」と述べたという[104]．翌日，トラウトマンが王部長を訪問し，駐日ドイツ大使からの電報で中国が詳細な方法を問い合わせるのであれば，日本政府は回答を準備すると伝

え，あわせて回答期日を1月10日と通知してきた[105]．トラウトマンは続けて9日に張群と会談し，中国側回答案について問い合わせたが，張はなお回答案を検討中と応じた[106]．

最終的に10日の国防最高会議において，討論を経て以下のように日本側に回答することが決定された．「このたび，日本政府が提示した各項目は広範に過ぎ，かつこれまで中国に対して縷々表明した態度と符合しない．ここからは中日両国の真の平和に至る道を見いだすことができない．また，ドイツ大使の説明は，日本の各方面の人々から得た印象に過ぎない．現在，日本政府はすでに詳細な説明を準備しているので，ドイツ大使がそれを伝達してくれるのを待って，その時はじめて意見を述べることができると思われる」[107]．

時を同じくして，トラウトマンは王部長を訪問し，中国政府が和平条件を受けるかどうかすでに決定したかと尋ねた．王は回答案が成案となっていなかったことから「日本の条件は非常につかみ所がなく決定できない．もし日本政府が詳細な条件を我方に知らせてくれれば決定を前向きに考える」と具体的な回答をさけた[108]．翌日の電話においても王はなお2人から意見を聞くことができていないことを理由に回答を留保した[109]．

トラウトマンへの正式回答を行うため外交部では汪精衛，孔祥熙，張群が国防最高会議での議決案をもとに具体的な反問を伴う返答文の作成に取りかかった[110]．反問を作成するに際して，中国は日本側の具体的な4条件をおおむね以下のようなものと認識していた．

第1条ニ関シテハ満洲国ヲ承認シ，中国ハ積極的証拠ヲモッテ反共ノ誠意ヲ表示スベシ．但シ反共協定ニ加入ヲ要求セズ．第2条非武装区ニ関シテハ日本ノ意ハ三カ処ニ設立セントス．（1）内蒙（2）北支（3）上海付近．特殊政権ニ関シテハ（甲）内蒙ノ自治，（乙）北支ニハ権力アル甚ダ広大ナル組織ヲ設立スルヲ要ス．但シ自治ニアラズシテ依然支那ノ主権ニ属ス．此ノ点ニ関シテハ駐東京独大使モ尚未ダ日本ノ意思ヲ十分ニ明瞭ニセズ．（丙）上海両租界以外ニ十分広大ナラザル地域内ニ特殊政権ヲ設立ス．第3条経済合作ハ関税商約ヲ指ス．第4条賠償ハ一部分ハ戦賦ニシテ一部分ハ日本ノ財産損失ナリ．本約内佔領賦モ亦支那ノ負担タルベシ[111]．

このように中国側では具体的な条件を想定しつつ各項ごとに対する逐次反問

を作成していたが，前線の開封に出ていた蔣介石の要求によって最終回答文書から具体的な反問部分が削除された[112]．13日正午，トラウトマンは王部長と再度面会し，中国政府をできる限り促し早急に回答させるよう，日本側から受けた伝達事項として以下の点を伝えている．1．今月15日までになお回答がない場合，日本政府は自由行動を留保する．日本は2，3日以上待つことはできない．中国の回答は明確な態度表明でなければならないが，それが和解への前向きな表明である限りにおいて，特定の点に関する反問であってもよい．なお検討中であるといった回答は不十分である．2．帝国政府声明の宣布は，中国政府の諾否いずれかの最終回答によって決まる．中国政府の回答は受諾か拒絶かそのどちらかでなければならない[113]．

しかし，用意された回答は日本からの2つの伝達事項を受ける前に決定された反問を削除したものであった[114]．そのため，中国政府首脳部の集約された意見として王部長からトラウトマンに対して読み上げられた文書は「熟慮の結果，われわれは今回変更された諸条件が非常に広範にわたるという認識に達した．それゆえ，中国政府は入念な検討と最終決定のために新たに提示された条件の性質と内容を通知されることを希望する」というものとなった[115]．読み上げられた後，トラウトマンは非常に落ち着きを失い，この通知は回答なのかと尋ねた．中国側は，これは電報への回答ではないと応答した．さらにトラウトマンは日本側がこれを一種の言い逃れとみなしたらどうするのかと尋ねたところ，王部長はわれわれに言い逃れの意志があるならば，改めてその内容と性質を尋ねたりはしないと回答した[116]．

蔣介石の要求により具体的反問は削除したものの，孔祥熙は依然として日本との交渉に望みを持っており，10日に行われたイタリア大使との会見に際して，「要求と和平交渉において日本が理性的となるよう，ドイツと同様にイタリアが日本に対して圧力をかけるよう望む」との声明をムッソリーニに伝達するよう依頼している．その際，「日本が強硬であるか脅迫的であるならば，最終的に中国を共産主義の手中へと押しやる」との申し立てをあわせて伝え，日本の行動に変化を促すよう働きかけた[117]．

孔以外の党政軍の指導者もまた日本との交渉はやむを得ないものと考えていた．汪精衛は「3日か5日のうちに確答しなければ（日本は）大挙して西進し

てくるだろう」との見通しを持っており，徐永昌は「長期抗戦を絶対的に堅持することは危険極まりない」と考え，張群もまた「戦うことができない以上，和を求めるしかない．ただし敵側の条件はおそらくわれわれが堪えられるものではないだろう」と考えていた[118]．彼らの関心はいかにこの問題を先延ばしにするかという点において一致していた[119]．このように，蔣を除く大多数の党政軍の責任者は日本と戦争を継続することに反対し，少なくとも態勢立て直しのための一時的な停戦はやむを得ないと考えていた．

　14日に再び国防最高会議において日中の大局が論じられたが，会議に出席した多数のものが和平を唱えた[120]．会議では翌日日本に対して中国側の意図を伝えることが決定され，翌日孔はトラウトマンに以下の口上書を伝達した[121]．「中国と日本が両国に甚大な結果をもたらしている現在の紛争を戦っていることはこのうえなく不幸なことである．中国は依然として東亜の永続的平和が達成されるよう日本と相互理解に達する希望を抱いている．われわれは両国間の平和回復の可能性を見いだす真摯な努力を惜しまないがゆえに，日本が提示した基本条件の性質や内容について情報を得たいとの率直な要望を表明した．さらなる情報によってわれわれは日本の示した条件に対する態度をより決定しやすくなるものと考える」．

　回答期限の15日に至ってもなお中国側は日本との交渉の道を閉ざしたわけではなかったが，翌日再度口上書を伝達するという行為は対日和議に応じるとも拒否するとも決しかねる足並みの揃わない中国側の実状を如実に表すものであった．トラウトマンが憂慮したとおり，日本側はこの回答を遷延策と見なし，国民政府否認は避けられない情勢となった．日本は1月16日，「帝国政府ハ爾後国民政府ヲ対手トセス」と発表し，中国側もトラウトマンに対し，日本側が再度過酷な条件を提示しても伝達されることを拒否すると伝え，公式の和平交渉はついに打ち切られた[122]．

おわりに

　本章では孔祥熙に焦点をあてつつ日中戦争初期の中国の対日方針をめぐる指導者層の動向を検討した．以下では検討を通じて解明された点を冒頭で提起し

た問題，すなわち，蔣・汪・孔ら指導者層における和戦に対する態度，蔣介石と孔祥熙の関係，対日和平に対する中国の対応の順に整理し，考察する．

　第1に，孔祥熙の考えは蔣介石に比べれば対日妥協的であったが，政府内では主流派に属していた．その意味では蔣介石の考え方がむしろ例外的であり，妥協をよしとしない考えは見方によっては硬直的であったともいえる．これは長期的見通しに対する見解の相違のほか，軍人と文人の違い，あるいは軍事を担当するものと，行財政・外交を担当するものとでは，対日和議後の自身の処遇や責任においてかなりの相違が予想されたこととも無関係ではない．孔は日本との関係，また中国のおかれた情況の推移にしたがって，米英仏に対して現実的に働きかけを行っており，これらの活動とあわせて考えるならば，孔の活動は対日妥協的であったとは言えない．少なくとも，行財政面からいって孔が中国の現状を悲観し，徹底抗戦以外の方法，例えばそれが停戦による態勢立て直しを模索しようとしたことは理解しうることであったし，また必要であった．

　第2に，孔の活動は一定程度蔣介石の要求に基づいていた．孔の対日和平の模索は1938年以降頻度を増し，時に蔣介石の譴責を受ける．しかし，戦争初期の段階では孔の考えは汪に比べて蔣に近く，蔣は駐外大使への指示などは孔を通じて行っていた．たしかに蔣介石は指導者間での討論においては対日和議に強く反対したが，それは場合によっては対日妥協との批判を受けかねない重要な外交を表面上孔に任せることによって，和戦両方の可能性を担保していたからであった．これにより対外的，あるいは党内的に対日強硬路線を取りつつ一面で日本との交渉を続けることが可能であった．その意味で，蔣と孔は機能的な役割分担のもとに対日政策を実行していたといえる．

　第3に，近衛声明が出された16日の時点で，中国は日本からの停戦交渉を拒否していたわけではなく，依然として態度を決めかねていた．つまり，蔣介石が日本との交渉に最終的な拒絶を示したがゆえに近衛声明に至ったわけではなかった．日本側回答期限が迫っていた時期，蔣介石は開封に所在しており，依然として和平を検討していた多数派が漢口で対策を講じている最中に日本側の声明が出されたと見るほうが実際の情況に近い．たしかに，蔣介石が日本への中国側回答から具体的反問を削除させたことは日本を交渉打ち切りへと強く動かしたが，日本の声明が出された時期の中国首脳層では汪，孔，張，徐など

多数の者が和平に傾いており，中国側は日本の講和案について，単に時間稼ぎの対応をしていたわけではなかった．さらに，13日午前に日本側から回答期限が15日である旨通告があり，回答は諾否いずれかでなければならないと伝達されたが，同日午後中国側からドイツに伝達された回答は午前中の要求を考慮した上で作成されたものではなく，また中国側は検討する時間的余裕も持ち合わせていなかった．とくに蔣介石が漢口を離れていたため，14日の国防最高会議では実質的な対策は打ち出されず，新たな日本側要求への対応が口上書の伝達という実効性を欠いたものに終わったことは不幸であった．

中国側が日本に対する和平交渉を閉ざしていなかったことは，その後も続けられた和平活動からもうかがえる．例えば，早くも半年後に張群は宇垣外相に対して密使を派遣して日中戦争の解決を図ろうと試み[123]，孔祥熙もまた英米仏に対して日本との調停を行わせるべく活動を続けた[124]．対外的に戦争の継続を唱えつつも，裏面において交渉の糸口を模索していた点は中国側も同じであり，この傾向はその後の日中戦争を性格づけるものであった．

ただ，戦争初期における孔，張の活動は蔣の考えと対をなすものであり，中国側の和平への試みは対日妥協の結果としてではなく，抗戦を有利に導くための方策として実施されたと理解すべきものであった．その意味で1938年初頭において日中間に暫定的停戦の可能性はあったものの，それは中国側に遷延策以外に採りうる選択肢がなかったからであり，日中間で長期的和解に達しうる余地は残されていなかった．南京陥落以降に日本側によって引上げられた講和条件は停戦を望む主流派にとっても受け入れがたいものであり，時間的猶予が与えられたとしても日本側提案が受け入れられる可能性は皆無であった．ただ，南京陥落以降も参謀本部の努力によって当初の日本側提案が継続されていたならば，主流派は暫定的にこれを受け入れ，蔣介石もまた再考を迫られる状況が生じた可能性があったのであり，その意味で南京戦前後の日本国内の権益主義の擡頭と講和条件の引き上げは，中国から講和の選択肢を実質的に奪うことにより，結果として徹底抗戦の決意を導いた．他方，議論をつくさぬままに夭逝した和平工作は中国指導層内に潜在的な和平模索の可能性を残すこととなり，蔣介石の「抗戦」路線と対をなす汪精衛，孔祥熙らに代表される「和平」路線を生み出したのであった．

1) たとえば，楊天石の一連の研究，楊奎松，馮青の研究など．楊天石『抗戦与戦後中国』北京，中国人民大学出版社，2007 年．同『找尋真実的蔣介石――蔣介石日記解読』香港，三聯出版社，2008 年，『奮起――抗戦及戦後（蔣介石真相之二）』台北，風雲時代出版社，2009 年．楊奎松『民国人物過目録』広州，広東人民出版社，2009 年．馮青「蔣介石の日中戦争期和平交渉への認識と対応――『蔣介石日記』に基づく一考察」『軍事史学』第 45 巻第 4 号，2010 年 3 月．
2) 日記を用いて各指導者の対日認識を検討したものとして，呉景平「蔣介石与抗戦初期国民党的対日和戦態度――以名人日記為中心的比較研究」『抗日戦争研究』2010 年第 2 期がある．
3) 孔祥熙の活動については，すでに邵銘煌，楊天石らの研究がある．先行研究は新たな事実を明らかにしているものの，孔祥熙がどの程度抗戦を堅持することができたか，という観点から検討が行われている．またこれらの研究の主たる依拠史料が蔣中正総統档案であるため，必然的に蔣介石との相対的関係において論じられることになり，結果として孔祥熙の態度を蔣介石に比して対日妥協的であった，あるいは蔣の指導によって孔を抗戦に踏みとどまらせることができたと結論づける（邵銘煌「孔祥熙与抗戦初期的謀和試探」慶祝抗戦勝利五十週年両岸学術研討会籌備委員会主編『慶祝抗戦勝利五十週年両岸学術研討会論文集』台北，中国近代史学会：聯合報系文化基金会，1996 年．楊天石「蔣介石対孔祥熙謀和活動的阻遏」『找尋真実的蔣介石－蔣介石日記解読』香港，三聯出版社，2008 年）．
4) たとえば，蔣・汪・孔だけが利用できる秘密の予算があったが，これは 3 人の署名なしには利用できなかった．また，予算外の支出については蔣であっても孔（財政部長）の同意なくして払うことはできなかった（K'ung Hshian-Hsi, "Reminiscence of K'ung Hshian-Hsi," 1961. p. 128. (Columbia University Rare Book and Manuscript Library))．
5) 本章で用いる軍令部解読の中国外交電報史料は，1937 年末までの部分については島田文書（東京大学社会科学研究所図書室）に収録されていたが，1938 年以降については不明であった．しかし，新たに呉市歴史海事科学館所蔵の軍令部史料「昭和十二年以降旧支那動向」を参照することにより，1938 年以降部分も利用可能となった．閲覧を許可していただいた戸髙一成館長に御礼申しあげる．
6) なお，和平交渉（工作）に関する先行研究については，戸部良一「研究会日中戦争和平工作研究の動向と現状」外務省外交史料館『外交史料館報』外務省外交史料館，第 15 号，1-26 頁．また本章で扱う時期のおもな先行研究として，蔣永敬『抗戦史論』台北，東大図書出版，1995 年．王建朗『抗戦初期的遠東国際関係』台北，東大図書出版，1996 年参照．
7)「河辺虎四郎少将回想録」62-102 頁（防衛研究所戦史研究センター史料室）．
8)「北平特務機関業務日誌」（防衛研究所戦史研究センター史料室）．
9)「宋哲元致何応欽密電」(1937 年 7 月 26 日)『歴史档案』1985 年第 1 期，68 頁．
10) 参謀本部第二課「北支事変業務日誌」1-16 頁（防衛研究所戦史研究センター史料室）．
11)「蔣介石日記」1937 年 7 月 8 日 (Chiang Kai-shek diaries, Chiang Kai-shek papers, Hoover Institution Archives)．
12)「蔣介石日記」1937 年 7 月 10 日，本週反省録．
13)「王世杰日記」1937 年 7 月 24 日（台北，中央研究院近代史研究所档案館）．王によれば，「何（応欽）軍政部長は，我方の応戦準備にはなお 2 カ月の時間を要し，さもなければ持

ちこたえるのは極めて難しい．したがって時間の要素は我方にあってもまだ極めて重要だと言った．蔣委員長も牯嶺でこのように語った」と記している．

14)「蔣介石日記」1937年7月27日．
15) ただし，抗戦と同時に外交交渉による和平も軽々しく放棄してはならないとして，抗戦と同時に外交部長に対日交渉の継続をも命じている点には注目しておかなければならない（「抗戦爆発後南京国民政府国防聯席会議記録」『民国档案』1996年第1期，27-33頁．「王世杰日記」8月7日．「張公権日記」8月7日，kia-ngau Chang Papers, Box 16, Hoover Institution Archives）．
16) 国防最高会議第一次会議紀録（1937年8月14日）国防最高会議紀録 00.9/1 国防会議及国防最高委員会紀録（台北，中国国民党党史館）．
17)「日支事変ニ対スル第三国ノ斡旋乃至干渉ニ対シ帝国政府ノ採ルヘキ方針決定ノ件」外務省記録『支那事変関係一件』A-1-1-0-30，第14巻（外務省外交史料館）．
18)「河辺虎四郎少将回想録」226-229頁．
19) 馬奈木中佐の訪華経緯については，松崎昭一「日中和平工作と軍部」三宅正樹『昭和史の軍部と政治』第2巻，第一法規出版，1983年，が聞き取りをもとに再現している．また，本工作開始に至る経緯については「広田外相ノ媾和条件提示ニ関スル経緯（12.12.11)」高木惣吉「政界諸情報（昭和12年起）」（防衛研究所戦史研究センター史料室）参照．
20) "Aufzeichnung über den Empfang von Finanzminister Kong Xiangxi bei Reichskanzler Adolf Hitler auf dem Obersalzberg (15. 6. 1937)," hrsg. v. Mechthild Leutner, *Deutschland und China, 1937-1949: Politik, Militär, Wirtschaft, Kultur: Eine Quellensammlung*, Berlin: Akademie-Verlag, 1998, S. 70.
21) なお，孔祥熙は9月初めごろ，ヒトラーに宛てて書簡を送っている．孔祥熙は書簡において，8月末に締結された中ソ不可侵条約が共産主義といかなる関係もなく，日本とソ連が手を結ぶことを事前に防ぐ目的から出たものであり，いかなる秘密条項も存在しないことを明言し，日本に傾きかけたドイツに対して，中国との交易関係を維持してくれるよう依頼している（"Brief des Finanzministers Kong Xiangxi an Reichskanzler Adolf Hitler (3. 9. 1937)," ebd, S. 77-81.).
22)「程天放日記」1937年8月10日，Cheng Tianfang Papers, Box13, Hoover Institution Archives.
23) "Der deutsche Botshafter in Tokio an das AA, 21. 10. 1937," Auswärtiges Amt, *Akten zur deutschen auswärtigen Politik* (*ADAP*), Baden-Baden: Imprimerie Nationale, Ser. D, Bd. 1. (Von Neurath zu Ribbentrop: September 1937—September 1938), Nr. 501, S. 627.
24) "Staatssekretär von Mackensen an die deutsche Botschaft in Nanking, 22. 10. 1937," ebd., Nr. 503, S. 629.
25) "Der deutsche Botschafter in Nanking an das AA, 30. 10. 1937," ebd., Nr. 508, S. 631.
26)「26.11.5 徳大使陶徳曼在南京向蔣委員長所提條款」外交部档案『徳国調停案』4-6頁（台北，国史館）．なお，広田からディルクセンに伝達された際には満洲国の承認が含まれていたという（東京広田外相→上海森島参事官「関于徳国方面和平交渉事（1937年12月11日）」『北京档案史料』1990年第1期，17頁）．
27) "Der deutsche Botschafter in Nanking an das AA, 5. 11. 1937," *ADAP*, Nr. 516, S. 635.
28)「蔣介石日記」1837年11月5日．
29)「蔣介石日記」本月反省録，1937年10月31日．

30) ドイツ側武官は蔣の拒否を，1. 最初の意志表示であることからとくに強硬な態度を見せようとしたこと，2. 九カ国会議中にヒトラーの調停乗り出しを報じる新聞記事が出たため，英米に対する意思表示であったこと，を理由に一種の強がりと判断していた（参謀本部「独国武官ヨリ得タル情報（其一八）」昭和12年11月9日）「昭和十二年以降旧支那動向」（軍令部史料，呉市歴史海事科学館）．
31) 翁文灝『翁文灝日記』北京，中華書局，2010年，11月5日の条，182頁．
32) "Der deutsche Botschafter in Nanking an das AA, 9. 11. 1937," ADAP, Nr. 521, S. 638.
33) Ebd.
34) 国防最高会議第五次会議紀録（1937年11月16日）00. 9/1.
35) 用五「汪精衛脱離重慶始末記－抗日日記摘要」『掌故月刊』第17期，1973年3月，11頁．
36) 「蔣介石日記」1937年10月31日，本月反省録．中国人民政治協商会議全国委員会文史資料研究委員会《八一三淞滬抗戦》編審組『八一三淞滬抗戦』北京，中国文史出版社，1987年，98頁．
37) 「徐永昌日記」1937年11月7日（台北，中央研究院近代史研究所档案館）．
38) 「蔣介石日記」1937年11月8日．
39) 顧維鈞等致蔣介石及外交部電（1937年11月22日），顧維鈞等致外交部電（1937年11月24日）『民国档案』2008年第4期，8，11頁．
40) 「蔣介石日記」1937年11月22日．
41) 孔祥熙→蔣介石第26416号無線電（1937年11月23日）『蔣中正総統档案』002-090105001195（台北，国史館）．
42) 「王世杰日記」1937年11月21日．
43) 武漢王寵恵→南京蔣介石（1937年11月29日）『徳国調停案』9-11頁．
44) 武漢孔祥熙→南京蔣介石（1937年11月27日）『蔣中正総統档案』002-070100445033.
45) 『国聞週報』第14巻第47期，1937年12月，一週間国内外大事述要，39頁．
46) 「蔣介石日記」1937年11月29日．
47) Запись беседы И. В. Сталина и К. Е. Ворошилова с главой китайской делегации маршалом Ян Цзэ и его заместителем Чжан Цюнем по вопросу о советской помощи Китаю в войне с Японией.//А. М. Ледовский, Р. А. Мировицкая, В. С. Мясников, Русско-китайские отношения в XX веке: материалы и документы, Москва: Памятники исторической мысли, 2010. Т. 4, кн. 1. 1937-1944 гг., С. 156. 中国国民党中央委員会党史委員会『中華民国重要史料初編―対日抗戦時期』台北，中国国民党中央委員会党史委員会，1981年，第3編戦時外交（2），335頁．なお，会談の中で楊杰は何応欽，張群，汪精衛，熊式輝を親日派と名指ししている（Там же. С. 155）．
48) 「中央執行委員会張冲自蘭州呈蔣委員長報告伏羅希洛夫元帥囑転呈俄対我抗戦之態度電」同上，338頁．
49) Письмо Чан Кайши И. В. Сталину с благодарностью за поддержку в войне с Японией.//А. М. Ледовский, Указ. соч. С. 160.
50) Телеграмма Чан Кайши И. В. Сталину с просьбой направить советские войска в Китай "для спасения опасного положения в Восточной Азии".//Там же. С. 163.
51) 翁文灝，前掲，11月28日の条，188頁．
52) 漢口孔祥熙→南京蔣介石（1937年11月30日）『蔣中正総統档案』002-080103032004.

53)「徐謨備忘録」『徳国調停案』7-8 頁.「徐永昌日記」1937 年 12 月 2 日.「王世杰日記」1937 年 12 月 3 日.
54)「日支事変媾和斡旋ニ関シ駐日独逸大使ヨリ広田外務大臣ニ手交セシ通牒」近衛文麿関係文書(陽明文庫, 国立国会図書館憲政資料室).
55) "Der deutsche Botschafter in Tokio an das AA, 3. 12. 1937," *ADAP*, Nr. 530, S. 643.
56) "Dokument Nr. 35 (China-Akten Bd. 2102, Bl, 122ff)" Joachim Peck, *Kolonialismus ohne Kolonien: Der deutsche Imperialismus und China 1937*, Berlin: Akademie-Verlag, 1961, S. 111-112. しかし, 蔣はソ連に駐在している楊杰に対しては, 共同防共に関して「中ソがすでに不侵犯条約を締結しており, 今更共同防共を論じるわけにはいかない」と返答したと伝え, ソ連からの問い合わせに対しては事実と異なる内容を答えるように指示している (蔣介石→楊杰 (1937 年 12 月 3 日) 李嘉谷『中蘇国家関係史資料彙編』北京, 社会科学文献出版社, 1997 年, 333 頁). なお, 国防最高会議では, 中国側回答は以下のように報告された. 1. 日本側は信頼が置けず, 締結した条約も往々にして破棄する. 我方はドイツを信頼しているので, ドイツが終始調停の労をとってくれることを願う. 2. 華北の行政主権は完全でなければならない. これは我方が堅持する点である. 3. 日本側提案の条件は討論の基礎とすることができる. しかしながら, これを最後通牒のごとく条件変更は不可とすることはできない. 4. 日本側は勝者を自任してはいけない. 中国側はまだ戦敗者とは認めていない. 5. 日本側はこの条件を随意に宣布してはならない (「第 34 次報告」「国防最高会議毎次会議王委員寵恵等報告及討論外交事項 (手稿本)」(南京図書館)).
57)「蔣介石日記」1937 年 12 月 3 日.
58)『国聞週報』第 14 巻第 48 期, 1937 年 12 月, 一週間国内外大事述要, 43 頁.
59) 漢口孔祥熙→南京蔣介石 (1937 年 12 月 1 日発)『蔣中正総統檔案』002-020300002015.
60)「王世杰日記」1937 年 12 月 2 日.
61) 漢口孔祥熙→ワシントン中国大使 (1937 年 12 月 2 日発) 軍令部第 11 課「支特情軍極秘第 2453 号」「支那事変関係重要綴」, 島田文書, 98 (東京大学社会科学研究所図書室).
62) 漢口孔祥熙→ワシントン中国大使 (1937 年 12 月 4 日発) 軍令部第 11 課「支特情軍極秘第 2486 号」島田文書, 98.
63)「蔣介石日記」1937 年 12 月 5 日.
64)「史達林電蔣中正申述蘇不能対日出兵之理由」『蔣中正総統檔案』002-020300042011.
65) 蔣廷黻致孔祥熙電稿 (12 月 5 日) 中国第二歴史檔案館『中華民国史档案資料匯編』南京, 江蘇古籍出版社, 1997 年, 5-2, 外交, 656-657 頁.
66)「蔣介石日記」1937 年 12 月 5 日.
67) 同上.
68)「蔣介石日記」1937 年 12 月 7 日.
69) 蔡徳金編注『周仏海日記』北京, 中国社会科学出版社, 1986, 1937 年 12 月 11 日の条, 上, 72 頁. "Mr. Gage (Hankow) to Mr. Eden (1937. 12. 17)," E. L. Wood ward and Rohan Butler, *Documents on British Foreign Policy* (*DBFP*), 2nd series, Vol. 22, London: H. M. S. O., 1984, p. 594. "Der deutsche Botschafter in Hankow an das AA, 13. 12. 1937," *ADAP*, Nr. 539, S. 652.
70) 蔣の発言に対し, 宋美齢は国内の和平派にも裏切られたと主張した (Mr. Gage (Hankow) to Mr. Eden (1937. 12. 17), *DBFP*, p. 594).

71) 漢口孔祥熙→ワシントン中国大使（1937年12月6日発）軍令部第11課「支特情軍極秘第2494号」島田文書，98．
72) 漢口孔祥熙→ロンドン中国大使（1937年12月9日発）軍令部第11課「支特情軍極秘第2533号」島田文書，98．
73) また，蔣介石は同会談において，中国の社会層，とくに知識人が「ソ連の出兵（軍事出動）が根拠のないものであることが明らかな限り，敗北は不可避であり，そうであるならば親日的政府を支持したほうがよい」と認識していることを伝えている（Телеграмма Полномочного Представителя СССР в Китае И. Т. Луганца-Орельского в Народный Комиссариат Иностранных Дел СССР (29. 12. 1937).//Министерство иностранных дел СССР, Документы внешней политики СССР. Москва: Гос. изд-во полит. лит-ры , 1976, Т. 21. С. 689-690.).
74) "The chargé in the Soviet Union (Henderson) to the Secretary of State (Moscow Dec. 21, 1937)," Department of State, *Foreign Relations of the United States: diplomatic papers*, Washington, D. C.: United States Government Printing Office, 1954, Vol. 3, pp. 827-828.
75) 「王世杰日記」1937年12月15日．駐日中国大使→漢口外交部（1937年12月9日発）軍令部第11課「支特情軍極秘第2525号」島田文書，98．
76) 「蔣介石日記」本週反省録，1937年12月18日．
77) 同上．
78) 蔣中正「我軍退出南京告全国国民書」秦孝儀『先総統蔣公思想言論総集』台北，中国国民党中央執行委員会党史委員会，1984年，第30巻，248-250頁．
79) 陳銘枢『陳銘枢回憶録』北京，中国文史出版社，1997年，134頁．
80) 漢口孔祥熙→ワシントン・ロンドン中国大使（1937年12月14日発）軍令部第11課「支特情軍極秘第2586号」島田文書，98．
81) 漢口孔祥熙→パリ中国大使（1937年12月25日発）軍令部第11課「支特情軍極秘第2769号」島田文書，98．
82) "Der deutsche Botschafter in Tokio an das AA, 23. 12. 1937," *ADAP*, Nr. 540, S. 652. "Der Reichsminister des Auswärtigen von Neurath an die deutsche Botschaft in Hankow an das AA, 24. 12. 1937," *ADAP*, Nr. 542, S. 655.
83) "Niederschrift, Hankow, 26. 12. 1937,"『徳国調停案』16頁．
84) "Der Deutsche Botschafter in Hankow an das AA, 26. 12. 1937," *ADAP*, Nr. 544, S. 658.
85) 「蔣介石日記」1937年12月26日．
86) 「蔣介石日記」1937年12月27日．
87) 国防最高会議常務委員第38次会議紀録（1937年12月27日）国防最高会議常務委員会会議紀録　00.9/5（台北，中国国民党党史館）．
88) 翁文灝，前掲，12月28日の条，199頁．
89) "Staatssekretär von Mackensen an die deutsche Botschaft in Tokio, 29. 12. 1937," *ADAP*, Nr. 546, S. 659.
90) 「蔣介石日記」1937年12月28日．
91) 陳布雷『陳布雷先生従政日記稿様（民国二十六年一月一日起至民国二十八年十二月三十一日）』香港，東南印務出版社，1937年12月30日の条，256頁．
92) 漢口孔祥熙→ワシントン中国大使（1938年1月3日発）軍令部第11課「支特情軍極秘

第 20 号」「昭和十二年以降旧支那動向」.
93) 漢口孔祥熙→華盛頓大使王正廷（1937 年 12 月 27 日傍受）軍令部第 11 課「支特情軍極秘第 2784 号」島田文書, 98.
94)「徐永昌日記」1937 年 12 月 31 日. なお, 閻錫山は外交問題について会議を開き, そこでは中国が日独伊防共協定に入れるか否かを問うことによって日本の侵略が防共を理由とするものかどうか解るとして, ドイツ大使に回答を求めることを提案していた（「徐永昌日記」1938 年 1 月 1 日).
95) "Telegramm des Botschafters Oskar Trautmann, Hankou, an das AA（2.1.1938），" Leutner, a. a. O., S. 89.
96) "Dokument Nr. 93（China-Akten Bd. 2104, Bl. 111），" Peck, a. a. O., S. 159. また, 蔣介石も同様の見解であった.
97) 国防最高会議常務委員第 39 次会議紀録（1937 年 12 月 31 日）00.9/5. 漢口孔祥熙→パリ, ワシントン, ロンドン中国大使（1937 年 12 月 30 日傍受）軍令部第 11 課「支特情軍極秘第 2814 号」島田文書, 98. なお, 孔祥熙と宋美齢はこれらの条件の公表を主張していた. ("The Ambassador in China（Johnson）to the Secretary of State（Hankow Dec. 31, 1937），" Department of state, *op. cit.*, p. 847.).
98) "Telegramm des Botschafters Oskar Trautmann, Hankou, an das AA（2.1.1938），" Leutner, a. a. O., S. 90.
99)「王世杰日記」1937 年 12 月 31 日.
100) 中国国民党中央委員会党史委員会, 前掲, 第 3 編戦時外交 (1), 77 頁.
101)「蔣介石日記」1938 年 1 月 2 日.
102) 漢口孔祥熙→ワシントン中国大使（1938 年 1 月 3 日発）軍令部第 11 課「支特情軍極秘第 20 号」「昭和十二年以降旧支那動向」. 蔣介石はさらにルーズベルトの年頭演説からアメリカの対日態度の変化に一定の期待を持つようになる（『事略稿本』1938 年 1 月 5 日の条).
103)「王世杰日記」1938 年 1 月 5 日.
104)「徐永昌日記」1938 年 1 月 6 日.
105)『徳国調停案』52-53 頁.
106) "Dokument Nr. 100（China-Akten Bd. 2104, Bl. 88），" Peck, a. a. O., S. 164.
107)「答復徳大使（第 43 次国防最高会議決議）」(1938 年 1 月 10 日)『徳国調停案』56 頁. 陳布雷, 前掲, 1938 年 1 月 10 日の条, 258 頁.
108)『徳国調停案』57 頁（調停案では 12 日となっているが, 11 日の間違い）"Dokument Nr. 105（China-Akten Bd. 2104, Bl. 74），" Peck, a. a. O., S. 166.「第 43 次報告」「国防最高会議毎次会議王委員寵恵等報告及討論外交事項（手稿本)」.
109) "Dokument Nr. 106（China-Akten Bd. 2104, Bl. 72），" Peck, a. a. O., S. 167.
110)「二七年一月十二日擬稿」『徳国調停案』65 頁.
111) 漢口孔祥熙→駐日中国大使館許大使（1938 年 1 月 3 日発）軍令部第 11 課「支特情軍極秘第 22 号」「昭和十二年以降旧支那動向」. 外交部→駐日中国大使館第 7 号電（1938 年 1 月 2 日）『徳国調停案』48-52 頁.
112) 開封蔣介石→漢口孔祥熙（1938 年 1 月 12 日発），『徳国調停案』64 頁. 具体的反問は以下のようなものであった. 1. いわゆる中国が容共政策を放棄し, 日満と排共政策を採るというのは, 中国がどのような手順を取るべきであると日本政府は考えているのか. 2.

いわゆる非武装地帯と特殊制度はどこに設け，また特殊制度の性質はどのようなものであるか．3．経済協力を一層進めることについては，中国はもとより反対していないが，その具体的方法は一体いかなるものであるのか［その範囲はどのようなものか：手書きで追加］．4．日本側は賠償の方針を堅持しているのか［仮に賠償を堅持しているのであれば：手書きで削除］．中国が受けた巨大な損失については考慮する用意があるのか（『徳国調停案』65 頁）．

113)「徳大使面交王部長文件（1938 年 1 月 13 日）」『徳国調停案』62 頁．
114)「第 43 次報告」「国防最高会議毎次会議王委員寵恵等報告及討論外交事項（手稿本）」．
115) "Written response to the German ambassador（1938. jan. 13），"『徳国調停案』59-62 頁．"Der deutsche Botschafter in Hankow an das AA, 13. 1. 1938," *ADAP*, Nr. 540, S. 663.
116)「王部長与徳大使会晤経過（1938 年 1 月 13 日）」『徳国調停案』62 頁．
117)《L'ambasciatore in Cina, Cora, al ministro degli Esteri, Ciano,（T. s. n. d. 165/23 R Shanghai, 11 gennaio 1938）》, Commissione per la pubblicazione dei documenti diplomatici, *I documenti diplomatici italiani*, Roma: Libreria dello Stato, 1999, Serie 8, Vol. 8, p. 32.
118)「徐永昌日記」1938 年 1 月 12 日，13 日．
119)「徐永昌日記」1938 年 1 月 14 日．この時期，孔は駐日大使許世英に対し，「彼ノ国明達ノ士ニ乏シカラズ，最近覚悟表示アルヤナキヤ，若シ能ク與ニ語ルベキ者アラバ共存共栄スベキ両国ヲシテ反ッテ共亡共枯ノ惨禍ヲ受ケシメ且我黄色文明ノ人類ヲシテ倶ニ盡殲ニ帰セシメントスルヲ免カル様忠告スルモ差支ヘナシ」との電報を送っている．漢口孔祥熙→駐日中国大使許世英（1938 年 1 月 9 日発）軍令部第 11 課「支特情軍極秘第 92 号」「昭和十二年以降旧支那動向」．
120) 翁文灝，前掲，1 月 14 日の条，203 頁．
121) "Der deutsche Botschafter in Hankow an das AA, 15. 1. 1938," *ADAP*, Nr. 554, S. 664.
122)「蔣介石日記」1938 年 1 月 16 日．
123) 漢口張群→駐日中国大使館楊代理（1938 年 6 月 5 日発）軍令部第 11 課「支特情軍極秘」「昭和十二年以降旧支那動向」．
124) 重慶孔祥熙→巴里顧大使（1938 年 8 月 16 日傍受）軍令部第 11 課「支特情軍極秘第 2072 号」同上．孔祥熙「和与戦草稿」中国科学院歴史研究所第三所南京史料整理処『中国現代政治史資料彙編』南京，第 3 輯，第 9 冊．

13章 周恩来と日本
―― 人的ネットワークと対日外交の展開を中心に

李　恩民

1. ネットワーク構築のメカニズム

　周恩来，1898年3月，江蘇省淮安県生まれ，日本，フランス留学を経て中国革命に身を投じた．1949年10月，中華人民共和国を毛沢東らとともに創立，そのときから1976年1月死去までの27年間にわたって世界で人口が最も多く，政治が最も複雑な一大国の総理を務め上げ，1949-58年までの9年間は外務大臣にあたる外交部長も兼務していた．カリスマ的な政治家と評される周恩来は外交の重荷をほとんど一身に背負い，試行錯誤しながら封じ込められた孤立の中国を死の直前に国際社会の大舞台へ導いたのである．

　周恩来没後，30数年の歳月がすでに流れた．いまの中国国内では，彼の銅像や肖像画があまりなく，彼の名を冠した思想や理論もないにもかかわらず，人々は心の底から彼を折に触れて懐かしく思い出す．近年，彼を交通安全の守護神として祀るドライバーも現れた．目を中国から世界へ転じてみれば，近代以降周恩来ほど世界的に絶賛される中国の政治家はいなかった．とくに日本においては，実務的な能力が抜群に優れている政治家，内政と外交における膨大な問題を的確に解決できる大政治家，日本に好意をもつ思いやりのある稀な外交家など，国会議員・研究者から実業家・一般市民まで，口を揃えて高く評価

する[1]．

　果たして周恩来は中国あるいは日中両国に何を遺したのか？　本章は，周恩来は戦後の日本をどうみて，対日外交を中国の国際大戦略のなかでどのように展開してきたのかに絞って分析し，柔軟な周恩来外交の実態を浮き彫りにする．同時に「神」として祀られる周恩来を本来の人間の姿に戻し，一政治家として国際情勢を読み間違って外交政策の判断に躊躇・頓挫した事例もあったことを明らかにする．

　分析手法としては従来の史的資料，外交文書を活用するほか，周恩来と日本各界各層代表との会談・対話・交際の資料も多用する．19歳時に日本留学してから日本人との交流を始めた周恩来は，2度の国共内戦と日中戦争の関係で1949年10月まで日本共産党の野坂参三，重慶の在華日本人民反戦同盟本部会長鹿地亘以外の日本人との交流はそれほど多くなかったが，51歳で総理就任以降，日本に対し「以民促官」，民間の交流をもって政府間の接触を促すという考えを打ち出し，民間外交を強力的に推し進め，幅広い人的ネットワークの構築を試みた．

　フォーマルかインフォーマルかの形式を問わず周恩来は比較的自由な雰囲気のなかでの会談を好み，政治家のみならず民間人も会談の相手にしていた．会談の場において彼は常に自分の言い間違い，通訳の誤解による誤訳の場合もあることを前提としながらも，自由な意見交換であるから構わないと言い，来客が必要な場合は遠慮なくメモや録音などを勧めていた．それでは，総理在位の27年間，周恩来はどのくらい，どの国の来客と会談していたのか，筆者は中共中央文献研究室編の3巻本『周恩来年譜　1849-1976』に記されている各年月日の活動記録をもとに，代表団（表敬訪問，宴会前後の会談，スポーツ観戦前後の会談などは除く）との会談リストを作成してみた．そこで極めて興味深い結果が得られた．すなわち，1949年10月から1976年1月まで，中国と国交を樹立した国家や外交関係がなくても経済往来はしている国家は数カ国から150カ国まで拡大した．これらの国々のなかに，周恩来は97カ国から派遣された726の代表団とも会談した．会談した代表団の数（10回以上）を基準にして上位諸国をまとめると，表13-1の通りである．

　表1から明らかなように，諸外国のなか，周恩来と会談した代表団の数から

表13-1 周恩来と各国代表団会談数一覧表

順位	国名	回数	順位	国名	回数
1	日本	144	10	フランス	16
2	アメリカ	49	11	アルバニア	16
3	ベトナム	46	12	ミャンマー	15
4	カンボジア	34	13	インド	12
5	パキスタン	29	14	ネパール	12
6	北朝鮮	27	15	アルジェリア	12
7	イギリス	21	16	ルーマニア	11
8	インドネシア	20	17	チリ	10
9	ソ連	19	18	ラオス	10

出所：中共中央文献研究室編（1997），pp.1-732の記述に基づき筆者が統計・作成．

いって日本が144代表団で群を抜いている．他の非公式な統計ではあるが，1950年代から1975年6月まで，周恩来と会見した日本の政治家および各党派，団体の責任者，民間人などは合計300あまり団体，延べ数千人にのぼっており，20数年間に会見した外国の賓客のなかでは，回数も人数も最も多い国であった，との証言もある[2]．なぜ日本の代表団との会談が特別に多かったのか，これは対日関係の重視，日中関係の特殊性を物語っているかもしれない．

本来，正常な国家関係においては，商談や交渉などがまず事務あるいは民間レベルで行われ，交渉が容易には解決できず，問題の長期化・政治化が生じたときのみ，総理など政府首脳まで上がり，首脳会談の場において決着が図れるといったメカニズムが存在する．しかし，1972年9月国交正常化まで，日中間にはこうしたメカニズムがなかった．そのため，相手との対話・商談を重要視する姿勢を示したいとき，または相手のことをもっと知りたいとき，さらに相手から要望があったとき，中国の事務側は大体周恩来総理との会談の場をセッティングする．そこで，日本の訪問客が来ると，周恩来と会談するというメカニズムが生み出されたのである．

このメカニズムのなかで，周恩来は一人二役を演じなければならなかった．まず彼は中国内政外交の政策決定者の1人であるが，同時に政府内のスポークスマン的な役割を自然に担うことになる．そのため，彼は海外の来客に中国の

状況を紹介したり現行政策を説明したりしなければならなかった．その場合は，政治家や外交官だけではなく，相手の一般国民との対話も必要とする．周恩来は各国の代表との会談で，政治と経済問題をリンケージして話す場合が多く，その時々の争点やホット・トピックを取り上げることもしばしばである．彼は日米同盟問題，アジアの平和問題，自衛隊問題，核軍縮問題，台湾問題，領土問題，歴史遺留問題，日中間の経済文化学術交流に関する問題などについて非常に率直で，和やかに語っていた．ときには日本の与野党，各種市民運動団体，世論への気配りも忘れなかった．

次に周恩来は会談を通して外国のことをよりいっそう理解しようとしていた．東西冷戦のなかで西陣営諸国を訪れる機会がほとんどなかった周恩来は，各国来客との会談を自分の知識を増進するよき機会として捉えていた．これに関して彼自身も認めている．例えば，1971年2月22日に日本国際貿易促進協会代表との会談において，周恩来は，「近年，日本の友人の行き来が少なく，日本についての知識が欠けている，いまその穴埋めをしている．どんな立場の人でも会い，話し合い，自分を封鎖してしまうことはしない．指導者は書斎のなかで，ビルのなかでは生まれてこない」と語った[3]．したがって彼は日本からの有力者，有力団体との会見のほか，時間が許す場合は，政治的傾向や社会地位などを一切問わず，どのような人との会見も好んで行う[4]．どのような会談の席においても，周恩来は終始好奇心をもち，日本の政局，社会事件（三島事件など）から成田空港建設反対運動やその指導的役割を果たした敬虔なキリスト信者で画家彫刻家である戸村一作（三里塚空港反対同盟委員長）まで，言わば日本社会の全体的構造に対し強い関心を示し，所見を求める．ときには，日本の新聞記事，週刊誌の特集（例えば『週刊読売』の特集「あゝ満州」など），映画「連合艦隊司令長官　山本五十六」（東宝，1968年）「あゝ海軍」（大映，1969年）「日本海大海戦」（東宝，1969年）「軍閥」（東宝，1970年）などへの論評も来客に求めた[5]．彼は会談の機会を十二分に利用し，的確な情報・知識を吸収したと言える．したがって，周恩来と日本の研究は，彼の名で出した声明などへの分析ばかりではなく，彼はどのような人に会ってどのような話を交わし，どのようなことを聞いたのかに焦点を合わせて分析するのが，妥当であろう．

2. 日本留学の失敗から学んだもの （1917-1919）

　1917年9月，19歳の周恩来は留学のため私費で日本に渡り，日本語の学習を始めた．これは彼が最初に踏んだ異国の地であったが，その動機は単純なものだった．当時，日中両国の間に教育交流の協定があり，政府指定の大学である東京高等師範学校（高師，のち東京教育大学，現筑波大学），東京第一高等学校（一高，現東京大学），東京高等商業学校，東京高等工業学校などに進学すると，正式に中国政府の官費留学生となると規定されている．どのような人でも学業が優秀であれば官費留学生の道が開かれている状況のなかで周恩来の南開学校の先輩や友人の多くが日本への留学を選び成功した．このことが，出身貧寒の周恩来に東京行きを決意させたようで，結局，彼は多くの同窓と同じく，日本留学の道を選んだ．

　東京到着の翌年10月，周恩来は外国人留学生に日本語と他の学科を教える講座制の予備校である東亜高等予備学校に入学した．当時，1,000人あまりの中国人留学生がこの予備校に籍を置き，その大部分は官費生を目指していた．周恩来は南開学校時代にキリスト教徒の校長張伯苓に魅かれ，教師のキャリアをデザインしたため，早速高師を第1志望に，一高を第2志望に定め，受験準備に入った．しかし肝心な受験用語である日本語の勉強はあまり進展しなかった．

　5カ月後の1918年3月初頭，周恩来は高師の入学試験を初めて受けた．試験科目には，日本語と英語のほか，数学，日本地理，日本史，物理，無機化学，博物の6科目があり，口頭試問もあった．周恩来にとって外国における初めての入試のハードルは高かった．これまで学力試験で失敗したことのない周恩来は，高師の不合格通知を受け取ってしまい，大きな衝撃を受けた．しかし彼はただちに第2志望の一高の受験に向かって力を尽くすことにした．

　その頃，日本国内には傲慢な態度で中国と接する風潮が蔓延しているため，中国人留学生の政治への関心が高まり，日本への慢性的な不満も燃え上がっていた．集会に集まった留学生が日本の警察官に連行される事件も多発していた．これに抗議するため，大規模な集団帰国運動も発生した．周恩来は受験勉強の傍ら，中国人留学生団体「新中学会」の活動にも精力的に参加した[6]．結局，

勉強より政治の情勢に左右された周恩来は，受験勉強に専念することができなかった．同年7月初め，周恩来は一高の入試を受けたが，またも不合格となった．日本留学10カ月，終始経済的に困窮していた周恩来は，連続の受験失敗で将来への展望が暗くなってしまった．

1918年7月下旬，周恩来は一時帰国して9月初めに日本に戻った．以降の半年間，彼は進路について真剣に悩みながら，日本全国で発生した米騒動の行方を観察し，ロシア革命関連の情報も懸命に収集していたが，受験勉強はしなかった．当時の活動を記録した周恩来の「旅日日記」を調べてもわかるが，9月4日，周恩来が東京に戻った後の日記には，大学受験勉強の記述は一切なく，空白のページが数カ月続いた後，12月23日をもって思いや活動を日記に綴ることも取りやめた[7]．1919年3月，彼は母校南開学校の大学部（のち南開大学と称す）新設の情報を入手した．そのとき，周恩来はこれ以上日本にいても官立大学へ入る当てもなく，官費留学生になることもできないと思えたかのように，日本にとどまることには全く未練がなく，南開学校大学部に進学することを決意した．同年4月，21歳の周恩来は，東京を離れ帰国の途中，東京第三高等学校（三高，のち京都大学）に学んでいる同級生を訪れ，ともに嵐山や円山公園などを見学し，数首の詩で複雑な感情を詠んだ．彼自身は日本留学を「放蕩すること一年余り，不覚にも落第した」と回顧した[8]．

周恩来の日本留学は彼の人生，彼の対日外交に何をもたらしたのか？　筆者からみると，当初の目標が達成できなかったため留学は失敗に終わったと言っても過言ではないが，それを除けば意外な収穫が大きかった．

その1，日本への理解が深められた．留学時の周恩来はけっして社交的な青年ではなかった．彼の主な交遊相手は南開学校の同窓生と同級生であった．当時，南開学校の卒業生で日本に留学しているのが東京だけでも30人あまりいた．仲のよかった人物は，同級生の王樸山（東亜学校，1930年34歳で病死），張瑞峰（早稲田大学），同窓生の張鴻誥（高師，のち一高に転入），呉瀚濤（三高），および東北地方出身の王希天（一高）らであった．同時期に，日本に留学し，のちに名を馳せた羅振玉（1911-19在日），郭沫若（第六高等学校卒，1918年九州帝国大学進学），彭湃（1917年成城学校予科に入学，1918年9月早稲田大学に入学）などとの交遊はまったくなかった．1918年6月下旬，中国革命の先駆けとされ

る孫文ならびに胡漢民，朱執信，戴季陶らが訪日したが，周恩来が彼らと接触した痕跡もなかった．交遊のあった日本人の数も限られていて，長島善雄，保田龍門（1891-1965），元木省吾のほか，最も重要な人物は東亜高等予備学校校長の松本亀次郎であった．教育を天職と考える松本は，教員志望の周恩来に親身の指導を惜しまなかったと言われる．彼は中国の伝統文化を愛し，1908-12 年の約5年間，京師法政学堂の教習として教鞭を執っていた人物であったが，周恩来の目に映ったのは，彼の人格であった．松本は日本国民でありながら，政府の政策でも，それが誤っていると，徹底的に批判する．周恩来は日本人特有の反骨精神に敬服し，日本人の多様性も理解していた．最終的に周恩来は日本での進学をあきらめたが，日本人，日本社会への興味は増すばかりであった．これは総理就任後，彼が多くの日本人来客と積極的に会談し，日本社会全般にわたって詳しく聞いていたことから窺うことができるだろう．

　その2．ヨーロッパ諸思想との遭遇を契機に学問より社会問題への関心が強められた．日清戦争以降，多くの中国人留学生を受け入れた日本が急に中国の政治家，社会運動家を生み出す基地となっていた．日本から帰国した陳独秀（1911年前後在日），李大釗（1913-16在日），蔣介石（1908-11在日）などがすでに中国社会に頭角を現した．キリスト教社会主義，人道的な無政府主義，初期マルクス主義など新しい思潮は「暁の鐘」を告げるものとして日本を経由して中国人に受容されていた．受験準備期間中，周恩来は日本に舶来した各種の社会主義学説に遭遇した．彼は幸徳秋水の『社会主義精髄』，とくに平易な文章で書かれ，ベストセラーになった河上肇の『貧乏物語』に興味をもっていた．多くの伝記によると，このとき，周恩来はすでに社会主義の大義を理解した上で革命家のキャリアに目覚め，自身の政治信条も形成していたと記されているが，周恩来の日本語学力を考えると，たとえ辞書を引きながらこの本を読みふけったとしてもすべて理解したと考えないのが妥当であろう．ちなみに，三高の教授である河上肇は，「民間の社会主義者とは比較にならぬほど発言の自由」を有する大学教授の地位を「意識的」に利用して当時の思想界にマルクス主義の存在を宣伝した[9]．周恩来は一時，河上のもとで勉強しようと心を決めたらしく，1918年に三高政治経済科選科受験のための入学願書および履歴書を下書きしたが，最終的に受験書類を提出しなかった．

人間のキャリアにおける失敗と成功は縄のように絡み合っている．19歳から21歳までの周恩来は人格形成の過程にあり，日本留学の目標こそ達成できなかったが，受験の失敗から湧き出した創造的な発想と教訓が彼を政治家への道に導いた．すなわち不本意ではあるが，日本留学は周恩来のその後の政治活動につながり，彼が政治家となるきっかけとなった．

3. 国交正常化の模索と頓挫　(1949-1958)

日本から中国に帰国した周恩来は，希望通り文科第1期生として南開学校大学部に入学したが，その後反政府デモ参加のため除名され，1921年，南開学校創立者厳修の援助を得て，再び中国を離れ，フランスへ留学に行った．パリで共産主義小組を中心に政治活動を全開し，中国共産党にも入党した．1924年9月，26歳で帰国後，孫文のもとで民主主義革命に身を投じた．その後の国共合作と内戦，抗日戦争，解放戦争などを経て中華人民共和国の創立者の1人となり，新中国随一の外交通となった．1949年10月，周恩来は51歳で新中国の国務院（1954年9月まで政務院と称す）総理兼外交部長に就任し，6億5,000万人を擁する大国の内政外交を全面的に担うことになった．

建国の最初の3年間，新中国政府は，東西冷戦のなかで未だに占領下にあり，8,800万人を擁する日本をどう位置付けるかの判断に躊躇していた．そのため，周恩来は，日本語堪能の人材，例えば日本留学経験者，旧満州の学校で日本語教育を受けたことのある者を外交部に集め，対日外交体制作りに着手したものの，明確な対日政策を打ち出せず，日本におけるアメリカの長期占領反対という姿勢のみ示した．また毛沢東が提案した「向ソ一辺倒」の外交方針にしたがい，1950年2月に30年の効力を有する「中ソ友好同盟相互援助条約」を締結し，アメリカに支えられた日本政府を仮想敵国にしていた．その前後にして，中国共産党内部は武力で政権を勝ち取るという基本理念から出発して日本共産党野坂参三の議会闘争路線を厳しく批判し，日本における武力革命の可能性を検討していた[10]．

戦後処理に関しても，国連常任理事国の米英ソはそれぞれ対日講和の草案を発表して各交戦参加国の修正意見を求めたが，新中国政府はアメリカ占領下の

日本政府を講和の相手にせず，最大の被害国としての中国の具体的な対日講和案を専門チームに検討させながら，最後にまとめることもせず公表もしなかった．1951年9月，サンフランシスコ講和会議において対日平和条約と日米安保条約が同日に調印された直後，中国は日米安保条約を中国を敵視するものとみなし，ときの吉田茂内閣を「アメリカ帝国主義に仕える反動勢力」だと判断した[11]．翌1952年，吉田内閣は単独講和の相手を台北の蔣介石政権を選び，「日華平和条約」を締結した．歴史に「もしも」の仮定は禁物だが，もしも吉田内閣が当時北京を講和交渉の対象として選んでいたら，北京は吉田内閣を相手にしただろうか．

　1952年4月対日平和条約発効後，国際法上日本は占領下から独立した．蜜月期にある中ソ両国は冷戦の外交大戦略としてアメリカを主敵にし，日本国家の中立化を呼びかけた[12]．日本国民の闘争によって独立，民主，自由，中立，平和の日本が必ず出現するという論調がメディアのなかで定着された．当時，日中関係に関して日本国民の問題関心は次の2点に集中していた．1つは経済往来の可能性，もう1つは中国大陸に残された日本人と中国政府に抑留された旧軍人（戦犯）の行方であった．

　経済往来については，1952年3月，周恩来総理自ら日本の国会議員帆足計，高良とみ，宮腰喜助の訪中を誘うよう，モスクワ国際経済会議に出席する幹部に指示を出し，同年6月に3人の訪中を成功させた．この訪問と第1次貿易協定の締結を皮切りに日中間の人的交流と経済往来が開始された．その後，第2次（1953年10月），第3次（1955年5月），第4次民間貿易協定（1958年3月），日中民間漁業協定（1955年4月），日中鉄鋼長期求償貿易協定（1958年2月）などが結ばれ，商品展覧会，技術交流も大いに行われた．1955年12月，周恩来は対日工作委員会を設立し民間レベルの経済往来を全面的にバックアップした．1950年代後半，日中民間の経済往来はかなり順調に進められた．

　残留日本人については，中国政府は1952年10月，ラジオ放送で残留日本人の帰国援助を表明し，これを契機に中国紅十字会と民間引揚3団体との間で北京協定が締結された．その後以前中断していた旧満州などからの引き上げ事業が再開され，約2万8,000人が日本に帰国した．1957年8月，周恩来は日本社会党顧問で留守家族団体全国協議会会長でもある有田八郎と会談した際，中国

国内には約6,000人の日本人がおり，資料にもとづく個別的な申請があれば，調査はやぶさかではない，と好意的な姿勢を示した．

対日戦犯処理は，処刑者や無期徒刑者を1人も出さず他国の対日戦犯処理に比べて極めて寛大であった．1954年8月より，中国政府は，国内で拘留した者，ソ連政府より移管された者，合計1,500名の戦犯を免訴釈放し始め，1957年まで，その大部分を順次帰国させた[13]．

民間交流が盛んに行われているなか，日中両国を取り巻く環境も改善された．1954年9月，中華人民共和国の最初の憲法が採択され，毛沢東が国家主席に就任，周恩来は引き続き国務院総理を務め，毛・周体制は強固なものとなった．同年12月，吉田長期政権に替わって誕生した鳩山一郎内閣は中ソに対して善意を示し，北方領土問題，シベリア抑留問題など敏感な問題を抱えているにもかかわらず，日ソ国交正常化の交渉を実現させた．1956年10月，鳩山内閣は日ソ共同宣言に調印し，日ソ間の戦争状態は終わった．同年12月，日本は念願の国連加盟を果たした．

このような流れを先読みしたかのように，1954年10月，中国は「向ソ一辺倒」外交方針の一環として，ソ連とともに，対日共同宣言を発表し，「社会制度を異にする国家も平和に共存できる」という原則に基づき日本との関係を正常化させたい意思を表明した．それ以降，中国側には明らかに楽観的な対日外交判断が現れていた．図13-1をみてもわかるように，周恩来は日本から来た代表団と極めて積極的に会談した．1955年10回，1956年9回，1957年18回も会談を重ねた．しかも，会談の際，周恩来は中国政府の「二分論」をもち出し，過去の戦争について「日本人民も被害者である」「不愉快な過去を忘れよう」と繰り返し述べ，戦争賠償問題なども自ら進んで話題にすることはなかった．

代表的なのは日本国際貿易促進協会長村田省蔵との会談であった．1955年1月23日午後1時40分から午後6時まで行われた会談において，村田は非常に正直で，「日本における一部の人」を代表して，中ソ同盟条約が戦後の疲弊した日本を仮想敵国としていることへの疑問，日本共産党がモスクワまたは北京の指示を受けて社会秩序を破壊することへの疑念などを素直に披露した．これに対して周恩来は，長時間にわたり丁寧かつ明快に回答した．中ソ共産党が日

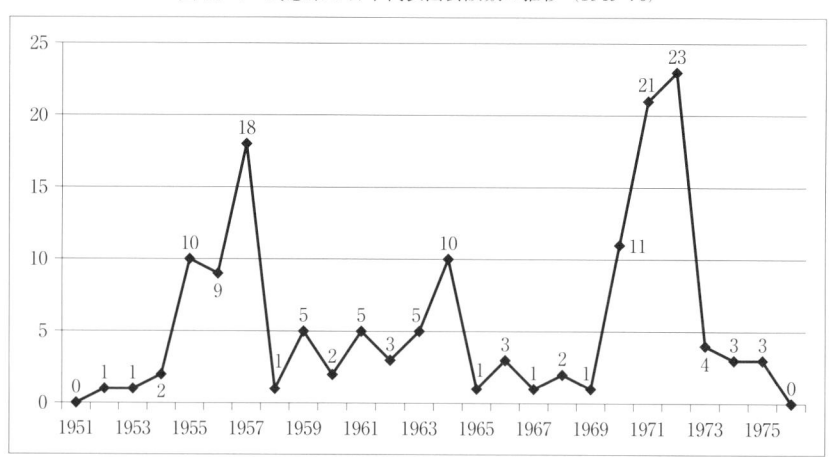

図 13-1　周恩来と日本代表団会談数の推移（1949-76）

出所：中共中央文献研究室編（1997），pp.1-732 の記述に基づき筆者が統計・作成．

共に指令している事実はないこと，中ソ同盟条約は日本を脅かすものでないことを説明した上で，日本人民と日本政府，日本人民と軍国主義との峻別を明確にし，平和 5 原則は日本に対して完全に適用され，「日本と米国が往来しても主権尊重と平等が守られるならばそれは正しい．日本と中国との間も平等互恵で行きたい．以前は日本は中国に不平等を押付けたが，これも過ぎ去ったことである．中国は日本に報復はしない．日本を不平等に遇することはしない．私は中国を代表して正式に日本に対し報復しないことを断言する」と語った[14]．

対日共同宣言を発表した後，周恩来はさらに動き出した．1955 年 8 月 17 日，横田実を団長とする日本新聞・放送関係訪中代表団との会談の席で，鳩山首相本人もしくは首相の代表の訪中を歓迎する，と表明した[15]．1955 年 10 月 3 日，日ソの代表がロンドンで国交正常化問題について交渉する最中，周恩来総理は中ソを歴訪した日本議員団第二団長野溝勝らとの会見で，「無条件」で日中国交を開きたいと正式に提案し[16]，同時に中国国内での世論作りも始めさせた[17]．1955 年 8 月 17 日と 11 月 4 日，ジュネーブ駐在中国総領事沈平は周恩来の指示を受け，2 回にわたり同地日本総領事田付景一宛に書簡を送り，「中日両国の関係の正常化こそ，最もさし迫って解決を要する問題である」と明言した．彼はさらに「中日両国政府が両国関係の正常化を促す問題について話し合いを

13 章　周恩来と日本　319

行う時期がすでに熟している」と考え,「このため中国政府はさらに進んで,日本政府の派遣する代表団と北京で中日両国関係の正常化を促す問題について話し合うことを歓迎する」という提案を行い,日本政府の積極的な回答を促した[18]).

1950年代後半,中ソからみると,アメリカの軍事基地が置かれている日本は,依然として独立を獲得しておらず,引続きなかば被占領国の地位にあった.日本をアメリカに依存する地位から脱却させ,東西両ブロック間において中立化させることが日ソ,日中国交正常化提案の狙いであった.中ソの思惑に対して日本は当然懐疑の念を持ち,「いわゆる日本と国交樹立のことは,中ソ両国対日関係の一環としてみてよい」と論評し,周恩来の期待と裏腹に,無言な対応を続けていた[19]).

しかし,1957年2月,鳩山内閣を受け継ぐ石橋湛山内閣はわずか2カ月で総辞職した.替わって成立したのは岸信介内閣であった.1957年6月岸が日本の現職首相として初めて訪台,その前例を作ったこと,1958年5月長崎国旗事件が突発したことで,中国政府が日中間のすべての通商文化交流の断絶を宣告した.これをもって周恩来が提唱し,1952年以来実施してきた日中民間交流の積み重ねは失敗に終わり,1955年以降の国交正常化に向けての試みも頓挫した.この歴史的事実を客観的にみれば,当時の周恩来には情勢判断ミスの責任の一端がないわけではなかった.

1958年2月,周恩来は外交部長の兼任を辞し総理職に専念した.彼の代わりに副総理の陳毅が外交部長に就任した[20]).1959年,毛沢東は大躍進政策破綻の責任を取って国家主席の座を劉少奇に譲った.建国わずか10年,新中国の指導部にとっては予期しなかった内政外交の失敗をいかに成功のものにするかは,重要な課題であった.

4. 民間外交の励行と核戦略 (1958-1971)

1958年以降,周恩来は国務院総理の職に専念し,陳毅外交部長とともに,周・陳コンビで中国の外交戦略を担うはずだったが,1967年2月から1972年1月まで陳毅失脚の間,周恩来は事実上,外交の現場でも主役を務めていた[21]).

「失敗は成功のもと」．政治家にとって失敗に目を向けることこそが重要で，失敗を吟味することで新たなアイデアを生み出すことができるのだ．1955年から始まった対日国交正常化の試みの失敗から周恩来と陳毅は現実に柔軟な政策を展開し，対日外交の諸原則（政治三原則・政経不可分原則・貿易三原則など）を次から次へと打ち出した．民間経済外交を着実に推進したが，政治関係の改善を性急的に求めることはしなかった．その結果，友好商社貿易，LT貿易の展開，常駐事務所の相互開設，常駐新聞記者交換の実現，技術交流などが着実に進められていた．

　1950年代と違ってこの時期に，中ソ両国共通の国際戦略がしだいになくなり，中国自身は独自の外交戦略を立てなければならなかった．中ソ関係の悪化と文化大革命中の政治混迷で，中国をどこへ行かせるのか，外交の舵を握る周恩来は判断に躊躇した．そのとき，中国政治家の目に映ったのは敵ばかりだった．そのため，中国は核兵器の保有を決心し，モスクワの援助をあきらめ秘かに自主核戦力の建設を開始させた．1960年から中国は自然災害に襲われ，数千万人の餓死者も出るほど大災厄のなかでも，毛沢東および核実験の最高指導者周恩来らは経済危機対策，災害対策より核開発を優先させた．

　ちなみに，戦後日中民間交流のなかで，中国は終始日本国内の反戦平和運動，原爆水爆反対運動の進展に理解を示し声援してきた．例えば，1961年6月21日，周恩来は作家代表団，日中友好協会婦人活動家代表団，日中友好協会経済界代表団，友好商社北京駐在員，北京在住の西園寺公一夫妻など70人と会見し，次のように発言した．「日本は戦争でとんだ災難にあいました．とくに第2次大戦の末期に，2つの原子爆弾が日本人民の頭上に落されました．日本人民は戦後になっても，また水爆実験の犠牲になりました．日本人民は毎年8月6日を記念して原水爆反対の集会を開いておりますが，これはまったく理解のできることです．これは絶対多数の日本人が戦争を憎んでいることを示しています」[22]．1963年8月7日，第9回原水爆弾禁止世界大会が原子爆弾の被害都市である広島市で開かれた．周恩来は大会宛に電報を打ち，中国は永遠に核兵器を固く禁止することを求める日本人民側に立つことを表明した．しかし，そのとき，中国自身は核実験を秘かに推し進めていたのである．

　1964年10月14日，周恩来は核実験措置装着の命令を発した．16日15時，

中国の西北地域における最初の核爆発実験が成功した．同日，中国政府は事前に周恩来が周到に準備した声明を発表した．「中国の核兵器開発は，防衛のためであり，中国人民をアメリカの核戦争の脅威から守るためのものである．中国政府は，中国がいかなるとき，いかなる状況の下でも，最初に核兵器を使用しないことを厳粛に宣言する」，いわば核兵器の No first use 政策を初めて打ち出した．同時に周恩来は各国政府に次のように提案した．「世界各国首脳会議を招集し，核兵器の全面禁止と完全な廃棄の問題を討議し，これを第一歩として以下の協定に達すべきである．すなわち，核兵器を保有する国家と最近に核兵器を保有するであろう国家が核兵器を使用しない義務を負うこと，ならびに核兵器を保有しない国および非核武装地帯に対して核兵器を使用しないこと，核兵器を保有する国も相互に核兵器を使用しないことを保証すること」[23]．10月17日，周恩来は池田勇人首相など世界各国政府首脳に電報を送り，さる16日の核実験に関する中国政府声明に述べられている核兵器の全面禁止と完全な廃棄を討議する世界各国首脳会議についての提案を伝えるとともに，この提案に各国政府の好意的考慮と積極的な反応が得られるよう希望を表明した[24]．

　中国の核実験が実施されたその日，一貫して中国と連携してきた日本社会党の第4次訪中団は北京に到着した．彼らは驚きを隠せず，成田知巳団長は翌日の17日に遺憾と反対の声明を発表した．10月26日，周は自ら日本社会党第4次訪中団に向かって，中国人民は自分を守り，アジアの平和を守るため，自力更生より，核兵器を開発しなければならない必要に迫られたのだと説明した．29日，中国人民外交学会と同訪中団は共同声明を発表し，異なった意見があったことを明言した[25]．

　唯一の被爆国である日本国内の反応は極めて複雑だった．原水爆実験反対の国民運動は中国の核実験によって分裂し，日本共産党，総評，日中友好協会の内部の意見対立も深刻化した．米ソ両国の核独占による世界体制に対する中国の挑戦だという捉え方で説く声は，素朴な国民感情の胸奥に訴えるほど強くはなかった．この時期，平和路線に徹した日本は，経済建設に集中していた．当時の日本は1965年から1973年の間に国民総生産が3.5倍以上にのぼり，年平均10%の高い成長率をみせた．1964年，日本はオリンピックの開催，新幹線の開通等を経験してOECDに加盟，1968年末についにドイツを抜き，アメリ

カに次いで世界第2位の国民総生産を誇る経済大国まで成長した．日本の経済成長からもたらされた国際的な地位の向上を周恩来は見過ごさなかった．

　他方，文革の政治闘争と核の開発に大量のエネルギーを注いだ中国は，経済が疲弊し，国家の安定には経済再建を急がなければならなかった．核実験成功後の1971年8月5日，ニューヨーク・タイムズ社の副社長・レストン（James Reston）との会見において周恩来は，核実験が「相当に高価で浪費であることも承知している．また，人民の生活水準の改善のためにも有利ではない」と認めた[26]．中国は自力更生の政策を維持しても，外国の経済力，とりわけ先進技術を導入し，工業・技術水準を高めていく必要に迫られていた．4つの近代化を唱える周恩来は，視線を日米両国へ移し，米中関係の改善と日中国交正常化を図ることにした．

5. 正常な国家関係への外交戦略大転換 （1971-1976）

　1971年以降，周恩来は体調不良を訴える日が多くなり，1972年5月18日に膀胱癌と診断された．その頃から彼は渾身の力を振り絞って，人生最後の道程を歩き切り，対米・対日の外交戦略を徹底的に転換しようとしていた．1970年代前半，東西2大陣営が依然厳しく対立しているなか，東陣営に属す中ソ両国の関係が著しく悪化，中国は従来友好的だったベトナム，ポーランド，ハンガリー，東ドイツ，チェコスロバキア，ブルガリアなどとの交流もほとんど断絶状態にあり，いわば東陣営のなかでも極度に孤立していた．おそらくこの頃，周恩来は既に冷戦的な思考を捨てて，日本とアメリカとの正常な国家関係の樹立を通して，中国を外交上の苦境から脱出させ，新しい国際関係の構造を作り出すことを狙っていたに違いない．

　中国外交の舵を切るには，対米・対日の認識を改めなければならなかった．とくにいままで非難してきた日本軍国主義の復活と日米安保条約についての認識であった．日本の軍国主義は，第2次世界大戦の敗戦によって消滅したが，その思想的基盤は徹底的に消滅しないまま，今後再び戦争を引き起こす恐れがあるというのが中国の基本認識である．したがって，1949年以降，中国の日本軍国主義の復活に対する警戒や批判は，日中両国の政治関係の推移につれと

きには激しく，またときには緩やかに行われるという違いがあったものの，絶えず行われてきた．

　1970年4月，平壌を訪問している周恩来は，金日成首相に説得され，中朝共同宣言を発表した．そのなかで，両国は「日本軍国主義はすでに復活し，アジアの危険な侵略勢力となっている」と断定，日本との対決姿勢をみせた[27]．同年9月3日，抗日戦争勝利25周年記念のため発表された『人民日報』『解放軍報』の共同社説は，財閥の復活，核武装の準備など9項目をまとめ，日本の軍国主義がすでに復活した具体的証拠を挙げるとともに，全国範囲で批判キャンペーンを発動した[28]．これは文革の嵐のなかで行われた国際情勢判断ミスの一例である．その後，日本国内の世論と国際情勢の変化に鑑み，周恩来は行き過ぎた外交判断を少しずつ是正し，日本の訪問団と会見した際，何回も軍国主義復活論は北朝鮮側の判断で，そのことは「朝鮮の同志から教えられた」と釈明している[29]．

　そのときから，周恩来は日本の先進的な技術を導入しようと考えていた．図1に示した通り周恩来は1970年以降，積極的に日本の訪中団と会談していた．各訪中団との会談回数だけで見ると，1970年に11回，1971年に21回，1972年に23回あった．代表団との会談内容を分析してみると，周恩来の意図を明らかにすることができる．例えば，1971年2月22日午後10時から翌日0時30分まで，周恩来は日本国際貿易促進協会関西本部専務理事木村一三らと会談した．普段の会談なら政治的な問題と貿易問題が中心であるが，そのとき，周恩来は意識的に話題を日本の方へ誘導した．彼は会談の最初から，新幹線の話題を引き出し，新幹線の区間，所要時間，距離，連結車両数，駅の数，運転頻度，安全性などを詳しく尋ね，本州―四国の架橋，青函トンネル，関門トンネルについても尋ねた．さらに日本における設備の投資，台湾と韓国への投資，日本船の日中航路就航，資源の輸入（石炭・綿花・石油），アメリカへの自動車輸出，自動車通勤，マイホーム，排気ガスなども話題にのぼった．彼は最後に政治家ばかりでなく経済界の人の訪中を歓迎すると明言し，中国に紹介するよう依頼した[30]．1971年12月8日午後4時40分から10時30分までの6時間にわたって，周恩来は日本農民活動家代表団と会談を行い，日本の農村と農民問題を中心に農村の現状，農業政策などについて質問した．会談の直前，彼は

農業部の幹部に指示を出し，日本の専門家に中国農村を見学させ，問題点を探し出させた．

一般的に言えば，国際関係において，交渉を通じていかに相手を説得し，相手から譲歩を引き出すかが政治家の本領である．周恩来はそれだけではなく相手の意見にも謙虚に耳を傾け，納得できるなら素直にその姿勢もみせていた．周恩来の日米安保についての認識の変化はその姿勢を忠実に物語っている．

周知の通り，日米安保条約締結以来，中国は一貫して同条約の廃止を求め，執拗な批判を続けてきた．1960年1月，岸信介内閣によって新安保条約が改定されると，中国は新条約の危険性を強く非難した．1970年6月，佐藤栄作内閣の働きで日米安保条約は自動延長された．これを受けて中国は，延長後の日米安保条約は延長前に比べて「いっそう大きな侵略性をもち，アジア・太平洋地域諸国人民の平和と安全にとっていっそう大きな危険性をそなえている」と厳しく批判した[31]．ところが，中国の同条約に対する激しい非難は，ニクソン訪中後突如収まった．その理由は何だったのか？

アメリカ側が公開した周恩来・キッシンジャーの会談記録によって，さらに諸先行研究によって明らかになった事実ではあるが[32]，1972年の日中交正常化まで毛沢東や周恩来ら中国政府首脳は，日本の軍国主義の復活を本気で心配し，その復活をいかにして抑制するのかを対日外交の1つの重要課題にしていた．例えば，1971年7月，周恩来総理は，北京を極秘に訪れたキッシンジャー・アメリカ国家安全保障問題担当大統領特別補佐官との会談において，日本の経済大国から軍事大国への成長に強い警戒心を示し，当時日本で行われている第4次防衛力整備計画の策定にも強い懸念を表明した．中国側が最も重要視する台湾問題についても，周恩来は米軍の台湾からの撤退を求めながら，米軍がアジアの軍事プレゼンスから撤退した後，日本の武装勢力が代わりに台湾，韓国，インドシナ，フィリピンひいてはマラッカ海峡地域にまで軍事的に進出するのではないかという不安と疑念を表明した[33]．この疑念に対してキッシンジャーは，日米安保条約がなければ，「強い日本は強力な軍事機構を創造し，やろうと思えば膨張主義的な目的のためにそれを行使する経済的社会的土台を持っている．我々と日本との防衛関係が日本に侵略的な政策を追求させなくしている」と説明した上，「日本が大々的に再軍備した姿」を見たくない米中の

利益はとても似通っており，日本にある米軍基地は「彼ら自身の再武装を先送りにすること」ができるとの結論を出した[34]．すなわち，キッシンジャーは，日米安保は日本の軍事大国化を抑える役割もあるという理論をもって周恩来の説得に臨んだのである．

　1972年2月，ニクソン・アメリカ大統領の初めての訪中は，「世界の流れを変えた」として称されるほど，20数年続いていた米中の緊張関係が緩和されたばかりではなく，アジア，そして世界の冷戦構造にも大きな変化をもたらした．いままでアメリカ側が公表した米中首脳会談の記録のなかに抹消された極秘会談の部分も少なくないが，それでもそこからアメリカ側の説得ぶりを窺うことができる．例えば，2月22日午後2時10分から6時まで，第1回目の米中首脳会談が行われた際，ニクソン大統領は周恩来総理に向かって，アメリカと中国はともに「日本軍国主義の苛酷な経験」をしたことを踏まえて，「日本人は，あの巨大な生産的な経済，大きな自然の衝動，敗北した戦争の記憶などから，アメリカの保障がはずれたなら，自分自身の防衛体制を築く方向に向かうことが大いにありえます」[35]と語った．キッシンジャーと同様，ニクソン大統領も日本の軍事大国化に対する日米安保条約の抑止効果を説得材料として持ち出し，周恩来の同条約への黙認を促した．その席で，ニクソン大統領はさらに台湾問題を提起し，「われわれの台湾のプレゼンスが減少しても，日本が台湾に進出するのをやめさせるよう，われわれの影響力を最大限行使する」と発言した[36]．2月24日午後5時15分から8時5分まで行われた第3回米中首脳会談において，周恩来から米軍が台湾に駐留中，日本軍事勢力の台湾への進入を抑えるかとの質問に対して，ニクソン大統領は，即座に「それ以上のことをします．撤退したあとも日本軍を台湾に来させないようにします」と確約した[37]．

　キッシンジャーの極秘訪中とニクソンの公式訪中にみられる説得は功を奏したようである．冷戦的思考から脱却した周恩来は，現実主義的な思考をもち，中国を取り巻く国際情勢の変化を分析し，日米安保がいかなる役割を果たしているかを再認識した．そして軍国主義の復活のない日本と正常な国家関係を樹立することは必要であるとの認識に至った．中国政治の世界で，周恩来は毛沢東の治国理念と外交戦略を柔軟に実践するのみではなく，ときには毛沢東を自

分の構想の軌道にひき入れることもできる政治家であった．おそらくニクソン訪中の直後，周恩来は毛沢東の了解を取り付け，日米安保の維持を暗に容認した．ここからわかるように，日本の軍事大国化抑制の面においては，米中両国の思惑が一致し，その結果，アメリカ側は中国を説得したのである．ニクソン訪中以降，中国は日米安保の解消を迫る姿勢を基本的にみせず，日本軍国主義への批判も一気に下火にさせた．

　その後，中国メディアの論調の明白な変化がないものの，周恩来総理の対応は変わった．日中国交正常化交渉に際して中国が日米安保の解消を求めてきたらどう対応するかという日本側の懸念を周恩来は極力払しょくした．1972年7月27日，周恩来は竹入義勝公明党委員長に，正常化交渉時に日米安保条約には触れないとの立場をはじめて表明した[38]．同年9月，後述するように，戦後初の日中首脳会談の席で，周恩来は田中角栄首相に対して日米安保を現に黙認するような立場を表明した[39]．日米安保への認識の転換は，米中関係・日中関係を正常な国家関係へ導く原動力であった．

6．周恩来の外交的遺産

　1970年代後半，人生のラスト・スパートをかけた70代の周恩来は，わずか30 kgの体を駆使して，8億まで膨張してきた人口大国・中国を率い，日米関係・日中関係を敵対の関係から正常な国家関係へ導いてから静かにこの世を去っていった．彼は新中国の悲願であった国連常任理事国への復帰，米中関係の改善，日中国交の正常化，日中航空路線の開通など外交活動を成功させるため，つよいリーダーシップを発揮した．それゆえ，上海コミュニケと日中共同声明で代表される「1972年体制」の構築と「日中平和友好条約」の構想は，周恩来外交の極品とまで評すべく，彼が後世に遺した外交的遺産であると言っても過言ではないだろう．

　1972年体制は日中関係の基盤である．この体制の核心とは何かについては，学者間の認識の相違がみられるが，筆者に言わせれば，それは，日中両国の首脳が歴史問題，日米安保問題，台湾問題，領土問題の4大問題への対処原則について相互間で暗黙または明確な了解ができたことである．

(1) 歴史問題

　ともに歴史を重視する日中両国は，第2次世界大戦への認識の相違があまりなく歴史研究の成果がある程度両国民の記憶として共有されていた．したがって歴史の認識問題で外交交渉が暗礁に乗り上げることは避けられた．1972 年当時，日本側は過去の戦争は間違った戦争であったとのスタンスに立ったのに対して，中国側はあの戦争の責任を軍国主義に負わせ，日中両国人民のいずれも戦争の被害者であるという姿勢を取った．歴史問題について国交正常化の交渉で唯一波乱を起こしたのは謝罪の言葉遣いであった．1972 年 9 月 25 日，周恩来総理主催の歓迎宴会の挨拶で，日本の総理大臣として初めて北京を訪問した田中角栄が，過去の歴史について語る際，「この間わが国が中国国民に多大のご迷惑をおかけしたことについて，私はあらためて深い反省の念を表明するものであります」と発言した[40]．日本語として問題のない発言であったが，外務省の通訳がその一句を「其間，我国給中国国民添了很大的麻煩，我対此再次表示深切的反省之意」と直訳した[41]．中国語で「添了很大的麻煩」一句を聞いた途端，会場の中国人が違和感を覚え，謝罪の言葉として軽すぎないかと日本側の誠意を疑った．翌日 26 日，周恩来は第 2 回首脳会談の冒頭で早速この問題を提起し，「田中首相が述べた『過去の不幸なことを反省する』という考え方は，我々としても受け入れられる．しかし，田中首相の『中国人民に迷惑をかけた』との言葉は中国人の反感をよぶ．中国では迷惑とは小さなことにしか使われないからである」と反論した[42]．しかし，最終的には，毛沢東や周恩来らは日本側の丁寧なる説明を受け入れ[43]，中国の習慣に沿った「日本側は，過去において日本国が戦争を通じて中国国民に重大な損害を与えたことについての責任を痛感し，深く反省する」[44]という態度表明をもってこの論争を終結させた．

　歴史問題に関連して戦後賠償問題については，中国側は「日本国に対する戦争賠償の請求を放棄することを宣言する」，すなわち自主放棄という形で解決を試みた．賠償放棄の理由については，日中外交担当者間で異議が噴出した報告を聞いて，周恩来は田中首相に向かって「我々は賠償の苦しみを知っている．この苦しみを日本人民になめさせたくない．我々は田中首相が訪中し，国交正常化問題を解決すると言ったので，日中両国人民の友好のために，賠償放棄を

考えた．しかし，蔣介石が放棄したから，もういいのだという考え方は我々には受け入れられない．これは我々に対する侮辱である」と話した[45]．周恩来の話を受けて田中首相は，「賠償放棄についての発言を大変ありがたく拝聴した．これに感謝する．中国側の立場は恩讐を越えてという立場であることに感銘を覚えた」と述べている[46]．当時，中国国内では，民間に対日親近感がほとんどないことを考えると，対日賠償放棄はもっぱら毛沢東，周恩来の政治的威信を駆使した外交的成果であったが，こうした成果が称賛を浴びることはあまりなかった．

(2) 日米安保問題

1970年代の日中関係に関わる大きな疑問の1つは，日米同盟を外交の基軸とする日本がなぜアメリカと違って一気呵成で対中国交正常化を決断したのか，同盟国のアメリカはなぜそれを阻止しなかったのかである．筆者は，ポイントは中国側が日米安保の存在を現に黙認したこと，または日米安保廃止論の棚上げに日本・アメリカ・中国の間で暗黙の了解ができたことにある，と考えている．前にも述べた通りキッシンジャーとニクソン大統領が訪中時に周恩来総理への説得を試みた．1972年2月27日に発表された上海コミュニケで，アメリカ側は「日本との友好関係に最高の価値を置いている」，「現在の緊密な紐帯を引続き発展させるものである」と強く訴えたのに対して，中国側は「日本軍国主義の復活と対外拡張」に断固として反対すると明言したが，日米安保への言及はしなかった[47]．7カ月後の9月25日，初めての日中首脳会談が北京で行われた．そのとき，周恩来は田中角栄首相に対して，台湾海峡の事態は変わってきており，日米条約そのものの効果も変わってきていることを理由に，「日米関係にはふれない」，これは日本の問題であって「中国は内政干渉しない」との態度を表明した[48]．翌9月26日の第2回首脳会談の席で，周恩来は再度田中に「我々は日米安保条約に不満をもっている．しかし，日米安保条約はそのまま続ければよい．国交正常化に際しては日米安保条約にふれる必要はない．日米関係はそのまま続ければよい．我々はアメリカをも困らせるつもりはない．日中友好は排他的なものでない．国交正常化は第三国に向けたものではない．日米安保条約にふれぬことは結構である」と述べた[49]．9月27日，第3回首

脳会談で国際問題について意見交換の際，周恩来はまた同問題に言及し，「日米安保条約には不平等性がある．しかし，すぐにはこれを廃棄できないことはよく判っている．なぜなら，日本が米国の核の傘の下にあるのでなければ，日本に発言権がなくなるからだ」[50]と発言した．合計4回の首脳会談の場において周恩来が自ら3回も日米安保問題を提起したことは，中国側はこの問題をいかに重要視しているかを如実に反映したが，日米安保条約の廃止を求めることはしなかった．

(3) 台湾問題

中国にとって台湾問題は最も敏感な政治懸案であり，国家の核心的利益に関わる重大問題である．この問題への対処原則については，当時日本・アメリカ・中国の間でしっかりとした骨組みができた．それは「中国は1つしかない」「台湾は中国の一部である」という中国の立場に異論を唱えないこと，台湾のいかなる独立運動も支援しないこと，台湾問題の平和的解決を望むこと，地域の緊張が緩和ししだい，アメリカ政府が台湾の米軍と軍事施設を漸次縮小し，最終的にはすべて撤退ないし撤去すること，などである．これはすべて周恩来がキッシンジャーとニクソンから譲歩を引き出したもので，1972年に発表された上海コミュニケで確約を得たものである[51]．実は台湾問題に関して日本の姿勢はアメリカより慎重かつ保守的だった．日中首脳間で初めて台湾問題に触れたのは1972年9月27日第3回首脳会談のときであった．周恩来はキッシンジャーの「台湾海峡の両側の中国人が中国は1つであると主張することにチャレンジしない」という妙案を紹介した上で，「これはキッシンジャーの傑作である」と高く評価した[52]．そして第4回日中首脳会談は台湾問題を中心的な議題にした．その場で大平正芳外相は日中国交正常化以降も日台民間経済関係維持の必要性を強調し，「日本政府としては，今後とも『2つの中国』の立場はとらず，『台湾独立運動』を支援する考えは全くないことはもとより，台湾に対し何等の野心ももっていない」と説明し，中国側を納得させた[53]．大平外相の言葉遣いは穏健なものであって周恩来はその言葉に耳を傾け，日本の立場を理解しようとした．その結果，発表された日中共同声明のなかで，日本政府は「台湾が中華人民共和国の領土の不可分の一部である」との立場を「十分

理解」し,「尊重」すると宣言した[54].「認める」という言葉は慎重に避けて「理解」と「尊重」という微妙な表現にとどまったのである.

(4) 領土問題

日中両国は当面の政治的課題の解決を最優先させ,お互いに譲ることのできない領土問題については棚上げ方針をとることにした.当時,尖閣諸島(中国名釣魚島)帰属の問題はすでに浮上し,日中両国が係争しているが,周恩来は国交正常化の際に同問題を争点にする考えはなかった.例えば,1972年9月27日,第3回日中首脳会談の際,田中首相の「尖閣諸島についてどう思うか？

私のところに,いろいろ言ってくる人がいる」という問題提起に対し,周恩来は「尖閣諸島問題については,今回は話したくない.今,これを話すのはよくない.石油が出るから,これが問題になった.石油が出なければ,台湾も米国も問題にしない.」と答えた[55].周恩来が尖閣諸島の問題について棚上げ論を出したため,国交正常化の交渉がスムーズに行われ,共同声明の調印もできた.

言うまでもなく台湾問題,歴史問題,安保問題,領土問題の4本柱で支えられる「1972年体制」は当時,日本・アメリカ・中国三カ国の政治家の戦略的判断と指導力の賜物であり,新たな米中関係・日中関係を確固たるものにしたものである.この体制は30年以上,日米中の外交枠組みを強く規定し,お互いの基本的外交姿勢の基礎となっているが,今後,国際政治の変化に伴い,それよりいっそう大きな制度的枠組みが必要とされるときがくるだろう.

1972年体制の樹立は,正常な日中関係を発展させる最初の一歩にすぎなかった.周恩来はさらに「日中平和友好条約」(以下「日中条約」)の締結を提案し,百年の大計を見据えていたのである[56].周恩来提案の政治的な狙いは何かと言うと,筆者に言わせれば,それは,日中が互いに覇権を求めず,再戦せず,永遠に平和と友好関係を保つことであろう.前にも述べたが,1970年代,毛沢東,周恩来らは,日本軍国主義の復活,そして中国との正面衝突・戦争を心の底から憂慮した.1972年9月27日の日中首脳会談において,周恩来は「過去の歴史から見て,中国側では日本軍国主義を心配している.今後は日中がお互いに往来して,我々としても,日本の実情を見たい」と正式に軍国主義復活の

問題を提起した．これに対して田中角栄は，「軍国主義復活は絶対にない」と断言した上で，核兵器も「一切保有しない」と安心させた[57]．周恩来の外交戦略のなかには日米安保条約と日中平和友好条約をもって日本軍国主義の復活を阻止する，といった戦略があったと言えるほどの確証はないが，彼は日中両国の不再戦を願っていたに違いない．元外交部アジア司日本処処長丁民によると，「当時，対日外交の目標については，中国側の意見は一致している．それは，両国は歴史の教訓を汲み取り，平和と友好を目指した上で，二度と戦争しないと誓い合うことだ．2000年にわたる友好の伝統を回復し，今後の恒久的平和と友好的な付き合いを保証するためにはやはり平和友好条約が必要だ．これは平和友好条約の締結を提案した出発点だ」[58]という．

周知の通り，中国からみると，覇権反対は日中条約の核心である．これまでに内外の学者は，この覇権反対の訴えを1970年代の中国の反ソ統一戦線戦略の1つとして認識してきたが，筆者は，共同行動をとることのない統一戦線戦略は外交的なプロパガンダに過ぎずそれよりもっと重要なのは，覇権反対が日中両国への「自己拘束」の訴えである，と強く主張している[59]．そこに秘められていた周恩来の狙いはやはり日本軍国主義再起への警戒であった．

覇権反対を日中条約に入れることを最初に提案したのはたしか周恩来であった．1972年7月29日，彼は竹入義勝公明党委員長との第3回目の会談において，覇権反対の趣旨を日中共同声明に入れない場合は，「将来，平和友好条約に入れてもよい」と提案した[60]．竹入・周会談の記録から周恩来提案の真意を明らかにすることはできないが，その後の中国の指導者鄧小平・華国鋒らは，反覇権の趣旨を「自己拘束」として明確に打ち出した．例えば，1978年8月10日，鄧小平副総理は人民大会堂で園田直外相と会談した際，中国として覇権反対を強く求める理由について4つ挙げたが，そのうちの2つは両国への自戒である．彼は「中国が条約にこれを書き入れることは中国自身の拘束である．現在中国は覇権を求める資格はない．将来，4つの近代化実現後も，中国は永遠に第三世界に属し，覇権を求めることはない．もし中国が覇権を求めると，世界人民は中国人民と共に中国に反対しなければならない．したがって，反覇権条項は中国自身の拘束である」「反覇権は，日本に対しても拘束である．少なくともアジアにおける日本の印象を改める条項でもある．しかしこれによっ

て，日本は自己の武装力をもつべきではないということではけっしてない．中国は，日本には，自分を守る自衛の武装はあるべきであると一貫して主張した」と話した[61]．同年 8 月 12 日，華国鋒総理は園田外相との会談の席で，反覇権の自己拘束の意義を再度強調した[62]．10 月 25 日，日中条約批准書交換のため日本を公式訪問した鄧小平が，記者クラブで行われた記者団との会見において，反覇権条項の最も重要なことは日中両国の「自我約束」（自己拘束）であるとし，「双方は覇権を求めない義務を負うとともに，覇権を求める者には，誰であろうと反対する」と表明した[63]．

以上の叙述からわかるように，周恩来が覇権反対を日中条約に入れようと提案したのは，同条約が単なるソ連に対する 1 つの戦略ではなく，日中両国間の平和と友好を保障するための安全措置でもある．それを政治的に解釈すれば，日中両国の「自己拘束」であり，覇権を唱える膨張欲への抑制でもある．互いに覇権を求めなければ，日中の対立はなくなり，平等・平和・正常な両国関係が永遠に維持されることができる．

1970 年代以降の東アジアの外交枠組みを強く規定した「1972 年体制」と日中の潜在的拡張欲に歯止めをかけた「日中平和友好条約」は，日本留学の経験をもつ周恩来が両国の後世に遺した最も貴重な遺産であると言えよう．

参考文献

〈日本語〉

石井明・朱建栄・添谷芳秀・林暁光編 (2003),『記録と考証　日中国交正常化・日中平和友好条約締結交渉』岩波書店.
NHK 取材班 (1993),『周恩来の決断――日中国交正常化はこうして実現した』日本放送出版協会.
霞山会編 (1998),『日中関係基本資料集　1949-1997 年』霞山会.
河上肇 (1952),『自叙伝　1』(全 5 冊) 岩波書店.
玉嶋信義訳 (1959),『中国の眼――魯迅から周恩来までの日本観』弘文堂.
張佐良著, 早坂義征訳 (2000),『周恩来・最後の十年』日本経済新聞社.
日中国交回復促進議員連盟編 (1972),『日中国交回復関係資料集　1945-1972』日中国交資料委員会.
本田善彦 (2006),『日・中・台　視えざる絆　中国首脳通訳のみた外交秘録』日本経済新聞社.
細谷千博・有賀貞・石井修・佐々木卓也編 (1999),『日米関係資料集　1945-97』東京大学出版会.
毛里和子・増田弘監訳 (2004),『周恩来　キッシンジャー機密会談録』岩波書店.

毛里和子・毛里興三郎訳（2001），『ニクソン訪中機密会談録』名古屋大学出版会.
米谷健一郎編（1972），『周恩来　日本を語る』実業之日本社.
李恩民（2001），『転換期の中国・日本と台湾——1970年代中日民間経済外交の経緯』御茶の水書房.
李恩民（2005a），『「日中平和友好条約」交渉の政治過程』御茶の水書房.
李恩民（2005b），「外交文書に見る周恩来の対日平和外交戦略」『桜美林大学産業研究所年報』第23号.

〈中国語〉
金沖及主編（1989），『周恩来伝　1898-1949』人民出版社・中央文献出版社.
　（日本語版：狭間直樹監訳『周恩来伝　1898-1949（上・中・下巻）』阿吽社，1992年.）
金沖及主編（1998），『周恩来伝　1949-1976』中央文献出版社.
　（日本語版：劉後南・譚左強訳『周恩来伝　1949-1976（上下）』岩波書店，2000年.）
梅孜編（1997），『美台関係重要資料選編』時事出版社.
李恩民（1997），『中日民間経済外交　1945-1972』人民出版社.
田桓編（1997），『戦後中日関係文献集』中国社会科学出版社.
外交部外交史研究室編（1993），『周恩来外交活動大事記　1949-1975』世界知識出版社.
王永祥・高橋強編（2001），『日本留学時期的周恩来』中央文献出版社.（日本語版：　王永祥・高橋強編『周恩来と日本』白帝社，2002年.）
中共中央文献研究室・中国革命博物館編（1998），『周恩来旅日日記（影印本）』中央文献出版社.
中共中央文献研究室編（1997），『周恩来年譜　1949-1976（上・中・下巻）』中央文献出版社.
中共中央文献研究室編（1998），『周恩来年譜　1898-1949（修訂本）』中央文献出版社.
中共中央文献研究室編（2004），『鄧小平年譜（1975～1997）』中央文献出版社.

外交文書
「現段階中共の対日政策」外交史料館外交記録文書 A-0133.
「周恩来総理との懇談」　外交史料館外交記録文書 A-0133.
「周恩来の日中国交無条件回復提案に関する論評報告」　外交史料館外交記録文書 A-0133.
「園田外務大臣・鄧小平副主席兼副総理会談記録」開示文書（写）整理番号 01-1373-1.
「園田外務大臣・華国鋒主席会談記録」開示文書（写）整理番号 01-1373-2.
「竹入・周会談（第1回～第3回）」開示文書（写）整理番号　01-298-1.
「竹入・周会談の日中共同声明関連部分（第3回竹入・周会談）」，開示文書（写）整理番号　01-298-2.
「田中総理・周恩来総理会談記録（1972年9月25日～28日）——日中国交正常化交渉記録」開示文書（写）整理番号　01-42-1.

---

1) 2002年，アメリカ国立公文書館が1971年10月の周恩来・キッシンジャー会談記録を公表したときから，状況は一時的に変わった．当時，日本のマスコミは，会談のなかで周恩来がキッシンジャーの「日本の視野は狭くて部族的だ」の話に乗り，「島国ですからね．とても変わっている」と発言したことをクローズアップし誇張的に報道した．そのため，

一部の日本人は周恩来が日本人にけっして本音を語らないのではなかったのかと，疑念を抱くようになった．報道は『毎日新聞』2002年2月12日，『サンデー毎日』2002年7月21日などの記事を参照．報道時の和訳に問題があると思われるが，新和訳は毛里和子・増田弘監訳『周恩来　キッシンジャー機密会談録』，p.196参照．中国語の原文はまだ公表されていないが，中国語——英語通訳による英文は次の通りである．

　Dr. Kissinger: Mr. Prime Minister, I will give you our frank assessment. There is not a total unanimity of view in our government, but let me give you the White House view which over a period of time tends to dominate. If I can begin, according to my habit, with a philosophical point. If I can contrast China with Japan as a society, China by tradition has a universal outlook but Japan has had a tribal outlook.

　PM Chou: They are more narrow. It is also quite strange. They are an island mass. Britain too is an island mass.

　Memorandum of Conversation: Kissinger and Zhou, "Korea, Japan, South Asia, Soviet Union, Arms Control," 22 October 1971, 4:15-8:28 p. m. Source: Nixon Presidential Materials Project, National Security Council Files, box 1034, Polo II-HAK China Trip October 1971 Transcript of Meetings.
2)　金沖及「日本語版序文」，金沖及主編，劉後南・譚左強訳（2000）所収．
3)　「周恩来総理との会見記」『アジア経済旬報』823号，1971年4月1日．
4)　例えば，1970年6月22日午後10時30分から4時間にわたって周恩来総理はソ連留学中の日本人青年4人と会見した．
5)　これらの映画は当時，侵略戦争美化の世論作りのための映画として中国に厳しく批判された．
6)　中共中央文献研究室編（1998, pp. 27-28）．
7)　中共中央文献研究室，中国革命博物館編（1998）参照．
8)　王永祥・高橋強編（2002, p. 145）．
9)　「私はともかくラッパを吹いて，若い人達の注意をマルクス主義に牽き寄せたのである．大学教授であるといふことは，人間の信用を買ふに有利な条件であった．その上当時の大学教授は，民間の社会主義者とは比較にならぬほど発言権の自由を有ってゐたので，私は意識的にこの地位を利用した．」（河上，1952, p. 181）．
10)　武力革命可能性についての検討は1947年から始まり1949年末まで続いた（李恩民，1997, pp. 109-112）．なお，当時，日本共産党との交渉は主に劉少奇副主席，鄧小平書記長らが担当した．
11)　「対日平和条約調印に関する周恩来外交部長の声明」（霞山会編，1998, p. 27）．
12)　例えば，1954年10月11日，国会議員代表団と学術文化使節団との会談において周恩来は，日本人民は半ば占領されている状態にあり，かならず独立を勝ち取ることができると信じている，と話している（玉嶋訳，1959, pp. 161-164）．
13)　免訴釈放された戦犯たちは帰国後に中国帰国者連絡会を結成し，反戦・平和・日中友好運動を通じて日中関係の改善に努力している．
14)　「周恩来総理との懇談」，pp. 0122-0148．外交史料館外交記録文書 A-0133．
15)　「周恩来総理の日本新聞・放送関係訪中代表団に対する談話」（霞山会編，1998, pp. 93-99）．
16)　「周恩来の日中国交無条件回復提案に関する論評報告」，pp. 0247-0251，外交史料館外

交記録文書 A-0133.
17）例えば，1954 年 11 月から 1957 年 10 月まで『人民日報』などは日中国交正常化促進の社説を多数発表した（李恩民，1997，p.205）．
18）「邦人引揚問題等に関する中国外交部の声明」「日中関係正常化のための北京会談を提案するジュネーブ駐在中国総領事より同地日本国総領事あて書簡」（霞山会編，1998，pp.92, 104）．
19）「現段階中共の対日政策」，pp.0005-0007，外交史料館外交記録文書，A-0133.
20）「中華人民共和国主席令」『人民日報』1958 年 2 月 12 日．
21）1972 年 1 月，陳毅の死を受けて周恩来は姫鵬飛を外交部長に推薦した．
22）「日本は軍国主義化していないか——訪中団への周恩来総理の談話」『アジア経済旬報』474 号，1961 年 7 月 21 日．
23）「原爆実験についての中国政府声明」（日中交回復促進議員連盟編，1972，pp.57-59）．
24）「周恩来中華人民共和国国務院総理から池田勇人日本国内閣総理大臣への電報」，同上，pp.59-60.
25）「日本社会党第 4 次訪中使節団と中国人民外交学会との共同声明」（霞山会編，1998，pp.241-245）．
26）"Official Transcript of Reston's Conversation With the Chinese Premier in Beijing," *The New York Times*, August 10, 1971.
27）「中華人民共和国政府和朝鮮民主主義人民共和国政府聯合公報」『人民日報』1970 年 4 月 9 日．
28）「打倒復活的日本軍国主義」『人民日報』1970 年 9 月 3 日．
29）「周恩来総理との会見記録（日本農民活動家代表団）」『アジア経済旬報』817 号，1971 年 2 月 1 日．「周恩来総理との会見記」『アジア経済旬報』823 号，1971 年 4 月 1 日．
30）「周恩来総理との会見記」『アジア経済旬報』823 号，1971 年 4 月 1 日．なお，この話題があって 1978 年 10 月，鄧小平副総理が中国の政府要人として初めて訪日したとき，時速 200 km の新幹線「ひかり」に乗り，日本にある世界最先端の技術とは何かを把握して中国への導入の意欲も示した（李恩民，2005，pp.204-208）．
31）「堅決粉砕侵略性的美日軍事同盟」『人民日報』1970 年 6 月 23 日．
32）添谷芳秀「米中和解から日中国交正常化へ——錯綜する日本像」（石井明・朱建栄・添谷芳秀・林暁光編，2003，pp.333-351）．毛里和子「解説——タフな外交交渉を振り返って」（毛里和子・増田弘訳，2004，pp.341-358）．
33）毛里和子・増田弘訳（2004，p.47）．
34）同上，pp.38-39．なお，2010 年 11 月，外務省が公開した外交文書によると，1969 年当時，アメリカのライシャワー元駐日大使が，日米安全保障条約が破棄された場合には「日本は自衛力増強を余儀なくされ，5 年以内に核武装するに至るだろう」と予測していた．またアメリカ人学者も「日本は安保条約がなくなれば必ず核武装する．日本の軍国主義は復活し，日米間の衝突は必至になろう」として安保条約破棄に反対していた（「安保破棄なら日本は核武装」『産経新聞』2010 年 11 月 27 日）．1971 年 8 月 5 日夜，ニクソン大統領の訪中計画が発表された後，ニューヨーク・タイムズ社副社長で敏腕ジャーナリストのジェームス・レストンは周恩来へのインタビューの際，ソ連と中国という 2 つの核大国に直面する日本は，「日米安保条約とアメリカから引き離された場合，ほとんど確実に核武装に進む．日米安保条約は日本に対して，とくに核の分野ではある種の統制をもつ方

法の1つである」という意見をアメリカ国民の一般的な考え方として周恩来に伝え、それでも同条約の廃棄を求めるかと問うた。"Official Transcript of Reston's Conversation With the Chinese Premier in Beijing," *The New York Times*, August 10, 1971.

35) 毛里和子・増田弘訳（2004, p.48）.
36) Memorandum of Conversation, Tuesday, February 22, 1972, 2:10 p.m.–6:00 p.m., Nixon Presidential Materials Collection.（毛里和子・毛里興三郎訳, 2001, p.39）.
37) Memorandum of Conversation, Thursday, February 24, 1972, 5:15 p.m.–8:05 p.m., Nixon Presidential Materials Collection.（毛里和子・毛里興三郎訳, 2001, p.152）.
38)「竹入・周会談（第1回）」, p.012, 開示文書（写）整理番号　01-298-1.
39)「田中総理・周恩来総理会談記録（1972年9月25日～28日）――日中国交正常化交渉記録」, pp.008-009, 開示文書（写）整理番号　01-42-1.
40)「周恩来総理の催した歓迎宴会における田中総理のあいさつ」,（霞山会編, 1998, p.422）.
41) 田桓編（1997, p.105）. 一説によると、「添了很大的麻煩」は通訳上の問題ではなく、むしろ通訳担当者小原育夫が早くから「添了麻煩では中国側の反発を招く」と警告していたのに、政府が自民党内親台湾派の反対を恐れ、あえて表現を変えられなかった. すなわち日本側は中国側の反発を予想していたが、日本国内の世論への配慮を優先した.「添了麻煩」という中国語訳は推敲した結果であった. NHK取材班（1993, pp.147-160）. 本田善彦（2006, p.11）.
42) 前掲「田中総理・周恩来総理会談記録（1972年9月25日～28日）――日中国交正常化交渉記録」, p.007. 中国側の通訳によると、周恩来は「ご迷惑をかけました」というのは、女性のスカートに水をかけてしまったときに謝る言葉だ. これまでのことが単に「迷惑をかけた」だけですむのか、と詰め寄った（本田善彦, 2006, p.10）. しかし、外交交渉記録や『周恩来年譜』にはこの発言に関する記述がなかった（中共中央文献研究室編, 1997, 下巻, p.553）.
43) 日本側は「日本の言葉は中国から入ったとはいえ、これは万感の思いを込めて詫びる時にも使うのです」と説明したようである（NHK取材班, 1993, p.172；中共中央文献研究室編, 1997, 下巻, p.554）.
44)「日本国政府と中華人民共和国政府の共同声明」（霞山会編, 1998, p.428）.
45) 前掲「田中総理・周恩来総理会談記録（1972年9月25日～28日）――日中国交正常化交渉記録」, pp.008.
46) 同上, p.010.
47)「ニクソン米大統領の訪中に関する米中共同声明」『外交青書』16号, pp.525-528. 細谷千博・有賀貞・石井修・佐々木卓也編（1999, pp.860-863）.
48) 前掲「田中総理・周恩来総理会談記録（1972年9月25日～28日）――日中国交正常化交渉記録」, p.006.
49) 同上, p.008-009.
50) 同上, p.023-024.
51) 上海コミュニケの原文は次の通りである. "The U.S. side declared: The United States acknowledges that all Chinese on either side of the Taiwan Strait maintain there is but one China and that Taiwan is a part of China. The United States Government does not challenge that position. It reaffirms its interest in a peaceful settlement of the Taiwan

question by the Chinese themselves. With this prospect in mind, it affirms the ultimate objective of the withdrawal of all U. S. forces and military installations from Taiwan. In the meantime, it will progressively reduce its forces and military installations on Taiwan as the tension in the area diminishes." なお，1979年1月1日に発表された「アメリカ合衆国と中華人民共和国との間の外交関係樹立に関する共同コミュニケ」は，"The Government of the United States of America acknowledges the Chinese position that there is but one China and Taiwan is part of China." と表現している．細谷千博・有賀貞・石井修・佐々木卓也編（1999, pp. 860-863）．動詞 acknowledge の中国語訳については，前者は「認識到（認識している）」と訳し，後者は「承認（認める）」と訳している（梅孜編，1997, pp. 54, 56）．

52) 前掲「田中総理・周恩来総理会談記録（1972年9月25日～28日）——日中国交正常化交渉記録」，p. 025．なお，この前の7月28日，周恩来は竹入義勝に対して，「これはキッシンジャーの創造的言葉で，私も思いつきませんでした」と話した．「竹入・周会談（第2回）」，p. 027，開示文書（写）整理番号　01-298-1．
53) 同上，p. 029．
54) 「日本国政府と中華人民共和国政府の共同声明」（霞山会編，1998, p. 428）．
55) 前掲「田中総理・周恩来総理会談記録（1972年9月25日～28日）——日中国交正常化交渉記録」，p. 026．
56) 周恩来は，「日中平和友好条約」が締結できたら，50年数年ぶりに日本を再訪しようとしていた．例えば，1975年初め，病状が落ち着いていた頃，彼は周辺の医師や看護師に日本再訪の希望をもらした．「国内はチベットを除いてすべて見て回った．今後も私はチベットへ行くのは難しいだろう．将来可能であれば，やはり日本へ行ってみたいものだ」（張佐良「周恩来・日本への思い——日本の読者へ」（早坂義征訳，2000, p. 1）．
57) 前掲「田中総理・周恩来総理会談記録（1972年9月25日～28日）——日中国交正常化交渉記録」，pp. 22-23．
58) 元外交部アジア司日本処処長・元駐日本公使丁民氏（中国中日関係学会名誉会長）へのインタビュー記録，2004年11月12日，東京・後楽賓館にて．
59) 李恩民（2005a, pp. 19-24）．李恩民（2005b, pp. 237-255）．
60) 「竹入・周会談の日中共同声明関連部分（第3回竹入・周会談）」，p. 68，開示文書（写）整理番号　01-298-2．
61) 「園田外務大臣・鄧小平副主席兼副総理会談記録」，p. 6-7，開示文書（写）整理番号　01-1373-1．
62) 「園田外務大臣・華国鋒主席会談記録」，p. 19，開示文書（写）整理番号　01-1373-2．
63) 中共中央文献研究室編（2004, p. 411）．

14章 高碕達之助と戦後日中関係
―― 日本外交における「政治」から「経済」への転換

加藤聖文

はじめに

　戦後の日中関係に関わった人物のなかには，戦前から何らかのかたちで中国（満洲を含む）との関わりを持っていた人びとが多くいた．ある意味において戦前から戦後にかけての日中関係は人的側面において「連続性」を持っていたといえなくもない．ただし，戦前の経験がそのまま戦後の活動につながったかどうかは一概にいえるものではなく，慎重な分析が必要であろう．

　戦後の日中国交回復にいたる過程では，さまざまな人物が日中関係に関わった．なかでも国交が樹立されていなかった日中関係を準政府間レベルにまで高めたLT貿易を実現した高碕達之助，高碕没後にその流れを受け継いだ岡崎嘉平太は経済人として日中関係を具体的かつ実際的なものへと発展させた点において重要な役割を果たした．また，高碕と岡崎が脚光を浴びる中で埋もれてしまったが，日中経済交流の切っ掛けを作った村田省蔵の存在も看過することはできない．

　村田を含めて3人の経済人に共通するのは，戦前に大日本帝国の影響下にあったアジアを活動の舞台としていたことである．高碕は満洲重工業開発（満業）副総裁（後に総裁）として満洲国の産業政策に深く関わり，岡崎は日本銀

行から華中に派遣され，大阪商船社長であった村田は大東亜共栄圏内の戦時海運政策に関わるなかで日本軍占領下の在フィリピン特命全権大使を務めるにいたった．ある意味で彼らは戦後の活動のなかに戦前の経験を見いだすことが可能である．ただし，戦前の中国体験を戦後の対中観に色濃く反映させていた岡崎と戦前の満洲での経験を基にしつつも戦後の対中観を現実主義の立場から切り離していた高碕とは，その経験と行動の連関性は微妙に異なる．

　こうした経済人とは別に，松村謙三や石橋湛山，古井喜実といった保守系政治家や高良とみのような革新系政治家も戦後日中関係に大きく関わり，日中関係の進展に一役買った．しかし，松村は交渉の突破口を開き，長期にわたって日中交渉に関わり続けたものの，実際的かつ具体的な面で果たした役割はそれほど大きくはない．松村以外の政治家においてはなおさら役割が限定的であった．また，経済人から政治家となった藤山愛一郎は，実際の日中関係においては経済人としてではなく政治家としての立場から関わったのであり，同じく限定的な役割しか果たせなかった．このような彼らが持つ限界性は，日中関係に関わった政治家に共通する党内政治基盤の弱さに起因していたといえよう．

　本章では，戦前は満業総裁として満洲国の産業政策を推進し，敗戦後は在満日本人の引揚援護に携わった後，戦後になって日中関係の進展に役割を果たした高碕を取り上げる．ただし，近年急速に進んだ日中両国の外交記録公開などを基にして研究が盛んになっている高碕の代表的業績であるLT貿易の成立過程やその前後の日中交渉の外交史的分析を目的としない．むしろ，高碕の特徴である経済合理主義を軸にした彼の思想と，それに基づく政治経済活動を取り上げ，それが戦後の日中関係にどのように反映したのかを分析することを目的とする．そして，こうした分析を通して戦前から戦後にかけての日本人と中国との関わりの一端を高碕という一個人を通して照射すると同時に，近代以降の日本外交においてはじめて経済人が外交交渉に大きな影響を与えた歴史的意義を考察していきたい[1]．

1. 満洲時代の経験と経済合理主義

　高碕にとって満洲は，経営者の目から見れば「魅力あるところではなかっ

た」．そもそも満洲事変直後，関東軍が財閥排斥を唱えていたことから，大阪の財界人は満洲を「危険視」し，投資に慎重であったという背景がある．それに加えて，高碕個人も1932年に荒木貞夫陸相が大阪で財界人相手に講演した際，満洲事変処理費として年間2億円かかると聞き，期限のない無計画な浪費だと「失望」して以降，満洲に対して一貫して距離を置いていた[2]．

　そのような高碕が態度を変えて満洲に関わるようになったのは，日中戦争後に鉄の需給関係が崩れ，高碕が経営する東洋製罐の経営が打撃を受けたからであった．1939年，良質なブリキ鋼材の供給不足に悩まされるようになった高碕は，満業総裁だった鮎川義介に誘われて満洲にはじめて渡り，これまでの満洲観を180度転換させることになる．この視察の目的であった鋼材入手は不調に終わったものの，満洲の広大な原野は高碕に強烈な印象を与え，最終的には鮎川から懇請された満業副総裁就任を引き受け，1943年末には鮎川の後を継いで総裁になる[3]．

　しかし，当時の一般社会で広まっていた満洲を理想郷視する風潮に冷ややかだった高碕から見ると，実際に見る満業は非効率の固まりのようなものであった．人事・資金調達・事業計画のあらゆる面で関東軍との確執が見られ，生産力は年々低下していった．生来，思考が合理主義的で生粋の経済人であった高碕は，満洲国の官僚的な形式主義や関東軍の非合理的な強権体質と肌が合わなかったのである[4]．

　高碕の経歴で特徴的なことは，若年期に海外に渡り，数年間米国でビジネスに従事するなかで米国流の企業経営を実践的に学んだことであった．とくに商品の標準化を提唱したハーバート・フーバー（後の大統領）の考えに強い影響を受け，フーバーらの知遇を受けるなかで，米政財界との深い人脈を築き上げていたことが強みでもあった．米国との深い繋がりは，高碕の生涯を通じて大きな財産となったが，高碕の満業入りも，鮎川が計画していた満業への米国資本導入実現を期待されたという一面もあったのである．

　高碕の事業に対する合理的発想は，1917年6月に創業した東洋製罐株式会社の設立趣意書からも読み取ることができる．そこでは，「手工ニ代フルニ機械力ヲ以テスルハ時世ノ進運ニ伴フ経済ノ大則」であるにもかかわらず，「製罐ハ依然トシテ四拾年前伝来当時ノ儘ヲ固守シ前世紀ノ遺物トシテ欧米市場ニ

容易ニ見当ラザル底ノ状態」にあり，欧米の機械化された大量廉価な製缶工業に対抗すべく東洋製罐を設立したと明記されていた．4年5カ月にわたってメキシコ・米国で製罐事業に関わってきた高碕は，日本の家内手工業的で未分業体制の残る製缶工業を廉価で高品質な製品を大量に生産できる欧米式機械化工業に転換させようとしたのであるが，その要点はこれまで未分業であった製缶と缶詰製造を分離し，関西財界の支援と製缶業者・缶詰業者からの出資によって，「一般罐詰業者ニ一定ノ空罐ヲ分カタントスル」ところにあった[5]．

優良な製品を大量かつ安価に市場へ供給するために，工場の機械化と経営の効率化を図るとともに，一社による利益独占ではなく，関連業者との共存関係によって業界全体に利潤を分配することが結果的にはもっとも企業利益になるという高碕の経営理念は，この東洋製罐創立時にすでに顕れていたといえよう．そして，この経験は満業時代の実績である東辺道開発会社（石炭・鉄鉱石の採掘）・昭和製鋼所（銑鋼）・本溪湖煤鉄公司（銑鉄）の分業体制を基にした満洲製鉄株式会社の誕生（1943年）に繋がったといえる[6]．

さらに，こうした効率性追求のほかに高碕の経営理念のもう1つの特徴は，会社組織を構成する役員や従業員に対する考え方であり，それも満業時代の経験からうかがうことができる．

満業は，戦局の悪化とともに利潤を追求する企業から戦争経済を支えるだけの組織となっていった．満洲において複数の大規模な各種工業会社を子会社として総合的に経営することを意図して作られた満業であったが，満洲国政府は特殊会社制度を導入して満業の子会社を特殊会社化し，政府の強い指揮監督権下に置いたため，鮎川の意図した総合経営構想はたちまち行き詰まってしまった．さらに，物資動員計画によって経済統制が強化され，資材不足の深刻化が追い打ちとなった結果，無駄な投資ばかりが膨らむ一方で，生産性は上がらず，満業は一般的な重工業会社のレベルとされる資本に対する生産比率50％には最後まで到達できないありさまとなった[7]．

こうした外的要因によって満業の経営は思うような成果をあげられなかったが，戦局の激化によって政府・関東軍からは能力以上の生産目標を厳しく求められるというジレンマに陥っていった．その結果，作業現場への過重な労働力の投入が図られ，それがかえって労働者の不満を高め生産能率の低下をもたら

すという悪循環に繋がっていったのである．

　高碕は，年々生産能率が低下している原因は，劣悪な労働環境の改善を怠った誤った労務対策によって労働者の生産意欲が減退したことであると正確に認識していた．また，五族協和とは裏腹に満系幹部と日系幹部との見えない軋轢に悩まされていたのである[8]．

　この当時の高碕の思想をうかがい知ることのできる興味深い資料として，相馬御風に宛てた手紙がある．高碕は，戦時中にたまたま大阪で開かれた遺墨展で良寛の書を見て感銘を受け，以後，良寛が実践した型にとらわれない精神的自由さにあこがれたとされる．良寛研究者でもあった相馬御風に宛てた手紙のなかで，高碕は，「人の力で砕きし氷雪の角張つて居るのに比しあたゝかい日の光に浴し清き玉滴となり大地にしみこむ風情こそ対異民族に接触する秘決と相信じ候．五族協和一往一心とか教訓めかしき大言をするよりは良寛さまが農人に合掌されしアノ気持を以て黙々として働いて居る満人諸君に接すれバおのづから清き玉滴がこんこんと流れおち大地をうるほす事と相信じいみじくも尊き教訓を得候」と，満洲における現地人との関わりについて，五族協和のような官製スローガンよりも良寛が実践した生活者としての手本を示すことの方が重要だと確信していた[9]．

　良寛に対する共感は，単純なヒューマニズムというものではなく，むしろ経営者の感覚からすれば合理性を持っていたといえる．すなわち，最少の投資で最大の利潤を求める経営者たらんとする高碕にとって，世の中はつねに移り変わるものであり，その変化に柔軟かつ迅速に対応できることが優れた経営者であった．高碕は，組織内の人的・物的資源を効率的にまとめあげて1つの目的（最大利潤の獲得）を達成するためには，組織内の人間関係につねに気を配り，組織の効率化と社員の能率化を最大限度まで高める必要がある．そのためには合理性・効率性を重視し，固定観念に囚われて経営判断を誤らないようにしなければならないと考えていたのである[10]．

　しかし，高碕が満業時代に試みた現地人との邂逅は個人レベルのものにとどまった[11]．すでに戦争経済に組み込まれ軍の下請けになってしまった以上，高碕個人の力で満業全体の労務改善を図ることは不可能であったといえる．この労務対策の失敗に対して，高碕は自責の念を戦後の早い時点から強く抱くこ

とになる[12].

　高碕の中国に対する贖罪意識の特徴は，満業の経営者として現地人の部下を持ち，また多くの現地人労働者を使いながら，社員融和と労務対策に失敗したという具体的な経験に基づいたものであり，経済合理主義を信条とする高碕にとって痛恨の極みであったといえる．その点において，とかく具体的経験とは乖離した抽象論的加害者意識に陥りがちであった多くの戦後日本人とは明確に異なる位置にあったのである．

　また，日本人と他民族との相互不信という現実を目の当たりにするなかで，高碕の感性は満洲国の矛盾に鋭く反応していた．それゆえに，他の満洲国関係者が戦後になって満洲時代を美化したり理想化していくなかで，一度も「五族協和」「王道楽土」といったスローガンを引き合いにして満洲時代をことさら美化しなかった．この点においても極めて特異な存在であったといえる．

　敗戦によって満洲国が滅亡した後，高碕は，日本人救済総会々長として日本人引揚の責任者となった．高碕の生涯において，単なる企業経営者の立場を超えて100万人を超す在満日本人の生命財産を守る立場に立った強烈な体験は，戦後の彼の思想と行動に大きな影響を与えたといえよう．

　1945年8月9日のソ連参戦によって新京も市街戦の準備が進められていった．高碕は13日に毎週満業本社で開いていた産業懇談会のメンバーを招集し，市街戦回避のための民間による治安維持会組織を計画したが，この計画は新京防衛司令官飯田祥二郎中将の容れられるところとはならなかった[13]．

　13日の会合後，高碕は嗜眠性脳炎によって意識不明となり，17日の夜中に昏睡状態から回復したときにはすでに満洲国が消滅していた．その後，敗戦前に計画された治安維持会を基にして19日に新京日本人会が結成され，さらには満洲各地に日本人会が結成されていったことを受けて，28日に高碕・武部六蔵（満洲国総務長官）・三宅光治（満洲帝国協和会会長）・山﨑元幹（南満洲鉄道株式会社総裁）・齋藤弥平太（満洲拓殖公社総裁）・岡田信（満洲興業銀行総裁）らが集まり，各地日本人会を統括する日本人救済総会の結成が話し合われ，政府関係者ではない高碕が会長を引き受けることになった[14]．

　救済総会会長として高碕は避難民の救援や在留民の生活支援，食糧・住宅・就業についてソ連軍当局との交渉を行う一方，元満業総裁として技術移転や産

業復興支援にもあたった．しかも長春（元新京）は，ソ連軍が半年以上も占領を続け，そのソ連軍が1946年4月に撤退した後は，中国共産党軍と国民政府軍とのあいだで争奪戦が繰り広げられ，支配者がめまぐるしく替わり政治的転変が絶え間なかった．こうしたなかで高碕はときには被支配層の代表として，またときには東北産業復興のアドバイザーとしてソ連軍・中国共産党・国民政府のいずれとも接触し，彼らの考え方や長短を学んだことは，引揚後に取り組むことになる対ソ・対中交渉の大きな糧となった．

　1946年4月から在満日本人の引揚が開始されると，これまでの救済から引揚へと流れが大きく変わり，7月1日には瀋陽に東北日僑善後連絡総処が救済総会の機能を吸収するかたちで設置され，高碕が主任となった[15]．

　満洲からの引揚は，米軍主導の下で順調に進み，年内には大半が引揚げることになるが，その間の11月末に高碕は総処主任を平嶋敏夫（元満鉄副総裁）に譲ったものの，顧問として残留し，国民政府による東北産業復興に協力することになった．この間に東北の産業実態を詳細に調査したことが，戦後の訪中時に役立つことになる．

　満洲へ渡る以前に培われた経済合理主義と生来の感受性の強さが，怜悧な計算に裏打ちされた大胆さを合わせ持つ高碕の生涯を貫く行動パターンを生み出したといえるが，こうした奔放さは非合理な現実が支配する満洲国では最後まで報われることはなかった．しかし，敗戦後の複雑な政治状況下ではこうした怜悧さと大胆さが高碕を救い，在満日本人の救済・引揚を最低限の混乱に抑えて実施することを可能にしたといえる．

2．実業家から政治家へ

　1947年春から中国共産党軍の攻勢が強まるなかで，技術者を中心とした留用日本人の帰国も本格化していった．東北地区の産業復興計画に関わるため残留していた高碕は，最後まで東北に踏みとどまる決心をしていたが，国民政府の対日賠償問題担当者から日本国内にある対日賠償物件（富士製鉄広畑製鉄所・呉火力発電所）の調査を依頼され，1947年10月に日本へ一時帰国した．しかし，国共内戦の激化によってそのまま日本にとどまることになり，これが実質的な

引揚となった[16]．

　帰国後の高碕は，公職追放となったために公務に就くことはできなかったが，満洲引揚者の就業問題に深く関わり，日印合弁製鉄所建設計画（中途で挫折）や電源開発計画（満洲時代からの構想の具体化）によって問題の解決を図ろうとした．この2つの計画は引揚者の就労解決という側面以上に，外資導入による日本経済の復興という重要な目的があった．そして，当初は外資導入に慎重であった吉田茂首相もこの計画に乗り，電源開発（電発）が誕生すると，吉田の強い意向で1952年9月に高碕が総裁となった[17]．

　このように，高碕の戦後における政界との関わりは，吉田との関係から始まっている．とくに，外資導入計画において吉田は，米国政財界と強いパイプを持つ高碕に目をつけたのである．そして，高碕にとって戦後初の公務復帰となった電発総裁就任は，さまざまなかたちでその後の高碕の活動に影響を与えることになる．

　電発の首脳陣は，総裁高碕の他，副総裁は進藤武左衛門（中国電力会長：小林一三らの推薦），理事に永田年（北海道電力副社長：技術担当）・平嶋敏夫（元満鉄副総裁で救済総会時代の同僚：補償問題担当）・間島達夫（日本興業銀行融資第一部長：経理担当）が任命された．総裁に就任した高碕は，課長級に多数の満洲関係者を受け入れ[18]，また技術陣の人選にも力を入れ，満洲・朝鮮・台湾からの引揚者を積極的に受け入れていった[19]．これは引揚者の就業対策という側面もあったが，国内の技術者にはない大規模開発のノウハウを持っていた彼らを最大限活用しようという積極的な理由があったと考えられる．

　戦前に巨大コンツェルンであった満業の経営者として満洲国の産業政策に関わったことは高碕にとって大きな糧となり，大規模開発を使命とした電発総裁には適任であったといえる[20]．なかでも電発総裁時代の高碕のもっとも大きな功績が，佐久間ダム建設であった．社内外の反対を押し切って進められたダム建設は，戦後の外資導入第1号となるバンク・オブ・アメリカからの融資と米系土木会社のアトキンソン社による土木技術の導入によって，1956年10月に3年という当時では驚異的な短期間で完工した[21]．

　大正期から電力業界の悲願でありながら果たせなかった佐久間ダム建設は，これまでの人力頼みから米国式の重機械による大型公共事業へと転換させたこ

とでも特筆すべき事業であった．しかし，その一方で，外資依存と国際競争入札導入は国内機械メーカーや土木会社の反発を招いたことも事実であり，吉田からも国内電機メーカーが反発していた水車発電機の国際競争入札取り止めを求められたが，高碕はこれを拒絶した[22]．

　満洲時代に行った河本大作更迭と同じく，絶対的信条である経済合理主義に些かでも反することには断固として妥協しない高碕の鼻っ柱の強さがここでも現われているが，こうしたさまざまな反発や圧力が影響してか，高碕は佐久間ダム完工前の 1954 年 8 月に総裁を辞職することになる[23]．

　そもそも 9 電力会社設立による電力国家管理体制の解体と，国家による一元的な電力開発を目的とした電発の設立という相矛盾する政策が同時に行われたことからうかがえるように，経済発展の基盤となる電力事業は，政治的利権も含めて現実政治の影響を強く受ける産業であった[24]．したがって，経済合理性だけを求める高碕に対する反発は，相当根強かったと思われる．そして，総裁辞職をめぐって高碕と吉田との関係も悪化したと見られ，結果として後の高碕訪中に微妙な影響を与えることになる．

　高碕辞職から半年も経たない 12 月，吉田内閣は総辞職したが，高碕は後継の鳩山一郎内閣に対しても外資導入計画の継続を求めた．このことが，経済審議庁長官として入閣（12 月）することにつながった[25]．

　鳩山内閣は，主導権を握る吉田首相に反発して自由党から集団離党し，保守系野党の改進党と合同して結成した民主党を母体にした内閣である．電発総裁辞任の背景に吉田との関係悪化があったかはともかくとして，これまでの経緯からすれば，高碕は吉田と政治的に対立関係にあった鳩山内閣とは距離を置くと考えられた．しかし，この当時の高碕は経済人であって，彼にとってみれば，自身の経済構想を実現する意思がある内閣であれば吉田でも鳩山でも構わなかったのである．高碕の行動を規定するのはあくまでも政治イデオロギーに囚われない経済合理主義であって，これゆえに，当時の保守陣営内部での複雑な権力抗争のただ中にあっても，吉田から鳩山・石橋湛山・岸信介・池田勇人内閣と続く政権のいずれとも一定の関係を維持しつづけることができたのである．この点において，政治的イデオロギーや信条，それぞれの政治的立場にこだわって戦後日中関係に関わった保守政治家（松村謙三・石橋・古井喜実・田川誠一

ら）とは明らかに異なる位置にあったといえよう．

　入閣当初は国会議員になる予定はなかったが，経済審議庁長官に就任後，すぐに解散総選挙（1955年2月）となったことから幹事長の岸に推され，幣原喜重郎没後に後継者不在のため空白区となっていた大阪3区から出馬して当選する．

　そして，経済審議庁長官時代，アジア・アフリカ会議（1955年4月：バンドン会議）に参加し，このときに周恩来と会談したことが，高碕の日中関係への関与を決定的なものとした[26]．

　会議に先立つ3月16日，高碕は石橋・重光葵と会談し，「対中共方策」などを話し合った[27]．戦後，はじめて日本が参加する国際会議であるバンドン会議を鳩山内閣は重要視しており，おそらくバンドン会議に参加する中国側との接触も想定して，会議に先立つ事前準備はそれなりに行われていたと思われる．

　4月18日から開かれたバンドン会議において，開会式に先立ち開催国インドネシアのスカルノ大統領をホテルのロビーで出迎えた際，高碕が臨席した周恩来と挨拶したのが最初の接触であった[28]．

　高碕はこのときの接触は意図的ではなく偶然であると外務省へ伝えているが，これを切っ掛けに「在華邦人引揚げ促進につき周の注意を喚起」する決意を固めたのは事実である．ただ，在インドネシア米国大使に周との接触の事実を内報しているように，とくに米国を強く意識して慎重に進めようとしていた[29]．

　最初の日中接触は偶然とされながらも，即座に別途に会談する約束が取り交わされたことからわかるように，高碕も周恩来もそれぞれ事前に周到な準備をしていたことは明らかであった[30]．

　4月22日に周恩来の宿舎で1時間25分にわたって行われた極秘会談は中国側が周恩来・陳毅（外交部長）・廖承志（顧問）に対して，日本側は高碕と通訳の岡田晃のみであり，外務省から代表団の顧問格として加わっていた谷正之・太田三郎・加瀬俊一・朝海浩一郎・倭島英二の誰も同席していなかった．すでに最初の接触時点で高碕は中国側の反応を見て，まず個人の資格として周とトップ会談を行い，一気に突破口を開こうと決意したのであろう[31]．

　高碕・周恩来会談の席上，高碕は，「戦争中，わが国はお国に対して，心からお詫びしたいと思ったこと」を伝えることにこだわっていた．そして，敗戦

当時，中共軍占領下の長春で王新三なる人物と「東北産業調査所」を作って経済建設に協力しようとしたが，国府軍の北上によって約束が果たされなかったことを今も残念に思っていると伝えたが，これ以外に「二，三お願いしたいこと」として，「現在日本は米国によって指導されているので，日本政府は必ずしも貴国政府の御希望されるようにはいかない．（中略）そこで日本政府としては，一寸でも両国関係を改善するためにまず貿易を行いたいと思っている」，昨年訪中した村田が提案したような民間貿易の促進が「非常によいことと」思うと述べた[32]．

　周恩来は，戦争中のことは「過ぎ去ってしまったこと」であり，むしろ今後の日中関係の促進に関心があることを述べたが，民間貿易の件は「聞きながし」，日本の国際的地位，米国との関係について踏み込んだ上で「代表機関」の相互設置を強く求めた．この提案は，単なる貿易促進だけではなく，戦犯釈放問題を搦めることで日本政府が関わらざるを得ないかたちに持って行こうとする意図がうかがえるものであった．さらに，周恩来にとってこの時点でとくに強い関心を抱いていたのは，台湾問題に対する日本政府の態度のほかに日ソ国交回復の動きであったことは会談での中国側の反応からうかがうことができる[33]．

　日米関係への影響を最小限にとどめようとする日本側としては，単なる国交回復の前段階としての経済交流しか視野になかったが，中国側としては，日中関係は台湾問題と中ソ関係が複雑に絡み合う外交政策のなかに位置づけられるものであり，日本政府をいかに巻き込むかが重大なポイントであった．その点において高碕の意図とは裏腹に，両国間の交渉に対する認識とそれに基づく方針は当初から微妙に相違していたといえよう．

　会談は台湾問題という日中関係においてもっとも重要な課題を話し合うことを約束して終わった．再会談は25日午前7時からと決まったが，会談終了後に岡田が，外務省から顧問として参加していた谷・太田・加瀬に会談内容を報告した結果，24日なって谷が第2回会談の取りやめを主張し，代表団の顧問であった朝海浩一郎を通じて高碕に申し出，高碕から中国側に対して第2回会談を急遽キャンセルすることが伝えられた．会談キャンセルの理由は，当初からバンドン会議に消極的であり，高碕・周恩来会談に対しても批判的であった

外務省側の反発もあったであろうが，岡田が推測しているように米国の何らかの意向が日本側へ伝わったことが大きな要因であろう[34]．

　米国に対しては，18日の日中接触を日本側から内報していたが，米国はこれを受けて日本がこれ以上に中国側と接触することを警戒したと予測される．高碕としては米国への配慮を怠らなかったつもりであったが，米国は高碕の思惑以上に日中接触を警戒していたのであり，日米関係という重しは予想以上であった．

　結局，第2回会談は中止となり，その後は，レセプションでの立ち話程度の接触で終わった．ただ，第1回会談で周恩来は，高碕に向かって訪中することを誘っていた．これに対して，高碕はもっとも希望することとして，武部（満洲国総務長官）と古海忠之（総務次長）の釈放を強く求め，武部の帰国（1955年）と古海の家族の訪中が実現（1958年）した後，1960年10月に戦後はじめて周恩来の招きに応じて中国を訪れることになる．

3. 日ソ交渉と日中交渉

　戦後の高碕はバンドン会議までは表だって日中関係に関わったことも，また発言したこともなく，おそらく周恩来との会談がなければ，ここまで深く日中関係に関わることはなかったであろう．高碕自身も人生の転機をもたらし「政治に興味をもち，外交に興味をもつようになった」のはバンドン会議であったと回想している[35]．

　しかし，高碕訪中は，バンドン会議から5年かかってようやく実現した．この5年という歳月はけっして短いものではなく，むしろなぜ訪中までこれほど時間がかかったのか疑問を抱かざるを得ない．周恩来は，訪中を応諾したにもかかわらず，なかなか訪中しようとしない高碕に対して不信感を抱いていた．高碕の第1回訪中では，両者の信頼関係は最初から良好だったわけではなかったのである[36]．

　高碕はバンドン会議終了後の1956年5月，日本側全権代表として日比賠償協定を調印し，日比国交回復の外交的実績を積んでいた．そして，この日比賠償交渉とそれと前後する日中の接触ともに関わったのが高碕と村田，さらには

藤山であり，三者はともに経済人であった点に特徴がある[37]．

村田は1954年に設立された日本国際貿易促進協会の初代会長として日中貿易に関わっていた．日中が接触を開始した初期は，村田が経済問題担当として，実際的な日中交渉の中心人物であった．一方，高碕は経済人でありながら，すでに衆議院議員であったため，その行動には政治的制約がかかっていたといえる．おそらく，村田がこのまま存命であれば，高碕が日中交渉の表舞台に立つことはなかったであろう．しかし，村田は1957年3月に死去した．村田の死去は，日中交渉に意欲的であった石橋内閣が短命に終わって，岸内閣が発足（2月）し，日中関係が停滞に向かう時期と一致していた．

岸内閣期の日中関係は長崎国旗事件をはじめ日米安保改訂問題も絡んで悪化の一途を辿り，高碕が訪中して成果を引き出せる政治環境ではなかった．しかも，高碕自身は1958年3月に第2回日ソ漁業交渉政府代表として訪ソし，鮭鱒缶詰設備の輸出を実現するなど，日ソ経済交流に注力するようになっていたため，訪中はますます遠のいていったといえる．

訪中よりも訪ソが先行したことは，当時の国内政局の影響も否定できないが，むしろ経済人としての高碕にとってはこの当時，対中貿易以上に対ソ貿易がより重要視されていたことのあらわれでもあったのである．

日ソ漁業交渉における高碕の交渉スタイルは，ある種独特なものがあり，その後の日中交渉にも通ずるものがある．したがって，日ソ交渉（とくに第4回日ソ漁業交渉）での高碕の行動を分析することは，その後の日中交渉を分析することにもつながり，極めて重要なことといえよう．

1959年12月9日，高碕は岸首相から第4回日ソ漁業交渉の責任者として訪ソするよう依頼を受けた．たまたまこれより4カ月前の8月，高碕は大日本水産会長として根室を視察し，「同地方の樺太及千島の引揚漁夫の窮状を実地に見」て1957年3月以来懸案となっている北洋漁業安全操業問題の解決を図ろうとしていた．そこで，岸の申し出に対して，単なる漁業交渉でとどまるのではなく，北洋漁業安全操業問題の解決を図りたいと応じ，岸の同意を取りつけた[38]．

高碕が提案した北洋漁業安全操業問題は，日ソの係争地域での日本漁船の永続的漁業活動の保証を意味することから，交渉過程では必然的に平和条約およ

び領土問題に触れざるを得なくなる．したがって，交渉はソ連の最高指導者であったニキータ・フルシチョフ首相およびアナスタス・ミコヤン副首相との直接会談が不可欠であった．高碕の交渉の特徴は，事前に細かな交渉と同意を積み上げて最終的な合意にいたるのではなく，いきなり相手国の最高指導者と直談判して根本的な部分での合意を一気に図ろうとするところにあった．これはバンドン会議のときと同じであり，今回の日ソ交渉，さらには後の日中交渉でも見られた特徴であった．

　高碕の意図は，岸が当初想定していた漁獲高の取り決めと漁業区の設定を目的とした漁業交渉を逸脱するかなり大胆なものであったが，岸は自民党内の反ソ風潮の強さに留意することを条件として高碕の提案を受け入れた[39]．

　岸の了解を受けて高碕は，外務省と連携を取りつつ駐日ソ連大使館と接触し，フルシチョフらとの面会の確約を取りつけ（ただし具体的日時は未定のまま），訪ソの準備に取りかかった．高碕訪ソは関西財界などからは好意的に受け止められ，1960年2月24日には大阪で訪ソ壮行会が開かれ，出席者5,000名を数える盛況となった．しかし，これと同時に自民党内では高碕訪ソ反対の声が強まり，前農林事務次官として日ソ交渉に関わっていた塩見友之助がモスクワから帰国すると福田赳夫農相の訪ソを求めるにいたった．この結果，4月2日に佐藤栄作蔵相・藤山外相・池田通産相・樽橋渡運輸相・福田農林相・菅野和太郎経済企画庁長官らによる経済閣僚懇談会が開かれ，池田と佐藤は高碕訪ソの延期という妥協案を出し，ほかからも高碕訪ソはかえって日ソ漁業交渉にマイナスとの反対論が出されたが，高碕は訪ソの信念を曲げず，福田の裁断によって福田が首席代表となるが，高碕も農相の依頼により訪ソするかたちで妥協が図られた．懇談会以前より周囲から訪ソ中止を忠告されていた高碕は，懇談会に岸が欠席，藤山は「終始沈黙し最後に至つて消極的の意見を述べた」ことに相当強い不満を抱きつつ，半ば強行するかたちで訪ソした[40]．

　モスクワでのイシコフ漁業相との漁獲高をめぐる実務交渉は難航し，滞在は1カ月近くにも及んだが，5月7日にミコヤンとの会談（高碕単独）を実現した後，高碕の独断でフルシチョフへの面会を要請し，10日には会談実現にまでこぎ着けた（福田農相・門脇季光駐ソ大使同席）．会談では訪ソ直前に岸から平和条約に触れないように釘を刺されていたにもかかわらず，高碕は安全操業問題

を正面から取り上げ，領土問題にも話が及んだものの，具体的進展もなく終わった[41]．

　漁獲高の妥結もできず，何の成果もあげられなかった今回の訪ソは，一見すると失敗だったとも捉えられるが，当初の目的であったフルシチョフとの会談を実現し，高碕の考えを伝えたことはそれなりの成果をあげたといえよう．またこの日ソ交渉では，政府や省庁の方針に反しても自己の主張を相手側に伝えることにこだわって強引，ときには独断で接触を図ったり，交渉相手を政策決定のトップに的を絞り個人的信頼関係の構築を目指すやり方など，高碕独特の交渉スタイルが明らかになっている．また，近視眼的に見ると交渉はスタンドプレー中心の危なっかしいものであるが，長期的にはそれなりの成果をあげており，高碕一流の計算された行動がそこにあることも読み取れる．事実，その後のソ連要人（とりわけミコヤン）との個人的関係は緊密化し，最終的には1963年になってソ連国家漁業委員会と大日本水産会との間で貝殻島昆布漁の解禁が取り決められ，「余生にかけられた最大の責任」であった安全操業問題は解決を見たのである[42]．

　バンドン会議以降，高碕が死没する直前まで北洋漁業問題が大きな課題となっており，高碕の活動の重心もそこにあった．これは貝殻島昆布漁という引揚零細漁民の救済という個別の問題を解決するだけではなく，高碕が経営する東洋製罐も含めた水産業界にとって当時，ソ連領海での漁業割当が死活問題であったことが理由であった．したがって，日中交渉への関与も同時進行していた日ソ交渉の影響を受けざるを得なかったのである．

　さらに，高碕にとって足枷となったのは，国内政局であった．前述したとおり岸内閣期に日中関係が冷え込んだことが高碕訪中を先延ばしにしたが，岸内閣末期になるにつれ，後継総裁をめぐって池田と河野一郎のあいだで権力抗争が本格化し，河野派の重鎮と見られていた高碕に対する攻撃も激しくなっていった[43]．

　ソ連・中国といった共産圏諸国との関係が深かった高碕は，自民党内の主流である親米派から格好の標的とされ，この流れは岸の後継となった池田内閣でも続いたのである．

　このような不安定な政局の最中，1959年11月に訪中した松村から高碕宛に

周恩来からの招待状が届けられた．招待状では1960年春の訪中を促していたが，訪ソの時期と重なっていたため，10月にずれ込んで実施された[44]．

第1回訪中は当初，中国側が求めていた時期から大幅に遅れたが，ちょうど1960年7月に池田内閣が発足したことがその後の日中関係に好都合となった．日中関係が険悪化した岸内閣からの転換を図ろうとしていた池田内閣にとっても高碕訪中は好機でもあった．しかし，自民党内部では，中国接近を図ろうとするグループとそれに反対するグループの緊張状態が続いており[45]，池田内閣はそうした緊張状態の上に立って，対中交渉を進めようとしていた．池田としては，こうした党内事情に加えて対米関係を考慮に入れつつ，深入りしない範囲で中国との接触を試みようとしたのであった[46]．

経済界代表を中心に総勢14名が1カ月かけて行った第1回訪中において，高碕と周恩来との会談は2度行われた．第1回会談は高碕と周恩来だけで4時間半もかけて行われ，日中関係樹立の目的は一致したものの，その手段・方法について両者の議論は平行線を辿った．その後，東北視察を行った高碕が経済的問題点をあけすけに指摘したことが周恩来の信頼を得，第2回目の会談を経て，漸進的な正常化と相互内政不干渉，民間交流の促進と政府首脳会談実現に努力することが両者の認識として共有され，高碕の訪中はそれなりの成果をあげたのである[47]．

おわりに

最初の訪中から2年後の1962年に高碕は松村らと再度訪中し，LT覚書が調印されて，半官半民の日中貿易が開始されることになった．高碕にとって日中交渉は日ソ交渉とは異なり，企業経営者としての必要性から関わったものではなかった．第1回目の訪中の際，高碕は東北各地を視察し，中国人の勤勉性と短期間での社会整備を素直に評価しているが，その一方で経済的非効率性も見逃さなかった．高碕にとって産業プラントや特殊機械などを日本が輸出することによって経済的な結びつきが強まり，それが国交回復に発展すると考えていたが，そのことは中国側が産業プラントをはじめとする技術移入を受け入れることが前提であった．しかしそこまで辿り着くにはまだ時間がかかり，した

がって経済的利益も当分は見込めないものであった．その点が同時並行で関わっていた日ソ交渉と大きな違いでもあった．一方，両者に共通することは，政治的イデオロギーに関係なく，経済合理主義に徹して現実を直視する経営者としての姿を見ることができよう．ただ，日ソ交渉と異なり，高碕が進めようとした日中交渉の特徴は，この問題を日中両国間にとどめず，米国を巻き込んだものにしようとしたところにあった．

　LT貿易が軌道に乗った1963年暮れ，高碕は米国国土開発委員会副委員長であったミカエル・W・ストラウスの訪中を仲介しようとした[48]．ストラウスの目的は中国の河川開発の実態調査であったが，高碕はこれを通じて米国世論の対中観緩和を図り，交流の糸口を見いだそうとしたのである[49]．

　高碕最晩年に行われた米中仲介は，高碕の死去（2月24日）によって実現されなかったが，高碕の国際的視野の広さと構想力の大きさを象徴するものであり，これまでの経験と自身の思想の集大成になった可能性を秘めていたといえよう．高碕は日中関係をあくまで経済的利益を中心として進め，その過程で米国を取り込み，最終的には日米中3国の経済的紐帯の強化による相互依存関係の樹立という目標があった．高碕にとっての武器は，前述したように戦前から培った米政財界との人脈の広さであり，また対米関係への配慮の重要性はバンドン会議で経験済みであった．経済人である高碕にとっては，対米関係と対中関係は対立するものではなく，両立可能なものであったのである．

　当時の自民党国会議員の多くは国際的経験も人脈も乏しく，とかく対中関係と対米関係を対立的に捉えがちであった．対米重視のあまり対中関係の進展を図れなかった官僚派の佐藤もその範疇に入るが，対中重視にこだわった党人派の松村らも実は同じ範疇に入る．彼らに比べると高碕の柔軟性と構想力は突出していたといえるが，それは経済合理主義を思想として最後まで経済人であり続けたから可能であったのであり，戦後の政治家としてまったく新しいタイプであったともいえよう．河野が「死ぬその日まで，政治家にならなかった人」[50]と評したことはまさに正鵠を得ている．

　高碕は1964年2月に没し，日中国交回復をこの目で見ることはできなかった．しかし，高碕の役割は岡崎に引き継がれ，より実質的な日中関係が深まるなか，国交回復へとつながっていくことになる．岡崎以降は国交回復までの実

績の積み重ねともいえ，経済の比重がますます高まっていく時期でもあった．

　戦後日中関係史における高碕の歴史的位置づけは，政治家でも官僚出身でもない純粋な民間の経済人がはじめて政府間レベルの交渉の中心的役割を果たしたということである．戦後の政策決定の実権を握った保守政党人は，党人派であれ，官僚派であれ，いずれも戦時中の中国人などとの支配・非支配的経験を除けば，外国人との接触経験が極めて少なく，国際的人脈を持つ人材は乏しかった．したがって，外交交渉はそれを専門とする外交官の独壇場ともいえた．しかし，戦後の日本が経済大国の道を選択した時点で，外交の主軸は「政治」から「経済」へと転換し，政治家よりもいち早く国際感覚を身につけた経済人が政治の世界にも影響力を及ぼしていくのは必然であった．こうした流れの象徴として高碕は登場し，「経済」を武器に「政治」外交を依然として墨守する中ソ両国に向き合い，その結果として，日本外交史上はじめて経済人が主役となる嚆矢となり得たのである．

---

1) 本章に関わる日中関係史の最新の成果としては，井上正也『日中国交正常化の政治史』（名古屋大学出版会，2010 年）が国内政局と外交交渉を巧みに分析したものとして評価される．また，バンドン会議から高碕訪中のあいだに行われた在華日本人引揚に関しては，大澤武司「在華邦人引揚問題をめぐる戦後日中関係——日中民間交渉における『三団体方式』を中心として」（『アジア研究』第 49 巻第 3 号，2003 年 7 月）をはじめ中国側外交記録を駆使した大澤の一連の研究が参考となる．
2) 「わが道を行く」（高碕達之助集刊行委員会編『高碕達之助集』上巻，東洋製罐株式会社，1965 年，133-134 頁）．
3) 同上，134-146 頁．
4) 高碕は，戦後に外資導入を計画した際，政府の対応を批判して，「官僚出身というものは，政府予算を使うことは知っていても，他人の金を借り，利息を払い，返金する苦労を知らない」と記しているが，ここに経済人としていかに「金」を生かすかについての高碕の哲学が垣間見られよう（同上，201 頁）．なお，高碕の総裁時代の功績の 1 つとして挙げられるのは，撫順炭礦以外の全満洲の炭礦を一手に握っていた満洲炭礦（満炭）の分割である．これは満炭理事長の河本大作を更迭することで実現されたが，この経緯からは既得権による非合理性を徹底的に否定し経営の効率化を最優先する高碕の考えが明確に読み取れる（高碕達之助『満州の終焉』実業之日本社，1953 年，103-110 頁）．
5) 東洋製罐株式会社編・発行『東洋製罐 50 年のあゆみ』（東洋製罐，1967 年，35-36 頁）．
6) 前掲『満州の終焉』，85-97 頁．
7) 高碕達之助「自叙伝　産業人としての所感」19-24 頁，（東洋食品研究所蔵「高碕達之助文書」）．この自叙伝は公刊された『満州の終焉』の基となった原稿と思われる．骨子は同

じであるが内容および記述は異なる点が多い．なお，本章で引用する「高碕達之助文書」の閲覧と利用については，東洋食品研究所の西田裕仁氏のご厚意に負うている．ここに付してお礼申し上げる．
8) 同上文書，25-26頁．高碕が自叙伝に挙げている数字によると，満業直轄ではないものの撫順炭礦では，工人1人当たりの出炭量は，1937年に露天掘100・坑内掘95に対して，1943年には露天掘44・坑内掘29にまで激減していた．
9) 1945年3月20日付相馬御風宛書簡（糸魚川歴史民俗資料館〈相馬御風記念館〉蔵）．高碕が相馬御風に宛てた書簡は，満洲時代から引揚直後のもの5通が残されている．ちなみに，高碕が敗戦前後の昏睡状態から回復した際，病床で最初に読んだ本は相馬が子供向けに書いた良寛の本であった．
10) こうした良寛的生き方に惹かれる理由は，高碕自身の持つ感受性の強さにも起因していたといえよう．高碕の感受性の強さをあらわすエピソードは枚挙に暇がないが，なかでも野口英世に宛てた母シカの手紙に感動して建立した悲母観音をめぐる逸話は有名である（前掲「わが道を行く」，195-200頁）．
11) 高碕は個別に満系幹部を自宅に招待して日本人への不平を聞いたり，現地人との融和を図るため私費で新京市立動物園の拡充を図るなどしたが（前掲「自叙伝」25-28頁），根本的解決には結びつかなかった．
12) 高碕は炭礦の機械化を進めた結果，能率は上がったものの，「その裏に，強制徴用による満州人労務者の大きな犠牲があった」と記し，敗戦後に炭礦労務者による日本人への反発と日本人犠牲者を多く出した原因を明らかにしている．こうした記述は他の満洲国関係者の類書には見られないものである（前掲『満州の終焉』108-109頁）．
13)「満州国最後の日」（前掲『高碕達之助集』上巻，241-242頁）．
14) 前掲『満州の終焉』215-217頁．
15) 敗戦後の満洲における在満日本人救済から引揚への流れについては，拙稿「戦後東アジアの冷戦と満洲引揚――国共内戦下の『在満』日本人社会」（『東アジア近代史』第9号，2006年）参照．
16) 前掲『満州の終焉』330-336頁．
17) 戦前日本の電力事業は5大電力会社（東京電燈・大同電力・日本電力・宇治川電気・東邦電力）によって占められていたが，戦時中に電力国家管理の流れが強まり，第1次近衛文麿内閣の1938年3月に「電力管理法」と「日本発送電株式会社法」が成立，これに基づいて1939年4月に発送電部門の全国一元化を担う「日本発送電株式会社」（日発），1942年4月に配電部門の地域分割を担う9つの配電会社が設立され，電気事業の国家管理が完成した．敗戦後，GHQの指示の下で1947年12月に公布された「過度経済力集中排除法」によって，日発と9配電会社が指定を受けると電力再編成の動きが始まり，1950年11月，電気事業再編成を命じた吉田首相宛マッカーサー書簡に基づく「電気事業再編成令」および「公益事業令」が公布施行され，1951年5月に民間企業による地域別発送配電一貫体制に基づいた9電力会社（北海道・東北・東京・北陸・中部・関西・四国・中国・九州各電力会社）が発足し，電力国家管理体制は終焉した．こうした動きと同時に政府は，日本経済復興の要として大水力発電による電力供給の充実を目指したが，膨大な設備資金と高度な技術力を新設の9電力会社では担うことができず，外資導入などによる大規模電源開発を実施するための特殊会社設立を目的として1957年3月に「電源開発促進法案」が国会に提出された．9電力会社との関係調整や政府内部からの反発などもあり，

衆参両院での法案審議は難航を極めたが，同年 7 月に可決，9 月 16 日に政府と 9 電力会社を株主とする「電源開発株式会社」(電発) が誕生した (30 年史編纂委員会編『電発 30 年史』電源開発株式会社，1984 年，68-72 頁).
18) 高碕が総裁就任を受諾した直後，満洲で行動をともにした平嶋を呼び，「総務担当理事は満洲関係を持って行き度い」，そのほかにも「課長級ニハ可成多数の満洲関係者を入れ度し」として平嶋に人選を依頼した (「平嶋敏夫日記」1957 年 8 月 27 日条，個人蔵)．平嶋は平山復二郎 (元満洲電業株式会社理事長) らと協議したが，最終的に「高碕氏とは死生の運命を共にせるのみならず仝氏の人格と手腕に対しては予ねてより最高の敬意を表してゐた」平嶋が理事を引き受けることになった (「平島敏夫日記」同年 9 月 5 日条).
19) 同上，72 頁.
20) 電発業務開始に際しての高碕の社員に向けた訓示は，社員一丸となった共同責任を訴え，「裃と前掛をつけて政府のやるべき仕事をする」ことだとわかりやすく解説した点で定評があったが，満業時代の苦い経験を基にしていることが行間から読み取れる (同上，73-74 頁).
21) 技術担当理事の永田が回想するところでは，当時の日本の土木技術では佐久間ダム建設は不可能と答えたが，高碕自身が渡米して米国製機械導入による建設を決断したという (同上，82-86 頁).
22) 同上，85-86 頁.
23) 高碕自身は，総裁辞職は目標とした米国資本と土木技術の導入が達成されたため，小坂順造 (自民党代議士小坂善太郎の父) に譲ったと語っているが，一般的には吉田内閣末期の政治的思惑や一部経済界の反発によって更迭されたとの見方が強かった (『日本特報』第 66 号，1958 年 10 月).
24) 電発は「政府のドル箱」で選挙のたび，自由党に献金を行っていると世間で噂されていたが，こうした風評に対して高碕は相当警戒し，「ビタ一文出さぬ」方針を徹底させようとしていた (「平島敏夫日記」1953 年 4 月 4 日条).
25) 高碕が吉田や鳩山と接触する直接のきっかけを作ったのは，高碕の事業関係で親しかった平塚常次郎 (日魯漁業会長) であったとされる．平塚はかねてから高碕の政界進出を推しており，ジョン・フォスター・ダレス国務長官来日の際，鳩山・ダレス会談の草案作りに参画 (高碕のほか，小林一三・石橋湛山・石井光次郎) したことから，鳩山ともつながりができていた (前掲「わが道を行く」202-203 頁).
26) 高碕・周恩来会談は，1954 年の村田省蔵 (戦時中のフィリピン大使・戦後は日比賠償交渉に関与) らによる訪中からつながるものである.
27) 石橋湛一・伊藤隆編『石橋湛山日記』下巻 (みすず書房，2001 年，782 頁).
28) 昭和 30 年 4 月 18 日高碕代表より重光大臣宛「参加国首席代表非公式会議開催の件」(「アジア・アフリカ会議関係一件　日本の態度　高碕代表来電綴」外務省外交史料館蔵，外交記録).
29) 同上文書.
30) 岡田晃『水鳥外交秘話——ある外交官の証言』中央公論社，1983 年，45-48 頁.
31) 高碕・周恩来会談に対して代表団のなかでも意見が分かれ，外務省側は会談に対して慎重論が強く，高碕は積極論であったとされる (藤山愛一郎『政治わが道——藤山愛一郎回想録』朝日新聞社，1976 年，50 頁).
32) 「高碕・周会談録」(「高碕達之助文書」).

33) 同上文書．この会談で周恩来は4月からロンドンで始まった日ソ国交正常化交渉について2度までも同じ質問を繰り返した．通訳の岡田は周恩来の表情が「大変真剣」であったことと，当時一枚岩とされていたソ連に周が直接聞けばよいことをなぜ高碕に聞いたか疑念を抱いたと回想する（前掲『水鳥外交秘話』59-60頁）．
34) 前掲『水鳥外交秘話』57-58頁．なお，高碕自身も外務省がバンドン会議に消極的であったと述べている（「私の共産圏貿易論」前掲『高碕達之助集』下巻，228頁）．
35) 同上「私の共産圏貿易論」，228頁．
36) 松村正直ほか編『花好月圓——松村謙三遺文抄』（青林書院新社，1978年，248-251頁）．
37) 日比賠償交渉の妥結には，バンドン会議にも参加した藤山愛一郎（日本商工会議所会頭）が大きな貢献をした．藤山はこれを機に岸内閣の外相に就任し，政界への進出を果たした．その後，高碕没後に松村の仲介によって日中交流に関わるようになった．
38)「第四回日ソ漁業交渉の経緯」（「第四回日ソ漁交関係」「高碕達之助文書」）．
39) 同上文書．
40) 同上文書．
41) 同上文書．
42)「貝殻島のコンブ」（前掲『高碕達之助集』下巻，222-225頁）．
43) 第31国会を前にして，岸内閣で通産相を務めていた高碕を攻撃する怪文書が出回った．この文書は「自民党有志」となっているが，内容から類推すると吉田系から出されたものと思われる．文書は電発総裁時代のアトキンソン社との不明瞭な関係を強調し，政商高碕の通産相更迭を求めるものであるが，高碕の対中接近も攻撃材料となっていた（「岸総理大臣に訴える 岸内閣の汚職第一号？ 高碕通産相」「高碕達之助文書」）．なお，日ソ国交回復に大きな功績を立てた河野は，つづく日中国交回復にも強い意欲を持っていた．高碕と河野との関係は，東洋製罐の大株主であった日魯漁業社長が河野であったことから始まっている．高碕が河野派であった理由は，高碕の事業に深い関わりがあった北洋漁業に強い影響力を河野が持っていたことによると考えられる．
44) 高碕達之助「訪中記」（前掲「高碕達之助文書」）．ただし，松村によれば日中交渉に功績のあった村田の後継者として高碕を推薦し，周恩来から高碕に対して招待状が送られるかたちが整えられたとされる（前掲『花好月圓』248-250頁）．
45) 自民党内部でも反共・親米の立場から一貫して対中交渉に批判的であり，河野とは政敵ともいえる関係にあった自民党顧問の堤康次郎は，池田宛書簡のなかで，廖承志を日本に招請しようとする松村・石橋・高碕を「党内容共派」として強く批判していた（1960年12月30日付池田勇人宛堤康次郎書簡：早稲田大学大学史資料センター蔵「堤康次郎文書」）．なお，別便で堤は，中国は極端な鉱工業生産に偏重した結果，農業経済の破綻を招いたため，早晩崩壊する可能性が高く，対日接近の理由は逼迫している戦略物資や生産資材を確保しなければならないからだという一万田尚登の分析を伝え，高碕らの動きを批判している（同年12月31日付池田宛堤書簡）．さらに，堤は在日米軍司令官時代から緊密な関係にあった統合参謀本部議長のライマン・レムニッツアーに対しても高碕らの動きを知らせ，高碕の訪米は廖承志訪日に米国のお墨付きを得ようとする「謀略的計画」であるとまで断じていた（1960年12月30日付レムニッツアー宛堤書簡）．堤のような立場は自民党内でも極端なケースであるが，池田内閣誕生に少なからぬ貢献をした堤の主張を池田は無視できなかったと思われる．
46) 高碕の経済人としての柔軟性は，官僚的視点から見るとコロコロと意見を変えて独断専

行が目立ち，予測不能な行動をとって危なっかしいとの評価を与えることにもつながった。官僚政治家であった池田は高碕の危うさを危惧し，その交渉能力を不安視していた（岡崎嘉平太「先輩を語る＝天衣無縫の有言実行家」ダイヤモンド社編『財界人思想全集　財界人の外国観』第6巻，ダイヤモンド社，1970年，201頁）．
47）前掲「訪中記」．
48）1963年11月29日付廖承志宛高碕書簡（「高碕達之助文書」）．
49）1964年2月10日付廖承志宛高碕書簡（「高碕達之助文書」）．
50）河野一郎「政治家高碕達之助の真骨頂」（前掲『高碕達之助集』下巻，391頁）．

※本稿は，科学研究科助成若手研究（S）「海外引揚と戦後アジアの地域変動に関する国際的総合研究」の成果の一部である．

15章 廖承志と中国の対日「民間」外交

王　雪萍

はじめに

　1949年10月1日，中華人民共和国（以下：中国）が成立した．建国直後の中華人民共和国政府（以下：人民政府）は，執政経験がないため，政治，軍事，経済，文化，外交など，様々な分野でソ連に学ばなければならない状態であった（中共中央文献研究室編, 1997, pp. 22-23）．それまで直接に外国政府と外交関係を締結する経験を持たない中国共産党（以下：中共）が中心となる新政権は，模索しながら対外政策を作成する状態であった．しかし人民政府は，冷戦構造のなか，ソ連陣営に入る「向ソ一辺倒」の外交政策を実行したが，その外交方針は対日外交に対しては，大きな困難をもたらしたのである（斉, 2010, pp. 64-69）．

　中国の内戦期と建国初期の時期，日本は，連合国軍，実質的に米国の占領下にあった．第二次世界大戦後，米国政府の反共政策はより明白になった．さらに，朝鮮戦争への中国義勇軍の参戦は，米中関係に決定的なダメージを与え，米国は徹底的な対中封じ込め政策を行うようになった（井口・松田, 2007）．米国の日本への影響は，「サンフランシスコ講和条約」が締結されてからも，国防，外交を含めて各方面に継続されていた．「サンフランシスコ講和条約」の

締結に際して，中華民国と中国が排除された結果，中国の対日講和は，日本と単独で行わなければならなくなった．結果，日本政府は米国の圧力を受けるなかで，台湾に移った中華民国政府（以下：国府）との講和を選択し，1952年4月28日双方は台北で「日本国と中華民国との間の平和条約」（「日華平和条約」）を調印した（毛里，2006，pp.2-9）．「サンフランシスコ講和条約」と「日華平和条約」の締結に対して，人民政府はただちに声明を出し，中国を代表する政府として，これに反対する声明を発表した[1]．

人民政府の「日華平和条約」に反対する声明の内容を分析すると，その意図は，米国に追随していた吉田茂政権の選択を批判する一方，吉田政権は日本の人民を代表していないことを力説し，以後の日中の関係改善について，日本人民に対する期待を表した[2]．このような人民政府の日中関係の改善への期待は建国後から見られ，対日講和問題に関する討論会は外交部内で連日開催された[3]．さらに日本との直接貿易についての検討も行われた[4]．

しかし，「サンフランシスコ講和条約」と「日華平和条約」の締結を受けて，日本政府は国府との外交関係を継続し，人民政府との間には外交関係がない状態が続いた．建国直後の中国では，国交関係のない国との国交回復が重要課題であった（中共中央文献研究室編，1997，p.75）．そのなかに当然日本との国交正常化も含まれていた（呉，2002，p.27；裴，1994，pp.6-7）．この状況下で，1952年春人民政府の対日業務[5]は，中共中央の決定によって知日派で知られる廖承志に任されたのである[6]．

本章の目的は1952年春までは主に対外宣伝業務と華僑業務を担当していた廖承志が新しい任務を遂行するにあたってどのように日本の情報を収集し，対日政策を作成，提案し，また実行したのかを明らかにすることにある．本章においては，まず廖承志が対日業務統括者に指名された経緯を明らかにし，その上で廖承志が自ら起用した対日業務担当者グループとともにどのように対日業務を展開したのかに焦点をあてて分析していく．

先行研究に関しては，廖承志と国交正常化までの中国の対日外交に関する研究としては，Kurt Werner Radtke（1990）の著作が最も注目される．ラドケ（Radtke）は中国，台湾，日本で長期間の調査を行い，日中両国で公刊された新聞記事，雑誌論文，伝記，回想録など幅広い資料に基づいて，廖承志と日本

の関係について分析している．しかし，その論述は一次資料がほとんど使われていなかったため，中国の対日外交における廖承志の役割についての分析が不十分であると言わざるを得ない．

中国では呉学文・王俊彦（2007）の著作や，鉄竹偉（1998）と王俊彦（2006）による廖承志の伝記がより注目される．しかし，いずれも伝記調で廖承志の生涯や日本との関係が中心として書かれ，参考にする資料価値は高いと思われる半面，学術研究とは言えない．そのほか，陳国文による廖承志に関する一連の研究論文（陳，2006A, pp.65-66；陳，2006B, pp.96-99；陳・鄧，2006, pp.69-71；陳・鄧，2008, pp.56-60）は，ある程度廖承志と戦後中国の対日外交の関係について分析を試みているが，使用した資料は限られた一部の伝記，回想録であり，一次資料がほとんど利用されていないという問題がある．

本章においては，先行研究の成果を生かしながら，これまで公刊された廖承志の下で働いた対日業務担当者の回想録，筆者が当時の対日業務担当者に対して行ったインタビュー調査の記録，中国外交部档案館の日本関連档案などの一次資料をも駆使し，廖承志と彼の周辺の対日業務担当者を中心に，建国後から日中国交正常化までの中国の対日業務の指導体制について分析していく．本章で使用した資料の一部は，親中国の留学生・華僑と中国の対日業務担当者の回想録や，彼らへのインタビュー調査の記録であり，当事者による解釈が含まれているため，完全に客観的な資料としては認められないかもしれない．しかしながら，戦後日中両国政府の档案資料が全面公開されていない現状では，当事者の回想録やインタビュー記録も十分な参考価値があると考えている．また，中国の対日業務はすべて廖承志を通じて展開したわけではないが，建国初期の中国の対日業務の大部分は，廖承志が毛沢東，周恩来から直接指令を受けて実行したため，本章は廖承志に絞って分析した．

1．建国前の廖承志の略歴

1908年9月25日，東京大久保で廖承志は，孫文の革命同志である父・廖仲愷，母・何香凝の長男として生まれ，小学校は東京の暁星小学校を出た．1919年中国に帰って，のちに広州の中学校に進学したが，1927年再び東京に戻っ

て早稲田大学第一高等学院に入学した．在校中が学生運動に参加したため，警察に3回も逮捕され，退学処分を受けて，1928年に帰国した（呉・王，2007，pp. 8-29；「廖承志文集」編輯辦公室編，1993，pp. 15-21）．

帰国直後の1928年8月，廖承志は中共に入党した．その後，党の決定に従い，上海，ヨーロッパ各地で地下活動に従事した．満州事件後，帰国してから，上海で中国海員工会中共党団書記，中華全国総工会宣伝部長となり，労働運動を指導した．1933年上海を離れ，四川・陝西ソヴィエト地区省委員会，労働組合宣伝部長を務めた後，紅軍第四方面軍総政治部秘書長となり，紅軍の長征に参加した．しかし，張国燾と対立したため，逮捕され，党籍を剥奪されたが，軟禁状態で長征を続けながら，中華通訊社の放送部門に属し，英語，日本語，フランス語，ドイツ語等の電報，通信の翻訳を担当した．1936年，周恩来によって軟禁状態を解かれ，党籍も回復した．その後，中華通訊社の責任者となり，外国通信社からの電報，電信の編集，翻訳を担当したのである（「廖承志文集」編輯辦公室編，1993，pp. 569-573）．

抗日戦争の時期は中共中央の命令で，八路軍南京辦事処で勤務していたが，1938年に香港に赴き，八路軍香港辦事処主任となり，抗日民族統一戦線の活動を指示し，八路軍と新四軍の後方物質調達の任務にあたった．1941年香港が日本に占領されてから，広東に赴き，重慶へ移動するのを待つとき，国民党の特務に逮捕された．1946年救出されるまで，江西省泰和県馬家洲の集中営，重慶の歌楽山監獄，中米特殊技術合作所，白公館などの監獄で収監されて，様々な苦難を経験したが，最後まで共産党員としての身分を放棄しなかった（「廖承志文集」編輯辦公室編，1993，pp. 573-576）．

1946年1月中共中央の救援活動によって出獄し，5月に周恩来と一緒に南京に赴き，中共南方外事委員会副書記に就任する．南京の梅園新村の中共代表団に属し，周恩来に協力して活動した．同年9月に延安に戻り，中共中央宣伝部副部長，新華社社長に就任した．その後，中共南方局委員，中共山西，河北，山東，河南中央局宣伝部長，中共中央宣伝部長を歴任した．1949年3月に，中共第七期二中全会において，中央委員に補充選出され，新中国の建国に向けて，多くの責任を負うようになった（「廖承志文集」編輯辦公室編，1993，pp. 575-577）．

2. 建国初期中国の対日外交の方針

建国後廖承志は，国務院外事辦公室副主任，中共中央統戦部副部長，中共中央対外聯絡部副部長，華僑事務委員会副主任委員，中央広播事業管理処処長，北京新華広播電台台長，中華全国新聞工作者協会副会長，中ソ友好協会理事，中国人民保衛世界和平委員会副主席，中国亜非団結委員会副主席，外交協会理事，中華全国体育総会副主席，中国人民世界和平擁護委員会副主席，中国人民児童保護全国委員会副主席など数多くの肩書を持つようになった（鉄，1998，p.197；「廖承志文集」編輯辦公室編，1993，pp.576-588）．これほど多くの肩書を持っている廖承志がすべての所属機関の具体的業務を担当できるわけがないことは一目瞭然であろう．それでは，なぜ廖承志はこれほど多くの肩書が必要なのか．その一部分は，対日業務を展開するときに，「民間」の身分が必要であったからであると言われている[7]．なぜ，政府高官の廖承志には，「民間」の身分が必要であったのか．

これは人民政府の対日政策の方針と関係がある．建国当時の中国の対外関係は，「向ソ一辺倒」と反米帝国主義の政策に影響され，国際的に孤立した情況が続いた．そのため多くの国々との国交関係がなかなか樹立できなかった．1956年までに国交があったのは，ソ連をはじめとする東欧の東側諸国，インド，ベトナムをはじめとする近隣諸国，エジプトをはじめとするアラブ国家で，全部で27カ国のみであった．西側諸国のなかではイギリスとオランダだけが人民政府を承認していた（王，2007）．

この状況下で建国後外相を兼任していた中国国務院総理の周恩来は中国の外交方針を「すでに国交関係を締結した国家とは，政府間外交を主として，民間外交を補助とする．国交関係を締結していない国家とは，先に民間交流を行い，民間交流を以て，政府間関係を促進（民間先行，以民促官）」と設定し，資本主義諸国を含める世界各国との関係促進を外交課題として掲げた（夏，1989）．

国交関係がない日本と関係を打開し，さらに国交を正常化させることは，建国後の中国の重要な外交課題であった．当然，周恩来の外交方針は日本にも適用された．そして，周は日本に対してはさらに以下のように説明し，日本と「民間」交流を展開する最終目標は国交正常化であることを明言した．

中日両国の経済，文化交流から開始し，人民間の交流を活発化させ，民間団体の協議から中日関係を打開する．人民間の相互往来，通商，友好協力さえ行えば，日本人民の大多数は中日両国間で国交を回復することは日本人民に有利だと理解するであろう．それを以て日本政府の政策変更を推進する．……中日両国はまだ正常な関係に回復していなく，その上国際法に照らせば，戦争状態がまだ存在している．しかし，これらの問題は両国の人民の友好活動と民間協定の締結の障害になっていない．このように民間の頻繁な往来から始まる協定の締結をきっかけとして，両国の関係を大きく発展させれば，最後に残るのは，外交上戦争状態の終結を発表し，正常な関係に回復することだけになるであろう（江・邱，1989）．

　最終目標である日中国交正常化を達成するために，対日「民間」交流の活動に対して，人民政府は細心の注意と最大の力を尽くした．その具体的な業務を担当したのは，廖承志と彼の下で働いた対日業務担当者の人々であったのである．

　では，中国が言う対日「民間」外交の「民間」の意味とはどのようなものであったのだろうか．建国直後の中国では，「外交には小さいことがない（外交無小事）」という方針の下で，外国との交流活動を極めて重視した．具体的には，周恩来が1950年3月10日に，選ばれた新中国の外交官に対して，「外国関連の業務の権限が極めて限定されているため，あなたたちは常に国内に報告し，意見を求めてください．外交には小さいことがないので，絶対に軽く見ないでください」という指示を出したように，当時の中国では，外国関連の業務は，すべて政府中央，周恩来の管理下に置かれていた[8]．それゆえ，対日外交は中国では，本当の意味での民間の機関や個人が主導的に行うことがあり得なかった．つまり，中国の対日「民間」外交は，国内と国外では，違う基準を持っていたと言える．国内では，政府，共産党によってコントロールされているが，対外的には「民間」の身分を使い，また日本側の交流相手は，民間に限定していた．

　中国が「民間」外交を展開した理由には主に以下の3つが挙げられる．

①日本国内の親中国勢力の発展

中国内戦の情況が中共の勝利に傾いた1949年5月，日本で中日貿易促進会と中日貿易促進議員連盟が創設された．同年6月に中日貿易協会が成立した（日中友好協会編，2000，p.16）[9]．中国が建国した直後に，日本各地の華僑組織，中国人留学生団体も即座に新中国支持の意思を表明し，建国祝賀会を開いた（王，2009）．さらに，1950年10月1日，東京・一ツ橋の教育会館に，日本全国各地から各界各層の人々と約1000人が集まり，中国の成立一周年を記念して日中友好協会の結成大会を開催し，協会を創立した．会長は松本治一郎（前参議院副議長），理事長は丸山完造（呉山貿易社長），副会長は豊島与志雄（日本ペンクラブ幹事長），原彪（社会党代議士），平野義太郎（中国研究所所長），林炳淞（華僑総会会長）．これらの団体はすべて共産中国よりの姿勢を示しており，中国との貿易，友好活動の再開を訴えていた（日中友好協会編，2000，p.9）．

この一連の日本国内の動きについて，廖承志は最初から関心を持ち，このような日本国内の貿易再開，友好交流を促進する民間団体が親中国の姿勢を示したことや，多くの知名人がこれらの団体に属しており，日本国内にも十分な影響力を持つことも十分理解していた．とくに日中友好協会を日本と中国が交流を行うための唯一の窓口だと認識したため，設立当初から日中友好協会に対して支持する姿勢を表し，積極的に連絡を取り合った．また，『人民日報』，『大公報』などの中国の新聞，雑誌を日中友好協会に送り，協会を通じて，日本の様々な団体に配っていた（王，2006，pp.284-285）．人民政府は，この情況を日本政府ではなく，日本の民間レベルとの友好交流を発展する可能性が十分あると判断し，「民間交流を以て，政府間関係を促進」の対日政策を決定した（肖，1989）．その政策によって，時期によって日本政府との交流を完全に拒否する姿勢を見せていたのにもかかわらず，日本の友好団体，人士との交流が継続された[10]．

②冷戦構造下の米国の対中政策の影響

戦後から朝鮮戦争までの米国の対中政策の変遷について，添谷芳秀（1995）の著書では詳細に分析している．添谷によれば，朝鮮戦争によって，米国の対中姿勢が一段と厳しくなったため，対中封じ込め政策を行った．米国はその封じ込め政策は日本政府にも強要した（添谷，1995，pp.33-97）．経済団体を含め

て日本国内世論から日中貿易再開を強く要望されているのにもかかわらず，日中貿易の最大の障壁となったのが，米国主導の対中禁輸体制であった．中国の朝鮮戦争への参戦後，米国政府は対中全面禁輸を決定し，占領下にあった日本も，香港経由による間接貿易を残して全面禁輸措置がとられた（井上，2010, pp.75-150）．朝鮮戦争終結後，禁輸措置が緩和されたが，「政経分離」の方針が日本政府内で定着していった（陳，2000, p.3）．大澤武司の研究によれば，日本政府は，米国や国交関係を継続した中華民国にも影響され，長い間人民政府との直接交渉を拒否していた．日本政府の姿勢は，人道問題を含めた日中両国の懸案問題にまで影響を与え，人民政府との接触をできるだけ少なくしようとするものであった（大澤，2003）．

　③日本政府の対中姿勢に関する人民政府の認識

　「サンフランシスコ講和条約」と「日華平和条約」が締結され，また日本政府は米国とともに中国に対する「禁輸」を実施したことを受け，人民政府は，日本政府が米国に追随する政権であり，中国を敵視していると断定した．そのため，日本政府，与党との関係は発展せずに，日本人民との友好関係促進を，両国の関係改善を打開する道として選んだ[11]．

　以上の分析を通じて，日本国内に日中「民間」交流を促進する土壌があり，また日本政府の対中姿勢を考えてみても，人民政府は政府ルートの選択ができなく，日本政府以外の民間勢力との交流を限定して，関係を強化，発展するのは，有効な道だと判断したことが分かる．また，「民間」交流の道が唯一遂行可能な道であるため，人民政府は1952年から全力をかけて，対日「民間」交流を行う決定を下した．しかし，この「民間」は日本側に限定していた．つまり，日本側の交渉相手や，交流団体は，「民間」に限定していたが，中国側に関しては，一貫して政府主導で行っていた．ただし，交流の便宜上，日本の相手の身分によって，中国側の担当者にも相応した「民間」の身分を与えていた．真の意味で言えば，この日中「民間」交流は，日本の「民」と中国の「官」の日中「民官」交流だとも言えるであろう．

3. 廖承志を対日業務統括者に指名

1952年春，廖承志が対日業務担当の指令を受けたときの状況を王俊彦の『廖承志』は，以下のように記述している．

> 周恩来は彼（廖承志）に党内で国際主義教育の実行と中日関係問題に関する宣伝文献を見せた．その文献には毛沢東の実筆の指示で「帝国主義の政府とこれらの国の人民と区別しなければいけない．また政府内で政策決定をする人と一般官僚を区別しなければいけない」と書かれていた．廖承志はその文献を読み終わってから，周恩来は廖承志を見ながら，以下のように説明した．「毛主席の指示は，中央（共産党中央）が決定した対日の方針であろう．中央は人民間の友好往来を展開することを決定した．また日本関係の問題について，あなたに担当させることも決定した．南漢宸と雷任民はモスクワへ国際経済会議を参加した際，予定通り，日本代表を中国への訪問を招聘した．……彼らの接待業務に関しては，あなた（廖承志）が日本小組（後述）から二人を選んで担当させてください」（李，1992，pp. 315-316）．

以上の記述から，廖承志の対日業務担当は，毛沢東と周恩来を含めた共産党中央の決定であり，また周恩来から直接な指示と説明を受けて，中国の対日業務を任された．廖承志の日本業務への指名は，廖承志の日本生まれ，日本留学という知日派の経歴によるものだけではなかった．建国前から，上海や香港などの地域で中共の地下活動に長年従事し，党の信頼を全面的に受けていた．その上，1930年代から廖承志との交流から，周恩来は廖承志の経験及び能力を熟知し，また良好な関係を持っていた．さらに廖承志の日本問題に対処する能力は，建国直後から周恩来に高く評価されていたと言われてきた．例えば，王俊彦は以下の3点について述べている．①建国直後に周恩来は廖承志に周の日本問題シンクタンクとして，日本問題研究小組を作らせた．②1950年3月9日早朝，外交部副部長の李克農はマッカーサーと日本戦犯の釈放に関する問題をめぐって周恩来に相談したとき，外交部に日本問題に詳しい幹部がいない苦

境を言うと，周恩来は即座に廖承志に聞くように指示した．③米国の対日講和の原則の発表を受け，周恩来は外交部と廖承志の日本研究小組を招集して会議を開き，対策を検討しただけではなく，その後の一連の中国の抗議活動に関する業務には廖承志が参加した（王，2006，pp.279-281）．

つまり，建国直後から廖承志は周恩来の日本関連業務の顧問役としての役割を果たしていた．周恩来は1949年から1958年まで外交部部長を兼任し，中国の対外業務を全面的に仕切っていた状況を考慮しても，1952年春の対日業務統括者としての指名は周恩来との関係から当然の結果だとも言える．周恩来と廖承志の信頼関係は廖承志の対日業務の実行に多くの便宜を与えた．中共中央の決定は周恩来から廖承志へ直接に指示し，具体的な実施方法についても，廖承志の報告を受け，周恩来がその場で決定することも多かったのである[12]．

4．廖承志及び中国対日業務の指導体制の変遷（1949〜1972年）

（1）建国直後の日本情勢観察期：1949〜52年

建国と同時に中共中央外事組は外交部へ改組され，初代の外交部長には周恩来が就任した（王，1979）．建国後の中国外交は，政府間外交と政党間外交に分かれていた．政府間外交は基本的に外交部が担当し，国交関係を結んだ国との間で関連業務が行われた．政党間外交は，中共と外国の政党との関係促進を主たる目的として，中共中央対外聯絡部（以下：中聯部）が担当した．ただし，公開した中国外交部档案の日本関連情報収集や，日本情勢分析の会議に関する档案の一次資料から，人民政府は建国直後，対日講和の可能性を探っていたこともあって，具体的な対日政策を打ち出さず（1952年春まで），日本情勢分析を行っていたと見られる[13]．

（2）廖承志による対日業務の指導体制構築期：1952〜58年

先述の通り，1952年春，廖承志は中国の対日業務の統括者として任命された．それを受けて，廖承志はただちに対日業務のためのチーム作りを始めた．1952年当時の中国の対日関係を考えれば，政府間外交も，政党間外交も普通に行える環境がなく，外交部も中聯部も，対日外交の主要部門として機能でき

なかった．そのため，廖承志をトップとする「以民促官」の「民間」外交を行わざるを得なかった．しかし，この対日業務機関は極めて異例な組織だとも言える．トップである廖承志は毛沢東と周恩来の直接な指示を受け，対日「民間」交流を行うために，「民間」の身分が必要な情況も多かったのである．廖承志が集めた対日業務担当者の多くも「民間」の身分が必要であり，必ずしも外交部に入部する必要はなかった．中国外交部の職員として，1955年から対日関連業務に従事していた丁民氏によると，1955年以降の外交部日本科は，日中間で政府間関係が存在しなかったため，非常に暇だったようである[14]．

対日業務は外交部の担当ではなく，「民間」交流と位置付けられることになり，「民間」交流に従事する対日業務担当者については，別途集めなければいけなかった．そこで，1952年に対日業務を担当した当初から，廖承志は対日業務の人材集めと人材育成に取り組んだ．人材の確保と育成にも注力した背景は，建国初期の中国の日本業務担当者の不足に由来しているが，中国の対外活動における人材採用ルールとも関係がある．

1949年夏毛沢東は新中国の外交政策方針の一つとしてとして「別にかまど（一家）を築く（另起炉灶）」を提起した．この方針の意味は，「旧中国（中華民国）の外交と決別し，国府による外国との外交関係を一切認めず，各国の駐中国外交官はすべて普通の外国僑民と見なす．国家主権を相互に尊重し，領土の保全，平等互恵を基礎に，談判を経て，世界各国と新たな外交関係を結ぶ」ということであった（裴，1994，pp. 2-3）．つまり，国府が締結した外交関係を承認せずに，中国建国後にすべての国と新たに外交関係を結ぶことを宣言し，それまでの帝国主義諸国が中国で保有していた特権を廃止する意思を明白に表明した（薛・黄，2001，pp. 202-203）．この原則を対外関係の基本原則と位置付けたたけでなく，建国後の中国の外国関連業務を担当する「外事工作人員」[15]の起用にも適用したのである．

1953年に帰国した留日華僑の王達祥（2003）は以下のように回想している．帰国後，大学への入学を希望していたが，帰国早々，国務院華僑事務委員会の要請を受け，中国共青団中央聯絡部で対日「民間」交流業務担当の職員として勤務することになった．その原因は，建国後中国の対外活動の人材起用ルールである「別にかまど（一家）を築く」に求められる．歴史的な経緯から，中国

国内には日本語のできる人材が数多くいたにもかかわらず，対日業務を担当する人材が非常に不足していた理由は，中国の対外業務を「経歴的に問題がなく，家庭の出身も良い」という原則に沿った人材のみで遂行しようとしたためである．その結果，中華民国期の外交官は，旧政府との関係が密接で起用できず，旧満州や日本占領地域の日本語人材は，日本傀儡政権との関係が問題視され，中国の「外事工作人員」として起用することができなかったのである．

「別にかまど（一家）を築く」に沿った人材を採用する規定は，今まで公開された中国の外交文書には記載されていなく郭偉偉の著書にすこし触れる程度である（郭，2011，pp.190-211）．しかし，1949年12月21日に，中共中央組織部は華南〔分〕局組織部に送った外交人員の選抜条件に関する電報が規定の存在を傍証するものとして挙げられる．同電報によると，中共中央組織部が要求する外交人員の条件は以下の4点である．①政治的に忠実かつ信頼できる，②知識が豊富で，さらに外国語ができれば良い，③慎重かつ周到であり，政策をきちんと執行でき，上司に服従できる，④師・団級（連隊）以上の幹部であること[16]．

以上の条件からも，「豊富の知識と外国語」という業務に不可欠な条件よりは，「政治的に忠実かつ信頼できる」という政治的信頼性の条件が絶対基準となっている．それは1950年3月10日，外交官として選ばれた中共の軍人に対する毛沢東の発言から理解できる．

　　　現在の高級幹部のなかに，外国語が分かる人が少ないが，大使を派遣しないわけにはいかないでしょう．しばらく外国語が分からなくても，良い大使になることができる……将軍は大使になるのは良い．どこが良いかというと，まずあなたたちは海外に行くのは，私が安心できる．それはあなたたちが逃げないからだ．

毛の発言を受けて，周恩来も「革命軍人は，政治的な忠実性が高く，立場もしっかり持っており，紀律性も強い」と発言し，人民政府にとっては，外交官の政治的忠実性が重視されていたことが強調された．外交，外事政策を統括していた周恩来は，政治重視の立場から，中国の外交，外事人材を選抜し，育成

した[17]．周恩来の外交人材育成の方針は廖承志に完全に受け入れられた．さらに時々周恩来の指導を受けながら，廖承志も対日業務担当者を選抜，育成した（廿，1989）．

廖承志による対日業務担当者の起用方法について，筆者が別の論文で詳述しているため，ここでその主な5つを紹介する（王，2013a；王，2013b）．

①建国前から中共の日本関連業務を従事した中共幹部から起用．そのなかで最も知られていたのは，のちに廖承志の「4大金剛」と呼ばれた王暁雲，趙安博，肖向前，孫平化である[18]．②廖承志とその4大金剛は自分の知り合いの若手のなかから日本語堪能者を選択（中国新聞社，1984）．③帰国留日学生・華僑のなかからの起用（王，2009）．④日本から帰国して華僑補習学校あるいは新中国の大学である程度教育を受けた留日華僑からの起用[19]．⑤建国後，新中国の大学で日本語教育を受けた大学生から起用する（芮，2003）．

以上のルートから集められた対日業務担当者は，外交部，中聯部，華僑事務委員会，対外友好協会，外交学会，青年団中央，国際貿易促進委員会，総工会，人民日報，中央広播事業局など，さまざまな機関の日本関連部署に配属された（呉，2002，pp.55-56）．とは言え，中国の対日業務体制作りは，彼らの配属で完了したわけではなく，1952年春以降も廖承志によってさらなる拡充が進められている．1953年，廖承志は中央国際活動指導委員会の副主任委員として任命された．中央国際活動指導委員会内に「日本組」が設置され，廖承志をリーダーとする日本組の会議が不定期ではあったものの，開催されるようになった（徐，2001，pp.414-415）．「日本組」（後に所属機関が変更した）という名称も文革まで使われ，廖承志をトップとする対日業務グループを指すときの通称となった．

さらに，日本組の会議の参加者の状況を見ると，会議は最初，廖承志によって招集された各部門の日本業務担当者が集まって日本問題を議論していたので，参加メンバーはそのテーマによって変わっていたとされている（呉，2002，pp.55-56）．1952年から1954年までの間，「日中民間貿易協定」が締結され，また中国残留日本人の帰国問題と日本残留中国人の帰国と中国人烈士の遺骨送還問題は両国の協議によって，ある程度解決された．とくに，中国残留日本人の帰国をめぐる中国側の努力は，日本の対中世論を動かす重要な要素となった

図15-1　1955年以降固定化した日本組の会議参加メンバー

外交部：陳抗，丁民（ときには韓念龍も出席）
中聯部：趙安博，荘濤（ときには張香山も出席）
対外貿易部：李新農，呉曙東（ときには雷任民も出席）
国家華僑事務委員会：楊春松，李国仁
中国国際貿易促進会：謝筱廼（ときには冀朝鼎も出席）
中国対外友好協会：林林，孫平化，金蘇城
中国人民外交学会：呉茂蓀，肖向前
中国共産主義青年団：文遅
中国全国総工会：陳宇
人民日報：蕭光，裴達（ときには国際部主任も出席）
中央広播事業局：張紀明，呉克泰（ときには温済沢も出席）
新華社：丁拓，呉学文（ときには鄧崗や李炳泉も出席）

出典：呉学文（2002），p.56に基づき，筆者作成．

（裴，1994，pp.6-7，158-169）．これらの努力の下，日中「民間」交流が少しずつ始動した．人民政府も日本とのさらなる関係改善，可能であれば正式な外交関係の締結の可能性を含めて探りはじめた[20]．そうしたなか，1954年12月に中国国務院外交委員会と中共中央統一戦線部が日本に対する研究業務の拡大を決議したことを受け，1955年には日本研究と対日政策の企画と実施を請け負う対日工作委員会が成立した（王ほか，2008，p.3）．委員会主任には知日派で知られる文学者・郭沫若が就任し，副主任は廖承志，陳家康，王雲生，委員に雷任民，劉寧一，南漢宸が名を連ねた．実質的な責任者は廖承志であった（本田，2006，pp.230-231）．

1955年の対日工作委員会の成立に伴い，日本組の会議参加メンバーも相対的に固定化したと言われている．1955年以降の会議の主なメンバーについては呉学文の回顧録に図15-1のように記録されている．

こうして形成された「日本組」の対日業務体制は，図15-2のように，タスクフォース的な性質を持つものであった．王俊彦・呉学文によると，各機関に配属された対日業務担当者は，通常は所属機関の業務に従事するが，必要に応じて召集され，与えられた任務の遂行にあたった（王・呉，2007，pp.116-117；呉，2002，pp.55-56）．

図15-2　中国の対日業務の指導体制（1952～66年）

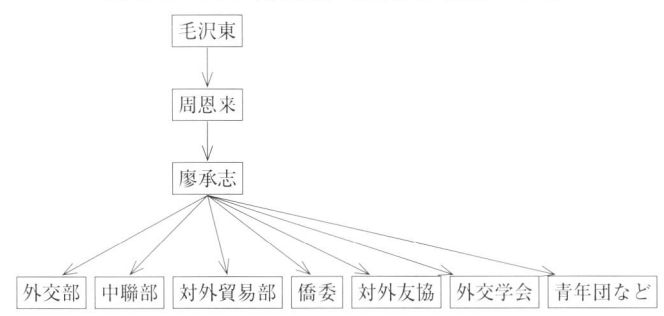

```
毛沢東
  ↓
周恩来
  ↓
廖承志
  ↓
┌─────┬─────┬─────┬─────┬─────┬─────┬─────┐
外交部 中聯部 対外貿易部 僑委 対外友協 外交学会 青年団など
```

出所：呉学文（2002），呉学文・王俊彦（2007），元中国外交部アジア司日本処処長丁民へのインタビュー（2011年11月23日，北京）に基づき，筆者作成．

(3) 国務院外辦日本組指導体制期：1958～66年

　廖承志によって徐々に構築された中国の対日業務方式は，1958年3月の国務院外事辦公室（以下：国務院外辦）日本組の成立で制度化される．1958年2月，国務院副総理の陳毅が外交部長を兼任することになった．『王稼祥年譜』によれば，1958年3月6日，中共中央と国務院は，中共中央に外事小組を設立し，国務院には外事辦公室を設立することを決定した．中共中央外事小組は外事業務の全般を担当する．中央国際活動指導委員会は同時に廃止され，その業務は国務院辦が担当することになった（徐，2001，pp. 454-455）．

　以上の分析の通り，1958年以降の中国の外国関連業務は中共中央の外事小組と国務院直属の外事辦公室によって統括されていた．図15-3はその2つの外事担当部門の組織の比較図である．中共中央外事小組の組長と副組長と国務院外辦の主任と副主任はともに陳毅と廖承志であることから，機関が2つに分かれていたものの，主要メンバーは同じであることから，対外業務で基本的に連動して行っていることがうかがえる（呉・王，2007，p. 116）．

　中央国際活動指導委員会の廃止に伴い，同委員会の下にあった日本組の業務も国務院事辦の下部組織として設置された日本組が引き継いだ．呉学文によれば，国務院外辦日本組の組長は楊正（後に王暁雲）であったが，日本組を実質的に指導していたのは廖承志であった（呉，2002，pp. 55-56）．国務院外事辦公室日本組の最初の活動は，廖承志によって各政府機関，部門の外事担当者が招

図15-3　中共中央外事小組と国務院外事辦公室の組織比較図

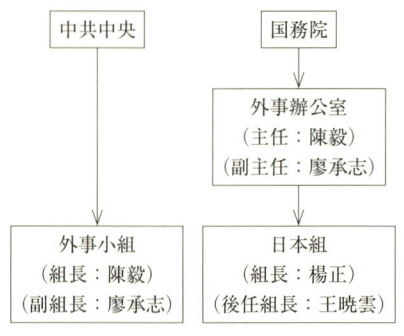

```
        中共中央              国務院
           │                    │
           │                    ▼
           │               外事辦公室
           │              （主任：陳毅）
           │             （副主任：廖承志）
           │                    │
           ▼                    ▼
        外事小組              日本組
      （組長：陳毅）        （組長：楊正）
    （副組長：廖承志）   （後任組長：王暁雲）
```

出典：呉学文ほか（2007），pp.116-117に基づき，筆者作成．

集され，会議を開催して日本関連業務について議論を行った．その後，日本組は招集者の役割を果たし，廖承志は会議の司会をし，対日業務の政策，方針，日本情勢などについて伝え，議論，研究，学習の場となっていた．毎回の会議の内容は，必ず日中関係と関連する内容で，参加者は自由に意見を述べられる雰囲気であった．国務院外辦での廖承志と陳毅の関係，また廖承志と周恩来の個人的な親交から，日本組の会議結果は常にすぐに周恩来，毛沢東に伝えることができ，また日本関連の業務内容も，周恩来から直接廖承志に指示され，日本組の会議で直接業務分担をし，各部門の日本業務担当者によって直接実行するという業務方式が実現できたのである．

　呉学文の回想によると，会議参加メンバーは日本組と直接的な指揮命令関係にあったわけではなかった．この対日業務方式自体が公式のものと位置付けられず，機構の名称さえ公表されなかった．しかし，日本組と廖承志によって作られたこの対日業務方式は，廖承志が毛沢東と周恩来に政策に関する報告を直接行い，指示を受けることができるという利点を持っていた．そうしたことから，各機関からの参加者は，日本組の業務に意欲的に取り組んでいたようである（呉，2002，pp.55-56；呉・王，2007，pp.116-117）．

　日本組の会議の内容は主に以下の6つに分かれていた．①政府中央の対日政策，方針に対する学習．主な学習内容は周恩来，毛沢東が日本人の来訪者及び訪問団と接見するときの談話記録．②その時々の国内外情勢を討論して，対日「民間」外交の具体的な業務内容を検討する．主に日本からどのような代表団

を招聘して，またどのような代表団を日本に派遣するのか．1950年代には，日本関連の代表団業務は，ほとんど日本組が構想を提出して，各出席メンバーの機関によって具体的な接待，訪問計画を作成してから，各機関の外事辦公室を通じて申請をし，国務院外事辦公室に最終的に決定してもらう．③日本の政局に変動が現れたとき，日中関係に問題が生じたときなどの場合，日本組は必ず会議を招集し，状況について議論する．ときには，専門家による講義も行われた．例えば，謝南光による政治情勢についての講義，楊春松による華僑状況について紹介，世界経済研究所の専門家による経済情勢の説明など様々な形で行われた．そのような専門的な議論を行ったのち，その時々の状況に対応するための対策を検討して，毛沢東や，周恩来，陳毅などの指導者に提案を行っていた．④日本情勢について研究し，より先見性と予見性を持って対日政策を検討し，長期的な政策提言を行う．⑤日本政局の動向を密に注目し，日本政府の対中政策の言動を分析し，対日工作のチャンスを検討し，中央政府に提案して，直接に対策を行う．（呉，2002，pp.55-56）．⑥周恩来が決めた対日業務の実行方法を検討し，仕事分担を決定して，各参加メンバーによって実行する[21]．

以上の説明から，日本組を中心とした対日業務方式は，日本関連の情報収集能力，日本情勢に対する分析能力，訪問団の派遣及び受け入れなどを含めて友好業務計画を立案・実施する能力，中央政府及び指導者への提案能力を持つ特別な組織であったと言える．（呉，2002，pp.55-100；呉・王，2007，pp.116-121）[22]．

さらに，1964年4月19日，LT貿易が行われるために，廖承志と高崎達之助は「中日両国の貿易事務所の設置と常駐記者の交換に関する覚書」に調印し，代表の相互交換，連絡事務所の相互設置，新聞記者の相互交換に関する合意を得た[23]．日本政府は，連絡事務所の相互設置と記者の交換は民間交流として，原則的に異議はないとした（田，1994，p.230）．しかし，1964年8月13日に東京に到着した孫平化，呉曙東，陳抗などによって設立された廖承志辦事処東京連絡事務所の所長は，対日業務担当者の代表格であった孫平化が代表を務め，職員も外交部から派遣されることが多く[24]，職員の給料も外交部の駐外国大使館員と同レベルに設定された[25]．廖承志辦事処東京連絡事務所の民間的性格を強調するのは，日本政府が台湾にある国府に対する言い訳としか考えられず，

その職員や組織形成，設置条件を見ても人民政府代表所の性質を有していることは否定できないであろう．この事務所の設置は，廖承志方式の対日工作の成果であり，後の国交正常化に至るまでの日中交流の道を開いたと言える．

(4) 周恩来による対日業務指導期：1966～72年

1966年の文革開始直後，廖承志は周恩来によって中南海で保護され，対日業務の表舞台から姿を消す．丁民氏の回想によると，文革開始後，多くの対日業務担当者が地方に下放されたため，周恩来総理が対日業務を直接指揮するようになった．文革初期こそ，廖承志は顧問役として列席することもあったようだが，1969年以降の中国の対日業務は，図15-4に示した通り，周恩来の下で実施された．周恩来は定期的に各部門の担当者を集め，日本関連の情報分析，対策，業務分担などを議論した．丁民氏も外交部アジア司日本処副処長として，その会議に毎回列席していた[26]．

1971年，ヘンリー・キッシンジャーの秘密訪中により，こうした停滞状態に変化の兆しが見え始めた．同年8月20日松村謙三の死去をきっかけとして，周恩来は対日外交を促進するため，廖承志の「解放」を模索し始めた（Radtke, 1990, pp.192-195）．

廖承志が復帰する前の対日業務の現場では，廖承志の4大金剛の1人である王暁雲の活躍が注目されるようになっていた．1971年3月21日，中国卓球代表団60数人は2機の航空機に分乗して東京へ向かった．団長は中国卓球協会の趙正洪であったが，副団長は王暁雲であった．王暁雲，王効賢をはじめとする対日業務グループは，日本各界との交流業務を主に担当し，卓球の試合とは別に1カ月半にわたり，日本各地を訪問し，いわゆる「王旋風」を日本各地に吹かせた（銭，1988, p.79；呉，2002, p.73）．王暁雲は，その後の日中国交正常化交渉の際，外交部亜洲司副司長として交渉のための文書の準備作業に従事し，直接交渉にも参加している[27]．同じ1971年には，4大金剛の1人である蕭向前も下放先の農村から北京に呼び戻され，1972年7月にはMT貿易の中国中日備忘録貿易部辦事処東京連絡事務処主席代表に任命され，日中国交正常化交渉に関する連絡人の役割を果たすようになる[28]．

廖承志が対日業務の現場に呼び戻されたのは以前の部下に比べてやや遅く，

図15-4　中国の対日業務の指導体制（1966～72年）

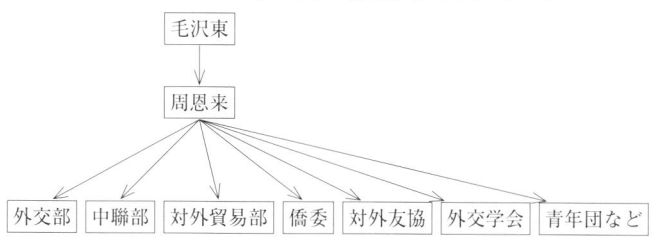

```
            毛沢東
              ↓
            周恩来
  ┌─────┬─────┬─────┼─────┬─────┬─────┐
外交部 中聯部 対外貿易部 僑委 対外友協 外交学会 青年団など
```

出所：元中国外交部アジア司日本処処長丁民へのインタビュー（2011年11月23日，北京）に基づき，筆者作成．

1971年後半であった．そのとき，毛沢東の指示を受け，周恩来の指揮の下，外交部顧問の身分で，再び対日業務の現場に戻り，日中国交正常化に向けた情報収集，日本の政界とのパイプ作りに尽力した．こうして日中「民間」外交は，国交正常化の実現に一役買うようになる（呉，2002, pp. 96-101）．

1972年9月29日，「日中共同声明」が調印され，日本は台湾の国府と国交断絶し，中国との正式な外交関係を選んだ．日中国交正常化後，対日外交は外交部が担当することになったが，廖承志は中国日本友好協会会長や全国人民代表大会常務委員会副委員長，国務院僑務辦公室主任などの身分で，対日外交の現場で活躍し続けた（中国新聞社編，1984, pp. 262-263）[29]．

5．「民間」の力と対日友好活動の展開

1950年代の日中関係は，「民間」交流が強調されていたため，主に経済交流，文化交流，人的交流などの面で行われた．しかし，正式に国交関係がないため，日本で大使館や常時の代表処の設置もできなかった．ゆえに日本に関する情報収集や，中国についての宣伝活動は，日本で行うことが極めて困難である．そのため，中国国内を根拠地に日本との国交正常化を最終目的とした対日活動は，主に以下の2つの面から行われた．

(1) 日本関連情報の収集，日本関連情勢分析

対日業務を行うため，その基本である日本関連情報の収集，日本関連情勢分

析を行わなければいけない．そのほとんどは公開メディアによる情報に対する分析，まとめのようである．例えば，1956年に帰国直後に対日業務担当者として起用され，日本関連情報分析を主に担当した帰国留日学生F[30]の回想によれば，当時の業務の主な内容な毎日，日本の各社の新聞，雑誌を閲覧して，そのなかで重要だと思われる記事を中国語に翻訳して，上司に提供する．留日学生Fの上司も日本組の会議に参加するメンバーである[30]．会議で討論する問題に関する情報の多くはこのように日本語精通している下層対日業務担当者によってまとめられた．

　日本に関するもう1つの情報源は，日本のラジオ放送であった．丁民氏の回想によれば，廖承志の提案によって「日本広播（ラジオ）資料」の作成が始まったようである[31]．戦後中国留日同学総会と東京華僑総会の幹部である留日学生Pは帰国後，外交部に配属されたが，その後に異動して，日本関連情報の収集業務を担当していた．その主な任務の一つは，日本のラジオ放送原稿の翻訳である．留日学生P[32]の話によると，当時中国新聞社に日本のラジオ放送を聞いて，記録するグループがある．その記録されたラジオ番組の内容は，留日学生Pたちの翻訳者は，毎日徹夜して中国語に翻訳して，そして翌朝印刷する．その印刷されたものが内部資料として各部門の担当者のところに送付される[32]．

(2) 対日宣伝活動（ラジオ，新聞，雑誌などを通じて）

　建国後1950年3月，人民政府外交部の国際司は，土地改革や，中国の国家建設の状況，人民生活などを海外に宣伝するために，映画，画報，雑誌，刊行物などを利用すべきであることを外交部辦公庁及び文化部などの関連部門に報告書を出して，外国で宣伝の必要性を説明していたが，その申請に対して人民政府から同意の返事をもらった[33]．実は中共中央は建国前から，この問題を重要視していた．1949年6月，新華社社長と中共中央宣伝部副部長である廖承志は，中央広播事業管理処処長を兼任するようになった（中国新聞社編，1984, pp.258-259）．陳真の回想によれば，当時，新華広播電台[34]の日本語放送も拡大を予定されていた．日中戦争中に日本語で日本軍に呼び掛けるために開始した日本語放送であるが，国共内戦の間，中国に残留していた日本人や国府のた

めに働いた日本人向けに，戦況放送が主な任務であった．しかし，全国統治に向けて，新華広播電台の日本語放送は日本にいる日本人及び中国在留の日本人，日本華僑に向けて，新中国の政策や情報を放送するように調節しようとした．父の知人である廖承志に呼ばれ，スタッフ4人しかいなかった新華広播電台日本語放送グループに配属され，1949年の建国前に台湾から帰国した日本華僑の陳真は，当時16歳であり，のちに中国語講座などの定番番組で新華広播電台の宝物になった．配属された当時の日本語グループは日本人のアナウンサー原清子と日本帰りの中国人3名であったが，その後続々と拡充され，対日放送を担当する大組織になった．放送する内容は，毛沢東の文章や，人民政府の新しい政策，社会状況についての紹介などの記事であり，放送時間も最初の15分から少しずつ長くなっていき，日本人の聴衆も少しずつ増えていく状況であったという（野田，2004，pp.95-157）．

　陳真以外に，筆者は1963年に中国国際電台に配属され，定年まで対日放送を担当していた帰国日本華僑の陸汝富へのインタビューのなかにも，1963年当時電台の日本語グループはすでに40人以上の大組織になり，しかもその大半が日本からの帰国華僑であり，また半数近くは日本人であることが言及された[35]．中国国内で育成されたのはたったの3名であり，しかも全員北京大学の優等生であった．陸によれば，1960年代以降の対日放送の内容についても，廖承志から直接な指示や，指導を受けることもしばしばあった[36]．

　ラジオ放送以外に，日本語の雑誌を出版し，日本の各機関や親中国の団体，個人へ無料配布も行っていた．その雑誌として広く知られているのは，『人民中国』，『北京週報』と『中国画報』であった（水谷，2006，p.139）．

　日本語版の『人民中国』は1953年6月1日に創刊されたが，その前に英語版とロシア語版はすでに発行されていて，中国の対外広報誌であった（劉，2002，pp.60-62）．康大川の回想によれば，『人民中国』日本語版は，戦前日本に留学し，日中戦争開始後に中国大陸に帰国して，革命に参加した台湾籍留日学生の康大川によって，当時所属していた外文出版社の上層部に提案したのち，中聯部と出版総署の批准を得て，発行に至った対日宣伝のために当時中国で発行された唯一の日本語雑誌である．1955年3月，廖承志の指示により，『人民中国』日本語版の記者・康大川，翻訳通訳者の劉徳有，安淑渠は中国貿易代表

団に随行して訪日し，日本での発行者や読者と雑誌の内容や販売など諸々の問題について商談を行った．1956年12月，日本語版『人民中国』が日本政府に第三種郵便として認められる．これによって日本国内で法的地位を得，日本正式発行となった．1957年3月，廖承志の指示を経て，『人民中国』日本語版は，東京・光文社に日本の戦犯が記した懺悔録の原稿を提供し，『三光』の書名を使って日本で出版したところ，わずか2カ月で20万部を売り上げたという．同書は『人民中国』日本語版が日本の出版社と同時出版した最初の書籍である[37]．このように『人民中国』日本語版は日本での影響力が少しずつ強くなり，中国の対日宣伝の重要な手段となった．

『人民中国』日本語版の記事執筆と編集には，大量の日本語堪能な人材が必要であった．創刊前に康大川は中国東北地域から日本人専門家複数と外国籍の要員6人呼び，日本語が分かる中国人などを招聘してきただけではなく，創刊後も帰国した留日学生・華僑から数多く採用した．1950年代に日本から帰国した蔡徳基，頼民姫，劉徳権，楊哲三らはみんな『人民中国』日本語版で勤務していた[38]．

『人民中国』日本語版が発行されてから，1954年1月，『人民画報』日本語版（対外的に『中国画報』と呼ぶ）が創刊され，1963年8月1日に『北京週報』日本語版も発行され始めた．中国自ら日本語刊行物を発行して日本へ販売，配布することによって，中国を宣伝する形が形成されていった．また，『人民画報』日本語版と『北京週報』日本語版の編集などの作業にも数多くの留日学生・華僑が関わっていた[39]．

おわりに

冷戦構造下で共産陣営に属していた中国の対日外交は，建国当初から多大な困難を伴っていた．1952年日本政府は「日華平和条約」締結後も国府との外交関係を維持し，中国との間には外交関係のない状態が続いた．そのため，建国後の人民政府にとって，日本との関係打開及び国交関係の樹立は重要外交課題の一つであった（裴，1994，pp.6-7）．その解決策として推進されたのが「以民促官」という政策である．「以民促官」は，毛沢東と周恩来によって推進さ

れ，その政策目的は，経済面，文化面での交流拡大から着手し，最終的に外交関係を結ぶことであった[40]．

日中国交正常化を達成することを最終目標とする中国の対日「民間」外交は1952年春に，廖承志に任せられた．それから，文革開始までに，中国の対日外交の実務レベルの業務統括者は一貫して廖承志であった．廖承志は毛沢東，周恩来の対日政策方針の「民間先行，以民促官」を忠実に実行し，対日友好政策を常に謳っていた（呉・王, 2007, p.116）．周恩来との信頼関係を背景に，中共中央と政府機関の各部門が連携したタスクフォース的な性質を有する対日業務グループは形成された．そのグループの形成は1958年までかかった．1958年3月に国務院外辦が設立されたことをきっかけに，廖承志をトップとする国務院外辦日本組指導体制が構築され，1966年の文革開始まで，中国の対日業務を統括していた．1964年にLT貿易協定が結ばれ，廖承志辦事処東京連絡事務所は開設され，高崎達之助事務所北京事務所も開設された．文革開始後，廖承志が失脚したのにもかかわらず，東京にある廖承志辦事処東京連絡事務所が駐在員の人数が減らされたものの，日本での活動が継続できた．廖承志辦事処東京連絡事務所は，人民政府の日本に関する情報収集や，日本政府，民間団体との連絡役としての役割を果たした．それは日中国交正常化の実現に大きく貢献したと言える．

文革開始後，廖承志の失脚によって，国務院外辦日本組の指導力が著しく低下し，1972年の日中国交正常化までは，基本的に周恩来が実質的な指導者となり，外交部，中聯部及び中国の各「民間」団体の対日業務を担当した．

中国の対日業務グループの人材選抜，育成及び業務方式の構築は1952年から1958年まで行われた．1958年国務院外辦日本組が組織されたことをきっかけに，外辦日本組（最高責任者：廖承志）をトップとする対日業務指導体制は構築され，1966年の文革開始まで継続された．それは日中国交正常化の早期実現に貢献したと言われている．中国建国初期の対日外交は，廖承志を言及せずに語れないと言える．

建国直後の中国は，人材不足に直面していた．特に，対日業務担当者に対しては，特別要求と歴史的背景があるため，人材不足がより一段厳しかった．こうした状況下で，日本留学経験者や，日本からの帰国華僑から，多くの対日業

務担当者を起用した．対日関係の改善は，建国後の中国外交の重要な位置を占めていた．冷戦構造下で，政府間交渉が実現できないなか，「民間先行，以民促官」の方針を打ち出したため，中国外交部ではなく，婦女聯合会や，総工会，中国国際電台，『人民中国』編集部などのいわゆる民間団体（実質的にすべて人民政府や中共に直轄された部門）に，多くの対日業務担当者が配属され，人民政府の対日業務を様々な方面から行った．特に，日本人の考え方を熟知していた帰国留日学生・華僑を起用したことのよって，中国の対日業務の現場では，日本人の心を捕まえ，日本側の期待にできるだけ応えようとする業務方式が取られた．結果として日本の国内世論は中国への親近感を増し続け，日中国交正常化の機運が次第に高まった．文革中にもかかわらず，日中国交正常化が実現できたのも，中国対日「民間」外交によって形成された日本の国内世論に大きく影響された結果だと言われている（森田，2010, pp. 105-106）．このような中国の対日「民間」外交の成果は，廖承志をはじめとする日本組の対日業務担当者の存在なしに語れない．

対日業務指導方式は，中国の外交上では，異例な業務方式であるが，廖承志の個人的な人脈によって成功した面も強いのである．この方式は，日中国交正常化が実現したこともあり，廖承志の死去によって終焉が迎え，政府レベルの対日業務は，基本的に外交部に移管された．また，廖承志は日中蜜月関係構築の功労者でもあるが，1983年廖承志の死去によって，日中両国のハイレベルのパイプ役が失われたとも言える．

参考文献
＜日本語文献＞
井口治夫・松田康博（2007）「日本の復興と国共内戦・朝鮮戦争」川島真・服部龍二編『東アジア国際政治史』名古屋大学出版会，pp. 212-243.
井上正也（2010）『日中国交正常化の政治史』名古屋大学出版会．
王雪萍（2007）「中国の文化外交 ── 留学生派遣を含めた人材交流に見る戦略」『中国の外交 ── 自己認識と課題』山川出版社，pp. 55-72.
王雪萍（2009）「留日学生の選択 ──〈愛国〉と〈歴史〉」劉傑・川島真編『1945年の歴史認識』東京大学出版会，pp. 203-232.
王雪萍（2010）「中華人民共和国初期の留学生・華僑帰国促進政策 ── 中国の対日・対米二国間交渉過程分析を通じて」『中国21』Vol. 33, 2010年7月号，pp. 155-178.
王雪萍（2013a）「廖承志と廖班の対日業務担当者」王雪萍編『戦後日中関係と廖承志 ── 中

国の知日派と対日政策』慶應義塾大学出版会，2013年9月出版予定.
王雪萍（2013b）「中国の対日政策における留日学生・華僑 ── 人材確保・対日宣伝・対日支援」王雪萍編『戦後日中関係と廖承志 ── 中国の知日派と対日政策』慶應義塾大学出版会，2013年9月出版予定.
大澤武司（2003）「在華邦人引揚交渉をめぐる戦後日中関係 ── 日中民間交渉における『三団体方式』を中心として」『アジア研究』Vol. 49, No. 3, 2003年7月号, pp. 54-70.
銭江著，神崎勇夫訳（1988）『米中外交秘録 ── ピンポン外交始末記』東方書店.
添谷芳秀（1995）『日本外交と中国 1945～1972』慶應義塾大学出版会.
陳肇斌（2000）『戦後日本の中国政策』東京大学出版会.
日中友好協会編（2000）『日中友好運動五十年』東方書店.
野田正彰（2004）『陳真 ── 戦争と平和の旅路』岩波書店.
本田善彦（2006）『中国首脳通訳のみた外交秘録　日・中・台視えざる絆』日本経済新聞社.
水谷尚子（2006）『「反日」以前 ── 中国対日工作者たちの回想』文芸春秋.
毛里和子（2006）『日中関係 ── 戦後から新時代へ』岩波新書.
森田一著，服部龍二・昇亜美子・中島琢磨編（2010）『心の一燈 ── 回想の大平正芳　その人と外交』第一法規.
「廖承志文集」編輯辦公室編・安藤彦太郎監訳（1993）『廖承志文集』（下）徳間書店.
劉徳有（2002）『時は流れて ── 日中関係秘史五十年（上）』藤原書店.

＜中国語文献＞
陳峰龍（2003）「反蔣愛国　矢志不二」『回国五十年 ── 建国初期回国旅日華僑留学生文集』台海出版社, pp. 249-256.
陳国文（2006A）「廖承志与中日民間外交」『中共貴州省委党校学報』総105期, 2006年5月号, pp. 65-66.
陳国文（2006B）「廖承志与中日友好事業統一戦線的建立」『貴州大学学報（社会科学版）』第24巻第5期, 2006年9月号, pp. 96-99.
陳国文・鄧衛紅（2006）「廖承志与中日邦交正常化」『浙江伝媒学院学報』2006年第5期, pp. 69-71.
陳国文・鄧衛紅（2008）「廖承志与日僑回帰」『貴州大学学報（社会科学版）』第26巻第5期, 2008年9月号, pp. 56-60.
甘歩師（1989）「周恩来与新中国的外交隊伍建設」中華人民共和国外交部・外交史編輯室編，裴堅章主編『研究周恩来 ── 外交思想与実践』世界知識出版社, pp. 302-315.
郭平坦（2003）「強大祖国使我夙願得償」『回国五十年 ── 建国初期回国旅日華僑留学生文集』台海出版社, pp. 375-380.
郭偉偉（2011）『当代中国外交研究』北京理工大学出版社.
江培柱・邱国洪（1989）「中日関係舞台上的輝煌楽章 ── 周総理指導対日工作的思想与実践」中華人民共和国外交部・外交史編輯室編，裴堅章主編『研究周恩来 ── 外交思想与実践』世界知識出版社, pp. 226-234.
李栄徳（1992）『廖承志』永昇書局.
林麗韞（2003）「在祖国的懐抱　難忘的五十年」『回国五十年 ── 建国初期回国旅日華僑留学生文集』台海出版社, pp. 107-114.
裴堅章主編（1994）『中華人民共和国外交史（第一巻）1949-1956』世界知識出版社.

斉鵬飛主編（2010）『中国共産党と当代中国外交 1949-2009』中共党史出版社.
芮敏（2003）「中日邦交正常化的見証人 —— 王効賢」『対外大伝播』2003 年第 5 期, pp. 20-23.
孫平化（1984）「中日友好事業的奠基人」中国新聞社編『廖公在人間』生活・読書・新知三聯書店, pp. 103-108.
孫平化（1986）『中日友好随想録』世界知識出版社.
孫平化（1998）『我的履歴書』世界知識出版社.
孫平化（2009）『中日友好随想録——孫平化が記録する中日関係』遼寧人民出版社.
田桓主編（1994）『戦後中日関係史年表 1945-1993』中国社会科学出版社.
鉄竹偉（1998）『廖承志伝』人民出版社.
王炳南（1979）「回憶週総理在外交工作的幾個片段」『世界知識』1979 年第 1 期, p. 8.
王達祥（2003）「与祖国同行」『回国五十年 —— 建国初期回国旅日華僑留学生文集』台海出版社, pp. 146-150.
王俊彦（2006）『廖承志伝』人民出版社.
王俊彦（2010）『中日関係掘井人 —— 記 45 位中日友好的先駆』世界知識出版社.
王仲全・孫煥林・趙自瑞・紀朝欽（2008）『当代中日民間友好交流』世界知識出版社.
呉学文（2002）『風雨陰晴 —— 所経歴的中日関係』世界知識出版社.
呉学文・王俊彦（2007）『廖承志与日本』中共党史出版社.
夏衍（1989）「永遠難忘的教誨」中華人民共和国外交部・外交史編輯室編, 裴堅章主編『研究周恩来 —— 外交思想与実践』世界知識出版社, pp. 20-28.
肖向前（1989）「周恩来同志対発展中日関係的卓越貢献」中華人民共和国外交部・外交史編輯室編, 裴堅章主編『研究周恩来 —— 外交思想与実践』世界知識出版社, pp. 212-225.
徐則浩（2001）『王稼祥年譜 1906-1974』中央文献出版社.
薛学共・黄小用編著（2001）『周恩来超群智慧』当代中国出版社.
張香山（1998）『中日関係管窺与見証』当代中国出版社.
中共中央文献研究室編（1997）『周恩来年譜 1949-1976 上巻』中央文献出版社.
中国新聞社編（1984）『廖公在人間』生活・読書・新知三聯書店, pp. 258-259.

＜欧文文献＞
Kurt Werner Radtke（1990）, *China's Relations with Japan, 1945-83: The Role of Liao Chengzhi*, New York: Manchester University Press.

---

1)「周恩来外長関于美国及其僕従国家簽訂舊金山対日和約的声明（1951 年 9 月 18 日）」『日本問題文件彙編』世界知識社, 1955 年, pp. 87-89.「章漢夫副外長関于日本吉田政府向美国政府保証与国民党反動残余集団締結和約的声明（1951 年 1 月 23 日）」『日本問題文件彙編』世界知識社, 1955 年, pp. 90-92.
2)「章漢夫副外長関于日本吉田政府向美国政府保証与国民党反動残余集団締結和約的声明（1952 年 1 月 23 日）」『日本問題文件彙編』世界知識社, 1955 年, pp. 90-92.
3)「我外交部対日和約問題進行的討論会議録（1950 年 5 月 16 日下午 2 時）」（中華人民共和国外交部档案, 105-00089-03, 1950 年 5 月 16 日）.
「我外交部対日和約問題進行的討論会議録（1950 年 5 月 17 日下午 2 時）」（中華人民共和

国外交部档案，105-00089-04，1950 年 5 月 17 日）．
「我外交部対日和約問題進行的討論会議録（1950 年 5 月 18 日）」（中華人民共和国外交部档案，105-00089-05，1950 年 5 月 18 日）．
「我外交部対日和約問題進行的討論会議録（1950 年 5 月 19 日下午 2 時）」（中華人民共和国外交部档案，105-00089-04，1950 年 5 月 19 日）．
 4）「関于開展対日本直接貿易問題的報告」（中華人民共和国外交部档案，105-00077-01，1950 年 5 月 27 日）
 5）中国で「対日業務」は「対日工作」という表現を使用しているが，中国語の「工作」は，仕事，業務の意味を表す．1980 年までの中国で日本関連業務を常に「対日工作」と表現し，各部門での日本関連業務従事者を「対日工作者」或いは「対日工作人員」と呼ばれていた．本章では，中国の日本関連業務をすべて「対日業務」と記し，日本関連業務の従事者を「対日業務担当者」と呼ぶ．なお日本語の「工作」の意味の場合，「工作」のままで表記する．
 6）王俊彦（2006）『廖承志伝』（人民出版社，p.286）によると，周恩来から対日業務担当の決定を伝えられたのは，1952 年の 4 月 1 日である．しかし，孫平化「中日友好事業的奠基人」中国新聞社編（1984）『廖公在人間』（生活・読書・新知三聯書店，pp.103-108）によると，周恩来から伝えられたのは，1952 年 5 月中旬である．決定を伝えられた場所は，2 つの文献とも，中南海の西花庁である．故に廖承志は指令を受けたのは，1952 年 4 月から 5 月までの間だと推定する．
 7）元中国外交部アジア司中国処処長丁民へのインタビュー，2011 年 11 月 23 日，北京．
 8）「周恩来：共和国首任外交部部長」何明主編『共和国第一批外交官』中国大百科全書出版社，2010，pp.1-6．
 9）日本の独立回復後，3 つの団体の名前の頭をいずれも「日中」と改めた．
10）「我対中国，日本民間交流的方針」（中華人民共和国外交部档案，105-00899-08，1958 年 6 月 25 日）．
11）「論中日関係」『人民日報』1953 年 10 月 30 日．
12）例えば，中共中央文献研究室編（1997）『周恩来年譜 1949-1976 上巻』（中央文献出版社，pp.284）に 1953 年 2 月 15 日に周恩来が中国在留日本人の帰国問題についての指示を直接廖承志に書簡を出した資料を掲載してある．また「周恩来：中日関係的奠基者」王俊彦『中日関係掘井人――記 45 位中日友好的先駆』（世界知識出版社，2010，pp.20-43）には，周恩来は廖承志が提供した資料に基づいて，周恩来から廖承志に直接対日業務の内容を指示した記録が残っている．以上の例のような多くの文献資料に対日業務に関する周恩来と廖承志の信頼関係であることが記録されている．
13）「関于日本賠償概略」（中華人民共和国外交部档案，111-00052-05，1949 年 10 月 9 日）．「関于懲辦日本細菌戦犯問題座談会紀要」（中華人民共和国外交部档案，105-00092-01，1950 年 2 月 9 日）．「対日和約有関解除日本軍備条約草約」（中華人民共和国外交部档案，105-00090-01，1950 年 3 月 21 日）．「各国関于対日和約軍事問題的意見」（中華人民共和国外交部档案，105-00091-01，1951 年 2 月 1 日-2 月 28 日）．「研究美対日和約問題及我之対策」（中華人民共和国外交部档案，105-00090-02，1951 年 8 月 7 日）など．
14）元中国外交部アジア司中国処処長丁民へのインタビュー，2011 年 9 月 26 日，北京．
15）外事工作人員とは，海外関連業務を担当する職員を意味する．
16）「中組部関于外交人員選派条件的電報（1949 年 12 月 21 日）」『建国以来周恩来文稿第一

冊』中央文献出版社，2008，p.710.
17)「周恩来：共和国首任外交部部長」何明主編『共和国第一批外交官』中国大百科全書出版社，2010，pp.1-6.
18)「王曉雲：国務院外辦日本組負責人」王俊彦『中日関係掘井人――記45位中日友好的先駆』世界知識出版社，2010，pp.183-190.
19) 帰国留日華僑学生・林国本へのインタビュー，2007年11月26日，北京．
20)「郭沫若接見池田正之輔等就我保衛和平運動和中日関係発表談話（1953年10月29日）」『日本問題文件彙編』世界知識社，1955，pp.119-120.
「論中日関係」『人民日報』社論，1953年10月30日．
「周恩来副主席在中国人民政治協商会議第二届全国委員会第一次全体会議上的政治報告（関于対日政策部分）（1954年12月21日）」『日本問題文件彙編』世界知識社，1955，p.143.
21) 鳳凰網「2007年0415口述歴史　肖向前講述中日建交秘聞」http://v.ifeng.com/his/200907/0e6c5bb3-1149-45b2-a065-5baa83330f15.shtml，2010年9月10日．
22) 帰国留日学生E（元人民日報記者，中央編訳局訳審）へのインタビュー，2009年2月23日，北京．
23)「廖承志辦事処和高碕辦事処関于互派代表，互設聯絡事務所，公刊記者和備忘録貿易会談紀要」（中華人民共和国外交部档案，105-01299-03，1964年4月19日）．
24)「関于廖承志同志辦事処駐東京聯絡事務所幹部配備和輪休問題的函件」（中華人民共和国外交部档案，122-00281-01，1964年5月21日-1965年9月23日）．
25)「関于確定廖承志辦事処駐東京聯絡処人員的工資標準的報告」（中華人民共和国外交部档案，128-00045-05，1965年3月10日-4月18日）．
26) 元中国外交部アジア司中国処処長丁民へのインタビュー，2011年11月23日，北京．
27)「王曉雲：国務院外辦日本組負責人」王俊彦『中日関係堀井人――記45位中日友好的先駆』世界知識出版社，2010，pp.183-190.
28)「蕭向前：対日工作的鋪路人」王俊彦『中日関係掘井人――記45位中日友好的先駆』世界知識出版社，2010，pp.201-211.
29)「廖承志：重開中日交往之路」王俊彦『中日関係掘井人――記45位中日友好的先駆』世界知識出版社，2010，pp.86-107.
30) 留日学生Fへのインタビュー，2009年2月21日，北京．
31) 元中国外交部アジア司中国処処長丁民へのインタビュー，2011年11月23日，北京．
32) 留日学生Pへのインタビュー，2009年9月2日，北京．
33)「外交部関于対外宣伝問題的報告」（中華人民共和国外交部档案，113-00055-03，1950年3月23日）．
34) 現在の中国国際広播電台，当時日本で北京放送だと呼ばれていた．
35) その日本人たちは，レッドパージを受けて中国に来た日本共産党の人や，個人的な理由で中国に来た日本人，中国人華僑とともに帰国した日本人家族など様々であり，なかには俳優や，軍人もいたようである．
36) 留日華僑・陸汝富へのインタビュー，2009年9月1日，北京．
37)「康大川回想録中国の日本語雑誌『人民中国』初代編集長の生涯」水谷尚子『「反日」以前――中国対日工作者たちの回想』文藝春秋，2006，pp.137-225.
38)『聯絡員用在京日本帰僑僑眷通信録』北京日本帰僑聯誼会編印，2007，pp.1-17.

39) 留日華僑・林国本へのインタビュー，2007 年 11 月 26 日，北京．
『聯絡員用在京日本帰僑僑眷通信録』北京日本帰僑聯誼会編印，2007，pp.1-20.
40)「毛沢東：中日関係的締造者」王俊彦『中日関係掘井人──記 45 位中日友好的先駆』世界知識出版社，2010，p.2-19.

16章 「紅い貴族」の民間外交
——西園寺公一の役割と機能

馬場公彦

はじめに——国交断絶期の日中外交を分析する視角

　日本敗戦後，日中間での終戦処理をめぐっては，1952年の台湾に移った中華民国政府との間に日華平和条約が締結された．しかしながら，締結当時の吉田茂首相の解釈では条約の及ぶ範囲は中華民国政府の支配下にある領土および人民に適用されるものとされ（1951年12月24日吉田首相のダレス宛書簡），中華人民共和国との間の終戦処理は，72年9月29日の日中共同声明までなされなかった．その間，日本と中華人民共和国両国間の公式の外交関係は途絶し，通商関係にも人的往来においても厳しい制約が課せられた．日中双方の政府機関は直接かつ公式の外交的関与ができないために，政府の意向を体現した民間貿易機関を設置して貿易実務の協定を結んだり，民間交流団体や両国が加入する国際的な親善組織を使って友好人士による人的交流を促進したりした．かくて「半官半民」による「積み上げ方式」によって関係正常化への具体的な取り組みを継続し深めていった．

　このような国交断絶期の両国間交流の形態を，中国側は「人民外交」あるいは「民間外交」と呼び（劉，2008），日本側は「非正式接触者」による対外交渉と呼びならわしてきた（西原，1983）．だが「民間」の外交は，いかなる機関が

391

いかなる「官界」の政策決定過程により企画され実施されたのか，その実態はいかなるものであるのかについては，これまで十分に研究されてきたとは言いがたい．わずかに日中外交における「非政治的要因」に着目したものとしては，おもに日本側の友好貿易に携わった機関や商社の動向を通史的にたどった添谷(1995) がある程度である．

中国にとっての対日「民間外交」のシステムについては，外交・外事は毛沢東―周恩来―対外政策実務担当者の一元的指導体制のなかで，対日関係は，権力組織においても行政組織においても，実務的には周恩来が指示し，廖承志らの対日工作組が実務を掌握するというものであった．日中間に国交がなかったため，日本政府の中国敵視政策を改め，政府間関係の前進を促し，国交正常化に至るとの「民を以て官を促す」の方針の下，1952 年頃から中国政府の主導で民間外交を進めた．

日本側の民間外交のおもなアクターとしては，与野党の親中派議員・国際貿易促進協会・日中友好関連団体の関係者，中国の関連機関とのパイプを持つ芸術家・作家・学者があり，メディア関連として新聞・雑誌・放送などの記者・編集者・ディレクターがいる．このうち，日本側の「民間外交」「非正式接触」の担い手となった要人の回顧録としては，おもに政界（田川, 1973；木村編, 1997)・財界（岡崎, 1979) 関係のものに限られるのが現状である．馬場 (2010) は，まとまった証言録の乏しい，雑誌メディアにおける中国論の言説分析を通して，日本側の対中公論の形成とその歴年変化を辿ったものである．

これまでの日中関係史研究は，両国の首脳による政策決定過程に着目するオーソドックスな国際政治学・外交史研究の手法が主流であった．しかし，ここに求められるのは，そのような国家的要因によらない，非国家的要因を重視した研究手法により，政府の公式的交流の代替として機能していた民間および半官半民の非公式的交流の実態を明らかにすることである．そこで，本章では，1958 年から 70 年まで，中国側の対日工作組が「民間大使」として招聘し，北京に一家を挙げて赴任し 12 年間在住した西園寺公一（1906－1993）の活動を，民間外交の重要な事例として取り上げたい．

1. 西園寺の北京赴任

　西園寺公一にはその伝記的自著が2冊ある．『貴族の退場』（文藝春秋新社，1951年）と『西園寺公一回顧録「過ぎ去りし，昭和」』（アイペックプレス，1991年）であるが，前著はおもに戦時中についての自分史であり，刊行後の北京時代のことは，むろん書かれるよしもない．後著は公一帰国後の1988-90年に，インタビューに応えつつ生涯を回顧したもので，1988年11月11日から89年3月31日までの20回と，89年10月27日から90年2月2日までの11回，『週刊ポスト』（小学館）に連載された．北京に渡る経緯から北京での生活を経て帰国するまでの大まかな流れを把握するには便利なものである．聞き手の1人は30年あまりも公一の秘書を務めた南村志郎であり，現在のところ，北京時代の公一の活動実態を知るには最も根本的な史料である．本書は1991年に中国語に翻訳され，「国際友人叢書」の1冊として出版され，中国語版のタイトルは『紅色貴族春秋──西園寺公一自伝』であった．

　本書および周辺のいくつかの資料を使って西園寺の事績をまとめておこう．西園寺公一は元公爵で，祖父公望は明治・大正・昭和3代の天皇に仕え，首相を2期務め，「最後の元老」と言われ，父八郎は大正天皇と同級生で宮内省の高官を務めた．公一はオックスフォード大学を卒業し，1936年，第7回太平洋問題調査会（IPR）に尾崎秀実とともに参加した．教養豊かな国際人で，世界平和運動を進め，社会主義者ではないが，尾崎の影響もあり，社会主義には一定の理解を示していた．

　近衛文麿内閣のブレーンを務め，昭和研究会に属し，日中戦争勃発直後に，日中和平を画策する近衛の密使として秘かに中国に渡り，国民政府財政部長の宋子文と面会，さらに国民政府亜州局長の高宗武とも接触，和平工作を試みたが，戦局の悪化に抗しきれず首尾よく運ばなかった．このときの公一の役割は，明らかに「公式─非公表型接触者」（西原，1983, p.6）であった．引き続き近衛のブレーン集団の「朝飯会」のメンバーとなり，第2次近衛内閣の外務省嘱託として，松岡洋右外相に随行してドイツ・イタリア・ソ連を訪問，モスクワで1941年4月13日，日ソ中立条約を締結した．モスクワでモロトフ外相主催のパーティが開かれたときのこと，松岡洋右が随行した西園寺をスターリンに紹

介するとき,「日本の貴族のなかのボルシェビキです」と冗談交じりに話したところ,スターリンからモスクワ駅で別れるさいに握手を求められるなど,深い印象を与えたという（西園寺，1991, p. 197)．中国語版のタイトル『紅色貴族春秋』は,このエピソードに由来するものである[1]．

西園寺には日中戦争の阻止に向けて尽力しようとした経歴があり,戦後において日中関係正常化のために尽力しようとする主観的願望があった．とはいえ,近衛政権時代の西園寺の言説の断片を,彼が1936年8月に創刊したグラフ雑誌『グラフィック』(創美社発行)での署名記事から追うとき,彼の言動は日中和平を願望しつつも,日中非戦論を堅持することかなわず,状況に引きずられながら,聖戦是認論へと傾いていくことを抑制しえたとは言えない（「支那事変の大目的を想う」1937年10月号,「聖戦偶感」1937年11月号など).

その後1942年,ゾルゲ・尾崎事件で逮捕され,家督は弟・不二男に譲った．西園寺は尾崎秀実の中ソとの和平と連携に対する信念と,いずれ毛沢東が蔣介石国民党の手から政権を奪還するとの見立てに感化を受けた．尾崎は死刑判決を受けて処刑されたが,国賊とされた尾崎の通夜には家族以外は西園寺のほか4人しか集まらなかった（西園寺, 1991, pp. 128, 220-251)．尾崎の墓碑は西園寺が書いた（馬場，2010, p. 609).

戦後は1947年の第1回参議院選挙に無所属で立候補し当選,日中友好協会・日中文化交流協会の設立に関与するなど,日中友好運動と平和運動を進めていた．戦後最初に中国に渡った日本人は,1952年にモスクワ経由で北京に入った,帆足計・宮腰喜助・高良とみの3名の議員であった．高良が北京に入るにあたっては,事前に石橋湛山・風見章・西園寺公一と会い,モスクワ行きを進められた経緯があったことが,当時高良の秘書であった和田光代からの聞き書きで明らかになった．西園寺は1951年11月に日米安保条約の批准が参議院でなされた折,高良1人が反対票を投じたのに目をとめ,翌日,秘書の越寿男を高良のもとに寄越したのだった．高良は西園寺が「共産党じゃないこともはっきりしているし,社会党でもないことははっきりしているから,……安心して接触」したという（高良, 2002b, pp. 434-437 ; 西園寺 1991, pp. 309-310).

実は高良は,1940年ころから昭和研究会の人々が始めた新体制運動に関わるようになっており,そのメンバーに西園寺がおり,近衛内閣において西園寺

は外務省嘱託，風見は第2次近衛内閣司法大臣と，要職を務めた（高良，2002a）．高良の訪中の背景には，石橋・風見・大山郁夫・帆足計など，政財界に影響力を持つ非共産主義系の国際的平和主義者たちが抱く日中民間貿易再開への願いがあった．高良の娘の高良留美子はこう書いている．

「日中戦争時には成功しなかった近衛グループの日中和平の悲願が，別の政権（毛沢東政権）とのあいだでこのとき実現の緒についたのである」（高良，2002b, p.450）

高良に次いで風見は翌年訪中議員団で訪中した．

西園寺は1952年12月12日-20日にウィーンで開かれた世界諸国民平和大会に出席．西園寺の動向は同時に『人民日報』でも報道されていた[2]．中国側も，この大会に郭沫若・廖承志が出席しており，日本平和委員会の代表としてウィーンに駐在していた西園寺と出会うきっかけとなった．大会最終日の晩餐会で西園寺は日本人の戦争責任についての思いを率直に発言したことに郭沫若は感動し，西園寺は訪中の希望を廖承志に伝え，52年末の訪中実現につながった（西園寺，1991, pp.302-306；鉄，1998, pp.222-224）．翌53年1月に高良とみが在華邦人帰国交渉のために再訪中したさいに，北京で出迎えたのが西園寺だった．

その後西園寺は日中文化交流協会常任理事として活動し，日中双方から友好人士としての人望を得た．世界平和協議会事務局のあるウィーンで1955年から日本代表として勤務していた西園寺は，1957年3月に帰途北京に立ち寄った．そのさいに，廖承志から日本の民間組織の代表として北京に常駐し，日本の政財界・知識界との連絡の任務を担ってくれる適当な人を派遣してほしいとの意向が伝えられた．その人の条件は「右でも左でもなく，財界にも民間にも政府にもコネがあり，中国との関係が良好で，私利私欲がないこと」というもので，できればその任を西園寺にお願いしたいとのことだった．

帰国後，西園寺は日中友好協会・日中文化交流協会の関係者や，風見章・中島健蔵・松本治一郎・村田省蔵・高碕達之助・北村徳太郎・藤山愛一郎・松村謙三・石橋湛山らと相談した．思案した結果，家族の同意も得られ，廖承志の申し出を受諾し，1958年1月に家族（公一のほか雪江夫人・長男一晃・次男彬弘）とともに中国に渡った（西園寺，1991, pp.316-321；鉄，1998, pp.270-272；馬場，

2010, pp. 609-610)．このとき西園寺はまったくの民間人であり，表向きはアジア太平洋地区平和連絡委員会副秘書長という肩書であった．1970年の帰国まで12年間の長期にわたり，その間一度も日本に一時帰国することなく，北京で「民間大使」として活動した．

中国側が民間外交の日本側キーパーソンとして西園寺に委嘱するにあたって，西園寺はまさによい条件を備えていた．

第1に，日本国内への影響力があり，華族出身でスキー・卓球・囲碁などスポーツや趣味の幅が広く社交性に富み，その人柄が中国側に安心感を与えた．

第2に，戦前・戦後とIPRの理事を務め，世界平和評議会常任委員でもあるなど，国際平和運動との連関性において日中友好運動を担っていたこと．そのことは建国して間もない中国の国際的地位を高めるとともに，日本国内の左右両翼への支持を獲得しやすい．結果として，社会主義圏に属さない中立勢力を自陣営に取り込み，統一戦線を打ち立てるうえで有効だと判断されたのであろう．逆にコミュニストだと日本の資本家や右派勢力の支持が得られないという判断もあっただろう．

西園寺公一は北京での12年間，「民間大使」として日常的にどのような具体的な活動をしていたのだろうか．第1に，中国側の対日工作組と日本側の友好人士との間でどのような役割を負い，どのような具体的活動をしていたのか．第2に，北京の友好商社員，北京駐在のジャーナリスト，日本共産党員など，周辺の日本人関係者・関係機関との連携はどのようなものであったのか，第3に，世界平和運動とのつながりはどのようなものであったのか．西園寺の活動の実態に即して，同時代資料・回想録・関係者へのインタビューなどを通して，彼の果たした役割と機能を究明したい．

2．日中間の人的・物的往来の促進

西園寺の北京での活動の実態を具体的に把握するうえで手掛かりとなる資料は，前述の自伝の回顧録のほか，当時の現地での新聞報道，西園寺と日本側要人との往復書簡，当時の西園寺をよく知る人の回想録などである．

まず『人民日報』CD-ROMを用いて，キーワード「西園寺」で検索して

「西園寺公一」が登場する記事数を経年ごとにカウントすると，下記の結果が得られた（図16-1）．西園寺が北京に常駐した1958-70年の期間に限定すると，総計863本の記事数に上る．おそらくこの期間内に登場する日本人としては最多本数であろう．中国の指導層のみならず，一般の中国人にとっても，西園寺が北京に滞在していた頃は相当知名度の高い日本人として記憶されていたと察せられる．

これらの大量の記事について，その内容を見てみると，大半は，日本からの代表団の空港あるいは駅頭での見送りないしは出迎えか，日本からの代表団による，中国側要人との会見・接見・会談・文書交換の調印式・宴席などへの出席あるいは陪席についての言及である．1963年だけを見ても138本あり，9月を見ると，12・13・16・17・18（2回）・21・22（2回）・23・24・25（4回）・27（3回）・28・29（2回）30日（3回）と，連日のように何らかの公式活動に参加しており，かなり多忙な公務であったことがうかがえる．

具体的に1960年から63年まで同紙の記事からごく一部のおもな例を挙げると，1960年1月24日，北京で行われた日米軍事同盟非難の大会で演説／5月10日，北京で開かれた日本人民の反米愛国闘争に反対する百万人デモに参加／7月2日，日本作家代表団の歓迎宴会に出席／7月22日，日本「中国研究所」代表団を北京空港に出迎え／10月12日，周恩来が高碕達之助を接見した際に同席／61年6月20日，日本共産党国会議員団の訪問歓迎集会に議員団に交じって夫人と参加／9月3日，北京での第7回原水禁大会祝賀集会で演説／62年11月6日，キューバ大使館前でキューバ人民の反米闘争支持の発言／63年8月25日，北京での第9回広島原水禁大会勝利の1万人集会で演説／63年10月6日，北京で開かれた日本工業展覧会開幕式で挨拶／63年10月31日外文出版発行事務局主催の日本人専家池田亮一先生の追悼会で弔辞を述べる，などである．

このような日中間の要人の往来の華々しい儀式が頻繁になされる裏でもまた，西園寺は日中のパイプ役あるいは調整弁となって，人的往来を円滑に進める任務をこなしていた．その実態は日本側との連絡については，訪中団の団長クラスの要人との往復書簡から窺い知ることができる．目下のところ，LT貿易日本側代表の高碕達之助との間の往復書簡と，自民党議員の古井喜実宛の書簡4

図 16-1　人民日報 1952-76 での西園寺公一関連記事数

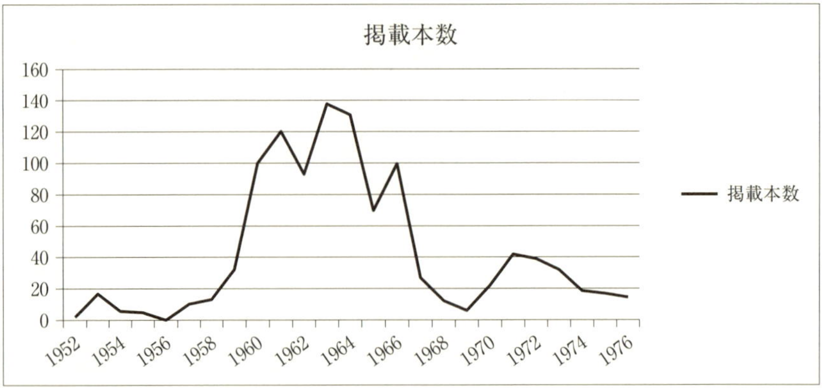

通を入手することができた³⁾.

　まず高碕との往復書簡は，1959 年から 62 年の間に，高碕から西園寺宛 14 通，西園寺から高碕宛 3 通が所蔵されている．

〔1960 年 1 月 26 日〕西園寺より高碕宛書簡／さる 1 月 8 日に大久保任晴（覚書貿易事務所）より高碕訪中団の随員と訪問の時期についての書簡を受信したのを受けて，随員の人選につきこう記す．

> 「人選については友好親善訪問に最も相応しい人物を慎重に御配慮之由恂に結構と思います．この人選之点は頗る重要であり，案がお出来になりましたらそれについての中国側の意嚮を廖承志様宛に求められるか，或は小生宛に先ず腹案をお知らせ頂き，小生から中国側の意嚮を聴いた上で尊臺へお伝えするか，いずれにせよ，予め中国側の同意を得て置く事が必要と存じます．良い意図を持つ，立派な随員グループをお連れになれば中国側としてもそれだけ胸襟を開くという事になりましょうから，それだけ尊臺のお仕事も好結果を得る事でしょう．特に新安保条約の批准問題が大きくクローズ・アップされる時期になりましょうから，ほんとうに中国との友好を念願する人々を選ばれるよう，心から希っております．」

〔1960 年 9 月 10 日発信〕北京・台基廠の西園寺宛に電報の下書／高碕氏に

随行するメンバーの内定者のリスト（肩書と名前）が記されている.
〔1960年9月12日，上記電文に対する返電，日本語ローマ字表記を和文に改める〕
「北京訪問の　期日と　同伴希望の　人員につき　高碕さんから　直接に　電報を　廖先生　又は　周総理に　出して下さい　新聞人は　難しいと　思います　西園寺」
〔1961年9月1日〕高碕より西園寺宛書簡／池田内閣の対中政策と国内情勢を述べ，高碕の同年1月の訪米のおり，米国の対中国現状認識について見聞したところを報告し，松村謙三の訪中について，現下の情勢では「政治的土産は皆無」であるため，しばらくは見合わせたほうがいいと考えるが，「松村君は老の一徹，中日親善に役立つならば日本の力の及ぶ限り中国農業振興に奉仕する事に余生を捧げ度いと云う考えで，之れが其まゝ素直に中国側で受入れられるならば訪中さしてもよいと考えております」との見方も示す．まして廖承志の訪日はしばらく時期を待つほうがよいとし，以下の伝言で結ぶ．

　　　「かく云えば前途は悲観の様でありますが，日本の政府部内でも政党政派を超然として若い連中に私達と考えを同じうする動きが日一日と成長しつゝありますから，中日両国の為には近き将来明るい光が出現する事と信じます．此手紙の意味を何卒廖先生及周先生に御説明願えれば幸甚です．」

これらの書簡から，高碕は西園寺に日本情勢をブリーフィングしたうえで，対日工作組に相互往来についての示唆を伝えるよう委嘱していること，そのさい，訪中団の概要や団員リストが西園寺に示され，それを西園寺は対日工作組のメンバーに日本側の要望として示し，招請の内諾を受けて，場合によっては対日工作組からの注文をコメントとして加え，正式に廖承志か周恩来にオファーを出すよう高碕に指示していることがわかる．まさに西園寺の役割は，中国側の対日政策の意思決定プロセスに組み込まれており，日中間の人的往来のコーディネーターでありメッセンジャーであり調整役であった.
　次に古井宛書簡より1例を挙げよう．いずれもMT貿易の発足・継続における古井の功績を評価しねぎらう内容になっている．

〔1968 年 7 月 7 日〕

「今日は投票日でもあるとともに，盧溝橋事件の三一周年なので，更めて日本の政治の中での中国問題の位置付けなど考えさせられています．

現政府の対中国政策ではどうしてもダメです．何としても大兄のポイント・マンの役割に成功して頂き，前向きの内閣が出現するようにもしなければなりません．そうでないと大兄はじめ皆さんの並々ならぬ御努力の結実である MT の前途も憂慮に堪えない次第です．

肥料の団長で来た鈴木君〔鈴木一雄・日中貿易促進会専務理事を指す？〕が，小社の歓迎宴で，「今度の商談が纏まるか，どうかは，我々のみならず，業界全体が MT 共同コミュニケの諸原則を深く理解し，ほんとうに実践するか，どうかに懸っている」という意味の，立派な挨拶をしましたが，これは先般の商談ばかりでなく，MT の将来につなげなければならない考え方と存じます．」

西園寺はまた，訪中団に対して，帰国後，訪中の労をねぎらうとともに，中国情勢を日本側関係者にブリーフィングして日本の対中政策の示唆を与えるアドバイザーの役割を負っていたことがわかる．実際に 1959 年 3 月浅沼稲次郎社会党委員長の訪中時には，演説原稿に目を通し，「アメリカ帝国主義は日中人民共同の敵」という有名なくだりを助言した（西園寺，1991, pp.330-331）．

また，連日の中華料理に飽きた訪中団メンバーを日本間がしつらわれた自宅に呼んで日本食をふるまったり，日本風の座敷のある王府井の日本料理屋「和風」に招いたりなど，ロジ担のような役割も負った．1970 年 5-9 月当時，共同通信北京支局に在勤していた中島宏によると，西園寺家に行くと日本酒や日本の煙草があり，刺身をアイスボックスに入れて差し入れてくれたりした（馬場，2010, p.575）．長男の西園寺一晃によれば，北京の西園寺家の生活費は平和連絡委員会から支払われ，日本からの代表団の接待にあたっては，中国政府から接待費が払われていた．また米は天津の近くに日本種の米を栽培して調達してくれていた（馬場，2010, p.611）．料理は中日友好協会の職員の朝鮮族の奥さんに任されていた（日中貿易関係者，2010）．

中国側と日常どのように接触し交流していたかについては，対日工作組関係

者や要人による回顧録に断片的に登場する西園寺についての記事から窺い知ることができる．

年譜が公刊されている要人として，まず毛沢東については，中華人民共和国外交部（1994）によれば，毛沢東が日本からの代表団に接見したさい，鈴木一雄（日中友好協会副会長・日中貿易促進会専務理事）・西園寺（日本アジアアフリカ団結委員会常務理事）・高野好久（『赤旗』北京駐在記者）を前に語った「中国人民は日本人民の偉大な愛国闘争を支持する」（1964 年 1 月 27 日）（pp. 518-519）が採録されている．周恩来については，中共中央文献研究室（1997）によれば，1970 年 7 月 30 日，同年 8 月 4 日，71 年 12 月 20 日に西園寺と接見している．副首相・外相の陳毅とは，劉樹発主編（1995）によれば，1963 年 8 月 10 日，64 年 9 月 30 日，68 年 10 月 8 日，3 回の会見記録がある．これらはいずれも公式接見であって，日本からの代表団と中国首脳部との橋渡し役として活動していたことが記録されたものだが，『人民中国』には陳毅と囲碁を囲んで談笑している写真が載っており，周恩来と陳毅とはもっと頻繁に接触していたはずである．

中日友好協会副会長を務めた蕭向前は，「人民友好の使者」と称して個人的にも深い付き合いのあった西園寺との出会い，北京に居を遷してからの「西公一家」との交友を回想録の中で綴っている（蕭，1997）．廖承志のおもに対日関係改善のための功績について書いた大部の評伝でも，廖承志との「交情」は「甚だ密」（同，p. 164）とし，4, 5 カ所西園寺の名が登場する（呉・王，2007）．別の廖承志の評伝（鉄，1998）においても，1952 年ウィーンでの西園寺との出会いや（同，p. 223），57 年に西園寺に日本民間組織の代表として北京に常駐してほしいという意向を伝えたこと（同，p. 270）が書き留められている．ただし，西園寺自身は中国語を話せなかった（中島宏の証言）．

3. 北京在住邦人との情報の収集と伝達

西園寺が人的往来を円滑に促進する役割を果たしたのは，日本側訪中団および中国側訪中団についてだけではない．現地北京にいた，報道機関・友好貿易商社・国際貿易機関の職員との交流も日常的になされていた．

日本側の北京駐在の記者たちや日中友好貿易商社の社員たちは，最初は新僑

飯店に住み，その後，1964年10月にLT貿易協定（1962年11月）に基づく日中記者交換協定が結ばれると，記者は常駐するようになり，商社マンは駐在員となり事務所を構え家族同伴が認められ，ともに建国門外の外交公寓に転居するようになった．66年からは国際貿易促進協会の連絡員が2名常駐するようになった．64年当時，日本から北京に赴任した記者は，朝日・毎日・読売・日経・産経・西日本（ブロック紙各紙の交代）・共同・NHK・東京放送（民放各社の交代）の9社9名であった．友好商社は総合商社系が三菱商事（ダミー会社名は明和産業）・三井物産（同，第一通商）など10社，塩や食材など特定の商品を扱う専業商社が数社，睦株式会社・羽賀通商・三進交易の御三家を含む友好人士が始めた日共系友好商社があり，200余社が駐在していた．ほかに，国際的組織としてAAPSO（アジア・アフリカ人民連帯機構）の事務局があり北沢正雄・洋子夫妻が日本代表として駐在し，北京飯店に住んでいた．長安街を挟んで向かい側に西園寺一家が住む中国人民保衛和平委員会があり，そこに中国アジア・アフリカ連帯委員会の事務局があった．また，関連する団体としてアジア・アフリカ・ジャーナリスト協会が北京市東北部の東城区園恩寺街に事務所を構え，元共同通信外信部記者の杉山市平が同協会の書記で，妻・末娘と共に住んでいた（杉本，2013）．

外交公寓の隣には友誼商店があり，配給切符のない日本人にとって自由に買い物ができる唯一の場所であったし，向かいに国際倶楽部があり，娯楽の少ない北京での生活において，夏はテニス，冬はスケートができ，ボーリングもできた（ただし手動）．西園寺邸は新僑飯店の同じ敷地内にあり，外交公寓とは長安街を挟んで斜め向かい，車で10分ほどの距離にある崇文門の台基廠にあった．警備に誰何されることもなく誰でも自由に出入りできる雰囲気で，家はサロンと化しており，取材の不自由な現地特派員や商社マン達の貴重なニュースソースとなった．庭には卓球台が置かれ，北京在住の日本人たちは気楽に訪れてピンポンに興じた（添谷，1995，pp.132-135；馬場，2010，pp.557-558，570-575；日中貿易関係者，2010）．

北京駐在の記者たちにとって，現地での取材は移動においても関係者への接触においても制限が強く，外国人記者への監視体制は厳しく，自主取材はほとんどかなわず，中国側の北京放送や新華社が流す公式報道以外に入手できる情

報は極めて乏しかった．西園寺は彼らのために，1964年11月から王府井にある日本料理屋の『和風』[4]で始まった廖承志主催の「朝飯会」などを通して，中国側の要人につないだりする便宜を図った．「朝飯会」は交換協定で日本から記者が赴任してきた翌月の1964年11月から始まり，翌年11月まで月1度のペースで計10回開催され，西園寺の他，外交部の王暁雲，外交部新聞司の幹部などが同席した．彼らにとって，西園寺自身もまた中国の対日工作組と常に連絡を取っているから，「大変重要なニュースソース」だった（馬場，2010, pp. 572-575, 613）．

西園寺にとってもまた，日本からの訪中団のアテンドは，そこから最新の正確な日本情報を収集し，対日工作組に上げるうえで重要な機会であった．一晃氏に拠ると，公一の日本情報には，家に届けられる日本の新聞・雑誌，日本からの商社やメディアの訪中団からの情報，総評・友好協会・各党政治家からの情報の3つのルートがあり，周恩来はじめ中国側が入手する日本情報の重要なソースが公一からの情報であった（馬場，2010, p. 611）．

そのような情報の収集と伝達の機能を果たしてきた西園寺の役割を，中国側はこう評価している．

「廖承志は日本の代表団に接見するときはいつも西公〔中国側の西園寺の親しみをこめた呼称，「廖公」＝廖承志と対比している〕の出席を求め，多くの事柄を決定する前に，いつも西公の意見を求めていた．周恩来総理は日本の外賓と接見するときは開口一番『西園寺さんは来ましたか』と尋ね，彼を"民間大使"として尊敬し賞賛した．／西園寺公一先生は周恩来・陳毅・との接触・往来を通して深く中国のやり方を身に付け，真の友人とは信頼を深め，決して方針を軽々しく換えるようなことはしなかった．」（鉄，1998, p. 272）

いっぽう，商社マンたちの日常業務は，東華門にある糧油・土畜産・紡織品・工芸品・軽工業品の5つの輸出入総公司が入った貿易関係の輸出ビル（出口大楼）と，二里溝にある機械・儀器・五金鉱産・化工・技術の5つの輸出入総公司が入った輸入ビル（進口大楼）の2カ所に通うことだった．そこで，貿

易実務を行ったり，年に春秋2回，それぞれ1カ月にわたって開かれる広州での交易会に参加したり，北京や上海でしばしば行われた貿易展覧会に参加したりした．

ただし，西園寺自身は経済・貿易畑出身ではないため，日中貿易の促進のための言論活動はしても，交易の中味に具体的に立ち入るようなことはなかった．当時の北京に駐在した貿易事務所所員によると，「お殿様ですから，こちらからご進講申し上げるのも口はばったいのです．普段は気さくな人ですが，気難しい一面もありました」ということだった（日中貿易関係者，2010）．「お殿様」・「お公家さん」（中島宏）というふうに映ったことは否めず，やや世間ずれした印象もあったようだ．回顧録の中国語版タイトルにつけられた「紅い貴族」の呼称は，そのような西園寺の風貌を中国側からの視点でよく言い表している．

1962年11月にLT貿易が成立し，67年からはMT貿易（覚書貿易）と改称され，北京と東京に駐在事務所が開設されるようになり，日本から通産省などから官僚が派遣され北京に駐在するようになってから，貿易事業で西園寺の役割は減殺され，役割を発揮する場が奪われていった（日中貿易関係者，2010）．西園寺の方も，覚書貿易事務所の対応が，「官僚的だ」「あまり接触したがらない」「国貿促との連帯意識に欠けている」といった不満を漏らす事もあった（田川，1973，pp.175-176）．

西園寺の北京での肩書はアジア・太平洋地区平和連絡委員会副秘書長であり，国際平和運動のノン・コミュニストの活動家だった．米帝国主義反対・パナマ人民反米闘争支持・ベトナム反戦反米運動支持などを訴える日本の友人として，中国が孤立せず国際的連帯のもとで反米・反ソ運動を展開していることを外にアピールする役割を負っていた．前述したように，西園寺家の住居は，崇文門の台基廠にあり，そこは元イタリア大使館の建物で，敷地内には，アジア・アフリカ連帯委員会，アジア・太平洋地区平和連絡委員会の事務所があり，アンナ・ルイズ・ストロング，ルーウィ・アレン，ロバート・ウィリアムズなども一緒に住んでいた（西園寺，1991，p.323）．

『人民日報』に掲載された西園寺関連の記事を見ると，その肩書は1959年から文革の始まる66年ころまでは，ほぼ判で押したように「在京的日本平和人

士西園寺公一」とされている．国際組織を背景とした集まりに参加したり，そこで発言したりしたさいの記事では，「アジア・太平洋地区平和連絡委員会副秘書長」という肩書となる．とはいえ，同時期に北京に居住し AAPSO で活動していた先述の北沢洋子によると，国際平和運動家としての西園寺の活動は名目的なもので，実質は伴っていなかったという（馬場，2010，p.558）．

4．中国政府の対日広報

　西園寺はまた，現地で発行されている日本向け日本語雑誌『人民中国』（1953 年創刊）での寄稿，「北京放送」での日本向けラジオ放送などを通して，日本向けに中国の実情を伝える，中国政府のスポークスマンの役割をも担った．

　『人民中国』は，北京の外文出版局で発行されている月刊の対日宣伝雑誌で，西園寺は 1953 年の創刊以来，グラビア・連載・座談会など，個人の署名入り記事としては最多の寄稿数を上げている．創刊号（1953年6月号）グラビア「中日両国人民の友誼」には，日本の人民団体からの絵画を郭沫若に贈呈し，2 人で絵を掲げる西園寺の姿があり，その右手には廖承志が立っている．1962 年 4 月からは「中国便り」の連載が始まり，中華料理や地方旅行についての肩の凝らない随筆を発表し，のちに『北京の八木節』（朝日新聞社，1965 年）として刊行された．とりわけ注目されるのは，1963 年 11 月に行われた下記の座談会で，先述した日本料理屋「和風」で開かれ，純日本風の店内の様子が，巻頭の写真で確かめることができる．

> 宮崎世民（日中友好協会理事長）・古谷荘一郎（同常任理事）・白土吾夫（日中文化交流協会事務局長）・西園寺公一（アジア太平洋地域平和連絡委員会副秘書長）・趙安博（中日友好協会秘書長）・孫平化（同副秘書長）・王暁波（同副秘書長）・康大川（編集部）「友情は結ぶ　北京－東京——新春を迎えて中日友好を語る」（『人民中国』1964 年 1 月号）

　この座談会では，先述した 1952 年の高良とみらの訪中を嚆矢として，以後 10 年余りの日中間の人的往来の経緯が，当事者たちによって語られている．

とくに注目したいのは以下に掲げる冒頭のくだりで，冗談めかしたくだけた語り口調によって，当時西園寺がその「民間大使」としての役割をどのように認識し認識されていたかがよく窺われる応酬となっている．

「康大川　みなさん，ご苦労さんです．きょうは理想的な顔ぶれですね，片や日中友好協会と日中文化交流協会のトップクラス，片やついこの前成立したばかりの中日友好協会の秘書長，副秘書長のご面々，それに日本側も3人，中国側も3人，そのうえ……
　孫平化　ところは北京で場所は「和風」，中国風のつまみもので日本酒をのんで．
　康　中日友好を語る座談会の好条件がそろっているわけです．
　西園寺公一　まてよ，ぼくを忘れては困る．
　康　いや，先生は中をとりもつなんとかで，実はきょうの司会をお願いしたいのです．
　西園寺　また「両棲動物」にされたか．それはいいとして，急に司会をおしつけられてはたまらないね．事前に打合せもせずに．
　康　事前に打ち合わせをすると，芝居がかって面白くなくなる．それに中日両国の友好のことにかけてなら，いくら話してもつきないほど，先生の話題は豊富ですから．
　西園寺　いつもこうだから困る．この前も北京放送から予告もなしに司会をやらされた．
　康　ご迷惑と思いますが，やむをえませんね．
　西園寺　「小使」だからというんでしょう．
　康　いや，大使です．もっとも民間私設ですけれども．しかし，かえって親しみがあって頼みやすい．」

　北京放送は中華人民共和国成立前夜の1949年6月20日に開局され，国際放送としては英語に次いで最も早いものであった．西園寺が北京に来た当時，放送回数は1日4回，放送時間は2時間15分で，ニュース・解説・音楽・事情紹介などの番組を放送した．西園寺はそこでも数多く出演し，上記『北京の八

木節』の巻頭には，北京放送局録音室で放送する西園寺の写真が掲載されている．西園寺の放送した内容は委細にはたどり得ないが，雑誌『アジア経済旬報』(社団法人中国研究所発行，1947-85 年) に下記の 4 篇の執筆記事が掲載されており，うち前 3 篇は北京在住当時，北京放送で自ら放送した原稿である．いずれも中国側の立場に立って，日本の読者に向けて対中貿易の活発化，安保改定阻止，日中国交正常化などの世論を喚起する目的で書かれている．

「安保採決 1 周年にさいして」(第 470 号 1961 年 6 月 10 日)
「広州交易会の盛況をみて」(558 号 1963 年 11 月 21 日)
「広州交易会の成果」(575 号 1964 年 5 月 11 日)
「周恩来総理を偲んで」(997 号 1976 年 2 月 1 日)

筆者は博士論文において 1945 年から 72 年にかけて発行された 24 種の総合雑誌に掲載された中国関連記事を総計 2,500 本余り収集した．そのうち，西園寺公一署名の記事は 9 篇ほどあった．対談・座談会を除くと下記の記事がある．

「スターリンの印象」(『世界』1953 年 5 月号)
「新中国の人々と語る」(『中央公論』1953 年 12 月号)
「いつまでも待つ中国」(『世界』1959 年 6 月号)
「北京から見た安保改定と日中関係」(『世界』1960 年 4 月号)
「危機に立つ日中覚書貿易——両国代表団に提出した意見書」(『朝日ジャーナル』1969 年 4 月 6 日)
「腹をきめざるを得なかったニクソン」(『世界』1971 年 9 月号)
「北京は日本に賠償を要求するか——この懸案について中国滞在 13 年で見聞したこと」(『潮』1972 年 3 月号)

週刊の『朝日ジャーナル』には 1969 年 4 月 13 日号から 11 月 9 日号まで 17 回にわたって同氏のエッセイ「永革路漫筆」が連載された．1969 年当時の文革期の中国を伝える貴重な現地報告である．『北京 12 年』(朝日新聞社，1970 年) として単行本化された．

これらの記事や放送を通して，西園寺は中国の国内事情を日本に伝えることで，日本民衆の中国への親近感と日中国交正常化への機運の高まりを醸成しようとした．ときには日米安保反対，基地撤退など，米帝国主義反対，日本軍国主義復活反対，（後には）ソ連修正主義反対などの中国側の宣伝を行った．

　と同時に，中国政府「民間」報道官としての西園寺の動静もまた，中国側によってしっかりと把握されていた．上海市檔案館収蔵の中国人民保衛和平委員会上海市分会の檔案には，同分会の外事弁公室から同本部及び上海市宣伝部などに送られた西園寺らの報告書が含まれている[5]．報告書には上海に来訪した西園寺及び家族らの日程が記述されており，接触した人物から，鑑賞した映画，食べた料理の品目，購入した商品，私的な内容を含む親子の会話にいたるまで，まさにその一挙手一投足が，詳細に報告されている．中国での西園寺の言動はほぼ完全に中国側の管理下，というよりも監視下に置かれていたと見るべきであろう．

5. 文化大革命による機能停止

　以上に論じたように，1958年に北京に来てからの西園寺は，民間大使として，両国の友好往来の調整機能，インテリジェンス機能，パブリックディプロマシー機能を，十分に果たしていたと言えるだろう．西園寺が負った任務は，単に彼の私的友好活動というよりは，日本側にとっても中国側にとっても，彼を経由することでそれぞれの分野の往来・交流活動を円滑に進めていくことを可能にした．いわば西園寺自身の役割は「西園寺機関」として機能しており，中国側からの「西公」という呼称は，「廖公」がそうであったように，「西園寺公館」としての呼称でもあった．

　ところが，1966年の文化大革命の勃発とともに，「西園寺機関」としての機能はしだいに大きく損なわれていった．

　同年3月，宮本顕治書記長を団長とする日本共産党訪中団が訪中したさい，共同コミュニケをめぐって中国共産党との対立が表面化して両党が決裂し，在京の日共系商社の商社員逮捕や，日本人記者の退去命令・逮捕が相次いだ．この決裂は，北京に来てから日本共産党に入党していた西園寺自身にも災難とし

て降りかかった.

　翌年2月12日，西園寺は『人民日報』に日共に対する批判的な記事を書いた．その直後の，2月15日，『赤旗』に2月13日付の日本共産党中央委員会書記局統制委員会による西園寺の除名記事が掲載された．『赤旗』では，西園寺除名記事の前後にも，後述する北京機関にいた党員について，西沢隆二（ぬやまひろし）・北沢正雄・安斎庫治など，実に多くの除名記事が出されている．それらの記事を比較してみると，西園寺には党生活者としての経験や訓練がないと書き留めている．実際に西園寺に目立った党活動のキャリアがあったようには見うけられない．西園寺自身も党員らしい活動は一切しなかったし，本部からの連絡も情報もなかったと証言している（西園寺，1991，pp.358-362）．

　なぜ北京に日共党員が住んでいたかについて，その経緯を一言しておく．日本共産党は，1950年のいわゆる50年問題における所感派と国際派の対立・分派闘争を契機として，主流派の所感派を中心に密出国で中国に亡命し，海外指導部「北京機関（徳田（孫）機関）」を設立した．数多くの青年党員が人民艦隊などの手段で密航して北京に渡った．54年初頭には北京機関に付置する党運営の日本人学校（校長は日共中央委員の高倉テル，副校長が河田賢治）が設立され，中国東北地区に残留していた急進的な日本人党員や日本から送られてきた党員など2,000人近い人々が学んだ．中国共産党からは国際部の副部長クラスが2，3人常駐し，講師は中国やソ連の党から派遣され，生徒たちは日本革命要員として革命教育を施され，子ども用に幼稚園まであったと言われる（袴田，1973，pp.125-126；小池2009，pp.154-155）．日本人学校のほかに1952年5月1日から55年年末まで，北京市内の日本向け地下ラジオ放送「自由日本の放送」が，毎晩8：30-9：00まで30分の放送を行い，聴濤克巳・土橋一吉・伊藤律を中心に日本人放送関係者は100人ほどいたという（藤井，1980；袴田1973，pp.124-126）．

　秘密党員だった西園寺は，この北京機関および党学校とどのようなつながり，連絡があったのだろうか，それとも西園寺の証言するようにまったく接触らしい接触はなかったのだろうか．それについては，文書も回想録も先行研究も極めて乏しいが，両者の関係を窺わせるような資料は，今のところ見当たらない．そもそも，日共の関連機関は最初は西単商場の北にあり，その後，西方郊外の

木樨地の中国革命軍事博物館の南側に移り（袴田，1973，pp. 272-275），その後はさらに西の万寿路賓館に移り，西園寺邸とは随分離れたところにある．日本人学校は北京郊外の盧溝橋の先にあり，さらに遠方に位置している．少なくとも頻繁に連絡を取り合ったり会議に出たりしていたということは考えにくい．

　文革が起こると，最大のパートナーである対日工作組は，実態としては開店休業状態に陥った．工作組の指導・実務両面のリーダーである廖承志は，1972年4月まで「病気」を名目にした軟禁状態におかれた．孫平化は5年間の空白の時代を余儀なくされた．蕭向前・趙安博・張香山・雷任民なども批判され，北京から追いやられた．日中間のパイプは思うように通らず，中日関係は周恩来1人が直接指揮する形となった．西園寺のやるべき仕事は激減し，そのことは『人民日報』の西園寺関連記事の激減ぶりから十分に察することができる（図1）．と同時に関連記事では西園寺の肩書が，それまでは前述したように「在京の日本平和人士西園寺公一」と安定していたのが，「在京の友人」「日本の作家」「アジア・アフリカ作家常設局代理秘書長」「アジア・アフリカ作家常設局執行書記処臨時責任者」「在京の日本の有名人士」などと，呼称が不安定になっていく．

　ただ，外国人を攻撃や批判の対象にしてはならないという周恩来の指令があるうえに，西園寺邸の隣に北京市政府があり，身の安全は確保できていたから，西園寺邸のなかに紅衛兵が乱入したりしたことはなかった（中島宏の証言）．

　ともあれ，西園寺は日本側との調整にいっそう奔走せざるをえなくなっていき，前途に煩悶することもあり，68年頃から，帰国の希望を古井喜実や田川誠一など信頼する日本人に持ちかけるようになった．とはいえ，一家をあげて北京に来たときの外交手続上のいきさつから，日本政府は西園寺が再び訪中しようとしても出国許可を出さないのではないか，帰国後，右翼や日本共産党からのいやがらせがあるのではないかとの懸念から，すぐには実現しなかった（田川，1973，pp. 124, 155）．結局西園寺の帰国は1970年8月まで持ち越された．帰国の事情について，一晃はこう証言している．

　　「67年頃から文革が激しく危なくなってきて，周恩来さんのかつての部下は皆やられてしまいました．ただ1つ襲ってはいけないのは病院でした．

そこで廖承志や賀竜や李先念さんを病院に入れて保護しました．父はそれまで共に仕事をし相談してきた人たちと会えなくなりました．極左になっていった人たちからは，走資派の廖承志や郭沫若と仲がいいというわけで白い眼で見られるようになります．華々しく文革を推進している人たちから見れば，父は好ましからざる人物です．一部のある外国人が父を攻撃するようになりました．中国人は表立っては父を攻撃しません．

　私は帰国してから 69 年に再度北京に来たのですが，そのとき初めて王府井に父を批判する大字報が出たのです．人から聞いて早速見にいきました．すると 2 時間くらいで撤去されました．周恩来が撤去命令を出したそうです．

　69 年の末のあるときに周恩来さんが人をよこして，父に周さんの所に来てほしいと言うわけです．周囲に誰もいなくて通訳だけです．「状況は非常に厳しくて複雑だ．もしかしたら私はあなたをもう守れないかもしれない．一時帰国してほしい．もし状況がよくなったらまた来てほしい」と言ったというのです．そこで父は「周さんも危ない！」とぴんときたそうです．そこで父は 70 年の 8 月に帰国しました．」（馬場，2010，pp. 612-613）

　西園寺の身の危険を知り，自身も四人組からの妨害を受けていた周恩来は，これ以上西園寺の身を守れないと帰国を勧め，西園寺は帰国に踏み切った．70年 8 月 5 日，周恩来・郭沫若により西園寺一家は送別の宴に招かれ，8 月 18日に郭沫若らの見送りを受けて北京を発ち，22 日に 12 年ぶりに祖国の土を踏んだ．

　文革当時，西園寺が中国の『人民中国』『人民日報』あるいは日本の『朝日ジャーナル』などに発表した署名記事を見ると，意外なことに文革擁護・紅衛兵支持のトーンが強い．しかしながら，実情はといえば，自身も造反派の批判を蒙る一歩手前だった．この西園寺の言行不一致の意味するところについて，一晃はこう捉えている．

　「おそらく父にはものすごいジレンマがあったと思います．最も尊敬する周恩来さんが真意に反して文革は重要だと発言するわけですが，本当は

そうではないと思っていることは父には分かっていたのです．でもそう言わないといけない．」（馬場，2010，p. 614）

おわりに——「西園寺機関」の功績と限界

　帰国後の西園寺は，日中文化交流協会常任理事として，中国からの訪日団の受け入れ業務に就いた．国交前の71年3月には中国卓球代表団の歓迎委員会委員長，日中復交国民会議代表などを務めるとともに，「毎年中国を訪問してほしい．いつでも歓迎しますよ」という周恩来の言葉もあり，毎年のように家族で中国を訪問することが，国交回復後も20年ほど続いた．

　1991年6月13日，北京を訪問中の西園寺は，中国人民対外友好協会から「人民友好使者」の称号を授与され，人民大会堂で王震・中日友好協会副会長から称号の贈呈を受けた．かくて西園寺は，名実ともに中国人民にとっての「老朋友」となったのである．

　『人民日報』は北京での西園寺の活動をこう評している．

　　「彼が北京で生活する間に，数多くの中日民間友好促進の運動を行った．当時日本から中国を訪れた友人は，皆彼の家に招かれ，氏と日中友好活動の計画を立てた．家の灯りは終夜消えず，毛主席と周総理が日本の賓客と会見するさいは，常に参席した．周恩来は氏を「民間大使」と讃え，皆中国の習慣にしたがって氏を「西公」と呼んだ．氏と周総理・陳毅副総理・郭沫若・廖承志との間の深い友情は，中日友好の美談となった．周総理はいつも彼を招き，陳毅副総理もいつも彼に会い，彼の家で日本の友人と碁を打つのを好んだ．廖承志同志と氏の関係はさらに親密で，彼らは共に中日友好のよい事業のために心血を注ぎ，畢生の親友となった．」[6]

　1993年4月22日，西園寺は不帰の客となった．李鵬総理から弔電が打たれ，『人民日報』の訃報記事（4月23日）において，北京滞在中の12年間について，「外交関係のない中日両国間の人と往来と経済交流の重要なルートとなった」と総括された．

1971年4月30日．羽田空港に中国卓球代表団を見送る．左より中島健蔵，1人おいて後藤鉀二，西園寺公一，白土吾夫氏．『人民中国』1971年7月別冊号より．

　北京時代の西園寺は，日中に国家間交流がなく，LT貿易も発足しておらず，民間交流も十分に制度化していなかった時期に，「民間大使」として「以民代官」の役割を果たした（張，2002，pp.43-45）．その機能は1962年末にLT貿易が発足し日中双方に連絡事務所が開設され，官僚が派遣され常駐するようになり，「半官半民」交流が軌道に乗る頃になると，次第に名目的なものとなった．そして，66年からの文化大革命で，中国側の対日工作組とともに機能不全に陥った．しかし，初期に「民間大使」として果たした功績は中国側で高く評価され，国交正常化のときに周恩来が発した「井戸の水を飲む人は，井戸を掘った人の苦労を忘れてはいけない」という言葉に照らして，松村謙三・高碕達之助・石橋湛山・浅沼稲次郎・片山哲・田中角栄・大平正芳らとならんで「掘井人」の1人とされた．1991年には中国人民の「老朋友」であり「友好使者」だとの位置づけが公式化した．

　ただ，この場合の「友好」は，国家間「外交」の範疇に入るということを確認しておきたい．というのは『人民日報』に掲載された膨大な西園寺関連の記事の配置からわかることは，その記事の大半は，「中国外交」面の「中国―日本関係」の版面に掲載されているということである．ところが，政党間関係の

16章　「紅い貴族」の民間外交　413

うち，日本共産党についてのみは，「外交」面ではなく，「共産党，共産主義運動」面の「日本共産党」のところに掲載されることとなっていた．即ち，中共と日共との関係は，外交関係ではなく，階級闘争を通した人民連帯活動を党同士で行う国際共産主義運動の統一戦線の範疇に組みこまれていたということである．

対日工作組には，大きく分けて国務院外交部系統（周恩来総理－陳毅副総理兼外相－廖承志外事弁公室副主任のライン）と共産党中連部系統（劉少奇主席－王稼祥・党中央対外連絡部部長－李初梨・同副部長－張香山同秘書長のライン）に分けられていたが，西園寺はもっぱら前者の系統に属して，「民間外交」を司っていたのである．中国側要人の回想録において，周恩来・陳毅・廖承志などには西園寺の名がしばしば見られるのに対し，劉少奇や張香山とはほとんど接触した形跡が見られないのはそのためであろう．

言い換えれば，西園寺および「西園寺機関」は，劉（2008, pp. 25-31）の分析に基づく，中国でのこの時代の外交の分類で言うと，「人民外交」ではなく「民間外交」としての役割を負っていた．「人民外交」とは，国際共産主義運動の一部として日本人民と中国人民が同じ階級区分による国際友党同士の外交を意味し，階級闘争を旨とするイデオロギー主導の外交方式である．それに対して「民間外交」は，日本側のいう「政経分離」，中国側のいう「以民促官」の原則に基づき，双方の国家利益重視に基づく現実主義的な外交方式である．この点からも，日本共産党の北京機関と西園寺との直接的持続的な交流・連絡は，前述したようになかったと見るのが順当だろう．

翻って，日本側の「民間大使」としての西園寺に対する評価はどうなのだろうか．中国卓球団を羽田に見送った『人民中国』1971年7月別冊号スナップ写真を見ると，げっそりとやつれた様子の中島健蔵（日中文化交流協会理事長）・後藤鉀二・白土吾夫（日中交流協会事務局長）らと並んで，ただ1人，毛主席語録を右手に高くかざして満面の笑みを浮べる西園寺の姿が映っている．写真に映った西園寺の姿からは，かつて北京で「民間大使」面目躍如の活躍をしていた頃，自らを茶化すように，『人民中国』での座談会の冒頭で話した（日中の）「両棲動物」という言葉が想起されてくる．すなわち，日中双方の報道官・広報官の役割を一身で果たしていたのではないか，ということである．

田中首相訪中が実現し，周恩来総理らとの会談を経て，1972年9月29日，日中共同声明が発表され，ここに日中は不正常な状態に終止符を打ち，正式な国交を回復した．この国交正常化交渉，および事後の貿易・海運・航空・漁業などの実務協定交渉，さらに日中平和友好条約締結交渉にあたった直接の交渉当事者は，もはやいわゆる友好人士ではない．この時すでに「以民代官」の時代は終わり，官民ともに交流できる「官民併茂」（張，2002, p.45），あるいは「官官外交」の時代に入っていった．むろん民間交流はますます盛んに持続していくが，「民間外交」の主役は，「井戸を掘った」友好人士たちから政府・関係省庁の首脳間外交へと移っていった．

　貿易協定・漁業協定などの実務協定交渉に当たった小倉和夫（当時，外務省中国課首席事務官）によれば，外交当局・外交当事者からすれば，「日中正常化以前において，日中関係をとりもった人々や，その人々が築いてきた関係をどのように評価し，それを新しい日中関係においてどのように処理ないし処遇するか」について，難しい選択を迫られた．中国側は実務交渉の現場において，「井戸を掘った人の苦労を忘れてはいけない」との立場を強く打ち出し，「こうした友好人士のこれまでの『業績』を評価するとの態度をとろう」とすることで，交渉を自らの国益にかなった方向に導いていこうとする姿勢を示した．いっぽう日本政府から見れば，これら友好人士は「革新陣営に近い人々も少なくなく，従来とかく政府の対中国政策に対して批判的な人々であり，そうした人々の業績を，日本政府として高く評価することは，表向き出来にくい事情にあった」（小倉，2010, pp.6-7）．

　日本側外交当局は，国交がなかった時代の「井戸を掘った人」あるいは「民間大使」の歴史的役割は評価しつつも，国交正常化や具体的な争点をめぐる外交交渉の現場において，担当外交官が「友好人士」やその実績を積極的に交渉の場に活かそうとした形跡は見られない．日本側からの国益の最大化という観点から見たとき，彼らの役割をどう位置づければいいのか，容易に評価の筋道はつけづらいところがあるだろう．

　第4節で論じたように，西園寺が担った広報機能は，つまるところ中国の党・政府の対日広報機能でしかなかった．文革のときに，心ならずも文革擁護・紅衛兵支持の言説を日本のメディアに流さざるを得なかった悩ましい現実，

中国卓球団を主催者の日本側でただ1人毛語録を振って見送ったパフォーマンスの違和感は，西園寺の言動の自由が極めて狭いものであったことに由来するものであろう．こんにち，対外関係形成の主要因が，首脳間の公式外交から，再び直接の，あるいは諸メディアを通しての国民間の交流へと移りつつある．西園寺が「民間大使」として果たした事績を通して，われわれに迫られている課題は，日中間の対等で対称的で双方向的な交流はいかにすれば実現できるのか，という思想的かつ政策的な取り組みであろう．

参考文献
〈一次資料〉
高碕達之助文書
中国人民保衛世界和平委員会上海市分会弁公室による外賓接待工作情況匯報
『人民日報』
『人民中国』外文出版社（1953－刊行中）

〈日本語文献〉
岡崎嘉平太（1979），『私の記録』東方書店．
小倉和夫（2010），『記録と考証　日中実務協定交渉』岩波書店．
押川俊夫（1997），『戦後日中貿易とその周辺――体験的日中交流』図書出版．
木村時夫編著（1997），『松村謙三　伝記編上下・資料編』櫻田會．
小池晴子（2009），『中国に生きた外国人――不思議ホテル北京友誼賓館』徑書房．
高良とみ（2002a），『高良とみの生と著作　愛と模索　1915-21』第1巻，ドメス出版．
高良とみ（2002b）『高良とみの生と著作　使命を果たして　1955-92』第7巻，ドメス出版．
西園寺一晃（1971），『青春の北京』中央公論社．
西園寺公一（1951），『貴族の退場』文藝春秋新社．
西園寺公一（1970），『北京12年』朝日新聞社．
西園寺公一（1991），『西園寺公一回顧録「過ぎ去りし，昭和」』アイペックプレス．
西園寺公一より高碕達之助宛手紙，高碕達之助文書　財団法人東洋食品研究所所蔵．
西園寺公一より古井喜実宛手紙，古井喜実文書　京都大学所蔵．
蕭向前著・竹内実訳（1997），『永遠の隣国として――中日国交回復の記録』サイマル出版会．
添谷芳秀（1995），『日本外交と中国　1945-1972』慶應通信
孫平化（1998），『私の履歴書　中国と日本に橋を架けた男』日本経済新聞社（孫平化著，孫
　　暁燕整理『我的履歴書』世界知識出版社，1998年）
田川誠一（1973），『日中交渉秘録――田川日記　14年の証言』毎日新聞社．
張香山著・鈴木英司訳（2002），『日中関係の管見と見証』三和書籍．
張香山著・徐迪旻訳（2003），『日本回想――戦前・戦中・戦後』自由社．
西原正（1983），「日本外交と非正式接触者」『国際政治』第75号「日本外交の非正式チャン

ネル」日本国際政治学会，有斐閣.
袴田里見（1973），『私の戦後史』朝日新聞社.
馬場公彦（2010），『戦後日本人の中国像——日本敗戦から文化大革命，日中復交まで』新曜社.
藤井冠次（1980），『伊藤律と北京・徳田機関』三一書房.
水谷尚子（2006），『「反日」以前——中国対日工作者たちの回想』文藝春秋.
劉徳有（2002），『時は流れて——日中関係秘史 50 年』上下，藤原書店.
「廖承志文集」編輯弁公室編・安藤彦太郎監訳 1993,『廖承志文集』上下，徳間書店.

〈中国語文献〉
劉建平（2008），「中国的民間外交——歴史反思与学術規範」『国際観察』（北京）5 期.
劉建平 2009,「戦後中日関係之"人民外交"的生成——過程与概念」『開放時代』2 期.
劉樹発主編（1995），『陳毅年譜』人民出版社.
石善涛（2008），「邦交正常化前的中日民間外交研究述評」中国社会科学院日本研究所・中華日本学会『日本学刊』2008 年第 3 期.
鉄竹偉（1998），『廖承志伝』人民出版社（北京）.
呉学文，王俊彦（2007），『廖承志与日本』中共党史出版社（北京）.
呉学文（2002），『風雨陰晴——我所経歴的中日関係』世界知識出版社（北京）.
張進山（2002），「作用巨大　任重道遠——論戦後中日民間交流的特徴与作用」中国社会科学院日本研究所・中華日本学会『日本学刊』（北京）2002 年 4 月.
中共中央文献研究室編（1997），『周恩来年譜　1949-1976』人民出版社.
中華人民共和国外交部・中共中央文献研究室編（1994），『毛沢東外交文選』中央文献出版社・世界知識出版社（北京）.

〈インタビュー〉
北沢洋子 2008 年 10 月 29 日（渋谷）：馬場（2010）に収録
西園寺一晃 2009 年 5 月 22 日（新宿）：同上
中島宏 2009 年 6 月 5 日（千代田区・日本記者クラブ）：同上
日中貿易関係者（匿名，63 年に貿易機関に入り，66 年に現地に赴任）2010 年 6 月 8 日（東京駅ビル）
杉本まり子（故杉山市平の娘）2013 年 3 月 27 日（川越市）

---

1) 呉瑞鈞「"紅色貴族"与中国」『人民日報』1991 年 5 月 19 日.
2)「団結在和平旗幟下——世界人民和平大会的巨大成就」『人民日報』1952 年 12 月 27 日.
3) 高碕との往復書簡の入手に当たっては，加藤聖文氏（国文学研究資料館）より財団法人東洋食品研究所蔵の高碕達之助文書の提供を受け，古井宛書簡の入手に当たっては，鹿雪瑩氏より京都大学所蔵の古井喜実文書の提供を受けた．また中国で所蔵している西園寺関連の文書として，王雪萍氏より外交部檔案館に高碕達之助・堀田善衛・南村志郎・岡田春夫からの書簡 4 通が収蔵されてあることを教えられたが，これらは複写不可扱いとなっていて，その中身は未確認である．以上，資料の提供に当たって 3 氏に謝意を表したい．なお書簡の引用に当たっては東洋食品研究所および西園寺一晃氏よりの許諾を得た．

4)「和風」は当時中国に唯一あった日本料理屋で,廖承志の呼びかけで開店し,仲居さんに和服を着せ,西園寺夫人の雪江が作法を教えていたという(馬場,2010,p.613).
5) 1964年5月27日から12月7日までの西園寺一家の上海での活動日程に関する外賓接待報告(上海市檔案館 C36-2-184).王雪萍氏より資料の提供を受けたことを感謝したい.
6) 前掲注1.

あとがき

　本書は，近現代の激動の日中関係の「現場」において，まさに相手を知ろうとし，また引き裂かれるような立場の中でバランスを取り，そして対立の中で関係改善を模索した「個人」に焦点をあてた，日中の歴史家による共同研究の成果である．本書の諸論文によって，日中関係のさまざまなレベルの「現場」において，当事者たる「個人」が何をいかに考えて，いかに判断し，どのように行動し，そしていかにそれを記憶化したり，反省したりしたのか，といった論点を考える契機となればと考えている．この企画を立てた当時，必ずしも現在のような緊迫した日中関係を想定したわけではないが，結果的に現在の日中関係にいかに取り組むのかということを考える際に，手がかりになるような論点を提示できているのでは無いかと考える．

　この共同研究は 2009 年に構想された．本シリーズの前々作，前作である『国境を越える歴史認識』，『1945 年の歴史認識』（いずれも東京大学出版会）では，戦前の日中関係史の争点，また日中両国の歴史認識の分岐点たる 1945 年の意義について議論した．前二作を通じて，また現実として展開する日中関係を観察するにことを通じて，国家の政策や社会の大状況だけでなく，最終的には，個々人のあり方がこの二国間関係には重要なのではないか，という問題関心が編者間で共有された．他方，シリーズ第 1 作では，基本的に日本国内およびアメリカで活動する中国人研究者と日本人研究者の共同研究であったが，第 2 作ではそれを中国国内の中国史研究者を含む共同研究へと発展させてきた．本書でも，この前作の方針を継承し，中国の第一線の研究者に加わっていただいた．

　これまで日本側研究者の執筆者会議だけでなく，中国側の研究者も含め，数度に亘って執筆者会議をおこない，論点のすりあわせをおこなってきた．しかし，本書の編集過程はいくつかの意味で紆余曲折を孕むものとなり，刊行が予

定よりも数年遅れることになった．本書が構想された当初，日中関係は一段落した感があり，戦略的互恵関係，あるいは民主党政権（鳩山政権）下での融和的な関係による（一時的であれ）"凪"の状態にあった．しかし，2010年9月に尖閣諸島周辺での漁船衝突事件が発生することで日中関係は緊張することになった．また，2011年3月の東日本大震災は「歴史」を見る目線を一変させるほどの衝撃であったし，日中関係を好転させる契機にはならならなかった．そして，2012年9月の所謂"国有化"によって中国各地で反日デモが発生し，現在に至るまで首脳交流が停止状態にある．このような過程で，編集作業は紆余曲折を経ることになった．だが，日中関係が厳しい状態の下で打開を模索している現在のタイミングで，日中間の相互認識の形成過程，日中の間で緊張感をもって行動した人々の姿，また日中敵対の局面で交渉にあたった個人の姿を表現する本書を刊行できたことには一つのメッセージとなろう．それは，国家間であれ，社会どうしであれ，最終的には個々のひとびとの紡ぐ諸関係の集合体として日中関係があること，それをどのように導くのも，最終的にはその個人の認識，判断，行動なのではないか，ということである．

　一連の共同研究は，笹川平和財団日中友好基金からの支援をいただいた．また，前々作である『国境を越える歴史認識』の編者の一人でもあった三谷博先生から絶えず貴重なご意見とご助言をいただいたことは，編者のみならず，共同研究者にとって幸いなことであった．

　無論，出版にこぎつけるまでには，多くの方々から惜しみないご協力をいただいた．特に企画にご賛同いただき，企画会議や共同研究会議などに辛抱強くつきあってくださるだけでなく，煩雑な編集作業を粘り強く続けてくださった，東京大学出版会の阿部俊一さんに感謝したい．出版会の皆様の適切なご助言とご協力がなければ，本書が完成できなかったことは言うまでもない．また，全体の企画を立案し，共同研究会の準備などの労を取っていただいた笹川平和財団の于展さん，小林義之さんにもお礼を申し上げたい．

2013年7月7日

　　　　　　　　　　　　　　　　　　　　　　　　　　　川島　真・劉　傑

主要人物紹介

蔣介石（1887〜1975）

　中国の政治家，軍人．浙江省奉化県に生まれる．私塾などで中国の伝統教育を受けるが，後に中国の軍事留学生として日本に留学．士官候補生として振武学校から高田の第十三師団野砲兵十九連隊にて実地訓練を積むが，日本で中国同盟会に参加しており，辛亥革命によって帰国して陳其美の旗下で革命に加わる．そのため予定されていた陸軍士官学校には進学していない．民国初期には孫文の下で革命運動をおこない，広東政府にて次第に頭角を現し，黄埔軍官学校の校長となる．孫文の死後，北伐の過程で次第に勢力を増し，南京国民政府に於いて 1928 年 10 月から国民政府主席となった．満洲事変以後，政府主席のポストは他に譲ることもあったが，32 年から 46 年まで軍事委員会委員長のポストにあり，戦争遂行の過程で権力を掌握した．満洲事変後には，安内攘外政策を採用して共産党に対する掃討戦を展開したが，36 年の西安事変を経て，最終的に共産党と合作して抗日戦争に望んだ．37 年の日中戦争勃発以後，南京戦を経て，四川を拠点に日本に抵抗を続け，1941 年の真珠湾攻撃以後は連合国の四大国の一つに位置づけられ，大国の地位を約束された．しかし，大戦終結後にはアメリカから十分な支援を受けられず，また国内からの支持も喪失して国共内戦に敗れ，1949 年以後は台湾に逃れた．その後は，大陸反攻を国是に台湾で拠点建設をおこない，日本の軍事顧問を採用したりしたが，内政では憲法を停止して国民党一党独裁による政治をおこなった．しかし，朝鮮戦争勃発後に台湾の中立化を唱えたアメリカも，蔣介石の大陸反攻を支持せず，それは中国が混乱した文革時期も変わらなかった．それどころか，結局 1971 年にキッシンジャーが訪中し，中華民国は戦勝国としての象徴であった国際連合の議席も喪失することになった．その後，72 年の日中国交正常化を経て，75 年に失意のうちに逝去した．（川島真）

幣原喜重郎（1872〜1951）

　日本の外交官，政治家．1915 年から外務次官に就任し，駐米大使を経て，1924 年の加藤高明内閣から，第一次・第二次若槻礼次郎内閣，浜口内閣など，憲政会・民政党系内閣で外相を務めた．慣習的政党内閣制が誕生した 1920 年代半ばから 30 年代初頭の短

い時期において，対中内政不干渉，対英米協調を柱とする，いわゆる幣原外交を展開するが，軍部，特に陸軍による二重外交に苦しめられた．一方，誕生間もない中国国民党政権が展開する経済外交に対しては非妥協的な交渉者の顔を見せ，ワシントン体制が中国に要請していた不平等条約改正プログラムの履行を求めた．また，満洲事変処理にあたっては，国際連盟による解決ではなく，日中二国間交渉での解決に固執する姿勢を見せた．戦後，東久邇宮内閣の総辞職に伴い，1945 年 10 月組閣．内閣として，GHQ の憲法草案の修正作業にあたった．（加藤陽子）

劉心田（1854～1925）

　字伯良，号秋農．金州出身．金州屈指の名家に生まれ，童試を受験するも合格することなく，官途の道を諦め，書家・画家として遼南地方で名をなす．現地公益事業にも積極的参加し現地での声望を高め，1898 年義和団事件でロシア軍が金州占領統治を行うと，その統治機関の撫民府で治安維持と裁判業務を担当．日露戦争時に日本の軍政署が開設されると，第一民政長に就任し，現地の訴訟裁判，公安秩序維持を担当．同時に，岩間徳也や王永江らと協力し，南金書院民立小学堂設立に尽力．日露戦後金州民政署が開設されると同署参事員と関東都督府事務嘱託を兼務．これらの功績にて日本政府より，1912 年 3 月勲六等瑞宝章を受ける．その他，大連華商公議会顧問，関東庁経済調査会委員なども歴任し，日本側と現地中国人社会とのパイプ役として日本側の信任を厚くする一方で，1917 年には日本側当局の増税に反対し日本側に計画撤回をさせるなど，現地中国人側の既得権益保護を図る活動も積極的に行った．病没後，1925 年 4 月に日本政府より勲四等瑞宝章を受け，金州では在地の中国人たちにより記念石碑と劉伯良記念堂が建てられた．【参考文献】王勝利主編『大連近百年史人物』（遼寧人民出版社，一九九九年）．（松重充浩）

美濃部達吉（1873～1948）

　明治憲法を立憲主義的に解釈した代表的な憲法学者兼行政法学者．1897 年に東京帝国大学法科大学を卒業後，ドイツ，フランス，イギリスへの留学を経て，1900 年から東京帝国大学に赴任．ドイツの公法学者イェリネックの学説と民主化を不可避とする歴史観をもとに穂積八束とは対極的な憲法理論を構築した．その憲法理論の特徴は，『日本大百科全書』の解説によれば，(1) 憲法変遷論，(2) 国家法人説・天皇機関説，(3) 天皇超政論，(4) イギリス立憲主義の四点に要約される．とりわけ (2) の天皇機関説をめぐって，穂積八束の後継者上杉慎吉との間で論争が勃発し，美濃部の学説が徐々に支配的となっていったが，1936 年に議会で天皇機関説が攻撃されると不敬罪で告訴された．第二次世界大戦後は内閣の憲法問題調査会顧問，枢密顧問官として憲法問題に関

与した．著書に『日本憲法』(1921)，『憲法撮要』(1923)，『行政法撮要』(1924)，『逐条憲法精義』(1927)，『日本国憲法原論』(1948) などがある．（中村元哉）

張知本（1881～1976）

　清末に日本で法学を学んだ国民党員．中華民国憲法草案（1936）の作成から中華民国憲法（1946）の制定に至るまで，民国期の憲法学界に対して大きな影響力を及ぼした．張の憲法論は，孫文の三民主義と五権（立法・行政・司法・考試・監察）構想に忠実でありながらも，個人の自由と権利を憲法で直接保障しようとしていたところに最大の特徴を見出し得る．彼は，全民政治型の国民大会制度によって立法権の暴走にも歯止めをかけようとした点において，間違いなく立憲主義者であった．ワイマール憲法を一つのモデルとしていたことは，その代表的著作である『憲法論』(1933) からも分かる．晩年は台湾で中国憲法学会理事長などを務めた．（中村元哉）

遠藤三郎（1893-1984）

　日本陸軍軍人，最終階級は中将．陸軍士官学校26期の出身で，主として砲兵・航空関係の経歴を歩んだ．1893年1月2日山形県の呉服商の三男として生まれる．仙台陸軍地方幼年学校，陸軍士官学校（26期）を卒業し，砲兵少尉に任官，横須賀重砲兵第1連隊付となる．陸軍砲工学校を卒業し，1922年に陸軍大学校（34期）を卒業．野戦重砲兵第1連隊中隊長，参謀本部員などを経て，フランス陸軍大学校に留学．海軍軍縮会議随員補佐をつとめ，参謀本部作戦課に勤務したあと関東軍作戦参謀，陸軍大学校教官，野戦重砲兵第五連隊長，大本営参謀，研究班長などを歴任．その後，関東軍参謀副長時代に対ソ戦をめぐり陸軍中央と意見対立し更迭される．砲兵科から航空兵科に転じ，第3飛行団長，航空士官学校幹事などを経て，1942年12月，陸軍中将となり，航空士官学校校長に就任した．さらに航空本部総務部長，軍需省航空兵器総局長官をつとめ，1945年12月予備役に編入された．1947年2月から戦犯容疑で巣鴨拘置所入所，1948年1月出所．1953年片山哲元総理らと「平和憲法擁護研究会」を組織．1955年，56年，57年，60年，72年と5度にわたり訪中．その間，1961年に日中友好元軍人の会を結成するなど，後半生は中国との友好交流に従事した．1984年10月11日に死去．（東中野多聞「遠藤三郎と終戦——戦前から戦後へ」『東京大学日本史研究室紀要』第七号（2003年3月）などを参照．）（小林義之）

大平正芳（1910-1980）

　日本の大蔵官僚，政治家．1910年3月12日に香川県の農家に生まれる．高松高商を経て1936年東京商科大学卒，大蔵省入省．1939年から興亜院で大陸経営に関わり，張

家口の蒙疆連絡部に勤務し，帰国後も大陸に度々出張した．1951年池田勇人蔵相秘書官となり，52年退官し，衆議院議員に当選．60年内閣官房長官．外務大臣を二度務める（62年7月18日〜64年7月17日の池田勇人内閣第2次〜第3次途中と72年7月7日〜74年7月15日の田中角栄内閣第1次〜第2次途中）．池田内閣期には韓国の金鐘泌韓国中央情報部長と会談し，請求権問題で基本的な合意をとりつけ，日韓国交正常化の地ならしをした．田中内閣期には，日中国交正常化を実現し，石油ショックや金大中拉致事件などの問題の処理にあたった．1978年12月7日から80年6月12日の死去までは首相として，内政では田園都市構想，外交においては福田前政権の全方位外交から対米協力路線へ転換し，総合安全保障，環太平洋連帯構想などの政策を提唱し，その後の日本外交の基本的方針を示した．
（『日本外交史辞典』『大平正芳記念館HP』などを参照）（小林義之）

芳沢謙吉（1874〜1965）

　明治から昭和にかけて活躍した外交官．1874年1月24日新潟県に生まれ，99年東京帝大英文学科卒業後外務省に入省．厦門，上海，牛荘など中国各地での勤務のあと，ロンドンに在勤した．本省では政務局第一課長，人事課長，政務局長などを経験したが，その間，漢口総領事や北京公使館参事官などとして中国大陸にも赴いた．1923年から6年間にわたって特命全権公使として北京に滞在し，台頭する中国のナショナリズムへの対応に明け暮れた．在任中，日本による山東出兵，張作霖爆殺事件，北京関税特別会議など多数の難問の解決に当たり，日ソ基本条約の調印にも貢献した．30年に国際連盟の日本代表理事も兼任する駐仏大使となり，満洲事変後の難しい対外交渉を担当した．32年1月に成立した犬養内閣の外務大臣となり，満洲国の承認をめぐって軍部と対立した．5.15事件の後外務省を引退し，32年7月に貴族院議員に勅撰された．1940年仏印に設置された大使府の特派大使にも就任した．45年5月に外務省顧問に就任し，同年8月枢密顧問官にもなった．戦後公職追放を受けたが，解除後初代駐中華民国大使として台湾に赴任した．穏健な外交姿勢に定評がある．（『日本外交史事典』などを参照）（劉傑）

有吉明（1876〜1937）

　1935年日中関係の大使昇格を受けて初代駐中華民国大使として活躍した外交官．1876年4月15日京都に生まれた有吉は東京高等商業学校を経て，98年に外務省に入り，漢口などに勤務した．辛亥革命前の1909年から10年間にわたって上海総領事として中国に長期滞在した．中国の変革期における軍閥政権との交渉にあたった．公使や大使としてスイスとブラジルに勤務したあと，1932年7月特命全権公使として中華民国に在

任するようになった．在任中，出先軍人らの強硬な中国政策に反発し，中国との諸懸案の解決に向けて親日派の汪兆銘らと粘り強く交渉を重ねた．大使館昇格後，初代大使として蔣介石と広田三原則をめぐって交渉し，陸軍が進めた華北分離工作にも反対した．日中が激しく対立するなかで，有吉の外交姿勢は中国側からも歓迎された．帰朝命令を受けた有吉は36年3月に辞任し，日中戦争が始まる37年の6月に死去した．（劉傑）

孔祥熙（1880〜1963）

字庸之　1880年（光緒6年），山西省太谷県に生まれる．孔子の第75代目にあたる．オベリン大学，イェール大学で学び，帰国後中国同盟会に参加する．第二革命失敗後は孫文と渡日し，駐日中国キリスト教青年会の総幹事を務める．この間，東京で宋藹齢と結婚し，帰国後は一時閻錫山の顧問を務める．その後，国民党内の対立では蔣介石側に立ち，南京国民政府において工商部長，実業部長，財政部長を歴任し，日中戦争期には行政院院長，財政部長を歴任し，様々な批判を受けながらも行財政面で国民政府ならびに蔣介石の活動を支えた．この間，英米に対して対中援助を引き出す努力を重ねながら，他方で日本との和平をつねに模索していた．戦後は批判の高まりを受け，妻の病を口実に渡米し，62年まで米国にとどまった．62年から4年間台湾に戻ったが，持病の悪化ともに再渡米し，67年8月心臓発作のためニューヨークで逝去した．（岩谷將）

周恩来（1898〜1976）

江蘇省生まれる．日本，フランス留学を経て中国共産党に加入．1924年に孫文が創立した黄埔軍官学校政治部主任に就き，国共合作のもとで校長蔣介石とともに国民革命に従事．27年に国共合作分裂後，賀龍，朱徳らと共に南昌蜂起を起こし，共産党独自の軍隊作りに貢献．35年に遵義会議で毛沢東を中核とする共産党指導部の形成に重要な役割を果たした．翌36年に西安事変の解決を主導，内戦停止と抗日統一戦線の結成に尽力した．45年に内戦の再勃発を回避させるため「双十協定」をまとめた．49年に中華人民共和国を毛沢東らと共に創立，死去までの27年間，総理職を担い，内政と外交を統括した．内政面の業績としては，50年代に国民生活の改善を目指した5ヵ年計画の策定と実施を指導，60と70年代には「4つの近代化」を国家の未来ビジョンとして掲げ実現への道筋を作った．同時期に毛沢東の「文化大革命」を支持しながらも追放された知識人や古参の幹部などを蔭で保護し混乱の収拾に努めた．故にカリスマ的な政治家と評され，没後約40年が経っても中国人から最も敬愛される指導者の一人とされている．他方，卓越した外交家としても国際的に極めて高い評価を受ける．1950年の「中ソ友好同盟相互援助条約」の締結，54年の「平和5原則」の提唱，55年の「バンドン会議10原則」の採択，特に70年代の国連加盟，米中接近，日中国交正常化に際して

主導的な役割を果たし，中国を国際社会の大舞台に導いた．1925年に鄧穎超と結婚，実子をもうけなかったばかりでなく，財産もお墓もなかったため，清廉潔白な稀な政治家と評される．（李恩民）

高碕達之助（1885〜1964）

1885年2月，大阪府下三箇牧村（現・高槻市）の農家に生まれる．農商務省水産講習所（現・東京海洋大学）卒業後の1911年から3年半，メキシコ・アメリカに渡り製罐技術を学び，その間，フーバー（後の米大統領）らと親交を結ぶ．帰国後の1917年東洋製罐を設立．1942年鮎川義介の求めに応じて満洲重工業開発株式会社副総裁となり，翌44年に総裁．この間，満洲製鉄の設立などを実現する．敗戦後，日本人救済総会々長として残留日本人の救済と引揚に尽力．1947年に引揚後は公職追放となるが1952年に電源開発総裁に就任．在職2年間に佐久間ダム・御母衣ダム建設の実績を残す．54年に鳩山一郎内閣の経済審議庁長官・通産大臣となる．55年には衆議院議員となりバンドン会議に出席，周恩来と初の会談を行う．58年の岸信介内閣で通産大臣などを歴任．また大日本水産会長として日ソ漁業交渉にも関わり，日ソ漁業協定（1963年締結）実現に貢献する．60年に訪中，62年の第2回目の訪中で廖承志とのあいだで日中総合貿易に関する覚書を取り交わし，LT貿易がスタートする．64年2月24日没（享年79歳）．（加藤聖文）

廖承志（1908〜1983）

国民党元老の廖仲愷・何香凝の長男として東京で生まれる．幼少期と高校時代の一時期を東京で過ごしていたため，流暢な日本語を操り，日本の政治，社会，文化にも精通していた中国共産党の知日派の代表格である．日本語以外にも，英語，フランス語，ドイツ語が堪能であったため，新華社社長や，国務院華僑事務委員会などの対外宣伝，海外華僑関連の業務に長年従事した．中国建国後，中国政府が「以民促官」の対日政策方針を定めた後，文化大革命が開始されるまでの間，毛沢東，周恩来の下で，対日業務統括者として，中国政府の対日政策の実務を担当した．1972年の日中国交正常化交渉では，外交部顧問として周恩来の補佐役を務めた．国交正常化後は，日本関連業務，華僑業務を携わりながら，周恩来夫人である鄧穎超の補佐役として台湾関連の業務も担当するようになった．1982年に中共中央政治局委員に選出．1983年6月の第6期全国人民代表大会第1回会議で国家副主席への就任も内定していたが，中国の発展のためにさらなる重責を担う直前の1983年6月10日，心臓病のため北京で急逝した．（王雪萍）

西園寺公一（1906〜1993））

　1906年，神奈川県生まれ．西園寺公望の孫．学習院初等科・東京高師附中・英国オックスフォード大学卒．1934年，近衛内閣外務省嘱託．太平洋問題調査会議出席のため渡米し，1937年，同会議理事会事務局長と日本国際問題調査会長．松岡外相一行の随員としてソ連・ドイツ・イタリアを視察．1942年，ゾルゲ事件に連座し逮捕．1947年，第1期参議院議員．1950年，日中友好協会の設立に参加．1958年から一家をあげて北京に住み，日中友好・AA連帯・世界平和のための仕事に従事，国交未回復時代の民間大使と呼ばれた．日本共産党員だったが，1967年，親中派として除名された．1970年に帰国，日中文化交流協会常任理事として日中友好活動を続け，1991年，中国政府より第1回人民友好使者賞が贈られた．著書に『貴族の退場』文藝春秋社，1951年，『北京12年』朝日新聞社，1970年，『蟹の脚が痒くなる季節』講談社，1981年，『西園寺公一回顧録「過ぎ去りし，昭和」』アイペックプレス，1991年，などがある．（馬場公彦）

関連年表（1840～2012）

年次	事項	主要人物名	主要人物生没年
1840	6. アヘン戦争（-42）		
1842	8. 南京条約締結，香港割譲		
1850	太平天国の乱（-64）		
1854	3. 日米和親条約調印	劉心田	1854年生まれ
1856	アロー戦争（-60）		
1860	10. 北京条約締結（-11）		
1861	1. 清に総理各国事務衙門が設置される		
1868	1. 明治維新		
1871	9. 日清修好条規締結 12. 琉球漁船難破，生存者が台湾原住民に殺害される（台湾事件）	幣原喜重郎	1872年生まれ
1872	9. 琉球藩設置	美濃部達吉	1873年生まれ
1874	5. 日本の台湾出兵	芳澤謙吉	1874年生まれ
1876	2. 日朝修好条規締結	有吉明	1876年生まれ
1879	4. 琉球藩廃止，沖縄県設置	孔祥熙	1880年生まれ
1882	10. 清韓水陸貿易章程締結．清朝から袁世凱が派遣され，韓国に駐兵．	張知本 汪兆銘（精衛）	1881年生まれ 1883年生まれ
1883	11. 清仏戦争（-85）	高碕達之助	1885年生まれ
1885	6. 天津条約締結．清朝，ヴェトナム宗主権放棄	蔣介石	1887年生まれ
1894	3. 甲午農民戦争が勃発 8. 日清戦争（-95）	周恩来 遠藤三郎	1889年生まれ 1893年生まれ
1895	4. 下関条約調印		
1898	3. ドイツ，山東半島膠州湾租借，ロシア，大連旅順租借 6. 戊戌変法（-9） 7. イギリス，威海衛租借		
1899	5. 第1回ハーグ平和会議開催 9. アメリカ，ジョンヘイ国務長官による第1次門戸開放宣言 11. フランス，広州湾租借		
1900	8.8カ国連合軍，北京に入る．		
1901	1. 光緒新政の上諭 7. 総理衙門が外務部に改められる 9. 北京議定書に調印		
1902	1. 日英同盟調印		
1904	2. 日露戦争（-05）		

429

1905	9. 日本とロシアがポーツマスで講和条約調印		
1906	11. 南満州鉄道株式会社（満鉄）が設立	西園寺公一	1906年生まれ
1907	6. 第2回ハーグ平和会議	廖承志	1908年生まれ
1911	10. 武昌起義，辛亥革命開始	大平正芳	1910年生まれ
1912	1. 中華民国成立		
1914	7. 第1次世界大戦はじまる 8. 日本対独宣戦布告，中華民国，局外中立宣言		
1915	1. 日本が対華21ヵ条要求提出，5. 中国が受諾		
1917	1. 西原借款開始 8. 中国，対独墺宣戦布告 10. ロシアで10月革命起こる		
1919	1. パリ講和会議開催 5. 5.4運動 6. ヴェルサイユ条約調印（中国はサンジェルマン条約に調印）		
1920	11. 国際連盟第1回総会開催		
1921	11. ワシントン会議開催（-22.2）		
1922	2. ワシントン海軍軍縮条約と中国に関する9か国条約締結		
1923	3. 北京政府が21カ条要求関連諸条約の無効を日本に通告，日本は否認		
1925	5. 5.30事件により中国とイギリスが対立 10. 北京関税特別会議開催，無期延期（1926.7）	劉心田	1925年没
1926	7. 広州国民政府，北伐開始		
1927	1. 漢口，九江のイギリス租界回収 4. 北伐軍が列強と南京事件を起こす 5. 日本の第1次山東出兵		
1928	4. 第2次北伐開始 5. 済南事件発生．第2次山東出兵の日本軍が国民政府軍と衝突 6. 国民政府軍北京入城，張作霖を関東軍が爆殺 12. 張学良が蔣介石に合流．国民政府が全国統一		
1929	6. 日本が国民政府を正式承認 10. 世界大恐慌が発生		
1930	4. イギリス，アメリカ，日本がロンドン海軍軍縮条約に調印 5. 日中関税協定調印		
1931	9. 満洲事変		
1932	1. 第1次上海事変，日中両軍衝突 3. 満洲国建国宣言 5. 上海停戦協定		
1933	2. 関東軍が熱河省に侵攻 3. 日本が国際連盟を脱退 5. 塘沽停戦協定成立 10. 日本の支持の下，内蒙古自治政府が発足		

1934	4. 天羽声明（東亜モンロー主義） 12. 日本がワシントン海軍軍縮条約の破棄を決定する		
1935	6. 梅津・何応欽協定，土肥原・秦徳純協定が成立 8. 中共8.1宣言，アメリカが中立法を制定する 10. 広田弘毅外相が日中提携3原則を提議する 11. 冀東防共自治委員会が樹立される		
1936	1. 日本がロンドン軍縮会議に脱退を通告する 11. 日独防共協定調印，綏遠事件 12. 西安事変が起こる		
1937	7. 盧溝橋事件が勃発し，日中戦争が始まる 8. 第2次上海事変で日中全面戦争へ 11. トラウトマンの和平工作開始 12. 日本軍南京占領，南京虐殺事件が発生する	有吉明	1937年没
1938	1. 近衛内閣が「爾後国民政府を対手とせず」声明発表 3. 南京に中華民国維新政府成立		
1939	5. 重慶無差別爆撃 9. ドイツがポーランド侵攻，第2次世界大戦はじまる，張家口に徳王を主席とする蒙疆連合自治政府が成立する		
1940	3. 南京に汪精衛の中華民国国民政府成立 7. 日本，南進政策開始 9. 日独伊3国同盟調印		
1941	12. 日本海軍がハワイ真珠湾を攻撃，太平洋戦争開始		
1942	米英ソ中など26か国が連合国共同宣言調印		
1943	11. 大東亜会議開催，米英中によるカイロ会談開催		
1945	7. ポツダム宣言 8. 日本がポツダム宣言受諾決定	汪兆銘（精衛）	1944年没
1946	6. 国共内戦開始 11. 日本国憲法が公布される，中華民国憲法が制定される		
1949	10. 中華人民共和国成立 12. 国民政府，台北遷都を決定	美濃部達吉	1948年没
1950	6. 朝鮮戦争開始		
1951	9. サンフランシスコ講和会議	幣原喜重郎	1951年没
1952	6. 日中民間貿易協定を締結		
1953	7. 朝鮮戦争の休戦協定が結ばれる		
1955	4. バンドンで第1回アジア・アフリカ会議開催される		
1958	5. 長崎国旗事件 10. 長崎国旗事件の影響により第4次日中民間貿易協定不成立		
1962	9. 松崎謙三訪中，周恩来と会談，積み上げ方式提案，日中民間貿易再開へ 11. 廖承志，高碕達之助「日中総合貿易に関する覚書」調印，LT貿易開始へ	孔祥熙 高碕達之助 芳澤謙吉	1963年没 1964年没 1965年没

関連年表　431

年	事項		
1968	3. LT 貿易を日中覚書貿易に更新		
1971	4. 日中，米中間でピンポン外交展開 10. 中国の国連復帰確定，国府は国連脱退を表明		
1972	2. ニクソン訪中，米中共同コミュニケ発表 9. 田中角栄首相，大平正芳外相が訪中，日中共同声明に調印	蔣介石	1975 年没
1974	11. 日中平和友好条約の交渉開始	張知本	1976 年没
1978	8. 日中平和友好条約締結		
1979	12. 大平正芳首相，訪中時に対中 ODA の開始を決定	大平正芳	1980 年没
1982	6. 歴史教科書問題が起こる		
1985	8. 中曽根康弘首相が靖国神社を公式参拝，外交問題化 9. 満洲事変記念日に大学生が天安門広場で反日デモを行う	廖承志 遠藤三郎	1983 年没 1984 年没
1989	6. 天安門事件		
1992	10. 天皇皇后両陛下，中国を初めて公式訪問		
1993	8. 細川護熙首相，日中戦争に始まる先の戦争を侵略戦争と明言	西園寺公一	1993 年没
1994	中国で愛国主義教育が始まる		
1995	7. 中国が台湾近海にミサイル発射 8. 村山談話発表，侵略・植民地支配へのお詫びを表明		
1996	3. 中国が基隆沖と高雄沖にミサイル発射		
1997	7. イギリスから中国に香港返還		
1998	11. 江沢民国家主席が来日，日中共同宣言		
1999	12. マカオが中国に返還される		
2001	4.「新しい歴史教科書をつくる会」の中学校歴史教科書が検定合格し，国内外で論争が起きる 8. 小泉純一郎首相が靖国神社を参拝，中韓が反発		
2002	4. 小泉首相が再び靖国神社を参拝		
2003	1. 小泉首相が 3 度目の靖国神社参拝		
2004	1. 小泉首相が靖国参拝． 3. 中国の活動家が尖閣諸島に上陸，強制退去		
2005	4. 中国各地で反日デモ 10. 小泉首相が靖国神社参拝		
2006	4. 日中 21 世紀交流事業開始 8. 小泉純一郎首相が靖国神社を 15 日に参拝 10. 安倍晋三首相が訪中，胡錦濤主席と戦略的互恵関係構築で一致 12. 日中歴史共同研究が始まる，北京で第 1 回全体会合		
2007	3. 東京で日中歴史共同研究第 2 回全体会合		
2008	1. 北京で日中歴史共同研究第 3 回全体会合，冷凍餃子食中毒事件発生 5. 胡錦濤国家主席来日，首脳会談で「戦略的互恵関係の包括的推進に関する日中共同声明」発表		

	8. 北京五輪開幕		
2009	11. 習近平国家副主席来日，鳩山首相と会談，皇居で天皇陛下と会見 12. 東京で日中歴史共同研究第4回全体会合		
2010	1. 日中歴史共同研究報告書発表 5. 上海万博が開幕 9. 尖閣諸島近海で海上保安庁が，衝突など妨害行為を行った中国漁船を拿捕		
2011	3. 日本で東日本大震災が発生，温家宝総理は菅直人首相に，胡錦濤主席は天皇陛下にお見舞い電報を送る 5. 温家宝総理来日，菅直人首相と会談，被災地を訪問 7. 中国温州市で高速鉄道同士の衝突事故発生		
2012	4. 石原慎太郎東京都知事が尖閣諸島の東京都による購入を発表 9. 日本政府が尖閣諸島購入を決定，中国は反発		

【主要参考文献】
・川島真・服部龍二編『東アジア国際政治史』（名古屋大学出版会，2007年）
・高原明生・服部龍二編『日中関係史 1972-2012 Ⅰ政治』（東京大学出版会，2012年）
・『日中関係基本資料集年表 1972年-2008年』（財団法人霞山会，2008年）

索　引

あ　行

朝海浩一郎　349
浅沼稲次郎　400, 413
アジア・アフリカ会議　348
アメリカ　180, 185, 186
鮎川義介　341
有田八郎　317
有吉明　255, 267
有賀長雄　172
安斎庫治　409
飯田祥二郎　344
イギリス　185, 186
池田勇人　322, 347
池田芳蔵　226
池田亮一　397
石橋湛山　203, 320, 340, 347, 394, 395, 413
井関盛良　5
磯谷廉介　203
一体均霑　50
伊藤博文　45, 48
伊藤律　409
以徳報怨　197
稲山嘉寛　226, 228
犬飼総一郎　211
井上馨　42, 45, 50
『彙報』　154
今村均　201
イリ条約　40
岩間徳也　159
内山完造　199
梅謙次郎　183
梅津何応欽協定　260
映画産業市場基金　81
榎本重治　127
榎本武揚　52
LT 覚書　339, 340, 354
袁世凱　46, 49, 58, 129
遠藤三郎　194
王永江　159
王暁雲　373, 378, 403
王効賢　378

汪兆銘（汪精衛）　173, 255, 260, 270, 275, 287, 296
王韜　5, 9, 16
汪鳳藻　32, 49, 53
大久保任晴　398
大隈重信　128
大槻文彦　36
大鳥圭介　47, 253
大西瀧治郎　195
大平正芳　413
大山郁夫　395
岡崎文勲　212
岡崎嘉平太　227, 228, 339
岡田朝太郎　183
岡田信　344
岡正康　8
小倉和夫　415
オスカー・トラウトマン　282, 283

か　行

『偕行』　215
偕行社　197
核兵器　322
郭沫若　314, 395, 411
革命　171
筧克彦　184
華国鋒　223, 332
風見章　394, 395
何如璋　16, 32, 33, 34, 35, 40, 41, 42, 51, 55
片山哲　196, 413
鹿地亘　310
加藤高明　128, 261
加藤恒忠　250
加藤義清　213
金子堅太郎　269
神尾茂　255
河上肇　315
河田賢治　409
漢口撮影所　79
関税自主権問題　50
関東軍　255
関東州　151

435

関東庁	157	五権憲法	187, 188
聴濤克巳	409	五権構想	186
岸田吟香	5, 9	呉国楨	69
岸信介	203, 325, 347	五五憲草	172, 179
北沢正雄	402, 409	五四運動	59, 67, 68
北村徳太郎	395	呉曙東	377
キッシンジャー	325, 326	胡澤吾	173, 181
金玉均	38, 41, 42, 44, 46, 49	胡澤吾	181
木村一三	226, 228, 324	後藤鉀二	414
木村鋭市	128	近衛文麿	393
救国十人団	65	呉佩孚	262
救国貯金	64, 68, 72	呉茂蓀	204

さ　行

西園寺一晃	400
西園寺公一	321
在華日本紡績同業会	253
最恵国待遇	50
蔡元培	61
斎藤実	268
齋藤弥平太	344
佐久間ダム	346
佐々木更三	227
佐藤栄作	242, 325
『三光』	213
山東鉄道	129
サンフランシスコ講和条約	361
三民主義	85, 186
塩田三郎	38, 46, 52
重野安繹	36
重光葵	193, 269, 348
宍戸璣	24
幣原喜重郎	249, 261, 348
『使東雑詠』	34
史東山	89
『使東述略』	34
清水董三	275
下村定	198
『社会主義精髄』	315
謝南光	199, 204
上海労働組合総連合会	66
周恩来	193, 309, 310, 317, 320, 349, 363, 369, 377, 392, 397, 401, 403, 411, 414
重慶	175
修好条規	50, 53
修信使	39
朱執信	315

喬冠華	204
義和団の乱	67
欽定憲法大綱	186
草間時福	16
久原房之助	194
グラント	3, 14, 24, 35
栗本鋤雲	5
桑島主計	269
経済団体連合会	226
厳修	316
憲政	171
『憲法学原理』	181
『憲法講話』	181
『憲法撮要』	181
顧維鈞	250
興亜会	9, 16, 18, 21
膠州湾	128
黄遵憲	39
甲申事変	38, 55
江浙戦争	262
高宗武	393
幸徳秋水	315
黄郛	270
『公法と私法』	183
黄埔軍官学校	107
河本大作	347
高良とみ	317, 340, 394
高凌蔚	251
呉学文	363
胡漢民	255, 315
胡喬木	226
国際連盟	251
国民政府	260
国民党	63, 78, 171, 255
呉経熊	172

聶榮臻　201
蔣介石　97, 179, 203, 255, 315, 280
邵元冲　78
蕭向前　199, 204, 373, 378, 401, 410
蔣芷湘　5
商務印書館　173
昭和製鋼所　342
舒綉文　86
徐承祖　32, 38, 44, 53
白土吾夫　414
辛亥革命　101, 255
新京日本人会　344
壬午軍乱　36, 42, 43, 44
新生事件　179
『新青年』　61
秦怡　86
進藤武左衛門　346
振武学校　97
新文化運動　61
沈平　319
人民外交　194, 391
新民主主義論　85
末広重恭　16, 21
スカルノ大統領　348
杉山市平　402
鈴木一雄　401
鈴木善幸　227
スターリン　287, 290
須磨弥吉郎　258, 269, 275
斉燮元　262
世界歴戦者連盟　216
全国学生連合会　65
戦時映画事業統制弁法　79
曾紀沢　40
曹錕　251
宋子文　256, 393
曹正業　159
相馬御風　343
副島種臣　33
曽根俊虎　9, 16, 18
園田直　228
ソ連　180, 185
孫文　62, 316, 363
孫平化　373, 377

　　　た　行

第1次上海事変　173, 179

第1次世界大戦　127, 186
対華二十一カ条要求　57, 129, 262
戴季陶　315
第三次廬山会議　270
第11期中央委員会第3回全体会議　225
第十三師団野砲兵第十九連隊　97
第2次上海事変　78, 79, 90
第2次世界大戦　187
第二次奉直戦争　262
大日本帝国憲法　183
大躍進政策　320
大連建値問題　167
台湾出兵　6, 10, 11, 12, 17
台湾の役　19
台湾問題　330, 349
高倉テル　409
高碕達之助　193, 242, 339, 395, 397, 413
高野好久　401
田川誠一　347
竹入義勝　327, 332
『竹下勇日記』　132
武部六蔵　344
立作太郎　140
田付景一　319
田中角栄　228, 327, 413, 415
田辺太一　44
谷寿夫　208
塘沽停戦協定　250, 267, 271
治外法権　50
中央映画撮影所　79, 80
中華革命党　62
中華工会総会　64
中華工業協会　64
中華全国映画界抗敵協会　84
中華民国憲法　172, 179, 187, 188
中華民国臨時約法　186
中国映画界救済協会　88
中国映画人協会　88
中国帰還者連絡会　215
中国共産党　62
中国紅十字会　317
中国通　249
中ソ関係　349
中ソ友好同盟相互援助条約　316
中立　142
趙安博　204, 373, 410
張群　99

索引　437

張香山　410, 414
張国燾　364
張作霖　253, 255, 262, 263
張治中　83
張瑞芳　86
朝鮮開国　6
朝鮮策略　39, 40, 41, 42
朝鮮戦争　367, 368
張知本　171, 172, 183, 184, 185, 186, 187, 188
張道藩　85
張伯苓　313
陳毅　196, 200, 320, 348, 375, 377, 401, 403, 414
陳啓修　181
陳抗　377
青島　128
陳独秀　61, 315
辻政信　203
丁日昌　39
鄭用之　82
傅雲竜　47
傅作義　200
天津条約　38, 45, 49
天皇機関説　171, 173, 181
土居明夫　206
ドイツ　180, 185
ドイツ領南洋諸島　128
土肥原秦徳純協定　260
東郷茂徳　269
鄧小平　332
東清鉄道　134
姚文棟　35, 36
東辺道開発会社　342
『東方雑誌』　173
唐有壬　258, 260
東洋製罐株式会社　341
『読海外奇書室雑著』　36
土光敏夫　226
土橋一吉　409
戸村一作　312
トラウトマン　292, 295
トラウトマン工作　282

　　　な　行

中江要介　230
長岡外史　102
長岡春一　128

長崎国旗事件　204, 320, 351
長崎事件　38
中島健蔵　395, 414
中曽根康広　199
永田年　346
中根淑　36
中村進午　184
成田知巳　322
成島柳北　16
南開学校　313
ニクソン　326
西沢隆二　409
日独戦役　127
日米安保条約　317
日米安保問題　329
日満議定書　268
日華平和条約　317, 362, 391
日清戦争　32, 45, 267
日清通商航海条約　166
日ソ共同宣言　318
日ソ国交回復　349
日ソ国交正常化　318
日中経済協会　226
日中戦争　175, 179
日中鉄鋼長期求償貿易協定　317
日中民間漁業協定　317
日中友好協会　367
日本憲政　174
日本国憲法　183, 187
日本国際貿易促進協会　226, 351
日本通　249
野坂参三　310, 316
野溝勝　319

　　　は　行

ハーバート・フーバー　341
白団　197
パウンド　172
荻原定司　228
白楊　86
畑俊六　202
服部卓四郎　203
鳩山一郎　192, 318
パリ講和会議　57, 58, 130
バルフォア　8
反帝国主義　70
バンドン会議　348, 350, 352

反日運動　61
美英条約　37, 52
東アジア　174
東久邇宮　202
ヒトラー　186
百花斉放,百家争鳴　203
平嶋敏夫　345, 346
平野義太郎　199
広田弘毅　250, 268
『貧乏物語』　315
ファシズム　186
馮玉祥　201
福田雅太郎　132
福地源一郎　5
藤井五一郎　198
藤田茂吉　5
藤山愛一郎　227, 340, 395
撫順戦犯管理所　201
船津工作　253
船津辰一郎　250, 253
不平等条約　50
ブラック　5
古井喜実　340, 347, 397
フルシチョフ　352
文化運動委員会　85
文化大革命　223
北京議定書　10, 12
帆足計　317, 394, 395
法政大学　183
彭徳懐　200, 208
彭湃　314
堀田善衛　214
堀毛一麿　206
本溪湖煤鉄公司　342

ま　行

間島達夫　346
松岡洋右　393
松方正義　36
松田道之　10
松村謙三　340, 347, 395, 399, 413
松本亀次郎　315
松本治一郎　395
マルクス主義　315
満州映画株式会社　77
満州国　155, 255, 341, 344, 346
満州事変　171, 172, 179, 250, 251, 267, 268

満洲重工業開発　339
三木武夫　199
ミコヤン　352
光橋英武　211
南村志郎　393
箕浦勝人　5
美濃部達吉　171, 173, 181, 183
三宅光治　344
宮腰喜助　317, 394
宮澤俊義　174
宮本顕治　408
明星電影会社　81
以民促官　310
村田省蔵　318, 339, 395
メジャー　5
メレンドルフ　45
毛沢東　191, 309, 318, 321, 325, 363, 369, 377, 392, 401
毛鳳来　33

や　行

矢野俊比古　230
山県有朋　131
山田隆一　134
山元桜月　199
ヤング　14
陽翰笙　84, 89
楊守敬　36
横田実　319
芳沢謙吉　250, 261
吉田清成　42
吉田茂　192, 346, 362, 391

ら　行

雷任民　410
羅学瀍　80
羅振玉　314
ラルフ・バンチ　216
李経方　31, 32, 38, 38, 49, 55
李鴻章　31, 38, 39, 40, 42, 46, 48, 49, 51, 53
李克農　369
李初梨　414
李先念　226
リゾフスキー　41
李大釗　315
リットン調査団　251
李徳全　201

索　引　439

『琉球小志並補遺附説略』　35
琉球諸島の分割　15
琉球分島・改約交渉　3, 24
李裕元　39
劉少奇　320
劉心田　159
劉寧一　195
廖承志　196, 242, 348, 362, 363, 367, 369, 395, 403, 414
領土問題　331
黎汝謙　43

黎庶昌　32, 35, 36, 42, 43, 44, 47, 55
歴史問題　328
盧永祥　262
盧溝橋事件　77, 253, 281
ロシア革命　130

　　　わ　行

ワイマール憲法　172, 184
ワシントン会議　261, 262
渡辺渡　201

執筆者紹介

編者

劉傑（りゅう　けつ：LIU, Jie）

　早稲田大学社会科学総合学術院教授

　1962年生まれ．93年東京大学大学院人文科学研究科博士課程修了．博士（文学）．

　早稲田大学社会科学部専任講師，同助教授を経て2003年より現職．

　主要著書：『日中戦争下の外交』（吉川弘文館・1995年，大平正芳記念賞），『中国の強国構想──日清戦争後から現代まで』（筑摩選書・2013年）など．

川島真（かわしま　しん：KAWASHIMA, Shin）

　東京大学大学院総合文化研究科准教授

　1968年生まれ．97年東京大学大学院人文社会系研究科単位取得退学．博士（文学）．

　北海道大学法学部助教授を経て，2006年より現職．

　主要著書：『中国近代外交の形成』（名古屋大学出版会・2004年），『近代国家への模索』（シリーズ中国近現代史(2)，岩波新書・2010年）など．

執筆者（執筆順）

塩出浩之（しおで　ひろゆき：SHIODE, Hiroyuki）

　琉球大学法文学部准教授

　1974年生まれ．2004年東京大学大学院総合文化研究科博士課程修了．博士（学術）．

　2006年琉球大学専任講師を経て，07年より現職．

　主要著書：『岡倉天心と大川周明──「アジア」を考えた知識人たち』（山川出版社・2011年）など．

戴東陽（たい　とうよう：DAI, Dongyang）

　中国社会科学院中外関係史研究所副研究員

　1968年生まれ．2000年北京大学博士号取得，中国社会科学院で近代中日関係史研究を専攻．

主要著書:『晩清駐日使団与甲午戦前的中日関係（1876-1894）』（社会科学文献出版社・2012 年）があり，他に多数の論文がある．

王奇生（おう　きせい：WANG, Qisheng）
北京大学歴史学部教授
1963 年生まれ．武漢大学卒業，修士課程修了，華中師範大学で博士号取得．南京第二歴史档案館，華中師範大学歴史研究所講師，准教授，副所長，中国社会科学院近代史研究所研究員などを経て現職．
主要著書:『党員，党権与党争：1924-1949 年中国国民党的組織形態』（華文出版社・2010 年），『革命与反革命：社会文化視野下的民国政治』（社会科学文献出版社・2010 年）など．

汪朝光（おう　ちょうこう：WANG, Chaoguang）
中国社会科学院近代史研究所副所長
1958 年生まれ．82 年南京大学歴史学部卒業，84 年中国社会科学院大学院修了．その後は一貫して中国社会科学院近代史研究所に勤務．
主要著書:『1945～1949：国共政争与中国命運』（社会科学文献出版社・2010 年）『中華民国史』（第三編第五巻，中華書局・2000 年）など．

加藤陽子（かとう　ようこ：KATO, Yoko）
東京大学大学院人文社会系研究科教授
1960 年生まれ．1989 年東京大学大学院人文科学研究科博士課程単位取得満期退学．博士（文学）．89 年山梨大学講師，同助教授，94 年東京大学文学部助教授を経て，2009 年より現職．
主要著書:『シリーズ日本近現代史 (5) 満州事変から日中戦争へ』（岩波新書・2007 年），『それでも日本人は「戦争」を選んだ』（朝日出版社・2009 年）など．

松重充浩（まつしげ　みつひろ：MATSUSHIGE, Mitsuhiro）
日本大学文理学部史学科教授
1960 年生まれ．広島大学大学院文学研究科東洋史学専攻博士課程後期退学．外務省外交史料館，県立広島女子大学国際文化学部を経て，現職．

中村元哉（なかむら　もとや：NAKAMURA, Motoya）
津田塾大学学芸学部国際関係学科准教授
1973 年生まれ．2003 年東京大学大学院総合文化研究科博士課程学位取得修了．博士（学術）．
南山大学外国語学部アジア学科准教授を経て，2010 年より現職．
主要著書：『戦後中国の憲政実施と言論の自由 1945-49』（東京大学出版会・2004 年），『憲政と近現代中国──国家・社会・個人』（共編著，現代人文社・2010 年）など．

楊大慶（よう　だいけい：YANG, Daqing）
ジョージワシントン大学歴史・国際問題研究学部准教授
1964 年生まれ．ハワイ大学及びシカゴ大学修士課程，96 年ハーバード大学で博士課程修了．博士（歴史学）．
主要著書: *Technology of Empire: Telecommunications and Japanese Expansion in Asia, 1883-1945* (Harvard University Asia Center, 2011)．

王新生（おう　しんせい：WANG, Xinsheng）
北京大学歴史学部教授
1956 年生まれ．82 年山東大学歴史学部卒業，84 年北京師範大学修士課程修了．北京大学歴史学博士．北京師範大学歴史学部講師，中国社会科学院日本研究所副研究員，研究員などを経て，現職．
主要著書：『日本簡史』（北京大学出版社・2005 年），『政治体制与経済現代化－「日本模式」再検討』（社会科学文献出版社・2002 年），『現代日本政治』（経済日報出版社・1997 年）など．

岩谷將（いわたに　のぶ：IWATANI, Nobu）
防衛省防衛研究所戦史研究センター主任研究官
1976 年生まれ．99 年慶應義塾大学法学部政治学科卒業．2007 年慶應義塾大学法学研究科政治学専攻後期博士課程単位取得退学．博士（法学）．
主要著書：『救国，動員，秩序──変革期中国の政治と社会』（共著，慶應義塾大学出版会・2010 年），『蔣介石研究──政治・戦争・日本』（共著，東方書店・2013 年）

李恩民（り　えんみん：LI, Enmin）
桜美林大学リベラルアーツ学群教授
1961 年生まれ．96 年南開大学大学院中国近現代史研究科博士課程修了．99 年一橋大

学大学院社会学研究科博士課程修了．歴史学博士．博士（社会学）．
主要著書：『中日民間経済外交　1945～1972』（人民出版社・1997 年），『転換期の中国・日本と台湾』（御茶の水書房・2001 年，大平正芳記念賞），『「日中平和友好条約」交渉の政治過程』（御茶の水書房・2005 年）など．

加藤聖文（かとう　きよふみ：KATO, Kiyofumi）
人間文化研究機構国文学研究資料館助教
1966 年生まれ．2001 年早稲田大学大学院文学研究科（史学）博士後期課程終了．
主要著作：『「大日本帝国」崩壊—東アジアの 1945 年』（中公新書・2009 年），『満鉄全史—「国策会社」の全貌』（講談社選書メチェ・2006 年）など．

王　雪萍（おう　せつへい：WANG, Xueping）
東京大学教養学部准教授
1976 年生まれ．2006 年慶應義塾大学大学院政策・メディア研究科博士課程修了．博士（政策・メディア）．慶應義塾大学グローバルセキュリティ研究所助教，関西学院大学言語教育研究センター講師，東京大学教養学部講師を経て，2013 年より現職．
主要著書：『改革開放後中国留学政策研究—1980-1984 年赴日本国家公派留学生政策始末』（中国・世界知識出版社 2009 年，単著），『大潮涌動：改革開放与留学日本』（中国・社会科学文献出版社，2010 年・共編著）など．

馬場公彦（ばば　きみひこ：BABA, Kimihiko）
早稲田大学特別センター員・愛知大学国際問題研究所客員研究員・法政大学国際日本学研究所客員所員
1958 年生まれ．北海道大学文学部大学院東洋哲学研究科修了，早稲田大学大学院アジア太平洋研究科博士後期課程単位取得退学，博士（学術）．
主要著作：『『ビルマの竪琴』をめぐる戦後史』（法政大学出版局・2004 年），『戦後日本人の中国像——日本敗戦から文化大革命・日中復交まで』（新曜社・2010 年）．

訳者
青山治世（あおやま　はるとし：AOYAMA, Harutoshi）
亜細亜大学国際関係学部講師
1976 年生まれ．2004 年愛知学院大学大学院文学研究科博士課程後期満期退学．博士（文学）．2010 年日本学術振興会特別研究員（PD）を経て，2012 年より現職．

主要論文:「近代日中の「交錯」と「分岐」の軌跡―領事裁判権をめぐって―」(『東アジア近代史』第 15 号,2012 年).

江藤名保子(えとう　なおこ:ETO, Naoko)
人間文化研究機構地域研究推進センターおよび慶應義塾大学東アジア研究所・現代中国研究センター研究員
2009 年慶應義塾大学大学院法学研究科後記博士課程単位取得退学.
主要著書・論文:「中国の対外戦略と日中平和友好条約」(『国際政治』第 152 号・2008 年).『日中関係史 1972-2012 政治篇』(共著,東京大学出版会・2012 年).

年表・索引作成
小林義之(こばやし　よしゆき:KOBAYASHI, Yoshiyuki)
笹川平和財団笹川日中友好基金室研究員
1978 年生まれ.2005 年早稲田大学大学院社会科学研究科修士課程修了.
2005 年から現職.

対立と共存の歴史認識
——日中関係150年

2013年8月23日　初　版

［検印廃止］

編　者　劉　　傑・川島　　真
　　　　りゅう　けつ　かわしま　しん

発行所　一般財団法人　東京大学出版会
　　　　代表者　渡辺　　浩
　　　　113-8654 東京都文京区本郷7-3-1 東大構内
　　　　http://www.utp.or.jp/
　　　　電話 03-3811-8814・Fax 03-3812-6958
　　　　振替 00160-6-59964

印刷所　大日本法令印刷株式会社
製本所　誠製本株式会社

© 2013 Jie LIU, Shin KAWASHIMA, *et al.*
ISBN 978-4-13-023060-5　Printed in Japan

[JCOPY] 〈(社)出版者著作権管理機構 委託出版物〉
本書の無断複写は著作権法上での例外を除き禁じられています．複写される場合は，そのつど事前に，(社)出版者著作権管理機構（電話 03-3513-6969，FAX 03-3513-6979, e-mail: info@jcopy.or.jp）の許諾を得てください．

劉・三谷 編 楊	国境を越える歴史認識	A5判	2800円
劉・川島 編	1945年の歴史認識	A5判	3200円
服部龍二 著	日中歴史認識	46判	3200円
三谷・金 編	東アジア歴史対話	A5判	4500円
溝口・池田 小島 著	中国思想史	A5判	2500円
川島・清水 松田・楊 著	日台関係史 1945-2008	A5判	2800円
毛里・園田 編	中国問題	46判	3000円
高原・服部 編	日中関係史 1972-2012　Ⅰ政治	A5判	3800円
服部・丸川 編	日中関係史 1972-2012　Ⅱ経済	A5判	3500円
園田茂人 編	日中関係史 1972-2012　Ⅲ社会・文化	A5判	3500円

ここに表示された価格は本体価格です．御購入の際には消費税が加算されますので御了承下さい．